물류트렌드 2023
Logistics Trends 2023

엮음
한국해양수산개발원
미래물류기술포럼

BEYOND X

펴낸글 1

공급망 혼란의 시대, 디지털 전략을 재편하라

김종덕 KMI 한국수산개발원 원장

코로나-19가 촉발한 글로벌 물류대란은 갖은 악재를 만나며 '엔데믹' 시대가 열렸다는 현재까지 지속되고 있습니다. 2021년 수에즈 운하 좌초, 2022년 우크라이나-러시아 전쟁으로 인한 유가 급등, 중국 항만의 연이은 봉쇄 조치와 여전히 이어지는 미중간 무역분쟁까지. 비록 인플레이션과 수요 감소의 영향으로 공급망 병목이 일부 해소됐다고는 하지만 언제고 다시 새로운 불확실성은 우리를 찾아올 수 있습니다. 그야말로 공급망 혼란의 시대입니다.

과거 우리에게 정답으로 통용됐던 '공급망관리(Supply Chain Management)' 기법은 불확실성의 시대에 와서는 무의미해졌습니다. 예측 불가능한 여러 사건으로 인해 공급망 위기가 장기화되어 종전 공급망 관리의 기반 역량이 됐던 '정보'의 가치와 정확성이 떨어졌기 때문입니다.

팬데믹 이전까지만 하더라도 글로벌 기업은 공급망 위험에 대비하고자 시계열 데이터를 기반으로 수요예측을 했습니다. 비 부가가치를 줄이는 '재고 최소화'가 목표였습니다. 또 생산 국가를 점점 저비용 국가로 옮기면서 품질 표준화를 실행했습니다. 이런 전략을 조합하여 기업이 얻고자 했던 것은 비용 절감을 바탕으로 한 '가격 경쟁력'입니다. 역설적으로 가격 경쟁력을 만들기 위해 기업들은 점점 더 복잡한 공급망 구조를 만들 수밖에 없었습니다.

정보의 정확성과 신뢰성이 예전 같지 않은 지금, 종전 공급망 위험을 예방하던 효과가 있었던 전략은 오히려 위험을 촉발하는 원인이 됐습니다. 복잡한 공급망 운영은 불확실한 위기 발생 시 유연하게 대응하기 어렵다는 한계가 있기 때문입니다.

따라서 우리는 엔데믹을 맞이하며 불확실성을 맞닥뜨릴 수 있는 새로운 공급망관리 전략을 준비해야 합니다. 언제든 찾아올 수 있는 불확실성에 대비하여 공급망을 조금이라도 더 탄력적이고 유연하게 설계해야 합니다. 시시각각 발생할 수 있는 위험을 빠르게 파악하고 공급망을 유연하게 재편할 수 있는 구조를 만들어야 합니다. 이를 위해서 무조건 달성해야 하는 목표는 결국 '디지털 전환(Digital Transformation)'입니다. 단순히 서류를 전자 형태로 바꾸고 이를 공유하고 저장했던 수준의 과거 디지털화를 넘어서 전사적인 디지털 프로세스의 완성이 필요합니다. 사물인터넷, 디지털트윈, 빅데이터 분석, 인공지능과 같은 기술들을 적극적으로 활용해 공급망 가시성을 높이고, 생산과 물류, 유통을 막론한 데이터의 연결성을 높여야 합니다.

과거 기업들은 디지털 전환을 통해 단순히 제품과 서비스만 제공하던 경향이 있었습니다. 이렇게 한다면 종전의 공급망관리처럼 원자재 수급과 생산을 포함하는 공급망의 뒷단만을 통합하는 결과에 머물 수 있습니다. 결국 진정한 의미의 디지털 전환을 이룩하기 위해서는 공급망의 앞단, 즉 최종 고객 접점의 데이터를 확보할 필요가 있습니다. '최종 고객'이 원하는 소비 경험을 충족하는 솔루션을 제공해야 하고, 이를 기반으로 진정한 고객 수요를 예측해야 합니다.

요컨대 디지털 전환의 핵심은 고객 접점의 '시장 정보'를 생성하고 이를 활용하는 것입니다. 시장 정보를 바탕으로 변화를 읽을 수 있다면 공급망에 참여하는 기업들은 고객이 요구하는 다양한 새로운 사업들을 개발할 수 있을 것입니다. 가시성과 연결성을 바탕으로 위기상황을 빠르게 정확한 데이터로 확인할 수 있게 됩니다. 데이터가 주는 인사이트를 바탕으로 위기가 발생했을 때 신속하게 인프라와 네트워크를 변경하고 대처하는 의사결정을 내릴 수 있게 됩니다. 이를 위해서는 결국 관계 기업과의 '협력'이 절실합니다. 공급망의 모든 영역을 어떤 한 기업이 아우르는 것은 불가능하기 때문입니다. 기업들이 각기 잘하는 영역을 바탕으로 협력을 끌어내고, 이를 바탕으로 데이터를 연결할 필요가 있습니다.

최근 다시 한번 물류업계에는 '디지털 전환' 열풍이 불고 있습니다. 과거와는 달리 이번 열풍은 물류가 아닌 '이종 기업'들이 주도하고 있다는 차이점이 보입니다. 네이버, 카카오, 삼성SDS, KT와 같은 IT업체들이 이미 '물류 플랫폼' 시장에 뛰어들었고, 그중 몇몇은 물류 플랫폼을 전사 집중 전략으로 재편했습니다. 위기감을 느낀 물류기업 또한 스스로를 '플랫폼'이라 표현하면서 성장점을 만들고자 준비하고 있습니다.

여기서 우리가 또다시 기억해야 하는 것은 공통선을 바탕으로 한, 생태계 이해관계자들 간의 '협력'입니다. 앞서 실패했던 디지털 전환 사례를 살펴본다면 모두 생태계 파트너들이 가진 어떤 '의구심'을 불식시키지 못했다는 공통점이 있었습니다. 중심이 되는 플랫폼이 생태계의 공통선을 만들지 못하고, 특정 사업자의 이익을 향한 독주로 달린다면 결국 연결된 기업들의 협조를 얻을 수 없고 디지털 전환 또한 성공할 수 없습니다.

미래물류기술포럼과 한국해양수산개발원이 함께 펴낸 〈물류 트렌드 2023〉은 생태계 각 영역을 연결하는 기업들의 최신 디지털 전환 사례를 소개하고 있습니다. 퍼스트마일과 미들마일, 라스트마일을 아우르는 물류 전 영역과 제조, 유통, 물류를 아우르는 산업 각 영역의 도전을 소개하고 있습니다. 기업들이 각개 영역에서 만드는 혁신과 변화는 결국 '연결성'을 통해 극대화가 될 것입니다. 그렇게 한다면 불확실이 당연해진 공급망 물류의 해법을 찾을 수 있겠다는 작은 기대를 해봅니다.

마지막으로 산업 각계에서 시간을 내 소중한 경험과 인사이트를 공유해 준 집필진들에게 고맙습니다. 이 책이 세상에 소개될 수 있도록 기획과 편집을 담당해 준 비욘드엑스와 관계자분들께도 깊이 감사드립니다.

퍼낸글 2

물류 ESG는
'디지털 혁신'으로 시작하라

김성진 미래물류기술포럼 의장

최근 몇 년 사이 전 세계적으로 산업의 관심사로 ESG(Environmental, Social, Governance)가 떠오릅니다. 사실 ESG는 우리에게 새로운 개념은 아닙니다. 1992년 리우선언 이후 기업의 지속 가능한 발전과 '기업의 사회적 책임' 요구를 포괄하는 개념입니다.

왜 ESG에 모두의 관심이 집중되고 있을까요? 그 기저에는 근본적으로 '기업가치'를 측정하는 요소들의 변화가 있습니다. 전통적으로 글로벌 기업은 재무제표와 현금흐름표 등 재무 정보에 의존해서 기업가치를 평가했습니다. 하지만 이제는 재무 정보만으로 기업가치를 제대로 평가할 수 없다는 인식이 팽배해지고 '비재무적 정보'도 충분히 활용하여 가치를 측정할 수 있는 시스템을 만들어야 한다는 논의가 활발히 이뤄지고 있습니다. 관련 지표도 다양한 분야에서 새롭게 개발되고 있습니다. 장기적 관점에서 기업가치와 지속가능성 평가를 위한 대표적인 비재무적 정보가 ESG입니다.

이처럼 지속 가능한 발전을 위한 기업과 투자자의 사회적 책임이 중요해지면서 세계적으로 많은 금융기관이 ESG 평가 정보를 적극 활용하고 있습니다. 대부분의 나라에서 ESG 정보 공시 의무 제도를 도입하고 UN도 유엔책임투자원칙(UNPRI)을 통해 ESG 이슈를 고려한 사회책임투자를 장려하고 있습니다. 이러한 국제적 움직임과 함께 우리나라도 상장사의 ESG 공시 의무화가 단계적으로 도입되고 사회적, 윤리적 활동이 기업가치를 평가하는 주요 지표로 자리매김하게 될 것입니다.

ESG의 핵심은 어떻게 보면 기업보다는 투자시장과 관련되어 있습니다. 자산운용사로 대표되는 기관 투자자들이 어떻게 하면 기업의 사회적 책임을 높이고, 지배환경을 보호할지 고민하던 중 기업을 움직이는 핵심 명제는 결국 '투자 자금'이었습니다. 만약 기업가치를 평가하는 데 기업의 ESG 활동이 반영된다면, 그래서 ESG 측면에 기여가 큰 기업과 기여가 낮은 기업에 차등을 둔다면 자연스레 기업의 사회적 활동 또한 확산될 수 있다는 전제가 깔려 있습니다. 다시 말해 ESG는 숫자로 평가되지 않는 다양한 기업의 비재무적 성과를 측정할 수 있는 하나의 '투자 프레임워크'라 볼 수 있는 것입니다. 당장은 ESG와 관련된 평가지표가 표준화되지 못해 무엇을 따라야 할지 아직 명확하지 않지만, 지금부터 선제적인 준비를 하지 않는다면 조만간 닥칠 엄청난 변화에 뒤쳐진다는 위기의식이 확산될 것은 분명합니다. 주주들의 이익을 끌어 올려야 하는 기업의 기본 목표를 위해서는 마땅히 ESG를 철저히 준비해야 하는 상황이 된 것입니다.

이런 상황에서 우리의 물류기업도 ESG를 향해 본격적으로 움직이기 시작했습니다. 현재 물류기업들이 집중하는 ESG 활동은 대체로 기후 변화, 탄소중립, 친환경 물류 등 '환경' 측면에 집중되어 있습니다. 물류는 전통적으로 '화석연료'를 바탕으로 움직이는 선박, 항공기, 화물트럭 등 다량의 운송 네트워크를 활용하여 비즈니스를 전개하기 때문입니다. 글로벌 최대 물류 기업 DHL이 2020년 배출한 탄소 배출량만 3,300만 톤에 달합니다. 이러한 배출량을 친환경 운송 수단과 연료로 대체할 수 있다면 환경 측면의 기여를 비교적 정량적으로 측정할 수 있을 것입니다. 그러나 궁극적으로 물류기업의 ESG는 '화주사'에게도 가치를 공유하는 방향으로 연계될 것입니다. 이를 위해서 물류기업이 운영하는 운송 수단뿐만 아니라 '공급망' 전체의 ESG 활동 결과를 데이터로 측정할 수 있어야 합니다.

예를 들어 현재 선사는 그들이 운영한 2만4,000TEU 규모 친환경 선박의 탄소 배출량 절감치는 계산할 수 있습니다. 하지만 그 선사에 4TEU의 컨테이너를 실은 어떤 화주사는 친환경 선박에 따른 환경 기여 데이터를 측정할 수 없습니다. 안타깝게도 선사가 알고 있는 것은 그들이 운항한 선박이 절감한 탄소 배출량이지, 개별 화주사 별로는 수치를 산정할 수 없기 때문입니다. 육해공의 여러 운송 수단이 복합적으로 결합 되면 문제는 더욱 복잡해집니다. 예를 들어 해상운송을 마친 화물이 터미널을 거쳐 전기 화물차로 창고까지 이동하고, 또 전기 이륜차로 고객에게 배송된 경우, 특정 화주사가 여러 운송 수단이 결합된 친환경 운송 프로세스에 참가해 절감한 탄소 배출량을 통합하여 산출하기는 쉽지 않을 것입니다.

이와 같은 문제 해결을 위해 필요한 것은 데이터를 가시화하여 보여줄 수 있는 '디지털 플랫폼'입니다. 플랫폼 안에 충분한 데이터가 축적되기 위해서는 더 많은 물류 서비스가 플랫폼에 보관돼야 하고, 실제 거래가 활성화돼야 합니다. 아울러 '환경(E)'뿐만 아니라 상대적으로 준비가 부족하다고 평가되는 사회(S)와 지배구조(G) 측면에서도 각각의 지표를 개발하기 위한 연구와 노력이 필요합니다.

공급망 안에는 퍼스트마일과 미들마일, 라스트마일 물류를 아우르는 다양한 이해관계자들이 공존합니다. 화주사는 물류 서비스를 완결하기 위해서 그들이 가진 분절된 물류 서비스를 연결해서 활용하고 있습니다. 이러한 분절된 물류 서비스 모두에서 사회적 공헌, 물류 회사 간의 협력과 공생 네트워크를 반영한 지표 개발, 각각 ESG 지표를 데이터로 추출하고, 개별 화주 사들의 성과에도 반영할 수 있는 체계를 준비할 필요가 있습니다. 그래야 진정한 의미의 물류 ESG가 가능해질 것입니다. 나아가 안전한 작업환경, 데이터시스템의 안정과 보안관리, 그리고 투자자들이 요구하는 인권, 생물다양성에 이르는 구체적 성과와 개선방안까지도 반영할 수 있도록 대비해야 합니다.

ESG의 중요성이 급부상함에 따라 세계 각국은 ESG로 대표되는 비재무적 기업평가 지표의 공시를 법제화하고 투자자들의 ESG 관련 요구도 급증하고 있습니다. 따라서 지속가능성 공시 관련 국내외 동향을 면밀히 파악하고 공시 관련 전문가의 육성, 국제적 논의에 참여와 의견 개진 등 능동적인 대응 방안도 마련되어야 합니다. ESG는 거스를 수 없는 대세로서 이미 우리의 눈앞에 다가왔습니다. 물류 분야에서도 선제적 준비는 선택이 아닌 필수입니다. 기업에 위기일 수 있고 대단히 어려운 과제입니다. 그러나 어려움을 극복하는 과정에서 또 다른 새로운 기회를 찾을 수 있습니다. 글로벌 공급망을 따라 변화와 과제를 찾아내야 합니다. 제도가 완전히 정착되기까지는 어느 정도 시간이 소요되고 크고 작은 변화와 도전이 예상됩니다.

마침 〈물류트렌드 2023〉이 발간됐습니다. 이 책은 2023년 물류트렌드 변화를 살펴보기 위해 글로벌 공급망을 4가지 키워드인 퍼스트마일(First Mile), 미들마일(Middle Mile), 라스트마일(Last Mile), 엑스트라마일(Extra Mile)에 따라 전망하고 변화와 혁신을 통한 미래의 나아갈 방향을 제시하고 있습니다.

20여 명의 분야별 전문가들이 참여하여 글로벌 공급망 위기에서 새로운 경제질서와 물류 전략 방향을 제시하고, 디지털전환 기술이 물류에 나타난 효과를 살펴보고 있습니다. 나아가 로보틱스와 디지털 기술 등을 접목하고, 고객이 원하는 서비스를 효율적으로 제공하기 위한 방향을 제시합니다. '엑스트라마일(Extra Mile)'에서는 지속 가능한 물류 운영 및 성장을 위해 필요한 사이버테러 대응, 통신 고도화, 순환 경제 물류 등을 다루고 있습니다. 핵심은 스마트기술을 이용한 물류인프라의 유연성 확보와 효율적 수요에 대응하기 위한 방안으로 디지털 공유 물류 플랫폼, 디지털전환 기술, 공급망 정보 연계 및 혁신을 통해 고객 맞춤형 솔루션 제공, 자동화 및 자율화 본격화, 사이버 보안을 고려한 스마트기술 투자, 지속가능 성장을 위한 물류기업의 ESG 지표 관리를 예로 들고 있습니다.

세계는 지금 기후변화, 코로나-19, 우크라이나 사태 등으로 글로별 공급망의 혼란을 겪으면서 지구촌 공동체의 협력과 공동 노력의 절실함을 깊이 느끼게 되었습니다. 공급망의 큰 축을 담당하는 모든 물류기업은 개별 기업 차원이 아닌 전체 관점에서 ESG 목표를 설정하고 지속가능한 책임 경영을 할 수 있도록 시스템을 구축하고 데이터를 관리하는 것이 필요합니다.

이 책이 글로벌 공급망 교란 상황에서 자주 발생하는 예측하지 못한 어려움을 슬기롭게 극복하고, 물류의 흐름과 공급망의 안정적 관리를 위해 최선을 다하고 있는 우리 물류기업이 ESG의 중요성을 다시 한 번 생각하는 계기를 마련하는 데 도움이 되길 바랍니다. 끝으로 이 책이 나올 때까지 수고해주신 물류트렌드 편찬위원회와 비욘드엑스 관계자분들께 깊은 감사의 말씀을 전합니다.

CONTENTS

펴낸글 공급망 혼란의 시대, 디지털 전략을 재편하라
김종덕   KMI 한국수산개발원 원장 ·· 4

펴낸글 물류 ESG는 '디지털 혁신'으로 시작하라
김성진   미래물류기술포럼 의장 ··· 8

총론 - 물류트렌드2023을 시작하며

고정관념을 깬 스마트 물류 전략이 답이 되다
이언경   한국해양수산개발원 물류·해사산업연구 본부장 ·· 18

1부 - 퍼스트마일(First Mile)

우크라이나 전쟁 이후 국제 정세와 글로벌 공급망 위기
이대식   태재아카데미 동북아협력 실장 ··· 40

팬데믹 이후 글로벌 무역 및 경제질서의 향방
김경훈   한국무역협회 국제무역통상연구원 연구위원 ·· 74

뉴노멀(New Normal) 시대의 글로벌 공급망 트렌드
민순홍   한국로지스틱스학회 회장·연세대학교 경영대학 교수 ···································· 96

디지털 기반 비자산형 물류산업의 시대가 온다
송상화   인천대학교 동북아물류대학원 교수 ·· 126

2부 - 미들마일(Middel Mile)

디지털과 데이터가 만나는 스마트 물류창고의 미래
이준호   LG CNS 스마트물류사업부 사업부장 상무 ··· 164

화물운송시장의 '보이는 손' = 플랫폼
김승한   화물맨 부사장·공학박사 ··· 196

컨테이너 선사의 디지털 전환 방법론
김용규   남성해운 대표 ··· 248

콜드체인 물류로 풀어 본 우리나라 농업혁명
조지성   한국해양수산개발원 부연구위원 ··· 279

3부 - 라스트마일(Last Mile)

2000년대 유통산업의 발전과 풀필먼트 진화
박지원   쿠팡 풀필먼트 서비스디자인 시니어 디렉터 ··· 308

새벽배송 시대의 라스트마일 성공전략
마종수   한국유통연수원 교수 ··· 341

품질과의 전쟁 펼치는 의약품 콜드체인
김희양   콜드체인플랫폼 대표 ··· 384

물류와 로보틱스의 만남은 선택이 아닌 필수
고태봉   하이투자증권 리서치본부장 ··· 404

CONTENTS

4부 - 엑스트라마일(Extra Mile)

통신사는 왜 물류로 영역을 확장하는가?
이태호   픽쿨(Pickool) 대표 ·· 440

수요 침체 속 이커머스 서바이벌 잔혹사
유승우   SK증권 스마트시티추진실 연구위원 ··· 474

지구를 살리는 라스트마일 자원순환 플랫폼
안성찬   HRM 대표 ·· 515

"물류가 멈추면 세상이 멈춘다" 사이버 안보가 중요한 물류산업
윤민우   가천대학교 경찰행정학과 교수 ··· 537

총론

물류트렌드 2023을 시작하며

Logistics Trends 2023

총론 - 물류트렌드2023을 시작하며

고정관념을 깬 스마트 물류 전략이 답이 되다

이언경
한국해양수산개발원 물류·해사산업연구 본부장

고려대학교에서 공급망관리 분야로 박사학위를 받고, 서울시정개발연구원과 한국과학기술연구원의 연구원, LG CNS 엔트루컨설팅을 거쳐 한국해양수산개발원에서 물류·해사산업연구본부 본부장으로 재직 중이다. 약 20년간 스마트항만물류, 식품콜드체인 및 공급망 혁신, 미래 신기술 적용 R&D 등을 수행하고 있으며, 현재 해양수산부 중앙항만정책심의회, 부산시와 경남 물류정책위원회, 부산시 과학기술진흥위원회 위원으로 활동하고 있다.

I. 경제와 물류 환경의 변화

1. 러-우크라 전쟁으로 유가 고공행진과 세계 경기 악화

2019년 말에 발생한 코로나-19 확산 초기에는 사람 간 감염 우려로 주요 원자재 공장에서는 근로자를 구하지 못해 생산량이 감소하고, 항만에서는 작업자 부족으로 선적·하역 및 화물트럭 운송 지연으로 물건이 제때 공급되지 않는 현상이 벌어졌다. 코로나 발생 초기에는 생산 및 운송 수요 감소로 국제유가가 브렌트유 기준 배럴당 41.52달러(2020년 10월)까지 내려갔다. 단계적 일상 회복이 이루어져 소비가 살아나고, 공장 및 항만 현장에서의 작업량 증가로 유가가 코로나 이전 수준으로 복귀되었다. 올해 2월 시작된 러시아-우크라이나 전쟁(이하 러-우크라 전쟁)으로 인한 에너지 자원의 의도적인 봉쇄조치로 국제유가가 브렌트유 기준 배럴당 117.5달러(2022년 6월)까지 치솟은 후 서서히 떨어지고 있다.

일반적으로 고유가는 석유 수입국의 경제성장을 둔화시키고 물

[그림 1] 국제유가 변화　　　　　　　　　　　　　　　　　(단위: 달러/배럴)
출처: Petronet(검색: 2022.10.15.) 기반 저자 작성

가상승률을 높임으로써 경제에 부정적인 영향을 준다. 제조기업의 생산원가 증가로 제품 가격을 상승시키면 소비자의 소비 위축이 발생되고 이는 기업의 수익 감소로 이어지기 때문이다.[1] 코로나-19 팬데믹과 러-우크라 전쟁에 의한 핵심부품 공급 차질, 고유가 현상, 미국 금리인상 등으로 인한 달러 통화 긴축 상황이 수입가를 끌어올려 우리나라 소비자물가상승률이 2022년 이후 전년 동월 대비 매월 우상향하고 있다.

　　이러한 물가가 가파르게 오르는 현상은 우리나라뿐만 아니라 전 세계적으로 나타나는 현상이다. IMF에 따르면 평균 소비자물가 기준 인플레이션율이 전 세계는 2022년 8.8%, 2023년 6.5%, 우리나라도 2022년 5.5%, 2023년 3.8%로 내년까지 높은 인플레이션이 지속될 것으로 예상된다.

---

1) 허영주, "고유가가 세계 경제에 미치는 영향", 「나라경제」, 2004.8.

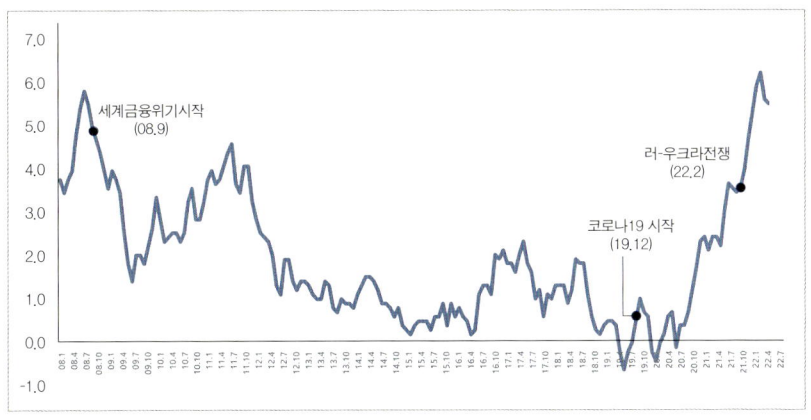

[그림 2] 소비자물가상승률

출처: e-나라지표, 전년동월비 소비자물가상승률(검색: 2022.10.15.) 기반 저자 작성

〈자료1〉 인플레이션율 평균소비자물가(Inflation, average consumer prices, percent change)

구분	세계	한국	중국	일본	러시아	미국
2018	3.6	1.5	2.1	1.0	2.9	2.4
2019	3.5	0.4	2.9	0.5	4.5	1.8
2020	3.2	0.5	2.4	0.0	3.4	1.2
2021	4.7	2.5	0.9	-0.2	6.7	4.7
2022	8.8	5.5	2.2	2.0	13.8	8.1
2023	6.5	3.8	2.2	1.4	5.0	3.5
2024	4.1	2.3	1.9	1.0	4.0	2.2
2025	3.6	2.0	2.0	1.0	4.0	2.0
2026	3.4	2.0	2.0	1.0	4.0	2.0
2027	3.3	2.0	2.0	1.0	4.0	2.0

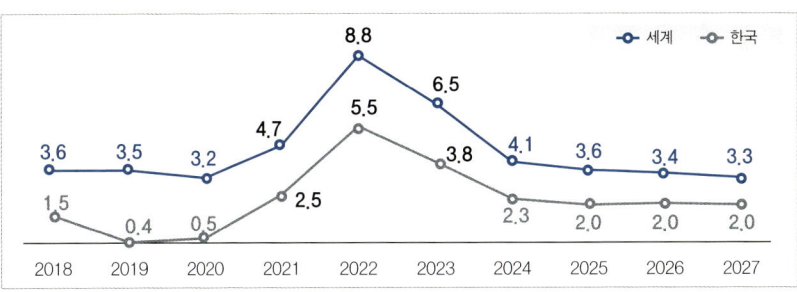

출처: IMF, World Economic Outlook Database, October 2022 기반 저자 작성

2021년 세계 경제가 팬데믹으로 인한 충격으로부터 서서히 벗어나 세계 경기가 코로나 이전 수준으로 회복되는 듯했다. 그러나 러-우크라 전쟁 장기화에 의한 공급망 봉쇄 지속, 수급불균형으로 인한 높은 인플레이션 등 글로벌 공급망 위기의 지속성으로 인하여 2023년 세계 경제성장률이 2021년 대비 -3.3%p 하향한 2.7%가 되고, 우리나라 경제성장률은 세계 평균보다 낮은 2.0%가 될 것으로 전망된다.

〈자료 2〉 경제성장률(GDP constant prices, percent change)

구분	세계	한국	중국	일본	러시아	미국
2018	3.6	2.9	6.8	0.6	2.8	2.9
2019	2.8	2.2	6.0	-0.4	2.2	2.3
2020	-3.0	-0.7	2.2	-4.6	-2.7	-3.4
2021	6.0	4.1	8.1	1.7	4.7	5.7
2022	3.2	2.6	3.2	1.7	-3.4	1.6
2023	2.7	2.0	4.4	1.6	-2.3	1.0
2024	3.2	2.7	4.5	1.3	1.5	1.2
2025	3.4	2.6	4.6	0.9	1.0	1.8
2026	3.3	2.5	4.6	0.5	0.8	2.1
2027	3.2	2.3	4.6	0.4	0.7	1.9

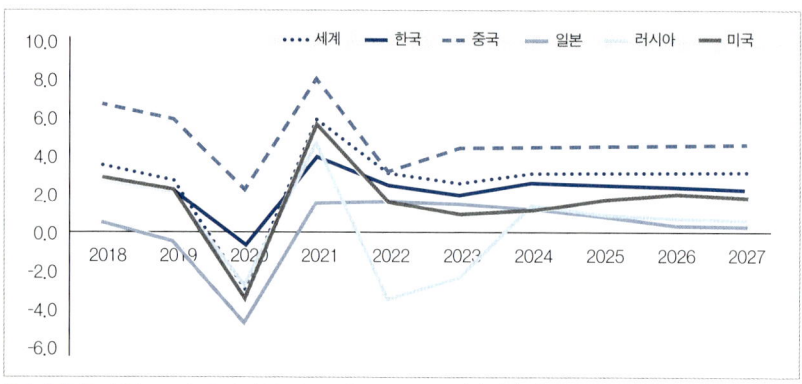

출처: IMF, World Economic Outlook Database, October 2022 기반 저자 작성

2. 경기침체 속 물가가 상승하는 스태그플레이션 현실화

스태그플레이션(Stagflation)은 경기침체를 뜻하는 스태그네이션(Stagnation)과 물가 상승을 뜻하는 인플레이션(Inflation)의 합성어이다. IMF의 2023년 세계경제전망자료를 보면 경기는 침체하고, 인플레이션에 의한 물가가 가파르게 오르고 있는 스태그플레이션이 현실화될 것으로 예측된다. 코로나로 인한 물류 봉쇄 조치, 러-우크라 전쟁에 의한 에너지 자원 공급 중단 등에 의한 스태그플레이션 현상은 1973~1974년 중동전쟁(아랍-이스라엘 분쟁) 시 석유수출국기구(OPEC)의 원유 공급 제한에 의한 유가상승으로 발생한 스태그플레이션과 상황이 유사하다. 우리나라의 스태그플레이션은 외부 공급 제한이 원인이 된 상황이기에 데이터를 기반으로 세계정세를 읽고 글로벌 공급망의 불확실성에서 수급의 안정화를 확보하는 방안을 모색해야 할 것으로 보인다.

3. 글로벌 공급망 교란 요소의 상시화, 그리고 장기화

물류 문제가 이제 특정 지역에 국한되지 않고 전 지구적으로 확대되고 있다. 그 영향 정도도 예전과 달리 매우 커지고 있다. 이러한 변화를 예측하고 대응하기 위해서는 글로벌 공급망 위기를 나타내는 지수를 추적·관리하는 것이 필요하다. 뉴욕연방준비은행이 제공하고 있는 "글로벌 공급망 압력 지수(GSCPI: Global Supply Chain Pressure Index)"는 공급망 혼란이 얼마나 심각한지를 계량화한 지표이다. 선박(건화물선·컨테이너선) 및 항공 운송비용과 공급망 지연이 생산자에게 미치는 영향을 나타내는 구매자관리지수(PMI: Purchasing Managers' Index) 두 가지를 조합한

것이다.[2]

　　동일본 대지진(2011년 3월), 코로나-19(2019년 12월), 오미크론 재확산(2021년 11월), 러-우크라 전쟁(2022년 2월) 등과 같은 사건이 전 세계 생산 및 수급에 영향을 미쳐 공급망 교란 정도가 심각한 경우에 GSCPI가 높았다.

[그림 3] 글로벌 공급망 압력지수(GSCPI)
출처: newyorkfed.org(검색: 22.10.15) 기반 저자 작성

　　2011년 동일본 지역에서 발생한 대지진으로 인한 쓰나미로 일본 내 막대한 인명피해와 재산손실이 발생했다. 뿐만 아니라 원전 사고에 따른 방사능 유출 우려로 소비 심리가 위축되었고, 전자장비, 자동차 부

---

2) 운송비용은 석탄, 철강과 같은 원자재 운송비용을 추적하는 발틱운임지수(BDI: Baltic Dry Index), 컨테이너선의 운임변화를 추적하는 하펙스지수(Harpex), 미국노동통계국(BLS)의 미국을 오가는 항공 운송비용을 추정하는 가격지수와 아시아와 유럽을 오가는 항공운송에 인바운드 및 아웃바운드 항공화물가격지수를 사용한다. 제조업 구매관리지수(PMI: Purchase Manager Index)는 유로지역, 중국, 일본, 한국, 대만, 영국, 미국 등 공급망 지연이 생산자에게 영향을 미치는 정도를 나타낸다. (자료: https://libertystreeteconomics.newyorkfed.org/2022/01/a-new-barometer-of-global-supply-chain-pressures 검색: 2022.10.15.)

품 등 일본산 핵심부품 수급 차질로 글로벌 생산 네트워크에 미치는 영향이 커져 GSCPI는 1.54(2011.4)까지 상승했다.

2019년 12월 말 코로나-19 초기에는 마트에서의 생필품 구매, 음식점에서의 식사 등으로 감염이 우려된다는 이유로 온라인 주문이 급증해 국내 물류 현장에서 한 번에 처리 가능한 주문량을 초과했고, 물류센터 내 확진자 발생, 배송트럭 수배 실패 등으로 인한 배송 지연으로 소비자 불만이 증가했다. 이러한 현상은 수출입 무역에도 나타나 갑자기 증가한 물동량을 처리해야 하는 선박이 부족하여 일부 물량은 항공으로 전환되고, 미국 서안에서는 하역과 내륙 운송을 담당하는 인력의 부족으로 항만의 선박 대기가 발생했다. 즉 수요는 폭발적으로 증가했지만 기존 재래식 고정적 물류 인프라의 유연성 부족으로 제때 물류 공급이 확충되지 않아 물류 병목현상이 발생해 GSCPI가 최대 3.10(2020.4)까지 상승했다. 2020년 4월 이후 글로벌 생산 활동이 정상화되면서 GSCPI가 잠시 하락했다가, 오미크론 변이가 재확산된 2021년 12월경에 4.30(2021.12)으로 최대치를 기록했다.

러-우크라 전쟁은 에너지, 식량 공급에 차질을 만들었을 뿐만 아니라 미·중간 경제블록화를 강화시켜 우방국과의 프렌드쇼어링(friend-shoring) 경향을 심화시켰다. 미국은 반도체, 배터리 등 첨단 제조기업의 리쇼어링을 추진하고 중국을 제외한 우방국 중심의 공급망 재편을 서두르고 있는 등 러-우크라 전쟁 이후 GSCPI가 최대 3.42(2022.4) 수준까지 올랐다가 장기전 돌입으로 인하여 서서히 하락 중이다.

Ⅱ. 변화하는 물류 환경을 읽는 4가지 키워드

전문가들은 팬데믹과 러-우크라 전쟁 등이 공급망에 없던 문제를 새로 만든 것이 아니라 기존에 갖고 있던 약점을 노출했다고 판단하고 있다. 그러므로 하나의 문제가 전 세계적으로 퍼지는 이러한 상황에서는 글로벌 공급망을 따라 문제와 변화를 읽어낼 필요가 있다. 2023년 물류트렌드 변화를 살펴보기 위해 글로벌 공급망 압력 지수(GSCPI) 값을 4가지 키워드인 **퍼스트마일**(First Mile), **미들마일**(Middle Mile), **라스트마일**(Last Mile), **엑스트라마일**(Extra Mile)을 따라 해석했다.

"퍼스트마일(First Mile)"은 생산지에서 출발해서 생산공장 보관 창고까지 원재료를 공급하는 물류이다. 이 영역에서는 코로나-19 팬데믹과 러-우크라전쟁 등의 글로벌 공급망 위기에서 기존 조달물류의 전략이 정답인지를 살펴보고 새로운 경제질서와 물류 전략 방향을 제시한다.

"미들마일(Middle Mile)"은 공장에서 생산한 제품을 판매처가 있는 항만, 공항, 물류창고, 유통판매처까지 선박, 비행기, 화물차, 정보 등으로 연결하는 물류로 변화무쌍하고 운송시간이 길어 정보획득 및 연계가 쉽지 않다. 이에 미들마일 고도화를 위한 하나의 방법으로 물류에 디지털 전환(DX: Digital Transfromation) 기술을 접목하는 방법을 제시한다.

"라스트마일(Last Mile)"은 다양한 크기 및 위치의 물류센터에서 최종 소비자에게 물건을 배송하는 물류이다. 이 영역에서는 로보틱스와 디지털 기술 등을 접목하여 고객이 원하는 서비스를 효율적으로 제공하기 위한 방향을 제시한다.

"엑스트라마일(Extra Mile)"은 지속 가능한 물류 운영 및 성장을 위해 필요하고 신경을 써야 하는 사이버 공격 대응, 실시간 위치 추적 및 데이터 획득을 위한 통신 고도화, 순환 경제 및 환경의 기업 가치를 다루는 ESG(Environment, Social, Government) 물류 등을 의미한다.

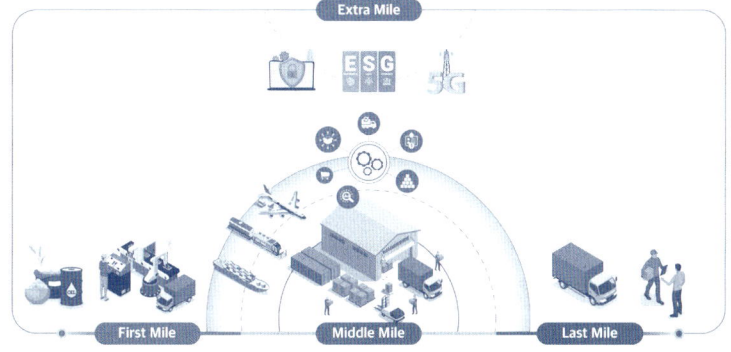

[그림 4] 물류트렌드를 읽는 4개의 키워드

1. 새로운 전략을 수립하는 "퍼스트마일(First Mile)"

제조기업들은 팬데믹에 따른 수요가 급감하자 근시안적으로 생산을 중단하고 주문을 취소하는 등 핵심부품에 대한 재고를 최소화했고, 물류기업들은 증가하는 수요에 대응하기 위해 선복량을 증가시키거나 물류센터 등의 인프라 자산 투자를 증가시켰다. 예를 들면 자동차 제조업체들은 코로나-19로 수요가 급감하자 자동차용 반도체 주문을 취소했고 이를 공급하던 공장들은 제조설비를 변경하는 등 생산량을 줄였다. 이후 글로벌 경제가 빠르게 회복되어 자동차 구매 수요가 증가했을 때 이미 감산한 자동차용 반도체의 수급이 어려워 소비자들은 주문 후 자동차 수령까지 오랜 시간이 걸리게 되어 불만이 쌓였다. 팬데믹에 의한 글로벌 온라인 수요 증가 등에 의한 선복량 부족 및 해상운임 상승을 회피하기 위해 2021년 컨테이너선 신조 발주량이 급증했는데, 러-우크라 전쟁으로 시작된 세계 경기침체 장기화로 해상물동량이 감수할 가능성이 커 유휴선 증가와 해상운임 하락에 대한 우려도 발생하고 있다.

과거에는 대기업 중심으로 축적된 데이터를 기초로 수요예측을 했고, 규모의 경제 및 물류비 절감 차원에서 최소 재고를 기반으로 하는 적시(JIT: Just In Time) 배송 전략, 대규모 자산기반 물류네트워크 설계 등이 성공적인 공급망 전략으로 인식되었다. 그러나 팬데믹, 러-우크라 전쟁 상황에서의 비정상적인 공급망 단절은 과거에 발생하지 않았던 이상수치로 기존 데이터를 기반으로 한 예측과 우리에게 정답으로 인식되었던 공급망관리 전략 적용으로 인해 더 심각한 문제가 발생했다.

핵심부품이 협력관계에 있는 특정 공장에서만 생산되는 형태는 공급망이 안정적일 때는 하나의 회사에서 생산되는 것처럼 품질, 납기, 가격이 만족스러운 규모의 경제를 실현했다. 그러나 공급망 단절로 해당 해외 공장의 수급이 멈추는 경우 전체 제품 생산이 중단되어 손실비용이 기하급수적으로 증가했다. 최소 재고를 기반으로 하는 JIT 재고량은 물류망 단절에 의한 배송 지연 동안 주문량을 감당하지 못해 고객 불만뿐만 아니라 매출 손실로까지 이어졌다.

또한 대기업 중심의 높은 투자비를 기반으로 하는 자산형 물류서비스는 규모의 경제 달성과 비용 절감 효과는 나타나나 팬데믹과 러-우크라전쟁처럼 수요 변동이 큰 공급망 위기 상황에서는 취약성을 나타냈다. 수요 감소 시점에는 물류센터 내 빈 공간 증가로 수익에 비해 운영비용이 증가하는 문제가 발생하고, 수요 증가 시점에는 지속적인 물류 인프라를 투자해야 하므로 적자운영이 일정 기간 지속됐다. 이에 공급망 교란에 의한 수요 변동성이 큰 시점에는 디지털기반 비자산형 물류서비스, 소규모 모듈형으로 수요에 유연하게 대응하는 도심형 물류센터라는 새로운 형태가 등장하고 있다.

2. 스마트기술로 대응하는 "미들마일(Middel Mile)"

공장에서 생산한 제품을 판매처가 있는 공장에서 물류창고, 판매처까지 기업 간 거래로 국제 및 내륙으로 운송하는 미들마일 물류 시장은 라스트마일 물류시장에 비해 시장 규모는 훨씬 큰 데 반해 디지털화, 효율화가 덜 되어 있어 미싱마일(Missing Mile)이라고 불린다.[3]

미들마일 시장은 화주, 포워더(국제물류주선사, freight forwarder), 운송사, 플랫폼 기업 등이 참여하며, 화주가 직접 직계약을 하거나 포워더가 오프라인 혹은 화물정보 플랫폼을 통해 운송사를 배정하는데, 플랫폼을 이용하는 경우는 전체 운송물량에서 얼마 되지 않는다. 선사들도 화주들이 원스톱 서비스뿐만 아니라 전구간의 화물추적을 요구함에 따라 기존 해상운송 서비스만으로는 고객들을 유지하기가 어려워 전체 비

---

[3] 미들마일 물류시장은 30조 원인데 반해 라스트마일 물류시장은 6조 원에 불과하다. (출처: https://www.hankyung.com/it/article/2021122647431 검색 : 2022.10.15.)

즈니스 프로세스의 디지털 전환을 시도하고 있다.

물류 프로세스 간 병목현상을 없애기 위해서는 움직이는 공간뿐만 아니라 물류센터 내에서 수요에 맞게 탄력적으로 대응하는 것이 필요하다. 기존에 구축된 인프라의 경우 시설이 고정되어 있어 유연하게 대응하기가 어려운 한계가 존재하므로 자산 보유 물류기업은 입고, 보관, 출고, 시간별 주문 예측 데이터를 기반으로 한 AI기반 최적화 알고리즘을 활용하여 운영관리수준을 고도화하고 있다. 신규로 건설하는 물류센터의 경우 건설 전 디지털트윈과 메타버스 기술을 활용하여 협동 로봇과 자율이송로봇을 가상으로 투입하여 시뮬레이션하고, 고객의 다양한 요구에 신속하게 대응하기 위한 이동형 모듈화 된 형태로 센터를 설계, 운영해 보는 등 신규투자 기업들은 사전에 리스크를 감소시키기 위해 노력 중이다.

공급망이 단절되었을 때 대체 공급처와 수요처를 찾아 대응하기 위해서는 사건이 벌어지기 전에 다양한 비즈니스 프로세스를 발굴하고 시험 테스트를 통해 검증하는 과정을 거치는 것이 필요하다. 특히 우리나라의 우수한 농축수산물의 신규 글로벌 판매 판로를 개척하기 위해 해당 제품이 타 경쟁국 상품에 비해 가격이 저렴하고 신선도 등 품질면에서 우수하다는 것을 보여줘야 한다. 농축수산물 수출입 물류 비즈니스 자체가 바뀌어야 하는 것이다. 이를 위해서는 물류비가 상대적으로 저렴한 해상운송이 가능하도록 전 구간의 온습도 추적, 품질관리뿐만 아니라 생산자와 해외 고객을 연결하는 원스탑 플랫폼, 40ft 컨테이너를 채우기 위해 동일 주문 일자와 도착지역의 물량을 물류센터에서 합포장(Consolidation)하는 노력 등이 필요하다.

3. 시장의 리더가 바뀐 "라스트마일(Last Mile)"

　　코로나-19 유행을 거치면서 사람들은 신속하게 주문하고 결제한 뒤 거의 하루 만에 물건을 받는 편리한 온라인 배송 서비스에 익숙해져 기존 오프라인 매장에서 물건을 구매하는 시절로 회귀하기가 싶지 않을 것으로 보인다. 이로 인하여 다품종 소량 제품을 빠르고 정확하게 출고하기 위해 고층의 그리드 적재 랙에서 자동 셔틀이 운영되는 풀필먼트 센터의 수요가 증가하고 있다. 또한 폭증한 온라인 주문량을 코로나 확진, 파업 등의 예상하지 못한 중단 사태에도 고객 집까지 빠르게 배송하기 위해서는 자율주행 로봇 기반 공유 시스템이 필요하다.

　　최근 증가하고 있는 새벽배송에 있어 대규모 허브앤스포크 자동화 물류허브센터는 마켓컬리, 오아시스마켓 등과 같은 온라인 전용 플랫폼 기업에 비해 전국 단위의 주문 고객에 빠르게 대응하지 못하고 있다. 온라인 비즈니스의 성공 요인은 자동화된 물류센터를 먼저 건설한 후 고객을 모집하는 것이 아니라 차별화된 상품이나 서비스를 개발한 후 고객의 반응을 파악하고 가장 적합한 물류 서비스가 가능하도록 소비자와 가까운 위치에 도심형 물류센터를 자산 혹은 비자산형으로 확보하고 유연하고 탄력적으로 수요에 대응하는 것이다.

　　팬데믹으로 인한 코로나 백신 및 치료제 운송으로 인하여 우리나라의 의약품 콜드체인 운송 역량은 많이 향상되었다. 하지만 아직 우리나라 의약품 도매상들은 온도에 민감한 생물학적 의약품인 인슐린 등을 검교정(檢較正)된 자동온도기록장치와 검증된 수송 용기 및 차량으로 운송하고 온도를 지속적으로 모니터링해야 하는 '생물학적 제제 등의 제조·판매 관리규칙' 개정안에 난색을 표하고 있다. 선진국 수준의 바이오 강국이 되기 위해서는 생산뿐만 아니라 의약품 생산공장에서 고객 집까지 끊김이 없는 콜드체인이 가능하도록 최고 수준의 물류, 유통 서비스 체계를 마련하고 해당 물류인력 육성도 해야 할 것으로 판단된다.

4. 지속 가능한 물류 방법론 "엑스트라마일(Extra Mile)"

IoT, 빅데이터, AI, 로봇 등의 물류산업 적용은 코로나로 인한 비대면 방식의 물류시스템이 원활하게 돌아가게 한 장본인이다. 이러한 편리한 스마트기술은 사이버 공격에 대비하지 않으면 일시에 정전이 되어 모든 물류시스템이 멈추는 혼란이 올 수 있다. 사이버 테러리스트들은 국가 핵심기반시설인 자동화·스마트화된 항만, 항공, 도심 내 물류센터, 상하수도 및 에너지 공급시설, 통신시스템을 우선 파괴한 후 현장 공격을 시도한다. 미래 구축되는 물류시스템은 최첨단 자동화, 스마트기술 장착이 기본이 될 것이므로 개발 단계부터 사이버 보안에 대비하여 상시 모니터링뿐만 아니라 강력한 보안 대응 체계를 마련해야 할 것으로 보인다.

스마트 항만, 스마트 물류센터에서 움직이는 장비, 사람, 화물 등의 위치를 실시간으로 추적하기 위해서는 기존 GPS와 GNSS 등 위성의 미터 단위 오차를 IoT 센서를 단 클라우드 기반의 통신 네트워크를 이용하여 보정하면 센티미터 단위까지 줄일 수 있다. 현장 상황 사진 데이터를 기반으로 진단 분석을 하기 위해서는 고성능 카메라를 통한 현장 상황 데이터를 저지연 및 대량으로 수집·전송하는 5G 기술이 필수적이다. 실시간으로 의사 결정이 가능한 스마트 물류가 되기 위해서는 로봇, 센서 기술과 함께 통신기술이 같이 발전해야 하고, 시설물 등이 통신을 방해할 수 있어 현장 실증을 통한 최적의 답을 찾아야 한다.

우리는 주로 순방향의 물류 흐름만을 최적화하려고 노력하고 있는데, 물류 현장에는 다양한 포장 폐기물이 배출되고 있어, 이에 대한 처리, 재활용을 어떻게 하는 것이 효율적인 것에 대한 논의가 필요하다. 미래 세대를 위한 지속 가능한 물류 성장을 위해서 순환경제와 ESG 물류 경영도 신경 써야 한다.

III. 2023년 물류트렌드 전망은?

1. 디지털 기술과 전략 탑재한 이종 서비스의 등장

2023년은 러-우크라 전쟁의 장기화에 의한 경제 블록화 심화, 새로운 전염병의 발생 가능성, 경기침체와 고물가를 같이 고민해야 하는 스태그플레이션의 가시화 등 공급망의 악재가 지속될 것으로 보인다.

기업들은 규모의 경제를 확보하기 위해 핵심 협력업체와의 전략적 협업을 통해 더 많은 제품의 보관 및 빠른 처리가 가능한 대규모 최첨단 물류센터를 건설·운영하며, 과거 운영 데이터를 기반으로 물류비 저감과 운영 효율성을 높이기 위한 JIT 재고전략 운영을 했다. 팬데믹이 일어나기 전까지는 효과가 검증된 공급망관리 전략의 정답이었다. 그런데 2019년 말 팬데믹 발생 후 3년의 세월이 흐르면서 기존의 대규모 인프라, 저비용, 과거 운영데이터 중심의 물류 전략이 정답이 아닐 수 있다는 의구심이 들고 있다. 2023년은 지난 팬데믹 기간 동안 물류분야의 성공과 실패 케이스를 분석하고, 스마트기술을 활용하여 다양한 공급망 교란 상황에서도 살아남을 수 있는 물류 전략을 찾는 해가 될 것으로 판단된다. 또한 기업 규모와 상관없이 DT(Digital Transformation)를 장착하고 통신 등 이기종 분야를 편입시켜 유연하고 탄력적으로 고객 수요에 대응하는 물류의 강자가 나타날 것으로 기대된다.

2. 스마트기술 활용한 새로운 공급망 전략의 등장

1) 디지털 공유 물류 플랫폼 활용 증가

3년간의 코로나 팬데믹을 거치면서 고객들은 신속하고 편리한 온라인 배송 서비스에 익숙해져 전염병이 사라지더라도 오프라인 구매로의 회귀는 쉽지 않으리라고 예상된다. 그러므로 자산형 물류인프라 서비스는 높은 투자비가 들어갈 뿐만 아니라 고객의 다양한 수요와 변동성에 취약한 한계를 가지고 있으므로, 불안정한 공급망 상황에서는 디지털 물류 플랫폼을 활용한 트럭, 창고, 인재 등의 물류자산을 공유하는 비자산형 물류서비스 등을 활용할 것으로 예상된다.

2) 디지털전환 기술을 활용한 JIT 재고전략

코로나와 러-우크라 전쟁으로 글로벌 공급망의 취약성이 드러났다. 4차산업혁명 관련 기술을 적극적으로 도입해 예측 불가능한 공급망 변화 패턴을 사전에 예측할 수 있는 시스템 확보가 필요하다. 전체 공급망의 위험요소를 발견하기 위해 물류망 전체의 디지털전환을 통해 발생할 수 있는 공급망 붕괴 시나리오를 설정하고 디지털트윈 및 메타버스 기술을 적용한 실시간 시뮬레이션을 통해 답을 찾을 수 있다. 예를 들면 하나의 공급망 노드의 단절 시 다른 기업에서 핵심부품을 공급받을 수 있도록 다수의 기업에 적정 JIT 재고전략 적용이 가능한 탄력적인 네트워크 전략을 수립한다. 또한 범용 부품은 저렴하게 생산할 수 있는 해외 지역에 아웃소싱하고 핵심부품은 국내에 리쇼어링 할 수 있도록 공급망을 재편하고, 빅데이터·AI기반 배송경로 최적화 방안을 마련할 것으로 기대된다.

3) 정보 연계 및 혁신 통한 고객 맞춤형 솔루션 제공

궁극적으로 성공적인 물류는 물류의 기본 조건인 고객이 원하는 시간에 최적 품질의 제품을 적정 가격으로 병목 없이 배송하며 물류 흐름 전 구간의 가시성과 투명성을 확보하고 공급망 교란에도 유연하게 대처해야 한다. 이를 위해서는 공급망 참여 주체의 디지털 정보 연결을 통해 필요시 실시간 데이터 확보가 필요하다. 축적된 디지털 정보를 기반으로 한 시나리오 분석 및 예측을 통해 고객이 원하는 서비스를 제공하는 혁신적인 공급망 사업모델 개발이 활발해질 것으로 예상된다.

4) 본격화되는 물류 장비의 자동화·자율화

공급망의 인력부족 문제는 공장, 항만, 물류센터의 자동화와 자율운항선박 및 자율주행트럭 등의 도입으로 대응력을 높여 해결할 수 있다. 이에 팬데믹 등으로 눈이 높아진 고객의 배송속도를 맞추기 위해 배송로봇의 자율화를 높여 교통정보와 연계한 후 병목 없이 신속·원활한 도시물류 흐름을 구현하기 위한 방법을 찾을 것이다. 앞으로는 자동화가 가능하고 위험한 작업공간은 물류로봇을 투입시키고, 자동화가 어려운 곳은 협동로봇을 투입해 작업자의 업무를 지원하도록 하며, 제한된 공간 내에서 다양한 고객의 주문을 처리하도록 자동 랙과 픽업, 이송 로봇을 접목시킬 것으로 보인다.

5) 사이버보안을 고려한 스마트기술 투자

러-우크라 전쟁 전 몇 달 동안 러시아는 우크라이나의 핵심 부처와 시설에 사이버공격을 실시했다. 침공 직전에는 우크라이나군이 사용하는 미국 통신서비스를 공격하는 등 최근 전쟁 양상이 군인에 의한 공격과 사이버공격의 합동작전으로 바뀌었다. 그러므로 자동화, 디지털화, 스마트화된 물류 공간은 사이버공격에 의한 전력공급 차단, 컴퓨터 바이러스 공격 등으로 전체 물류시스템과 장비가 셧다운 될 수 있으므로 개발, 운영단계에서부터 철저한 사이버보안 대비를 해야 한다.

6) 지속 가능한 성장과 ESG 지표 관리

최근 소비자들은 동일본 대지진 등의 기후재난, 코로나-19 감염병을 겪으면서 인류가 공동 운명체라는 것을 인식하고 있다. 이로 인하여 젊은 소비자일수록 다음 세대를 위해 미래가치를 추구하는 착한기업에서 생산·유통되는 상품을 구매하기를 희망한다. 이를 위해서는 퍼스트마일, 미들마일, 라스트마일 물류에 포함된 모든 물류기업이 개별 기업 차원이 아닌 공급망 전체 관점에서 ESG(Environmental, Social, Governance) 목표를 설정하고 책임 경영이 가능하도록 데이터를 가지고 관리하는 것이 필요하다. 특히 물류기업은 보유한 선박, 항공기, 트럭 등의 운송수단 및 다양한 자동화 장비의 사용 에너지를 관리하고, 물류 현장에서 배출되는 폐기물을 감소시켜 탈탄소화(E)를 실천하고, 물류 현장의 사고 제로화를 통한 안전 사회(S)를 구현하는 등의 전사적인 노력(G)을 할 것으로 예상된다.

본 책은 국내 최고 전문가들이 깊이 있는 분석을 통해 2023년 물류 산업을 4개의 키워드(First Mile, Middle Mile, Last Mile, Extra Mile)를 기반으로 전망하고 혁신 방향성을 제시했다. 이 책이 글로벌 공급망 교란 상황에서 어려움을 극복하고 물류를 발전시키고 경제 부흥을 위해 노력하고 있는 물류인에게 도움이 되길 바란다.

1부 퍼스트마일

First Mile

Logistics Trends 2023

우크라이나 전쟁 이후 국제 정세와 글로벌 공급망 위기

이대식

태재아카데미 동북아협력 실장

CIS 및 북극 지역의 정치와 경제 등에 대한 전문가다. 삼성경제연구소 글로벌연구실에서 근무했으며, 현재 민간 싱크탱크 태재아카데미(전 여시재)에서 동아시아 협력 프로젝트를 이끌고 있다.

I. 글로벌 공급망 위기의 원인과 대응

1980년대 이후 진행된 세계화는 효율성에 기반한 글로벌 공급망을 구축했다. 베를린 장벽이 무너진 이후 기존에 배제되었던 사회주의 국가들이 세계 자본주의 경제 체제에 합류하면서 세계경제는 이른바 비교우위 원리에 따라 최소 비용에 의한 최대 후생을 실현하는 글로벌 밸류 체인을 형성했다. 글로벌 공급망은 글로벌 밸류 체인이 실현될 수 있

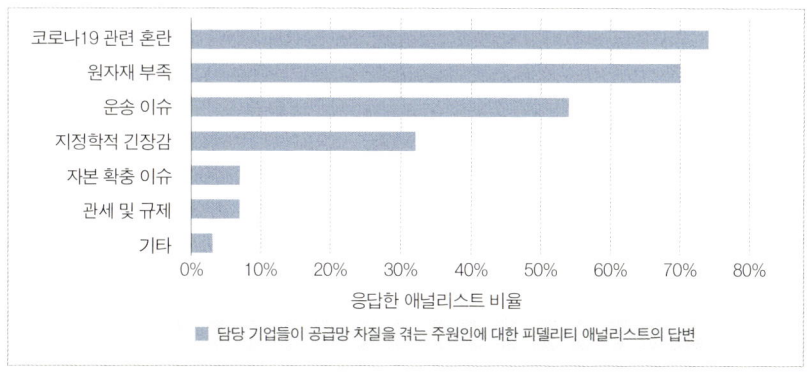

[그림 1] 공급망 교란의 원인

는 물리적 토대가 되었다. 그러나 2010년대 이후 글로벌 팬데믹의 창궐과 지정학적 갈등으로 글로벌 공급망은 붕괴 조짐을 보이고 있다.

많은 전문가들은 글로벌 공급망 위기로 인해 세계화가 중단되고 경제적 민족주의의 발흥과 동시에 물류에서는 최소 재고에 기반하는 'Just in time' 체제가 공급 안정을 최우선으로 하는 'Just-in-case' 체제로 전환될 것을 예상하고 있다.[1] 실제로 많은 글로벌 기업들이 오프쇼어링에서 온쇼어링으로의 전환을 추진하고 있고 공급 부족을 대비한 최대 물량 확보에 주력하고 있다. 그러나 이러한 대응이 과연 적절한지 혹은 지속가능한지는 여전히 미지수다. 생산과 물류의 과정이 어떻든 최종 소비자는 결국 최소 가격 혹은 가성비를, 기업은 저비용 혹은 가격 경쟁력을 선택할 것이다. 따라서 공급망 위기로 인한 가격 및 비용 상승이 향후에도 시장에서 지속되기는 힘들 것으로 보인다. 그렇다고 마냥 재고를 줄일 수도 없다. 단기적인 수요와 공급 변동에만 급급할 경우 자충수를 둘 수밖에 없다.

팬데믹에 따른 단기적 수요 변동에 근시안적으로 대응한 기업들이 심각한 문제에 봉착한 사례는 이미 무수히 쏟아지고 있다. 자동차 반도체의 수급 불안이 비근한 예다. 팬데믹으로 수요가 부족하자 자동차 업체들은 재고를 줄였고 이로 인해 자동차용 반도체에 대한 주문도 취소가 잇달았다. 그런데 반도체 제조사들은 이 기회에 저마진 제품이었던 자동차용 8인치 웨이퍼 생산을 중단했다. 문제는 시장에서 다시 차량 수요가 회복되자 차량을 생산한 반도체가 부족해진 것이다. 차량 생산을 위해 자

---

[1] "Willy C. Shih, Global Supply Chains in a Post-Pandemic World", Harvard Business Review, Sep-Oct, 2020.

동차 업체들은 반도체 제조사가 설비비용이 더 많이 드는 12인치 파운드리로 전환하는 대가로 평균 200만 달러의 수수료를 지불해야 했다.

또 다른 단기적 대응의 실패 사례는 상품과 서비스 시장 간의 교차와 관련된 것이다. 팬데믹 이후 재택근무가 확산되자 글로벌 소비 수요가 외식, 공연, 여행 등의 서비스에서 PC, 가전제품, 주택 리모델링 관련 제품 등 상품으로 이동했다. 이에 따라 컨테이너 운송료가 급등했고 대형 유통업체들은 물류 대란과 제품 부족 사태에 대응하기 위해 재고량을 크게 늘렸다. 그러나 팬데믹에 대한 적응에 따라 상황이 개선되자 바로 수요는 상품에서 서비스로 급격하게 기울기 시작했다. 이로 인해 기업들은 막대한 재고 부담을 안게 되었다. 2022년 3월부터 미국의 트럭 운송 수요는 그 이전의 2/3로 급감했고 미국 서부 해안 로스앤젤레스 항에 도착한 컨테이너선은 전년 수준을 연속 7주간 하회했다. 씨티 그룹이 동년 5월 22일 발표한 자료에 따르면 18개 유통 업체 중 11개 업체의 재고 증가율이 판매 증가율보다 10%p 더 높았다[2].

경험해보지 않은 초유의 공급망 위기를 맞이한 기업과 정부는 시장의 단기적인 변화에 즉흥적으로 대응하여 매번 시장 실패를 경험하는 미숙함을 드러냈다. 공급망 위기에 대한 보다 근본적이고 장기적인 조망과 이에 기반을 둔 안정적인 대응력을 길러야 할 시점이다. 이를 위해 무엇보다 최근 공급망 위기의 주요 원인이 되고 있는 글로벌 팬데믹, 러시아-우크라이나 전쟁, 미중 갈등에 대해 보다 심도 깊은 분석을 바탕으로 시장 변화를 정확하게 읽어야 한다.

---

2) "미국 소비지출, 상품 →서비스로 이동…유통업체 재고처리 '고심'", 연합뉴스, 2022.05.30.

Ⅱ. 글로벌 팬데믹, 자연 재난의 상시화

2019년 초에 발발한 코로나-19는 여러 변이를 거쳐 2022년까지 무려 4년의 기간 동안 공급망을 교란시키며 세계 경제를 옥죄고 있다. 문제는 이 팬데믹이 얼마나 오래갈 건지 예상할 수 없다는 것이며 더 큰 문제는 얼마나 많은 또 다른 팬데믹들이 얼마나 많은 강도와 기간으로 인류를 덮칠지 가늠하기 힘들다는 것이다. 불행히도 지구적 관점에서 앞으로 훨씬 많은 팬데믹이 더 큰 강도로 등장할 가능성이 매우 높다.

우선 지구의 자기 보존 사이클이 작동하기 때문이다. 지구 생태계는 인간의 인구가 늘어날 때마다 기온을 내려 저항력을 떨어뜨린 다음 전염병으로 인구를 줄이는 사이클을 반복해왔다. 기원전 400년부터 기원후 200년까지 600년 동안의 온난기에 농업 생산력의 개선으로 로마와 한나라가 전성기를 맞았다. 그 결과 기원후 200년경에 전 세계 인구가 2억5,000만 명이 되었다. 곳곳에서 도시가 발달했고, 로마와 한나라는 실크로드로 서로 연결되었다. 그러나 '로마 온난기'를 이은 기원후 200년 이후부터 800년까지 한랭 건조한 시기가 왔고, 식량 생산량이 크게 줄었다. 인간 대부분이 영양 상태가 나빠져 질병에 쉽게 걸렸다. 인구 밀도가 높은 도시는 감염병을 키우고 삽시간에 퍼지게 하는 발판이 되었다. 중국은 1,500만 명이, 로마는 1,000만 명이 줄었다.

중세 800년부터 1300년 사이에 온난기가 왔고 전 세계 인구가 2억 명에서 4억 명으로 늘어났다. 뒤이어 1800년대까지 소빙하기가 왔고 추위와 가뭄, 이상기후로 발생한 기근으로 유럽에서는 2,500만 명, 중국에서는 3,000만 명이 1300년에서 1400년 사이에 죽었다. 지난 100년 사이에도 지구 평균 기온이 1도 상승하는 사이에 인구는 기하급수적으로 증가하여 77억 명에 도달했다. 현재는 매년 거의 1억 명이 증가하고 있다 [3]. 팬데믹으로 인구를 조정할 시점이다.

지구 생태계의 자기 보전을 위한 사이클 차원에서뿐만 아니라 보다 미시적으로 바이러스의 생존 본능 차원에서도 팬데믹이 늘어나는 것은 불가피하다. 2011년 '사이언스'지는 현재 지구상에 존재하는 포유류의 무게를 모두 더하면 인류와 가축이 90%를 차지한다고 발표했다. 인구 70억인 인류는 현재 존재하는 대형 포유류 중 단일 종으로는 개체수가 가장 많다. 가축 중에는 가장 많은 소가 13억8,000만 마리, 이어 양이 10억7,700만 마리에 불과하다. 농업이 시작될 무렵인 1만 년 전만 해도 0.1% 미만이었다[4]. 결국 바이러스가 갈 곳이 정해져 있다는 것이다.

게다가 무분별한 도시의 확장으로 파괴된 자연 생태계 속에 생존하던 바이러스는 사라진 야생 동물 대신 인간을 선택할 수밖에 없다. 지구 온난화로 녹아내리는 영구동토층 속에서 정체불명의 수만 종의 바이러스들이 대기 중으로 노출될 것이다. 2016년 여름, 러시아 시베리아 영구동토층이 녹으면서 약 75년 전 탄저병으로 죽은 순록 한 마리의 사체가 분해돼 몸속에 갇혀 있던 탄저균이 나와 순록 2,300여 마리가 떼죽음을 당했고, 12세 목동 1명이 숨졌다[5]. 이것은 작은 시작에 불과하다.

---

3) 조천호, "[기후변화와 감염병] 방역 선진국 한국은 기후대응 후진국, 방역 후진국 유럽은 기후대응 선진국", 여시재, 2020.04.28.
4) "70억 인구, 한 줄로 세우면 지구에서 달 거리의 13.7배", 동아사이언스, 2011.12.23.
5) "신종 바이러스 예고? 북극의 미생물이 깨어나고 있다", 주간조선, 2021.01.02.

기후변화는 팬데믹과 함께 무수한 기후재난을 일으키고 이 복합적 자연의 징벌은 글로벌 공급망 교란을 상시화하는 동시에 수억 명의 기후난민을 양산하여 지정학적 갈등을 심화시키고 이것은 다시 글로벌 공급망을 교란할 것이다. 이러한 공급망 교란의 악순환이 상시화될 것에 대비해야 할 것이다.

Ⅲ. 우크라이나 전쟁, 갈등의 장기화

2022년 2월에 시작된 러시아의 우크라이나 침공은 초기의 예상과 달리 러시아가 고전하면서 장기전으로 돌입하고 있다. 우크라이나 전역을 점령하려는 계획을 포기한 러시아 군이 남부와 동부 지역을 점령하고 교착 국면으로 갈 것이라는 2차 예상도 우크라이나 군이 나토(NATO)가 제공한 HIMARS 등 최신식 무기를 앞세워 반격을 시작하면서 보기 좋게 비껴갔다. 지금으로서는 2022년 5월 BCG 보고서에서 제안된 5가지 시나리오 중 하나가 될 것이라는 매우 포괄적인 전망에 만족할 수밖에 없는 상황이다.

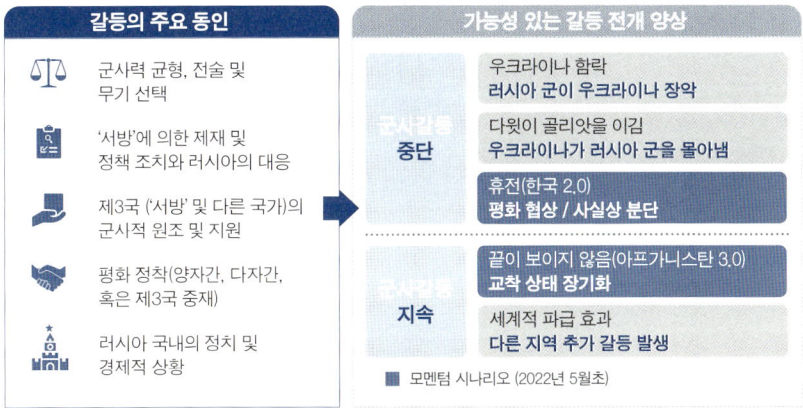

[그림 2] 우크라이나 전쟁의 예상 시나리오[6]

BCG에서는 갈등의 전개 양상을 결정하는 5개 요인을 첫째, 군사

---

6) "우크라이나전쟁: 글로벌 업데이트 및 미래 경제 시나리오 전망", BCG Executive Perspectives, 2022.05.16.

력 균형과 전술 및 무기 선택, 둘째, 서방에 의한 제재 및 정책 조치와 러시아의 대응, 셋째, 제3국의 군사적 원조 및 지원, 넷째, 양자 간, 다자간, 제3국 중재에 의한 평화 정착, 다섯째, 러시아 국내의 정치 및 경제적 상황으로 설정했다. 이 변수들에 따라 가능성 있는 향후 전개 양상 또한 5가지로 설정했는데, 첫째, 우크라이나 함락, 둘째, 러시아군 패전, 셋째, 평화 협상에 의한 분단, 넷째, 교착 상태 장기화, 다섯째, 다른 지역으로 전쟁 확산 등이다. 이 틀에 준거하여 현 상황을 판단해본다.

현재 양측의 군사력에서는 반도체 금수조치 등 첨단무기 소재가 바닥나고 있는 러시아에 비해 서방으로부터 최신식 무기를 지속적으로 공급 받고 있는 우크라이나가 당초의 예상과 달리 우세한 것으로 보인다. 그러나 러시아가 전세가 크게 불리하게 전개될 경우 비축하고 있는 첨단 무기를 집중 투하하거나 종국에는 전술 핵무기 사용을 위협하거나 실제로 사용할 가능성도 있다. 또한 서방에서 제공할 수 있는 무기도 한정되어 있으며 미국의 중간 선거에서 바이든이 패배할 경우 상황이 반전될 가능성도 배제할 수 없다. 만약 러시아가 위험해질 경우 그동안 뒷전에 조용히 있던 중국이 움직일 가능성도 있다. 세계 전쟁으로 가는 상황을 막기 위해서라도 러시아가 일방적으로 밀리는 상황을 국제 사회가 용인하기는 힘들 것이다. 따라서 군사력에서 어느 일방이 압도적으로 앞서면서 전세가 확연하게 한쪽으로 기우는 상황이 온다고 쉽게 단언하기는 힘들다.

에너지, 금융, 첨단기술 등에 대한 금수조치 등 서방의 강력한 제재에 대한 대응으로 러시아가 유럽에 대한 에너지 공급을 끊으면서 유럽에서 에너지 대란이 일어나고 있다. 그러나 유럽은 이미 겨울을 보낼

가스의 90% 이상을 비축했으며 석탄 발전소까지 가동하여 위기를 극복할 수 있을 것으로 보인다. 러시아의 대응 조치는 유럽의 탈러시아 정책과 탈화석에너지 정책을 오히려 더 확고하게 만들었다. EU가 발표한 'RepowerEU'에 따르면 2027년에는 러시아산 가스로부터 완전히 독립할 것으로 보인다. 러시아 또한 서방의 제재에 비교적 잘 버티고 있는 것으로 보인다. 물가도 환율도 안정화되어 금리를 오히려 내렸고 세계 에너지 가격 급등으로 수익이 오히려 늘어나고 있다. 러시아는 7월까지 2022년 월평균 200억 달러의 매출을 올려 전 대비 37% 수익이 증가했다[7]. 따라서 러시아와 서방이 상호 강력한 제재 폭탄을 날리고 있지만 어느 한쪽 경제도 이로 인해 일방적으로 붕괴되지 않을 것으로 보인다. 따라서 경제적 측면에서도 대치 국면으로 상당히 오래갈 수 있다.

　　　　제3국으로부터의 지원은 내용은 다르지만 효과는 대등한 것으로 보인다. 앞서 말한 바와 같이 서방은 재정적 군사적 지원을 지금까지는 아끼지 않고 있고 러시아는 직접적인 군사 지원을 받는 곳은 없지만 중국, 인도, 사우디아라비아 등이 러시아산 원유 구매를 대폭 증가하여 간접적으로 군사 자금을 지원하고 있다고 볼 수 있다. 2022년 5월 중국의 러시아산 원유 수입은 전월 대비 55% 늘었고 러시아로부터 오는 가스관 '시베리아의 힘-1'을 통한 가스 구입량은 2020년 41억㎥ 수준에 머물렀으나 올해는 200억㎥에 달할 것으로 보이며 연 500억㎥ 규모의 '시베리아의 힘-2' 가스관 건설에 대한 논의도 가속화되는 것으로 알려졌다[8]. 인도도 기존보다 2배 이상 러시아 원유 수입을 늘렸고[9] 사우디아라비

---

[7] "러, 서방 제재에도 에너지 수익으로 돈방석", 한국무역협회, 2022.08.30.
[8] "러, 중국 가스수출 확대 위한 '시베리아의 힘-2' 건설 박차", 한국무역협회, 2022.09.16.
[9] "중국·인도, 러시아 원유 수입 급증…남아공도 검토", 한겨레, 2022.06.21.

아도 2022년 2분기에 전년 대비 2배 이상 러시아 석유 수입을 늘렸다[10]. 2022년 상하이협력기구 회의에서 중국과 인도가 이례적으로 전쟁에 대한 비판적 언급을 한 것은 실제로 러시아에 대한 압력이기보다는 국제사회에 중립적이고 평화적인 반전 이미지를 심고자 하는 측면이 더 큰 것으로 보인다.

제3국의 중재에 의한 평화정착은 당분간 힘들 것으로 보인다. 전쟁 초기에는 튀르키예의 중재로 우크라이나가 나토(NATO) 가입을 포기할 수 있다는 의사를 밝혀 협상 가능성을 내비쳤지만 영토는 포기할 수 없다는 점을 분명히 했고, 러시아도 크림과 돈바스 영토를 되돌려 줄 의도가 없음을 분명히 하여, 양측 모두 사실상 중재를 거절한 것과 다름없었다. 전쟁 개시 후 이미 반년 이상이 지난 시점에서 전쟁 초기보다 더 많은 국토(20%)를 상실한 우크라이나가 휴전을 제안하거나 수용할 가능성은 없다. 오히려 최근 서방의 첨단 무기를 앞세워 크림반도까지 포함해 국토 완전 수복을 선언하고 대대적인 공세를 펼치고 있고 러시아군도 우크라이나군에게 돈바스를 잃지 않기 위해 배수진을 칠 것으로 보인다. 2022년 9월 22일 푸틴이 30만 명 동원령을 내려 공식적으로 기존의 '특수 작전'의 차원을 넘어 본격적인 '전쟁' 국면으로 돌입한다고 선언하여 양측의 협상 가능성은 더욱 희박해졌다.

마지막으로 러시아 국내의 정치와 경제는 비교적 안정적이다. 서방 언론에서 일방적으로 푸틴을 악마화하는 것과는 달리 러시아 국내에서는 푸틴에 대한 지지도가 여전히 높다. 2022년 8월 현재 푸틴의 정

---

10) "원유수출 1위 사우디, 러시아산 수입 2배↑ …왜?" 국제, 2022.07.15.

책에 대한 지지도는 여전히 83%이며 우크라이나 전쟁에 대한 지지도는 76%에 달한다. 다만 최대 변수는 9월 22일 30만 동원령 발표 이후 전국에 확산되고 있는 반대 시위와 남성들의 해외 탈출 러시다. 그러나 푸틴의 실각 가능성은 높지 않은 것으로 판단되지만 전쟁을 구경하던 러시아인들이 전쟁을 직접적인 개인 문제로 맞닥뜨릴 경우 민심이 어떻게 될지는 현재로서는 판단하기 힘들다.

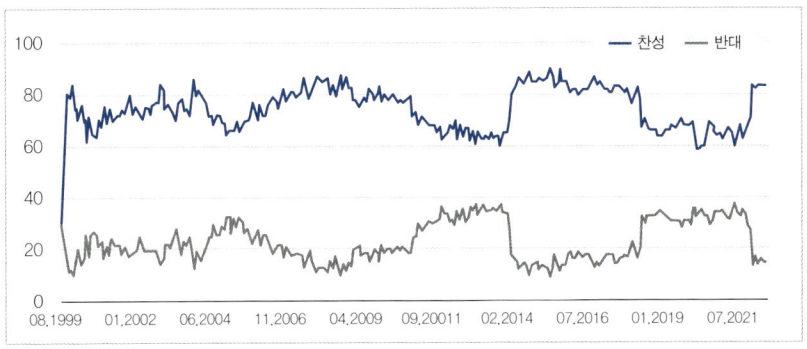

[그림 3] 푸틴에 대한 지지도 추이[11]

러시아 경제도 앞서 말한 바와 같이 양호한 편이다. 2022년 1월부터 6월까지 석유 및 가스 수출에 의한 수익은 전년 동기 대비 35% 늘었다[12]. 전쟁 발발 직후 달러당 139루블까지 급등했던 환율은 약 한달 이후 안정화되기 시작하여 2022년 9월 23일 기준 환율이 달러당 57.3루블로 전쟁 이전보다 더 낮아졌다. 2022년 3월 1일 20%까지 올랐던 중앙 금리는 동년 9월 23일 7.5%까지 인하되었다.

---

11) Левада-Центр 설문조사 결과. 2022.08.31. https://www.levada.ru.
12) "ОБЗОР ЭКОНОМИЧЕСКИХ ПОКАЗАТЕЛЕЙ", ЭКОНОМИЧЕСКАЯ ЭКСПЕРТНАЯ ГРУППА, 15 августа 2022. http://www.eeg.ru/downloads/obzor/rus/pdf/2022_08.pdf?PHPSES-SID=cd2f75730dd4d48a2b94d831212be5a6

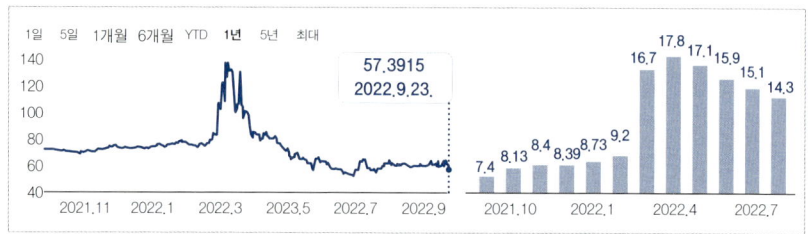

[그림 4] 환율 추세 (달러 대비 루블, 좌측) 및 인플레이션 추세 (단위 %, 우측)[13]

　　　이상 다섯 가지 요인을 종합할 경우 푸틴의 동원령에 의한 러시아내 급변 사태가 오지 않는 이상 우크라이나 전쟁의 교착상태가 장기화될 가능성이 높아 보인다. 러시아와 우크라이나는 전 세계 밀 교역량의 25% 이상, 해바라기유 수출량의 60% 이상, 보리 수출량의 30% 이상을 차지하는 등 세계 곡물 시장의 공급망에 대한 영향력이 지대하다. 또한 러시아는 글로벌 주요 광물 공급량 중에서 팔라듐 등 백금족 30%, 티타늄 13%, 니켈 11% 등을 차지하고 반도체 웨이퍼 회로 식각 공정에 필요한 네온 등의 주요 수출국이다. 러시아 소재의 1차 공급업체는 1만 5,000개가 안되지만 전 세계적으로 러시아 업체들과 2차 공급 거래 건수는 760만 건에 달하고 37만4,000개 기업이 러시아 공급업체에 의존하며, 이 중 90%가 미국에 소재하고 있다[14]. 따라서 해당 곡물과 원자재에 연동한 산업에서 공급망 문제는 상당 기간 지속될 것으로 보인다.

---

13) 출처: 환율은 구글 금융, 인플레이션은 Trading Economics
14) "러시아-우크라이나 사태와 글로벌 공급망 관리", Deloitte Insights, 2022 No.21.

Ⅳ. 우크라이나 전쟁 후 세계 질서

　　　앞서 인용한 BCG 보고서에서는 우크라이나 전쟁 이후 2030년까지 글로벌 판도 변화에 대한 4가지 시나리오를 제안하고 있다. 첫째, 미래로 돌아가다. 즉 주요 강대국들이 세계적 협력과 군사 갈등의 최소화에 합의하는 시나리오다. 둘째, 3극 경쟁. 서구권과 동구권 양측이 새로운 균형 속에 공존하면서 '비동맹'국들은 제3의 길을 모색하는 것이다. 셋째, 제한적 교착. 우크라이나와 非나토 회원국들 간의 갈등은 고착화되고 중국은 러시아와 거리두기를 지속하는 것이다. 마지막으로 세계적 갈등이 심화되는 것이다. 경제적 군사적 충돌로 무역이 붕괴되고 경제와 군사력이 제도를 대체하는 것이다.

　　　이 중에 첫 번째와 네 번째 두 개의 극단적 상황 설정은 실현 가능성이 낮아 보인다. 우크라이나 전쟁 이전으로 돌아가기는 이미 힘들 것으로 보인다. 우선 유럽 특히 독일과 러시아 간의 관계가 회복되기에는 양측 간에 생긴 불신의 고리가 너무 깊다. 또한 유럽은 이미 탈러시아 프로젝트를 본격화했다. 이미 언급한 바와 같이 2027년에 러시아 가스 수입을 전면 중단한다는 계획은 가스 수입 다변화와 재생에너지로의 전환에 의해 실현될 가능성이 높다. 러시아 또한 유럽에 대한 가스 수출을 대체할 중-러 가스관인 '시베리아의 힘-1'의 규모를 이미 늘리고 있고 두 번째 중러 가스관인 '시베리아의 힘-2'의 건설에 대한 막바지 협상이 진행하고 있다. 즉 유럽과 러시아 간의 에너지 연계는 다시 회복하기 힘든 상황에 이르렀다. 더구나 국토의 대부분이 폐허가 되고 700만 명 이상의 난민이 유럽으로 탈출한 우크라이나가 EU에 가입할 경우, EU와 러시아 간의 관계는 이미 과거의 협력 수준을 회복하기는 힘들 것으로 보인다.

마지막 옵션인 세계적 갈등이 심화되는 시나리오는 일정한 기간 동안은 실현될 가능성이 적지 않아 보인다. 미중이 패권 경쟁에서 어느 한쪽이 확실한 승자가 되지 않는 이상 양국 간의 경제적 군사적 갈등과 긴장은 심화될 수밖에 없다. 그러나 이 갈등이 일정 수준 이상을 넘어갈 경우, 사실상 인류의 공멸을 의미하기 때문에 미중과 같은 강대국이 공멸에 이르기까지 이를 용인할 가능성은 낮다. 다만 세 번째 시나리오인 제한적 교착은 비교적 현실성이 있어 보이나 미중 갈등이 지속되는 상황에서 중국이 러시아에 거리두기를 지속적으로 하는 부문은 현실성이 떨어져 보인다. 미국의 압박이 심할수록 미중 간의 밀착 관계는 더욱 강고해질 것이다. 네 개 시나리오 중 가장 현실성이 있어 보이는 것은 두 번째 시나리오다. 미국 블록과 중국 블록이 경쟁하며 공존하는 가운데 과거 냉전보다 훨씬 비중이 커진 제3지대가 중간자 역할을 하는 것이다.

보다 면밀하게 우크라이나 전쟁을 포함하여 현재의 미중 갈등에 대응하는 국가들의 입장을 살펴볼 경우 세 개의 큰 블록으로 나누는 것도 무리로 보인다. 우선 미국 블록과 중국 블록이 각각 견고하게 하나의 단일한 대오를 형성할 가능성은 그리 커 보이지 않는다. 우선 미국 블록에서 핵심 동맹국인 일본, 이스라엘, 사우디아라비아, 유럽 등이 미국에 대한 전면적인 지지를 보내지 않고 있다. 일본은 러시아 제재에 참여하면서도 미국과 유럽의 글로벌 에너지 기업이 모두 손을 뗀 러시아의 에너지 사업(사할린 1과 2)에서 손을 떼지 않겠다는 것을 분명히 했다. 또한 일본 국내 정치에 영향이 큰 쿠릴열도 수복 문제로 러시아와의 갈등 수위를 일정 수준 이상으로 올리지 않을 것이다.

이스라엘도 마찬가지다. 900만 인구 중 160만 명이 러시아계이며 중동 이슬람 국가들과의 대립 국면에서 러시아와의 협력이 필수적이기 때문에 러시아에 대한 적대적 행위를 하기 힘들다. 따라서 이스라엘은 러시아에 대한 경제제재에 불참하고 우크라이나에 아이언돔과 첩보용 페가수스를 보내는 것을 거절했다. 심지어 미국의 북미 지역 밸류체인의 핵심 파트너인 멕시코도 러시아 제재에 불참하고 우크라이나에 대한 무기 지원에 반대했다.

셰일혁명 이후 사우디아라비아의 독자 행보는 이미 주지의 사실이다. 사우디아라비아는 석유 최대 수입국에서 최대 수출 경쟁국으로 바뀐 미국보다는 미국을 대체한 중국과의 관계에 더 중점을 두고 있다. 사우디아라비아의 에너지 전환 프로젝트의 핵심 국영기업인 ACWA의 지분 중 49%를 중국 실크로드 펀드에 넘겼고 중국과 함께 메나 지역, 아프리카, 중앙아시아 등에 대형 재생에너지 프로젝트와 담수화 프로젝트를 진행하고 있다. 우크라이나 전쟁 발발 이후 고유가 억제를 위한 유럽과 미국의 원유 증산 요청을 보기 좋게 거절하고 오히려 러시아와 함께 감산 정책을 쓰고 있다. 게다가 2022년 2분기에는 전년 대비 2배나 많은 러시아산 석유를 자국 발전소와 재수출용으로 수입했다.

유럽은 앵글로색슨계 'AUKUS(2021년 9월, 미국, 영국, 호주 3개국이 결성한 인도·태평양 지역에서의 3자 안보 동맹)'에 대한 독일, 프랑스, 이탈리아의 반발이 있다. 영국을 제외한 EU의 독자군 창설 등 전략적 자율성에 대한 지향, 특히 베를린 장벽 붕괴 이후 30년 넘게 지속적으로 추진해온 중국과 러시아를 포함한 유라시아대륙과의 경제적 연계가 우크라이나 전쟁으로 강제로 단절된 독일이 이를 회복하려는 욕구를 자제할 수 있을 지도 문제다. 독일은 네덜란드부터 헝가리에 이르는 이른바 독일 블록을 형성하고 유라시아 동부지역과 단일 경제권을 형성하려는 야심을 펼쳐왔다.[15] 우크라이나 전쟁으로 이 야심을 완전히 접을지는 미지수다.

한편, 중국 블록도 마찬가지다. 정략결혼 관계인 중국과 러시아의 관계는 미국이라는 변수가 약해질 때 언제 약화할지 모른다. 러시아 극동지역에 이어 '近북극국가(Near Arctic State)'임을 선포하며 북극에 대한 경제적 군사적 진출도 본격화하고 있는 중국에 대해 러시아의 전략적 견제도 커지고 있다. 러시아는 북극 연안과 심해 에너지 개발을 위해 중국의 거대 자본의 힘을 빌리고 있으나 북극에 대한 자국의 독점권에 대한 배타적 입장을 다방면으로 확인시키고 있다. 중국은 이에 대응하여 러시아의 북극 내해를 우회하는 북극 공해상으로의 진출을 시도하고 있다.

중국에 대한 러시아의 견제는 중국-인도-러시아 간의 삼각관계를 적절히 활용하는 데서 엿보인다. 러시아는 인도에게 중국을 방어하기 위한 S-400 미사일 시스템을 제공하고 인도와의 경제적 관계도 확대하고 있다. 특히 인도가 경제 대국으로 부상하면 러시아와 중국 간의 상호 의존관계는 현재보다 훨씬 약화될 가능성도 있다. 그러나 2022년 9월 상하이협력기구 회의에서 중국과 인도가 반전 발언을 통해 러시아와의 거리두기를 한 것은 중국 블록, 그리고 러시아와 인도 관계의 복잡성을 그대로 반영한다.

여기에 러시아의 경제적 군사적 지원을 받는 카자흐스탄, 우즈베키스탄의 애매모호한 입장도 추가된다. 특히 카자흐스탄은 직전에 대규

---

15) MARCO D'ERAMO, "Sinking Germany", Sidecar, July 19, 2022.

모 군중 시위를 러시아 군대의 도움으로 진압하며 정권 위기를 극복했음에도 불구하고 우크라이나 전쟁에 대한 지지 발언은커녕 국내 반전 시위를 허용하고 있으며 정부 차원에서도 전쟁에 대한 비판적 입장을 공식화하고 있다. 석유 시장에서 러시아의 주요 경쟁자이자 핵 협상이 시급한 이란은 우크라이나 전쟁으로 협상을 후퇴시킨 러시아와의 관계가 더 복잡해졌다.

미국 블록도 중국 블록도 아닌 제3지대는 더 복잡하다. 과거 냉전 시기보다 훨씬 강력한 영향력을 행사할 수 있는 이 지대의 국가는 양 블록과 때로는 협조적인, 때로는 비협조적인 관계를 유지하며 자신의 이익을 최대화 한다. 동시에 이 지대의 주요 국가들은 단일한 블록을 형성하기보다는 주변 지역을 흡수하여 각자의 영향권을 확대하며 서로 경쟁하고 있다. 21세기 세계 최강국으로의 도약을 꿈꾸는 인도는 미, 중, 러와의 불가원불가근의 관계를 유지할 뿐만 아니라 동남아와 남아시아 국가들에 대한 영향력 확대를 노골화하고 있다.

현재 세계 경제 성장의 핵심동력으로 부상한 동남아국가들은 인도의 기대와는 달리 독자적인 행보를 통해 자신의 비중 확대를 추구하고 있다. 동남아는 중국, 러시아, 서방과의 관계를 모두 유지하려는 입장을 견지한다. 따라서 우크라이나 전쟁 이후 러시아에 대한 제재에도 참석하지 않았고 아세안(ASEAN) 최대 국가인 인도네시아는 G20 회의를 주최하며 러시아 정상도 초청하여 중재자 역할을 자처하는 한편 러시아산 석유의 수입을 적극적으로 검토하고 있다. 중국과의 관계를 고려하여 미국이 추진하는 IPEF(Indian-Pacific Economic Framework) 가입 결정을 최대한 늦춰 결국 10개국 중에서 6개국만 가입했으며 IPEF의 반중 기조 약화에 일조하는 것으로 보인다. 그러나 다른 한편으로는 아세안 국가들은 상호 내정불간섭의 원칙, 불균등한 경제 발전 등으로 EU에 미치지 못하는 낮은 수준의 통합에 머물고 있다.

나토(NATO)에 소속이지만 필요에 따라 중국, 러시아, 인도 등과 협력을 강화하는 한편, 또 사안에 따라서는 심지어 적대적인 입장을 견지하는 튀르키예는 미국 블록도 중국 블록도 무시 못 할 중추국 역할을 함과 동시에 범투르크국가를 회복하려는 야심을 가진, 제3지대의 균열을 일으킬 강력한 후보다. 튀르키예는 러시아가 지지하는 아르메니아에 대한 전쟁을 수행한 아제르바이잔에 이어 우크라이나에도 튀르키예산 드론을 제공하여 러시아를 곤경에 처하게 했다. 그러나 다른 한편으로는 러시아에서 오는 가스관을 통한 가스 수입을 중단하지 않고 한데 이어 우크라이나 전쟁에도 남미의 맹주 브라질, 아프리카의 주요 게임 플레이어인 남아프리카 공화국 등도 자국의 영향 범위를 확대하기 위해 노력하고 있다.

따라서 러-우크라 전쟁으로 명확한 3극 체제가 되는 것은 어려워 보인다. 미국이든 중국이든 제3지대이든 각 블록 내의 통합도 낮고 블록 간에도 다양한 차원에서 견제와 소통이 공존하는 복합적 관계가 유지될 것이다. 그 근저에는 명확한 리더가 없는 상황, 즉 대부분의 나라들이 과거의 영향력을 회복하지 못하는 미국, 미국만큼의 영향력을 좀처럼 가지지 못하는 중국 중 누구의 말에 따르지 않는 상황이 있다.

2012년 G제로(국제사회를 주도하는 강력한 리더가 없는 상태)의 개념을 제시한 유라시아그룹의 회장 이안 브레머의 네 가지 시나리오로 이 상황을 더 명확하게 설명할 수 있다. 이안 브레머는 향후 세계 질서를 예측하는 두 가지 축을 설정했다. 첫째가 미중 관계, 둘째가 미중의 제외한 국가들의 힘이다. 미중 관계가 협력적일 때 미중을 제외한 국가들의 힘이 약하면 G2의 시대가 오고, 힘이 약하지 않으면 19세기 유럽과 같은 조화(concert)의 시대가 온다. 미중이 서로 적대적일 때 나머지 국가들이 힘이 약하면 신냉전의 시대가 도래하고 힘이 약하지 않을 경우 여러 지역으로 나누어진 세계가 온다. 현재 상황으로는 바로 네 번째 시나리오, 즉 여러 지역으로 나누어진 세계가 될 가능성이 가장 커 보인다. 우크라이나 전쟁 이후 냉정한 현실주의에 입각한 다극적 세계 질서가 도래할 수 있다. 지역별로 나눠진 세계에서는 블록 간의 관계도 블록 내의 관계도 복합적이다. 때로는 함께 하고 때로는 따로 가는 질서다.

미국의 싱크탱크 아틀란틱 카운슬의 예측에 따르면, 우크라이나 전쟁 이후 세계 질서는 냉각된 갈등, 이중 냉전, 핵 종말, 용감한 신세계 등의 네 가지 중의 하나가 될 가능성이 있으나 어느 하나도 단언할 수 없다. 다만 확실한 것은 유럽이 다시 깨어나고, 러시아는 약해

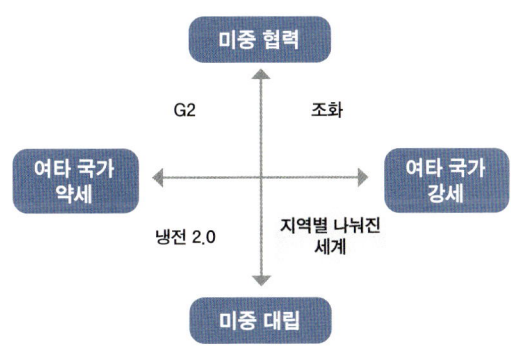

[그림 5] 미중 관계에 따른 세계 판도 변화[16]

---

16) 이안 브레머의 저서(Ian Bremmer, "Every Nation For Itself", Portfolio, April 30, 2013.) 속의 다이어그램 번역

지고, 중국은 새로운 곤경에 처하고, 미국은 이기지만 비싼 대가를 치르고, 비동맹 움직임이 시작되고, 개발도상국들은 수십 년간의 성과를 잃게 될 것이라는 점이다[17]. 한마디로 이안 브레머가 말하는 지역별로 나눠진 세계의 다른 표현이라고 할 수 있다.

---

17) Mathew Burrows and Robert A. Manning, "How will the Russia-Ukraine war reshape the world? Here are four possible futures", Atlantic Council, 2022.

V. 글로벌 가치사슬의 변화, 패권 경쟁의 핵심

최근 GVC(글로벌 가치 사슬)의 변화도 '지역별로 나눠진 세계'로 가고 있는 것으로 보인다. 사실 현재 전 세계에서 벌어지고 있는 모든 변화의 기저에는 패권의 모체인 선도기술을 선점하려는 경쟁이 깔려있다. 모델스키가 주장하는 것처럼 지금까지 세계 패권 국가의 흥망성쇠는 새롭게 부상하는 선도기술을 장악하는가에 달려 있었다[18]. 선도기술을 장악하는 국가가 GVC를 장악하고 이를 바탕으로 경제력에 이어 군사력까지 장악하여 세계 패권을 확보했다. 패권 교체기에는 항상 선도기술의 변화와 함께 GVC의 변화가 있었고 이 때문에 글로벌 공급망도 연달아 교란되었다. 미국의 남북전쟁은, 영국이 미국 남부로부터 면화를 수입하고 영국은 이것으로 만든 옷을 미국에 되파는 GVC 구조를, 미국 북부에서 옷을 만드는 구조로 개편하는 과정에서 나왔다. 전쟁과 함께 공급 사슬이 교란되었고 북군이 전쟁에서 이긴 후 결국 GVC는 미국 북부 중심으로 개편되었다. 이는 이후 2차 산업혁명에서 미국이 패권을 장악할 수 있는 자양분이 되었다.

1985년 플라자합의는 엔화 가치 절상으로 일본의 잃어버린 20년을 만들었다고 흔히들 말하지만 사실상 통화 가치의 변경이 미일 무역 불균형 조정에 미친 영향은 거의 없었다. 오히려 미국의 적자는 더 늘어났다. 사실상 일본의 경제를 무너뜨린 것은 1986년과 1991년 체결되어 1997년 만료된 1, 2차 미일 반도체 협정이었다. 1990년 당시 NEC를 비롯

---

[18] George Modelski et al, "Leading Sectors and World Powers: The Coevolution of Global Economics and Politics (Studies in International Relations)", University of South Carolina Press, Feb 1, 1996.

해 도시바, 히타치, 후지쓰, 미쓰비시, 마쓰시타 등 6개 일본 기업이 D램 시장의 80%를 차지하며 톱10 반도체 기업을 1위에서 3위, 5위에서 7위까지 싹쓸이했고 미국 기업은 겨우 각각 4, 5, 8위를 차지한 인텔, 모토로라와 TI 등 3개 기업뿐이었다. 일본의 반도체 공세를 미국에서는 제2의 진주만 공격으로 받아들이며 강력 대응 기조가 형성되었다.

결국 두 차례에 걸친 반도체 협정으로 일본의 반도체 기업은 나락으로 떨어지고 이와 함께 일본의 전 제조업의 경쟁력도 떨어졌다. 그 결과 반도체의 GVC가 미국 중심으로 새롭게 재편되었다. 미국은 팹리스 생산방식으로 전환하여 반도체 GVC의 최고위층에 위치하고 세계 톱10 반도체 기업 중 6개 이상을 차지했다. 미국의 설계에 따라 반도체를 생산하는 파운드리 역할을 담당하는 한국과 대만이 이 GVC의 하위층으로 들어가 톱10에 안착하며 일본을 대체했다.

〈표 1〉 글로벌 반도체 톱10 기업 변화[19]

순위	1990년			2020년		
	기업명	매출(달러)	국적	기업명	매출(달러)	국적
1	NEC	48억	일본	인텔	738억	미국
2	도시바	48억	일본	삼성전자	604억	대한민군
3	히타치	39억	일본	TSMC	454억	대만
4	인텔	37억	미국	SK하이닉스	264억	대한민국
5	모토로라	30억	미국	마이크론	216억	미국
6	후지쓰	28억	일본	퀄컴	193억	미국
7	미쓰비시	26억	일본	브로드컴	170억	미국
8	TI	25억	미국	Nvidia	158억	미국
9	필립스	19억	네덜란드	TI	130억	미국
10	마쓰시타(파나소닉)	18억	일본	인피니언	110억	유럽

19) "미국은 왜 일본 반도체를 무너트렸나…한국은?" 머니투데이, 2021.11.06.

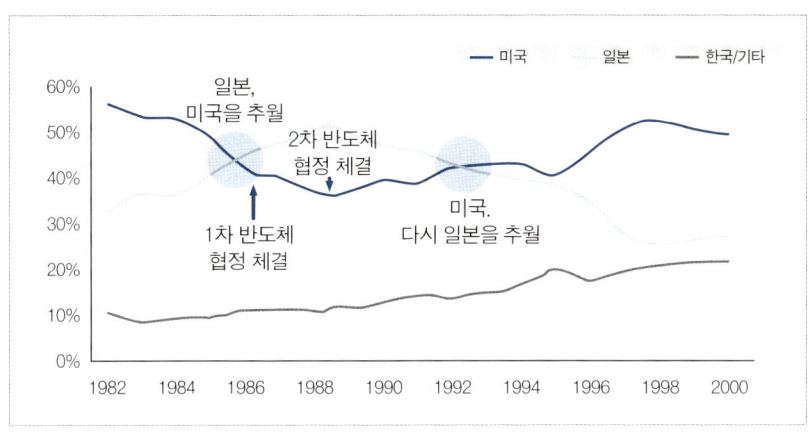

[그림 6] 미일 전 세계 반도체 시장 점유율 변화[20]

　　이어 미국은 1995년에 1985년과는 달리 달러 절상 정책으로 '강달러→미국으로 자본유입→주가상승/금리하락→소비증가/투자증가→수입증대→경상수지 적자확대→전 세계 동반성장'이라는 미국 기축통화 중심 글로벌 성장 패러다임을 만들어 제조업의 글로벌 수직분업 구조 위에 얹었다. 이 강달러 기조 속에 위안화 절하의 혜택으로 수출을 늘리며 중국이 이 GVC의 최하위 사슬로 들어와 1980년대 후반부터 시작된 새로운 GVC가 완성되었다. 물론 이 GVC의 최하위 사슬에는 1970년대 페트로달러 체제로 미국에 값싼 에너지 자원을 제공하는 중동 석유가스 생산국들이 중국과 함께 포진했다. 그리고 이 GVC에서 벌어들인 돈은, 미국이 이 GVC와 이를 순환하도록 하는 글로벌 공급망의 안정을 보장하는 동시에 이로부터 임의로 이탈하거나 혹은 새로운 조정에 저항하는 플레이어들을 제압하는 군사력을 창출하고 유지하는 기반이 되었다.

---

20) 김찬훈, "일본 반도체 업계의 침몰", 가치마당, 2021.12.07.

이 구조가 탄생시킨 21세기 최고의 상품이 바로 애플의 아이폰이다. 미국이 설계하고 중간재를 한국과 대만, 그리고 일본과 유럽이 제공하고 최종재를 중국에서 생산한 다음 미국 소비자들이 최종 구매한다. 여기에서 생긴 수익으로 나머지 국가들의 소비자들도 애플의 소비에 합류한다. 그리고 이 과정에서 중동의 석유, 미국의 월스트리트의 금융, 그리고 강력한 미 해군이 지키는 공급 사슬망이 함께 작동한다.

이른바 다국적기업(MNC)와 함께 신자유주의가 확대되는 이 시기는 국제정치학에서 자유주의자들이 말하는 '개방 기반(openness-based) 자유주의[21]'가 실현되고 현실주의자들이 말하는 '공격형 현실주의[22]'에 기반한 패권 팽창이 실현되는 시기였다. 한국과 중국이 체제나 이념과 관계없이 미국 중심의 글로벌 수직분업 체제에 포괄되는 GVC는 개방 기반 자유주의가 가능한 물적 토대가 되었고 소련마저 붕괴시키고 단일 패권을 확보하는 공격형 현실주의도 가능하게 했다.

리처드 볼드윈은 이 시기를 제2차 세계화 즉 '대수렴(Great Convergence)'라고 부른다[23]. 1차 세계화는 생산이 미국과 유럽 그리고 한국과 일본 등 일부 지역, 총칭하여 '북'에 몰리고 북과 남의 발전 차이가 벌어지는 '대분기(Great Divergence)' 시기였다. 이 시기는 '북'에 속한 국가들은 경공업, 중공업 등 산업 부문별로 국제적 분업을 시차적으로 이뤘다. 부가가치가 높은 부문을 새로 확보한 미국과 같은 선진국은 이전의 상대

---

[21] Stephen Krasner, "Learning to Live with Despots: The Limits of Democracy Promotion," Foreign affairs, vol. 99, no. 2 (2020), pp. 49~55.
[22] John Mearsheimer, The Tragedy of Great Power Politics (New York: Norton, 2001), pp. 4~5.
[23] 리처드 볼드윈, 「그레이트 컨버전스」, 세종연구원, 2019년 9월.

적으로 부가가치가 낮고 환경 및 사회적 비용이 높은 산업, 즉 경공업과 중화학공업 등을 일본과 한국에 차례로 이전하는 구조였다. 이를 이른바 '기러기형' 국제 분업이라고 불렀다.

제2차 세계대전부터 1970년대까지에 이르는 1차 세계화의 시기에는 미국에 제조업이 여전히 융성했고 여기에 고용된 중산층의 삶도 국가의 복지정책과 함께 윤택했다. 이 때문에 자유주의 이론에서는 이를 '내장형(embedded) 자유주의[24]'가 실현된 시기라고도 부른다. 볼드윈은 소비지와 생산지의 분리, 그리고 교통수단의 발전에 의한 저렴한 수송비에 기반한 상품의 이동이 이 대분기 국제 분업의 토대가 되었다고 말한다. 이 시기 미국은 사회주의 진영의 또 다른 패권국가인 소련과의 세력 균형, 즉 이른바 '방어적 현실주의' 정책을 펼치며 자본주의 진영의 결속을 다지는 데 중점을 두었다.

그러나 정보통신 기술의 발전으로 지식이 자유롭게 이동하면서 대분기의 시기는 대수렴의 시기, 즉 2차 세계화로 넘어간다. 선진국의 지식과 후진국의 저렴한 노동과 토지가 결합하면서 선진국, '북'에서는 지식을 생산하는 지식산업과 하이테크 산업이 주로 남고 대부분의 제조업은 개도국이나 후진국 즉 '남'으로 이전된다. 이제 국제 분업은 산업 부문 간 분할에서 제품 생산의 단계 간 분할로 세분화된다. 개별 제품 생산의 세부 가치사슬에서 최고위 사슬에 해당하는 설계와 디자인

---

24) 존 러기(John Ruggie)가 국가 간에는 자유 시장 경쟁 질서가 적용되지만 각 개별 국가 내에서는 복지와 노동자층 보호 등에 정부가 개입하는 것이 양해되는 체제를 일컫은 용어. John Ruggie, "International Regimes, Transactions, and Change: Embedded Liberalism in the Postwar Economic Order," International Organization, vol.36, no. 2 (1982), pp. 388~392.

은 미국 등 '북'에 남고 나머지 사슬은 대부분 '남'으로 이전된다. 이로써 '남'도 하이테크부터 저렴한 소비재까지 모든 제품의 생산에 참여한다. 부가가치 차이에 따라 산업 부문을 통째로 이전하는 '기러기형' 국제 분업 모델은 후진국의 어떤 국가라도 고부가든 저부가든 가릴 것 없이 모든 산업 부문의 제품 생산에 참여할 수 있는 이른바 '찌르레기형'으로 옮겨간다. 남북 간의 발전 차이가 크게 줄어드는 이른바 '대수렴'이 일어나는 것이다. 글로벌 수직통합이 일어나면서 '개방 기반형 자유주의'가 탄생하고, 미국에 의한 세계 질서의 단극화, 미국의 전성기가 도래하여 '공격적 현실주의' 이론이 실현되었다.

미국의 전성기는 정점으로부터 저점으로 방향을 틀 수밖에 없는 치명적인 문제를 내포했다. 첫째는 제조업을 타국으로 넘겨주면서 국가 전반의 생산 인프라가 괴멸되었다는 것이다. 이와 함께 제조업에 종사하는 수많은 중산층이 급격하게 빈곤층으로 몰락했다. 대표적인 사례가 바로 '러스트벨트(rust-belt)'[25]다. 그러나 이보다 더 심각한 문제가 생겼다. 남으로 이전한 제조업이 창출한 막대한 자본과 기초 기술 자산을 바탕으로 중국이 부상한 것이다.

---

25) 러스트 벨트(Rust Belt)는 미국의 중서부 지역과 북동부 지역의 일부 영역을 표현하는 호칭이다. 자동차 산업의 중심지인 디트로이트를 비롯해 미국 철강 산업의 메카인 피츠버그, 그 외 필라델피아, 볼티모어, 멤피스 등이 이에 속한다.

⟨표 2⟩ 국제정치학의 다양한 분파와 GVC의 관점에서 본 현대사의 변화

관점	2차 대전 이후	1980년대 이후	2010년대 이후	2030년대 이후
패권	이중패권	단일 패권	패권 교란	패권 분산
현실주의	방어적 (세력 균형)	공격적 (패권 안정)	공격적?(미) 방어적?(중)	다중 방어적 (비지배 패권)
자유주의	내장형/제한적 자유주의	개방형/개입형 자유주의	선택적/작위적 자유/보호주의	초연결형 자유주의
GVC	기러기형 글로벌 수직 통합 (부문 기반)	찌르레기형 글로벌 수직 통합 (단계 기반)	兩頭多尾형 글로벌 수직 통합 교란	多頭多尾형 글로벌 수평 분산 (플랫폼 기반)

이렇듯 현재 글로벌 공급망의 교란은 바로 미중 기술패권 경쟁에 따른 GVC의 변화에 수반된 것이다. 반도체, 양자역학, 인공지능 등 차기 산업혁명의 주도권을 장악하기 위한 미중 간의 경쟁이다. 따라서 팬데믹, 우크라이나 전쟁은 기존 GVC에 따른 글로벌 공급 사슬이 그 역사적 소명을 다해, 즉 퇴화해 약해진 것을 확실히 노출하고 개편하는 과정이라고 할 수 있다. 미국 정부도 작금의 공급망 위기의 본질을 기존 GVC가 가지고 있었던 약점으로 판단하고 있다. 한때 중국이 포함되어 더욱 강력한 생명력을 가진 것으로 평가되었던 GVC가 이제는 중국의 포함으로 팬데믹과 전쟁, 자연재해에 취약하다고 평가한 것이다. 그리고 약점의 핵심 대상이 되는 GVC는 미래 기술의 요체인 반도체, 전기차 배터리, 희토류 등 특정 광물 및 의약품으로 명시된다.

2022년 4월 발행된 백악관 보고서에서 주요 경제학자들은 "팬데믹은 공급망의 약점을 드러낸 것이지, (없던) 약점을 만든 것이 아니다."라고 지적하는 동시에 산업 패러다임 및 패권의 교체기에 전형적으로 나타나는 "생산성 증가율의 하락, 노동력 감소, 불평등 심화 등의 문제를 위해 이제 시장이 아니라 정부가 싸워야 한다"라고 주장한다. 또한

"미국의 제조업이 저임금 국가, 특히 중국에서 만든 부품에 의존한 결과 공급망이 팬데믹, 전쟁, 자연재해에 약할 수밖에 없게 되었다."[26]고 지적한다. 이는 미국 정부가 중국을 포함한 GVC를 개편하여 글로벌 공급망을 보완하겠다는 의지를 표명했다. 즉 중국을 배제한 새로운 GVC를 만들겠다는 뜻이다.

최근에 발표한 반도체법, 인플레이션감축법의 핵심은 차기 선도기술을 중국에게 넘기지 않겠다는 것이다. 텍사스 인스트루먼츠(Texas Instruments)와 같은 미국 기술 기업이 공급망 리쇼어링 등을 위해 자체 칩 생산량을 늘리고, 다른 한편으로는 삼성, TSMC가 미국에 공장을 설립하도록 강제하는 것도 같은 맥락이다. 중국도 이에 대응하여 Silergy Corp., SG Micro Corp. 등이 2년 전부터 현지화에 돌입했고 반도체 자립, 양자컴퓨터, 인공지능, 의약품 자립을 위한 정부 차원의 대대적인 투자를 시작했다.

GVC의 재편과 새로운 쟁탈전 속에서 글로벌 패권의 교란이 일어나자 미국은 더 공격적 현실주의를 중국은 현재로서는 방어적 현실주의 전략을 선택하고 있는 것으로 보인다. 동시에 양국은 모두 자국의 이익에 따라 선택적이고 작위적인 자유주의와 보호주의 사이에서 진동하고 있다. 글로벌 수직통합 체제가 미중의 경쟁 속에서 흔들리면서 현재 두 개의 머리에 수많은 꼬리가 연결된 '양두다미(兩頭多尾)형'을 보이고 있다.

---

26) Supply Chain Hurdles Will Outlast Pandemic, White House Says, The New York Times, 2022.04.14.

향후 새로운 세계 질서를 좌우하는 GVC가 미중의 경쟁 과정에서 어떻게 새로운 진화를 하게 될지 예측하기란 쉽지 않다. 산업 부문에서 제품 단계로 분업의 수준이 세분화하는 동시에 가치의 분배가 보다 확산해 국가 간 발전 차이가 줄어든 것이 2차 세계화, 즉 대수렴까지의 추세였다면 기술의 발전으로 이 세분화와 가치 확산의 추세가 더 강화되는 방향으로 갈 가능성도 크다. 다만 여기서 보다 세분화된 GVC에 사람, 기업, 국가가 어떤 형태로 참여할 것인가가 관건일 것이다. 그 매개가 플랫폼이 될 것도 거의 분명해 보인다.

볼드윈은 2차 세계화가 지식의 이동으로 일어난다면 3차 세계화는 '사람의 이동'에 일어날 것으로 전망하고 있다. 텔레프레즌스와 텔레로보틱스에 의해 국경을 넘는 사람의 이동이 자유로워지리라는 것이다. 바로 이 사람의 이동을 자유롭게 조직하는 플랫폼 자체의 거버넌스가 집중형, 혹은 분산형 중 어느 쪽으로 기우는가, 이 플랫폼을 기업과 국가가 장악하는 방식 역시 집중형이냐 분산형인가에 따라 미래 세계의 질서가 결정될 것이다. 4차 산업혁명 기술과 미래 재생에너지가 가지고 있는 본원적인 분산성은 글로벌 질서의 분산화 가능성을 기대하게 한다. 플랫폼 기반의 GVC가 다두다미(多頭多尾)형으로 수평 분산된다면 '비지배 자유'를 지향하는 다중 방어적 현실주의, 초연결형 자유주의 전략이 글로벌 질서의 기조가 될 수도 있다. 물론, 우크라이나 전쟁의 결과가 그 추세에 지대한 영향을 줄 것은 틀림없다.

문제는 GVC 개편 경쟁은 단시일에 이루어지지 않는다는 점이

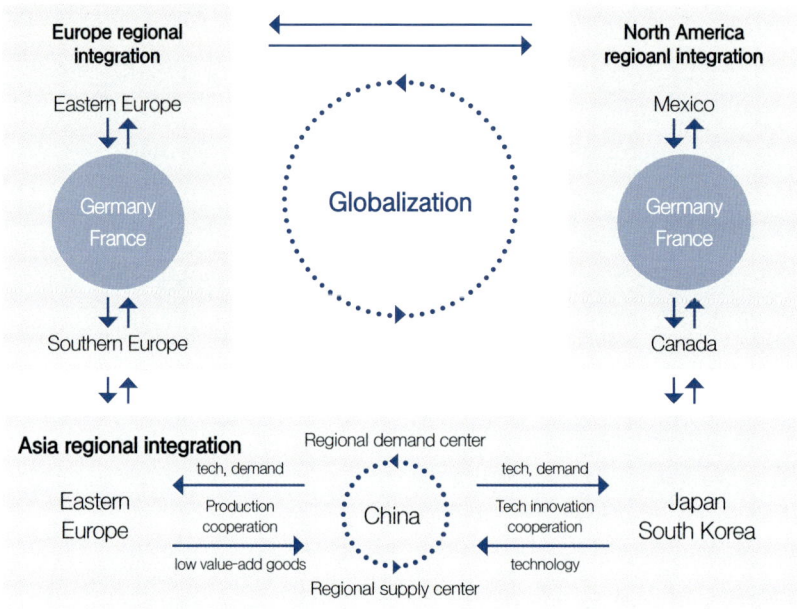

[그림 7] 재글로벌화 모형: 다극적 구조[28]

다. 미중 간의 디커플링[27]과 함께 세계적인 디커플링의 가능성도 있지만, 1980년 이후 진행된 세계화는 인류 역사상 유례없는 강력한 연계성을 구축했기 때문에 이 연결 고리들을 완전히 없애는 것은 불가능하다. 즉 단기간 GVC와 글로벌 공급망의 개편 경쟁은 일부 하이테크에 그치고 그 하이테크에서도 핵심 분야에만 집중될 수밖에 없다는 것이다. 미국 정부도 중국과의 제조업 연계 고리를 완전히 없앨 수 없기에 하이 테크(High Tech)에는 하이 펜스(High Fence)를, 나머지에는 미들/로우 펜스(Middle/Low fence) 전략을 쓸 수밖에 없다. 여전히 월마트 입고품의 절반

---

27) 디커플링(Decoupling)은 한 나라 경제가 특정 국가 혹은 세계 전체의 경기 흐름과 독립적으로 움직이는 현상을 말한다.

이상이 중국 상품이다. 또한 다른 많은 국가의 기업은 미국과 중국과 동시에 거래하거나 중간자 역할을 하고 있다. 동시에 유럽, 아시아, 미주에서는 각자의 가치사슬을 형성하기 위한 노력이 전개되고 있다. 따라서 앞으로 상당 기간 GVC는 세계 질서와 마찬가지로 지역 거점을 중심으로 지역화되는 동시에 글로벌화될 것으로 보인다.

---

28) "How China is preparing its economy for a future where the U.S. isn't the center of global demand", hellenicshippingnews, Sep 02, 2020.

Ⅵ. 글을 마치며

팬데믹의 상시화, 우크라이나 전쟁의 장기화, 세계 질서 및 GVC의 개편으로 인해 글로벌 공급망의 교란은 상당 기간 상수가 될 것으로 보인다. 그러나 공급망 단절은 하이테크 관련 소재, 부품, 기술 등 일부 부문에 집중되고 연결이 유지되는 부문도 많을 것으로 보인다. 따라서 공급망 교란에 대한 단기적인 대응보다는 장기적인 대응 시스템을 갖추어야 한다. 단순하게 'Just-in-time'에서 'Just-in-case'로 이전하는 것보다는 양자를 상황에 따라 적절하게 배합할 수 있어야 한다. 이는 상품-서비스의 비중 변화에도 같은 논리로 적용되어야 한다. 이를 위해서는 무엇보다 인공지능, 빅데이터 등 4차 산업혁명 관련 기술을 적극적으로 도입해 장기 지속되는 변화의 패턴을 예측하는 시스템을 갖추어야 할 것이다. 소재와 부품뿐만 아니라 인력과 운송 수단의 공급 부족 등도 자동화와 사전 예측 시스템을 통해서 대응력을 높여야 한다. 연결된 부분과 단절된 부분이 동시에 작동하고 또 교차되는 글로벌 공급망의 역동성에 대응할 수 있는 디지털 기술력이 지금과 같은 격변기에 무엇보다 요구된다.

제3차 세계화가 대수렴의 진화 일지 혹은 대분기로의 퇴행 일지 아직 예측하기 힘들지만 GVC 재편의 핵심 관건이 될 플랫폼 경제에 대한 보다 전향적인 기술과 자본, 정책이 집중되어야 한다. 우크라이나 전쟁은 스파르타의 후원을 믿고 아테네에 맞선 '멜로스의 비극'의 현대판이다. 미국은 이 전쟁을 통해 자국의 셰일 에너지 수출을 급속히 확대하는 동시에 일론 머스크의 저궤도 위성(스타링크) 체제에 기반한 미래 통신체제와 각종 최신식 기술을 시험하여 기술패권에서의 우위를 선점하는 장으로 사용하고 있다. 이 실험 속에서 우크라이나인과 러시아인들의 희생은 국제 뉴스 그 이상도 그 이하도 아니다. 멜로스가 비극을 피하는 길은 네덜란드처럼 소국이면서도 세계 경제의 핵심이 되는 플랫폼이 되는 것이다. 세계 질서의 핵심인 GVC 연구에 우리가 총력을 기울여야 하는 이유다.

Logistics Trends 2023

팬데믹 이후 글로벌 무역 및 경제질서의 향방

김경훈
한국무역협회 국제무역통상연구원 연구위원

미국 뉴욕주립대(올버니)에서 경제학 박사학위를 취득했으며 한국무역협회 동향분석실에서 수출입 동향 분석업무를 담당했다. 현재는 한국무역협회 GVC 산업분석TF에서 반도체, 배터리 등 주요 산업의 공급망을 분석하는 한편, 글로벌 공급망 위기에 대응하기 위한 정책과 전략을 연구하고 있다. 또한 산업부, 무역협회, 코트라가 공동 운영하는 공급망 뉴스레터(글로벌 공급망 인사이트) 작성에도 참여하고 있다.

I. 들어가며

코로나-19의 확산 이후 세계 경제는 감염병으로 인한 인적, 물적 손실과 더불어 지금껏 경험해 본 적 없는 전 지구적 차원의 공급망 위기를 겪었다. 팬데믹, 자연재해, 전쟁 등 예상치 못한 충격이 글로벌 공급망의 특정 부문에 병목 현상을 일으키고, 파급효과가 연관 산업뿐 아니라 경제 전반에 확산되는 사례가 빈번하게 발생했다. 세계 각지에서 생산과 물류가 중단되고 억눌렸던 수요 또한 분출하는 등 수요와 공급의 균형이 깨지면서 세계 경제의 불확실성은 그 어느 때보다 높아졌다. 러시아가 EU에 대해 천연가스 공급을 중단하는 등 주요국들이 자국의 이익을 위해 의도적으로 공급망을 차단하는 경우가 늘어나면서 공급망의 안정성과 회복탄력성을 확보하는 것이 국가와 기업 모두에게 시급한 과제로 떠올랐다.

2022년은 코로나-19의 충격에서 어렵사리 빠져나오던 세계 경제가 러시아-우크라이나 전쟁(이하 러-우크라 전쟁), 인플레이션, 미국 금리 인상이라는 삼각파도를 만나 다시 한번 침체 위기를 겪은 한 해로 기억될 전망이다. 팬데믹 이후 심화된 글로벌 공급망의 교란은 러-우크라 전쟁을 계기로 에너지와 식량의 수급 위기로 확대됐다. 특히 러시아산 에너지에 크게 의존하던 유럽 국가들은 에너지 가격 급등에 따른 인플레이션과 경기 둔화라는 직격탄을 맞았다. 인플레이션을 잡기 위한 미국의 공격적 금리 인상은 전 세계에 통화 긴축의 압박을 가하는 동시에 달러 강세로 수입 물가를 끌어올려 이미 높아진 물가를 부채질하고 있다. 자본 유출과 환율 상승의 우려로 대부분 국가가 미국의 금리 인상을 추종할 수밖에 없다는 점에서, 전 세계적으로 불황 속에 물가가 상승하는 스태그플레이션(Stagflation)이 현실화할 것이라는 우려가 커지고 있다.

　　이 와중에 미국은 중국을 배제한 자국 중심의 공급망 구축을 본격화하기 위해 '반도체 과학법(Chips and Science Act)'과 '인플레이션 감축법(Inflation Reduction Act)'을 통과시켰다. 이들 법안은 미래 산업의 핵심 경쟁력인 반도체와 배터리 공장을 유치하기 위해 미국에 투자하는 글로벌 기업에 파격적 보조금을 주는 대신, 중국에 대한 투자를 막거나 중국산 원료의 사용을 제한해 중국을 견제하려는 의도를 명확히 드러냈다. 또한 미국은 인도-태평양 경제프레임워크(IPEF)를 출범시켜 동맹국들과 함께 무역, 공급망, 청정에너지, 공정경제의 4대 분야(pillar)에서 새로운 규범 정립과 협력 증진을 위한 논의를 시작했다. 한국은 미국과의 연대를 강화하면서 미국 주도의 공급망 재편에 빠르게 편승하고 있지만, 미·중간 디커플링이 본격화되면 자칫 최대 수출시장인 중국 시장을 놓칠 수 있다는 불안감도 커지고 있다. 여기에 미국이 주도하는 반도체 공급망 협의체 '칩4'에 중국이 강하게 반발하고 있어 미·중의 틈바구니에 낀 우리 반도체 기업들의 고민이 깊어지고 있다.

수출 호조를 바탕으로 팬데믹의 충격에서 상대적으로 빨리 회복했던 한국 경제는 2022년 들어 수출보다 수입이 크게 늘며 2008년 이후 처음으로 연간 무역수지 적자를 기록할 것으로 예상된다. 특히 대중국 월별 무역수지가 지난 5월 이후 28년 만에 적자로 돌아서고 반도체 수출도 8월 들어 감소하며 수출 경쟁력에 빨간불이 켜졌다. 높은 에너지 가격이 지속되고 주요국의 긴축정책으로 인한 글로벌 경기 침체와 중국의 성장세 둔화, 수요 약화에 따른 반도체 가격 하락 등 주로 단기적이고 외부적인 요인들이 우리 무역수지의 악화를 유발했다고 볼 수 있다. 그렇지만 대중국 무역적자는 오랜 기간 진행된 중국의 첨단산업 내재화의 결과로 나타난 구조적인 변화를 반영한다는 점에서 근본적인 대응책 마련이 시급해지고 있다.

이처럼 글로벌 무역과 통상, 공급망을 둘러싼 환경이 급변하면서 2022년은 지난 2년간 세계 경제를 짓누른 팬데믹의 기저효과가 사라지고 그 속에서 새롭게 태동한 경제질서가 본격적으로 자리 잡는 시작점이 될 수 있을 것이다. 이러한 변화의 소용돌이 속에서 개방형 통상국가인 한국이 생존하기 위해서는 더욱 치열한 고민과 전략적 대응이 절실해지고 있다. 이하에서는 올해 나타난 무역과 공급망의 주요 변화를 분석하고 이를 바탕으로 다가올 2023년의 흐름과 영향을 전망해 보고자 한다.

Ⅱ. 2022년 글로벌 무역과 공급망의 주요 이슈와 전망

1. 미국의 금리인상과 글로벌 경기침체

2021년 이후 전 세계 소비자물가지수(CPI)는 매번 시장 예상을 뛰어넘는 수치를 기록했다. 미국의 소비자물가는 2022년 6월 전년 동월 대비 9.1% 상승하여 지난 40년간 가장 높은 상승률을 보였고, 유로존의 9월 물가상승률은 10.0%를 기록하여 1997년 통계 작성 이래 최고치를 경신했다. 이는 코로나-19 위기 대응을 위해 각국이 재정지출 확대와 금리 인하에 나서면서 유동성이 급증했고, 올해 초 발발한 러-우 전쟁으로 식량과 에너지 가격이 급등한 데다가 팬데믹 이후 지속되고 있는 공급망의 차질, 서비스 부문에 대한 수요 증가 등이 물가상승률을 끌어올리고 있기 때문이다.

이에 맞서 각국의 중앙은행들은 공격적인 금리 인상으로 대응하고 있다. 미국 연방준비제도(이하 연준, Federal Reserve System)는 2022년 9월 연방공개시장위원회(FOMC)에서 금리를 3회 연속 0.75%p 올리는 '자이언트스텝'을 단행했다. 개별 연준위원들의 예상을 종합한 점도표에 따르면 2022년 9월 말 3.00~3.25%인 연방기금금리 목표는 연말에 4.4%에 이르고, 2023년에는 4.6%까지 상승하면서 정점을 기록할 전망이다. 한편 연준은 2022년 및 2023년

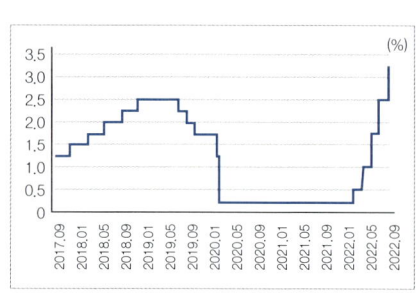

[그림 1] 미국 연방기금금리
자료 : FRED, 연방기금금리 목표 범위 상단 기준

의 실업률 전망을 상향 조정한(각각 3.7%→3.8%, 3.9%→4.4%) 반면, 성장률 전망은 하향(각각 1.7%→0.2%, 1.7%→1.2%) 조정했다. 이 같은 성장과 고용 전망의 악화에도 불구하고 제롬 파월 연준 의장은 고통 없이 인플레이션을 퇴치하기는 어렵다는 점을 재차 강조하면서,

[그림 2] 미국 소비자물가지수(CPI) 상승률
자료 : FRED

금리 인하는 인플레이션 추세가 2%로 회귀하고 있다는 확신이 들어야 검토 가능할 것이라고 발언해 시장을 긴장시켰다.

문제는 미국의 금리 인상으로 다른 나라들도 금리를 올릴 수밖에 없는 상황에 몰리고 있다는 점이다. 이미 값이 오른 식량과 에너지 등 수입해야 할 품목 상당수가 국제 시장에서 달러로 결제되는데, 미국의 금리 인상이 달러 강세를 부추기면서 달러를 쓰지 않는 국가들의 수입 물가를 상승시켜 인플레이션이 전 세계로 확산되는 결과를 가져오고 있다. 게다가 달러 표시 채무가 많은 국가들은 상환 부담이 가중되며 외환위기가 발생할 가능성도 커진다. 국가별로 경제 사정이 각기 다름에도 불구하고 자국 통화 약세와 달러 유출을 막기 위해 여러 나라들이 미국을 따라 금리를 서둘러 인상하면서 글로벌 경제가 동반 침체에 빠질 가능성이 커지고 있다. IMF는 2022년 7월 발표한 경제전망에서 세계 경제 성장률이 금년 3.2%, 2023년 2.9%에 머물 것으로 전망했는데, 이는 2022년 1월 전망보다 각각 1.2%p, 0.9%p 더 낮아진 수치이다. 주요국 중 봉쇄 조치로 타격을 입은 중국을 제외하면 2022년보다 이듬해 경제성장률이 더 나아질 것으로 예상되는 나라는 없다. 게다가 미국과 주요국의 금

리 인상 속도가 예상보다 빨라지고 러시아가 동원령을 선포하는 등 러-우 전쟁이 장기화 조짐을 보이면서 세계 경제의 경착륙 가능성은 시간이 지날수록 더 높아지고 있다. 다가올 2023년은 바야흐로 고물가와 저성장이 세계 경제의 새로운 뉴노멀로 자리 잡는 시기가 될 전망이다.

〈표 1〉 IMF의 2022~23년 세계경제 성장률 전망 (%, %p)

대상 전망 시기	2021년	2022년 전망			2023년 전망		
		'22.1월	'22.7월	조정폭(%p)	'22.1월	'22.7월	조정폭(%p)
전세계	6.1	4.4	3.2	-1.2	3.8	2.9	-0.9
미국	5.7	4.0	2.3	-1.7	2.6	1.0	-1.6
유로존	5.4	3.9	2.6	-1.3	2.5	1.2	-1.3
독일	2.9	3.8	1.2	-2.6	2.5	0.8	-1.7
한국	4.1	3.0	2.3	-0.7	2.9	2.1	-0.8
중국	8.1	4.8	3.3	-1.5	5.2	4.6	-0.6
일본	1.7	3.3	1.7	-1.6	1.8	1.7	-0.1

자료 : IMF WEO('22.1월, '22.7월)

2. 중국의 경기둔화

중국의 경기둔화와 소비 위축 또한 세계 경기침체 유발 요인이 되고 있다. 특히 중국 당국의 제로 코로나 정책에 따른 주요 도시 봉쇄 조치는 중국 경제와 전 세계 공급망에 심각한 타격을 입혔다. 전 세계 컨테이너 물동량 1위인 상하이는 2022년 4월 엄격한 봉쇄에 들어가 도시 전체의 경제 활동이 약 8주 동안 중단되었다. 이로 인해 중국의 2분기 GDP는 전기 대비 2.6% 감소(2022년 동기 대비 0.4% 증가)했는데, 이는 팬데믹이 시작된 2020년 1분기(-10.3%) 이후 가장 큰 감소폭이다. 6월부터 봉쇄가 차츰 완화되면서 소비 증가율이 플러스로 전환되고 수출도 두 자릿수 대의 증가율을 보이는 등 회복세를 보였으나 선전, 다롄, 청두 등 대도시를 중심으로 산발적인 봉쇄가 이어지는 가운데 7월과 8월 제조업 PMI는 각각 49.0와 49.4로 기준선인 50을 하회했다.

부동산 시장도 작년 헝다(恒大) 그룹의 파산 위기 이후 주택 가격 하락 및 거래량 감소 등으로 위축세가 지속되고 있다. 중국 정부는 인프라 투자 확대 등 경기부양책을 발표하고 주택담보대출 금리 인하, 소비쿠폰 발행, 지급준비율 하향 조정 등 재정·통화정책을 통해 경기 하방 위험에 대응하고 있으나 대내외 불확실성 등으로 성장세 회복은 쉽지 않을 전망이다. 2022년 10월 시진핑 주석의 3연임 확정 이후 제로 코로나 정책이 완화될 때 회복세는 더 힘을 받을 수 있겠으나, 제로 코로나 정책이 유지되는 가운데 더 광범위한 봉쇄를 촉발하는 코로나 변종 바이러스의 확산이 지속될 가능성도 있다. 또한 대외적으로는 대만을 둘러싼 미·중 갈등이 고조되고 러시아에 대한 간접 지원을 고리로 중·러간 결속이 강화되면서 미국 등 서방 진영과의 대립이 심화될 가능성이 크다.

IMF는 2022년 7월 중국의 올해 경제성장률을 3.3%로 전망했는데, 이는 같은 해 1월의 전망치보다 1.5%p나 낮아진 수치이다. 2023년 성장률도 1월 예상보다 0.6%p 낮아진 4.6%로 전망해 강한 반등은 어려울 것으로 보았다. 타 기관들도 2023년 이후 중국 경제가 완만하게 둔화되겠으나 소비가 회복되면서 5% 내외의 중속 성장 기조에 접어들 것으로 예상한다. 중국 경제가 단기간 내에 위기에 직면할 가능성은 크지 않지만, 누적된 확장적 재정정책 및 부동산 시장 위축 등으로 재정 건전성이 악화되고 **부동산 시장 활성화와 빈부격차, 경제성장과 제로 코로나, 국유기업 개혁과 고용불안, 자본시장 개방과 외환시장 불안** 등 정책 목표

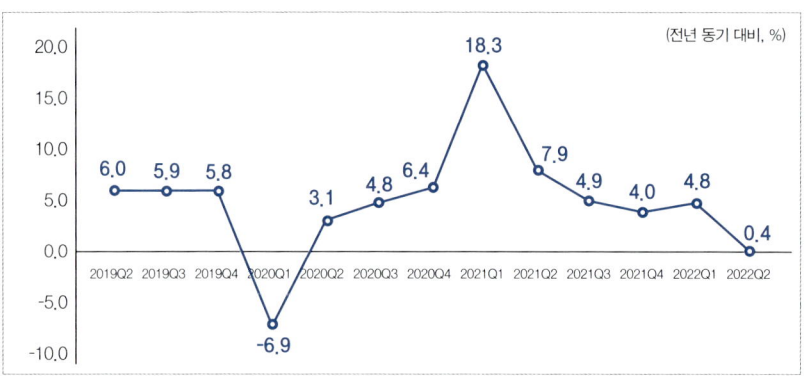

[그림 3] 중국의 분기별 GDP 증가율
자료 : CEIC

간 상충으로 인해 정책 역량의 분산이 심화하면서 성장 동력이 약화되는 것은 불가피할 것으로 보인다. 특히 부동산 부문에 누적된 부실에 대한 구조조정이 지연되면 갑작스럽고 광범위한 위기를 초래하거나 거시 경제 측면에서 충격이 더 큰 장기 조정을 초래할 가능성도 있다. 중국의 성장 둔화는 세계 경제에 상반된 영향을 미칠 수 있다. 주요 도시 봉쇄

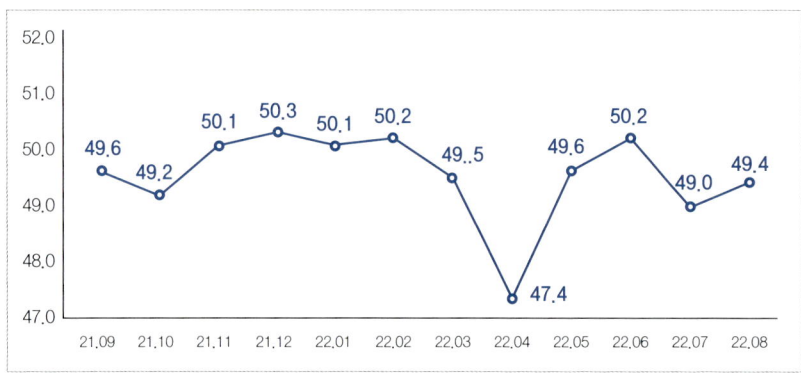

[그림 4] 중국의 제조업 PMI
자료 : 중국 국가통계국

로 인해 공급망의 병목 현상이 심화되면 전 세계적으로 소비재 가격이 상승할 수 있지만, 중국 내 소비와 생산의 위축으로 수요가 감소하면 에너지, 광물 등 원자재와 중간재의 인플레이션은 완화될 수 있다. 그렇지만 한국, 대만 등 대중국 수출 비중이 높고 중국과 중간재 교역을 통해 공급망이 긴밀하게 연계된 국가들은 다른 나라보다 더 큰 타격이 불가피할 것으로 예상된다.

3. 유럽의 에너지 위기

러-우크라 전쟁은 자원부국 러시아로부터 에너지와 식량을 조달하던 많은 국가에 충격을 주었다. 특히 에너지의 경우 러시아에 상당 부분 의존하고 있던 유럽의 타격이 심각했다. 2021년 기준 유럽은 총 에너지 소비의 71%를 화석연료에 의존하며 이 중 천연가스는 25%를 차지한다. 유럽은 전체 천연가스 소비량의 89%를 역외로부터 수입하고 있는데, 이 중 러시아에 대한 수입 비중은 40% 이상이며 특히 동유럽 국가들은 대부분을 러시아에 의존하고 있다. 이러한 상황에서 러-우크라 전쟁 이후 러시아가 유럽에 대한 천연가스 공급을 서방 제재에 대응한 전략적 지렛대로 활용함에 따라 유럽 주요국들은 에너지 공급 차질과 가격 상승이라는 이중고에 직면하고 있다.

러시아는 독일로 연결되는 최대 천연가스 파이프라인 노르트스트림1 가동을 9월부터 무기한 중단했으며, 폴란드를 경유하는 야말 라인은 2022년 5월 이후 가동이 중단되었다. 튀르키예를 경유하는 튀르크스트림은 정상 가동되고 있으나 공급 지역은 남유럽에 국한되어 있다.

이에 유럽은 러시아의 공급 중단으로 인한 천연가스 부족분을 노르웨이, 영국, 북아프리카 등으로부터의 LNG 수입 확대로 상쇄하고 있는 실정이다. 이처럼 공급에 차질이 발생하면서 유럽 천연가스 가격(네덜란드 TTF 선물가격 기준)은 2022년 8월 26일 MWh당 339유로로 사상 최고치를 기록했다. 이에 대응해 폰데어라이엔 EU 집행위원장이 유럽 에너지 시장에 대한 비상 개입을 시사했다. 또한 러-우 전쟁의 전황이 러시아에게

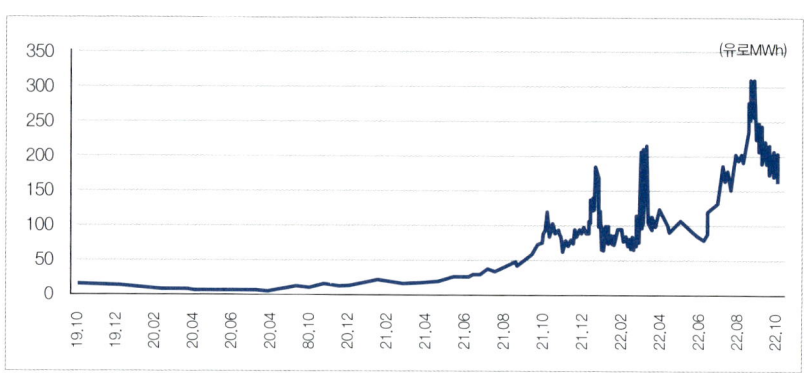

[그림 5] 유럽 천연가스 가격
자료 : Bloomberg

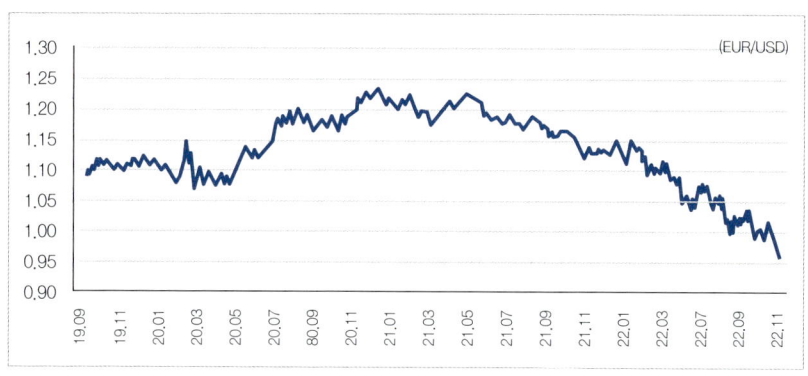

[그림 6] 유로/달러화 환율
자료 : CEIC

불리하게 돌아가면서 천연가스 가격이 급락해 9월 19일에는 173.5유로로 낮아졌으나, 여전히 연초 대비로는 165% 상승한 상태로 2021년 초와 비교하면 10배 가까이 가격이 상승했다. 반면 에너지 가격 상승으로 인한 유럽 경기침체에 대한 우려가 확산되며 유로화 가치는 20년 만의 최저치를 기록했다.

EU 회원국들은 러시아의 추가적인 가스 공급 중단 가능성에 대비해 2022년 8월부터 2023년 3월까지 각국이 선택한 조치에 따라 지난 5년간의 평균 소비량 대비 가스 소비를 15% 감축하기로 합의했다. 또한 EU 집행위는 지난 5월 EU의 러시아 에너지 의존 중단 및 친환경 전환 가속화를 위한 'REPowerEU' 계획을 발표했다. 이 계획은 2050 탄소중립 달성을 위해 2021년 7월에 발표한 'Fit for 55' 계획을 러시아산 화석연료로부터의 독립에 맞춰 강화한 정책이다. 에너지 공급망 다양화, 에너지 소비 절감, 친환경 에너지 전환 등을 통해 러시아산 천연가스에 대한 의존도를 2022년 말까지 2/3 수준으로 줄이고, 2027년까지 러시아 천연가스 수입을 완전히 대체하는 것으로 목표로 하고 있다. 비수기인 하절기를 이용해 천연가스 비축을 늘린 결과 8월 말에 목표치(11월까지 80%)를 이미 넘어섰으며 9월 중순에는 86%를 달성, 과거 5년 평균을 상회하고 있다.

이 같은 노력에도 불구하고 2022년 동절기 국제 천연가스 시장은 러-우크라 전쟁의 향후 전개 방향, 글로벌 경기변화, 동절기 기온 추이 등에 따라 불확실성이 극대화될 전망이다. 기체인 천연가스는 석유와 달리 생산, 유통, 소비의 전 과정에 걸쳐 인프라 의존도가 높아 단기간에 새로운 공급망을 구축하기가 매우 어렵다. 러-우 전쟁 이후 EU는 미국을 비롯한 우방국들로부터 LNG 형태의 천연가스 수입 확대를 추진하고 있지만, 유럽 내의 제한된 LNG 인프라로 인해 막대한 러시아산 천연가스를 대체하기에는 역부족인 상황이다. 러시아가 대(對) 유럽 가스공급을 완전히 중단하거나 겨울철 이상 한파, 가스관 사고 등 돌발변수가 발생할 경우 유럽의 천연가스 위기는 석탄, 석유 등 다른 에너지원에까지 전이될 가능성이 있다. 한편, 아시아 지역의 경우 LNG 수입량이 감소하고 가격은 크게 올랐으나 아직 물량 확보에 중대한 장애가 발생하지는 않았다. 그렇지만 EU의 대체 공급선 확보 노력이 풍선효과를 통해 여타 지역의 천연가스 수급에 부정적 영향을 미칠 가능성에 주의해야 할 것이다.

한편 러시아도 유럽을 대신할 천연가스 수요처를 확보하기 위해 중-러를 연결하는 천연가스관인 '시베리아의힘-2' 건설에 속도를 내는 등 반서방 경제협력을 강화하고 있다. 중국은 2022년 1~7월간 총 276만 톤의 러시아산 LNG를 구입했다. 이는 수입량 기준 전년 대비 27.4% 증가한 수치이며 수입액 기준으로는 무려 161% 급증했다. 또한 러시아 천연가스 수출을 독점하는 국영 가스회사 가즈프롬은 9.6일 중국석유공사(CNPC)와 루블-위안화 혼합 결제 방식에 합의했다고 발표했다. 러-우 전쟁으로 미국 등 서방이 SWIFT(국제은행간통신협회)에서 러시아를 배제하면서 러시아로서는 달러-유로화 결제에서 탈피할 필요성이 커졌으며 중국도 위안화의 국제적 위상 강화를 추진하고 있어 양국의 이해관계가 맞아떨어진 결과로 볼 수 있다. 중국과 러시아는 상하이협력기구(SCO)를 통해 세계 정치·경제 및 공급망에서 서방에 대항하는 세력을 규합하고자 시도하고 있다. 이미 이란이 가입 절차를 마무리했고 튀르키예도 가입을 추진하며 서방에 대한 새로운 지렛대로 삼으려는 의도를 내비치고 있다. 2022년 9월 15~16일간 열린 상하이협력기구 정상회담에서는 참여국들의 통화를 상호 교역의 결제 수단으로 이용하는 것을 점진적으로 늘리고, 다자간 무역 시스템을 강화하는 등 미국의 경제 제재에 맞서 결속을 강화하는 내용을 담은 선언문을 채택했다. 이처럼 러-우 전쟁을 계기로 미국, EU 등 서방과 중-러가 대립하는 세계 질서의 재편이 가시화되면서 무역, 결제 통화, 기술표준 등에서 진영 간 분절화 경향이 더욱 강해지고 기후변화, 식량위기 등에 대응하기 위한 다자간 협력의 효과는 감소할 전망이다.

4. 글로벌 식량위기

러-우크라 전쟁은 에너지뿐만 아니라 세계 식량 가격의 상승을 불러왔다. 특히 러시아와 우크라이나는 세계적인 밀 수출국으로 두 나라의 밀 수출량은 2019~21년간 평균 세계 수출 물량의 27.3%를 차지한다. 우크라이나는 흑해 연안 항구를 통해 매월 약 400만 톤 규모의 밀을 중동과 아프리카로 수출해 왔다. 그러나 전쟁으로 항구가 봉쇄되어 수출이 막히면서 올해 밀 수확시기를 앞두고 2,200만 톤 이상의 곡물이 창고에 묶이고 새로 수확한 곡물도 창고 부족으로 보관하지 못하는 병목 현상이 심화되었다. EU가 우크라이나의 밀수출을 돕기 위해 별도의 화물, 기차 등 물류망을 가동하고 있지만 역부족이다. 러시아는 2022년 7월 튀르키예와 유엔의 중재로 흑해를 통한 우크라이나의 식량 수출 재개를 보장하기로 합의했지만 이후에도 항구에 대한 공격이 계속되는 등 합의 이행은 언제든지 중단될 가능성이 있다. 또한 전쟁으로 인해 세계적인 곡창지대인 우크라이나 지역의 파종 및 수확에 심각한 차질이 발생하면서 곡물 생산도 감소했다. 러시아와 벨라루스는 곡물 생산에 필요한 비료의 주요 생산국으로 이들 국가에 대한 서방의 제재 조치는 전

세계 비료 가격을 상승시켰고 식량 생산을 감소시키는 악순환으로 이어지고 있다. 또한 기후변화로 인해 전 지구적으로 폭우, 폭염, 가뭄 등 자연재해가 강해지고 잦아지면서 식량 부족 사태가 만성화될 조짐도 보인다. 전쟁 발발 직후 급등했던 세계 식량 가격은 최근 몇 달 동안 하락세를 보이고 있지만 2022년 9월 현재까지도 2021년 평균보다 훨씬 더 높은 수준을 유지하고 있다.

이처럼 식량위기의 가능성이 고조되자 밀 생산 세계 2위인 인도가 지난 5월 수출 금지 조치를 내렸다. 2022년 7월까지 전 세계 32개 국가에서 자국민을 위한 식량 확보와 물가안정을 명분으로 식량 관련 품목 53개에 대해 수출 금지, 수출 제한, 수출세 부과 등의 조치를 시행했다. 각국의 수출 제한 조치에 따른 식량 공급망 교란은 사료와 축산, 가공식품 등 연관 품목의 가격 상승을 연쇄적으로 유발해 인플레이션을 악화시킬 뿐만 아니라, 해외 식량의존도가 높은 나라들의 무역수지 악화와 경기 침체를 초래한다. 특히 식품이 소비에서 큰 비중을 차지하는 저소득 국가들에게는 식량 가격 상승이 더 큰 경제적 타격과 사회적 혼란을 초래할 수 있다. 글로벌 식량위기와 식량보호주의 확산이 세계적인 화두로 떠오르면서 2022년 6월 개최된 제12차 WTO 각료회의에서는 식량위기 대응이 주요 의제로 부상하는 등 국제사회도 공동 대응에 나서고 있다. 그렇지만 기후변화로 세계 식량공급의 불확실성이 커지고 있고 수출이 특정 국가에 집중되어 있는 식량 수급구조 하에서 대규모 기상이변이나 전쟁 등 돌발상황이 발생할 경우 올해와 같은 식량 공급의 위기는 언제든 재연될 수 있다. 러-우크라 전쟁의 장기화로 인한 지정학적 긴장이 지속되면 세계 식량 공급망의 불안은 2023년에도 이어질 가능성이 크다.

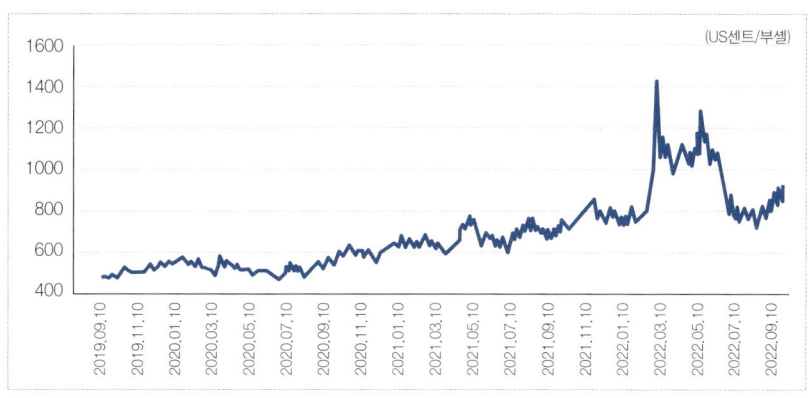

[그림 7] 소맥(밀) 가격 동향
자료 : Bloomberg

〈표 2〉 식량·비료 관련 수출제한조치(2022년)

상태	수출금지		수출허가 및 관세부과		소계	
	조치건수	국가수	조치건수	국가수	조치건수	국가수
전체	42	21	15	13	57	34
현재 적용중	35	20	14	12	49	32

자료 : 김나율(2022)

5. 물류난의 완화

세계 경제에 대한 부정적인 전망이 넘치고 있는 가운데 그나마 물류난은 완화될 것으로 예상된다. 코로나-19 이후 계속되어 온 항만 적체와 해상운임의 상승세는 각국에서 사회적 거리두기가 해제되고 팬데믹 확산이 완화된 이후에도 상당 기간 해소되지 않았다. 그렇지만 최근 인플레이션 위기가 고조되고 주요국의 중앙은행이 강한 긴축 의지를 피력하는 등 경기 침체에 대한 우려가 커지면서 해상운임이 급락하고 있다. 글로벌 컨테이너선 해운 운임지수인 상하이컨테이너운임지수

(SCFI)는 2022년 9월 23일 기준 15주 연속 하락세를 보이며 2,072.04를 기록했다. 2022년 최고점인 1월 7일의 5,109.60 대비 59.4% 감소한 수치다. 성수기로 꼽히는 9월에 각종 운임지수가 떨어지는 것은 이례적인 일이다. 통상 미국의 최대 쇼핑 시즌인 11월 블랙 프라이데이와 12월 크리스마스를 앞두고 컨테이너선을 중심으로 물동량이 늘면서 관련 지수가 높아진다. 2021년 9월에도 SCFI는 전월 대비 평균 6.5%가 상승했다. 반면 2022년에는 9월 한 달에만(8월 26일 대비 9월 23일) 34.3% 하락했다. 지역별로는 미주, 유럽, 동남아 노선 모두 하락세를 보였으며 지난 7월 이후 하락 속도가 공통적으로 가팔라지고 있다. 철광석 등 벌크선 운임과 용선료를 종합한 발틱운임지수(BDI)도 지난해 10월 5,650까지 치솟았다가 9월 23일 현재 1,816로 67.9% 내려갔다.

해상운임이 가파른 속도로 떨어지고 있는 것은 인플레이션의 여파로 구매력이 하락하고 세계 경기가 둔화되며 글로벌 물동량이 큰 폭으로 감소하고 있기 때문이다. 게다가 선복 공급은 내년부터 증가할 것으로 예상되는데, 팬데믹 이후 갑작스러운 수요 회복으로 선복 부족현상을 겪은 글로벌 선사들이 2021년 선박 발주를 크게 늘렸기 때문이다. 컨테이너선 신조 발주량은 팬데믹으로 조선업 경기가 얼어붙었던 2020년 107만 TEU에서 2021년 412만 TEU으로 4배 가까이 증가했다. 발주부터 인도까지 2~3년이 걸리는 조선업의 특성상 내년부터 선복 공급이 본격적으로 확대되면서 해상운임의 하방 압력을 높일 것으로 전망된다. 한편으로 국제해사기구(IMO)의 탄소배출 규제로 인해 노후 선박의 폐선이 증가하고 있고, 늘어난 선복만큼 항만 처리 시설이 개선되지 못해 선복량 증가가 해상운임에 미칠 영향이 크지 않을 것이라는 반론도 있다. 다만 코로나-19 이전 SCFI가 700~1,000p 구간에 장기간 머물렀던데 비해 최근의 해상운임은 아직도 2배 이상 높은 수준이어서 추가적인 하락 가능성은 충분하다.

코로나-19 이후 지속된 항만 적체 현상과 물류난도 물동량이 줄면서 해소되고 있다. 지난 7월 기준 미주 서안 항로의 정시성은 전년 대비 11.5%p 올랐으며, 유럽 항로는 같은 기간 13.5%p 증가했다. 선박 체선으로 인한 불용률도 코로나 이전 2% 수준이었던 것이 2022년 1월 14%까지 상승했으나 7월에는 9%까지 개선되는 모습을 보였다. 또한 글로벌 물류난을 촉발한 미국 서안 항구의 정체와 과도한 운임 인상에 대해서도 제도적인 개선 노력이 진행되고 있다. 미국은 항만 물류 차질로 인한 공급망 교란에 대응하기 위해 2022년 6월 외항해운개혁법(OSRA) 개정안을 통과시켰다. 해당 법안은 해운사의 부당한 선적제한, 타 운송사 이용에 대한 보복 등 반시장 행위를 규제하기 위해 3대 해운동맹에 대한 미국 정부의 견제 및 감독 권한을 강화하는 조치를 담고 있다. 최근 컨테이너 운임지수가 꾸준히 하락하고 있는 것도 물류난의 완화에 대한 기대감이 반영된 것으로 보인다. 이러한 개선 움직임을 고려할 때 내년 상반기부터는 물류난이 완화되고 해상운임도 팬데믹 이전에 근접한 수준

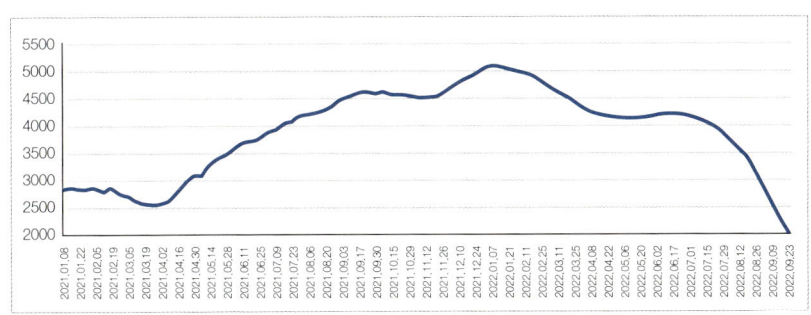

[그림 8] 상하이컨테이너운임지수(SCFI) 추이
자료 : 한국관세물류협회

으로 회복될 것으로 예상한다. 다만 우리 수출기업들의 부담이 바로 줄어들지는 않을 전망이다. 안정적인 운송을 위해 해운사와 장기 계약을 체결하는 경우가 많아 운임 하락이 반영되기까지는 상당한 시간이 걸리기 때문이다. 또한 결제가 대부분 달러화로 이루어지는데 최근 원/달러 환율이 급격히 오르면서 운송비 부담이 커지고 있는 점도 기업 활동에 애로가 되고 있다.

6. 미국이 주도하는 글로벌 공급망의 재편

미·중간 패권 경쟁은 코로나-19, 러-우 전쟁과 더불어 글로벌 산업지형과 공급망을 흔들고 국제질서의 재편을 가속화하고 있다. 패권 경쟁의 패러다임이 군사, 경제에서 기술 중심으로 전환되면서 미국은 반도체, 배터리 등 핵심 전략산업을 육성하기 위한 대규모 지원책을 통해 기술 주도권을 확보하는 한편, 자국 내 투자를 유치하여 일자리를 창출하고 안정적인 공급망을 구축하고자 한다. 2022년 8월 9일 바이든 대통령의 서명으로 공표된 반도체 과학법은 인공지능 및 반도체 포함 연관 첨단산업 역량의 총체적 제고를 위해 2,800억 달러(약 365조 원) 규모의 연방 재정을 동원할 것을 규정하고 있다. 이 법은 미국 내 반도체 시설 건립 지원(390억 달러)과 첨단 반도체 R&D 지원(110억 달러) 등 반도체 산업에만 총 527억 달러를 지원하는 '반도체 지원법(CHIP Act)'과, 미국에서 반도체 공장을 짓는 기업에 25% 세액공제를 지원하는 '반도체 촉진법(FABS Act)'을 포함하고 있다. 향후 세액공제로 10년간 240억 달러 상당의 지원이 있을 것으로 예상되어 미국 반도체 시장을 겨냥한 글로벌 기업의 경쟁이 치열해질 전망이다. 그렇지만 한편으로 관련 보조금을 받은 기업이 향후 10년간 중국에 투자할 수 없도록 하는 가드레일 조항을 포함해 중국 매출 비중이 큰 우리 기업들이 곤혹스러운 처지에 놓였다.

이와 함께 2022년 8월 16일부터 발효된 인플레이션 감축법은 세액공제 혜택을 받고자 하는 기업이 미국 내에서 제조된 물품을 사용하도록 촉진하는 인센티브 규정을 도입해 전기차 및 배터리 산업을 자국 내에서 육성하고자 한다. 이에 따라 ①북미 지역에서 최종 조립된 전기차를 대상으로 ②배터리 핵심 광물이 미국 또는 미국과 FTA를 체결한 국가에서 채굴 또는 가공되었거나 북미 지역에서 재활용된 핵심 광물이 일정 비율 이상을 충족하면 세액 공제의 50%(3,750달러), ③북미에서 제조 또는 조립된 배터리 부품이 일정 비율 이상을 충족하면 세액 공제의 50%(3,750달러)를 각각 적용한다. 한편 우려국가(foreign entity of concern; 중국, 러시아, 이란, 북한 등)에서 배터리 핵심 광물을 추출, 가공, 재활용하거나 배터리 부품을 제조, 조립한 경우 전기차 세액공제 대상에서 제외한다고 규정하여 반도체 과학법과 마찬가지로 중국에 대한 견제 의도를 명확하게 드러냈다. 해당 법으로 인해 미국 내에서 생산하는 전기차 제조업체, 태양광·수소 등 청정에너지, 배터리 기업은 혜택을 받으나 국내에서 생산해 미국으로 수출하는 전기차는 보조금 수혜 대상에서 제외되면서 국내 전기차 업계는 미국 시장에서 경쟁력을 잃을 위기에 처했다. 국내 배터리 업체들도 리튬, 흑연, 코발트 등 핵심광물 공급망에 대한 중국 의존도가 높아 현시점에서는 역내 의무조달 비율을 충족하기 어렵다. 다만, 해외 경쟁사들도 중국이 장악하고 있는 광물 및 배터리 소재 공급망에서 벗어나 단기간에 중국 의존도를 낮추기는 어려운 상황이므로 보조금 지급 조건 변화가 국내 기업들의 사업경쟁력에 미치는 단기적인 영향은 제한적이며, 중국 경쟁사의 북미지역 투자 위축 가능성 등을 생각하면 중장기적으로는 국내 배터리 및 소재 산업의 수혜가 예상된다.

이와 함께 미국은 패권 경쟁 상대인 중국을 견제하기 위해 다자주의적인 관점에서 가치에 기반한 새로운 통상질서를 구축하고자 노력하고 있다. 한국, 미국 등 14개국이 참여해 2022년 5월 출범한 인도태평양 경제프레임워크(IPEF)는 상품과 서비스 시장 개방 및 무역 확대를 추구하는 전통적인 무역협정과는 달리 공급망의 안정화, 디지털 무역, 청정에너지 등 새롭게 떠오르는 통상 의제를 다루기 위한 포괄적인 경제협력체로 평가된다. 한국, 미국, 대만, 일본 등 반도체 공급망의 분야별 핵심 국가들이 참여하는 칩4 또한 2022년 9월 27일 예비 실무회의를 열고 첫발을 내디뎠다. 아직 구체적인 방향성이 드러나진 않았으나, 칩4에 중국이 배제된 상황에서 중국 사업 비중이 높은 국내 반도체 업계의 긴장감도 높아지고 있다. 미국이 중국을 견제하고 핵심 산업에서 자체 제조 역량을 강화하기 위한 노력은 지난 오바마 행정부에서부터 일관되게 지속되어 왔으나, 위에서 언급한 법령과 협력체들이 모두 2022년에 발효되거나 출범했다는 것은 의미심장하다. 2023년부터는 미국이 주도한 새판짜기의 결과물이 도출되면서 이에 반발하는 중국과의 지정학적 갈등이 첨예화되고 첨단기술 분야를 중심으로 미·중간 디커플링이 본격화될 것으로 예상한다. 한국은 미국이 주도하는 공급망의 재편 흐름 속에서 기술 경쟁력을 유지하고 시장 선점의 기회를 찾는 동시에, 중국과의 협력관계는 유지하면서도 대중국 의존도는 낮춰야 하는 어려운 과제를 안고 있다.

Ⅲ. 글을 마치며

　　2022년 한국은 고물가와 고금리, 고환율이라는 3고(高)가 경제를 옥죄고 있는 가운데, 러-우 전쟁의 장기화와 미국의 금리인상으로 글로벌 경기 침체가 현실화되며 그간 경제를 지탱해온 수출까지 흔들리고 있다. 여기에 코로나 팬데믹으로 글로벌 공급망의 취약성이 드러나고 러-우 전쟁으로 에너지와 식량위기까지 촉발되면서 세계 경제는 한 치 앞도 내다보기 힘든 불확실성의 시대에 접어들었다. 글로벌 무역질서와 공급망을 자국 중심으로 새롭게 구축하려는 미국의 시도는 중국의 반발을 불러 지정학적 긴장을 높이고 있으며, 특히 반도체 분야에서 미중간 갈등이 첨예해지면서 한국 기업들은 기술을 장악한 미국과 최대 시장을 가진 중국 사이에서 선택을 강요받는 처지에 놓였다.

　　한국은 미국 주도의 공급망 재편 논의에 적극적으로 참여하고 있지만, 한편으로 미국의 자국우선주의 색채가 뚜렷해지면서 한국산 전기차가 보조금 지급대상에서 제외되는 등 동맹 내에서도 우리의 핵심 이익이 침해되는 상황이 발생하고 있다. 인권, 환경, 민주주의 등 보편적 가치를 공유하는 국가 간에 협력의 필요성이 높아지고 있으나, 영원한 친구도 적도 없는 국제 정치의 냉혹한 현실 속에서 각국은 자립적인 공급망 구축을 위한 각자도생에 나서고 있다. 다가올 2023년은 이처럼 대내외적으로 어려운 도전에 직면한 한국 경제가 변화하는 국제질서 속에서 새로운 활로를 모색해야 하는 험난한 시기가 될 전망이다. 영리한 토끼는 세 개의 굴을 미리 준비해 놓는다는 고사인 '교토삼굴(狡兎三窟)'처럼 다가올 불확실성과 위험에 철저히 대비하는 지혜가 필요한 때이다.

Logistics Trends 2023

뉴노멀(New Normal) 시대의 글로벌 공급망 트렌드

민순홍
한국로지스틱스학회 회장·연세대학교 경영대학 교수

연세대학교에서 경영학 학사, The University of Michigan Ross School of Business에서 MBA, The University of Tennessee에서 Ph.D. (Marketing/SCM 복수전공)를 취득하고, University of Oklahoma 등에서 9년간 재직했다. 현재 연세대학교 경영대학 교수 겸 ESG/기업윤리연구센터 부센터장으로 재직하면서 이해관계자 자본주의라는 새로운 경영 패러다임의 확산과 함께 그 중요성이 부각된 지속가능한 공급사슬 전략 연구와 강의에 임하고 있다.

Ⅰ. 최악의 상황에 처한 글로벌 경제

2019년 말 시작된 코로나-19 대유행으로 시작된 글로벌 공급사슬의 위기는 2022년에도 현재진행형이다. 글로벌 기업은 대유행 초기 수요 급감을 예상하여 생산량 축소를 단행했으나, 본격적인 대유행으로 인해 원자재 부족으로 인한 생산중단과 물류난을 겪으며 회복하는 수요에 대응하지 못하고 공급사슬 붕괴에 직면했다. 지난 몇 년간은 예측 불가능한 사건의 연속이었다고 표현할 수 있다.

2022년 코로나-19 대유행이 진정 기미를 보임에 따라 세계 각국이 앞다투어 방역 완화 조치를 시행하고 있지만, 여전히 간헐적으로 발생하는 바이러스 변종의 출현으로 불확실성이 해소되지 않고 있다. 이에 더하여 국제 정치 불안 요인이 계속 발생하면서 글로벌 공급사슬이 생산력을 완전히 회복하기에는 시기상조로 보인다. 특히 글로벌 제조업의 중심인 중국에서 지속적으로 시행 중인 생산시설 봉쇄, 에너지 핵심 공급원 중 하나인 러시아의 세계 주요 곡물 생산국인 우크라이나 침공

등은 글로벌 공급사슬 재건에 먹구름을 드리우고 있다.

더욱 우려스러운 점은 미국을 중심으로 한 재정 긴축정책으로 인한 경기침체 조짐이다. 코로나-19 대유행 기간 중 경제침체를 우려한 세계 각국 정부와 중앙은행의 양적완화 정책으로 인플레이션이 촉발됐다. 그리고 이를 통제하기 위해 앞다퉈 긴축정책을 펴기 시작했다. 따라서 공급의 불확실성에 더해 수요의 불확실성까지 높아지는 상황이다. 경제 평론가들은 2022년 현재의 글로벌 경제를 최악의 상황(perfect storm)에 처했다고 진단한다. 더욱 커져만 가는 세계 경제의 불확실성은 글로벌 공급사슬의 회복을 더욱 어렵게 만들고 있다. 글로벌 경제지인 The Economist[1]는 "예측 가능한 예측 불가능성의 시대"라는 표현으로 뉴노멀(New Normal) 시대를 설명하고 있다. 뉴노멀 시대에는 경제주체들이 시장의 변동성을 당연하게 받아들이고 이에 대처할 수 있어야 함을 의미한다. 본 장에서는 끝날 듯 끝나지 않는 코로나-19 대유행으로 인해 뉴노멀 시대에 진입한 글로벌 시장에서 공급사슬 트렌드를 살펴보고 기업의 대처방안을 모색해 본다.

---

1) The Economist, "The new normal. The era of predictable unpredictability is not going away," Christmas double issue, Dec 18th-31st 2021. [https://www.economist.com/leaders/2021/12/18/the-new-normal-is-already-here-get-used-to-it]

Ⅱ. 대유행 시대 전술적 공급사슬 관리의 민낯

공급사슬 관리의 핵심은 관계를 기반으로 한 장기적, 전략적 협업과 이를 통한 경쟁우위의 확보이다. 극단적인 효율성 추구는 전략적 의미의 공급사슬 관리를 전술적 의미의 공급사슬 관리로 퇴색시켜 글로벌 기업들의 경쟁력 근간을 흔드는 패착을 가져왔다. 첫 번째 패착은 공급사슬 관계 관리에서 발생했다. 공급사슬 전략의 근간은 지속적이고 장기적인 관계를 기반으로 한 고객가치 창출과 이를 통한 협업 참여 기업의 재무적 성과 향상을 추구하는 전략적 파트너십(strategic partnership)이다.[2] 전략적 파트너십을 개발, 유지, 발전시키는 과업에는 파트너에 대한 신뢰(trust), 관계 지속에 대한 의지(commitment), 파트너 간 상호 의존성(interdependence), 조직 간 호환성(organizational compatibility), 공급사슬 협업에 대한 최고경영자의 파트너십에 대한 비전(to management vision) 등이 필수 선행조건이다.[3] 그러나 기업이 이러한 선행조건들을 충족시키려면 장기적인 투자와 노력이 필요하다. 따라서 전략으로서의 공급사슬 관리는 이를 성공적으로 실행에 옮길 수 있는 역량을 지닌 기업에게 경쟁우위(competitive advantage)를 제공한다.

이와는 다르게 전술적 공급사슬 관리는 운영상의 효율성·효과성 달성을 목표로 하므로 필요에 따라 공급사슬 참여기업과 단·중기적 관계를 맺어서 진행하는 전술적, 운영적 파트너십(operational partnership)에

---

[2] Mentzer, John T., Soonhong Min, and Zach G. Zacharia(2000), "The Nature of Interfirm Partnering in Supply Chain Management," Journal of Retailing, 76(4), 549-568.
[3] Ibid

기반한다.[4] 자원절약, 고객 서비스 등에 대한 명확한 목표 달성을 위해 결성하는 단·중기적 공급사슬 관계는 매우 일반적인 형태의 계약 관계이므로 경쟁우위가 아닌 경쟁동위(competitive parity) 유지 수단에 불과하다. 글로벌 기업은 시장에서의 경쟁이 격화되고, 기술주기가 짧아지는 상황에서 지속적 투자가 필요한 공급사슬 파트너와의 위험 및 보상 공유를 택하기보다 신기술·신상품 도입을 계기로 새로운 거래당사자와 새로운 공급사슬을 구성함으로써 공급사슬 전략의 근간인 전략적 파트너십의 유지 및 발전에 소홀한 경우가 일반적이다. 그 결과 코로나-19 대유행과 같은 급작스럽게 발생하는 대규모 공급사슬 붕괴 시 공급사슬 내 조율된 대응이 불가능했다.

두 번째 패착은 단계적 공급사슬 관계 관리에서 발생했다. 지난 수십 년간 글로벌 기업은 일본식 단계적 공급사슬 관계 관리를 차용하여 공급사슬 내 재화 흐름에 대한 비용(cost), 품질(quality), 시간(time) 목표를 달성하려고 노력했다. 단계적 공급사슬 관계 관리의 기본 전제는 공급사슬 내 파트너들이 공동체 의식을 바탕으로 공통의 목표를 설정하고 이를 달성하기 위해 협업한다는 것이다. 따라서, 단계적 공급사슬 관리는 적대적 공급사슬 관계를 해소하는 방법으로 인식되었다. 그러나 글로벌 기업이 일본식 단계적 공급사슬에 대해 간과한 점은 다수의 일본 기업 공급사슬이 게이레츠(Keuretsu, 계열) 관계라는 점이다. 게이레츠는 모기업들과 공급업체들이 교차출자 방식의 상호 밀접한 소유관계를 바탕으로 지속적인 공동 학습과 품질개선 노력을 통하여 공동 번영을 추

---

4) Ibid

구한다.[5] 이러한 특수 지분관계는 1, 2, 3차 공급업체 간 상호 이해를 바탕으로 공통의 목표 수립과 이에 따른 분업적 협업이 가능하다. 2, 3차 공급업체들은 부품과 부속품을 적시에 공급하고 1차 공급업체는 이들을 사용하여 서브시스템(sub-system)을 생산함은 물론 2, 3차 공급업체의 품질개선을 돕는 역할을 적극적으로 수행한다.

문제는 일본식 게이레츠가 존재하지 않는 한국 및 여타 국가의 공급사슬에서 일본의 단계적 공급사슬 관리 원칙에 어긋나는 단계적 공급사슬 관리를 추구했다는 점이다. 구매업체와 공급업체 간 지분관계가 존재하지 않음에도 불구하고, 또한 1, 2, 3차 공급업체 간 상호 이해 및 공동의 목표 설정이 부재한 상황에서도 불구하고 대다수의 글로벌 공급사슬에서 공급업체 수를 줄이고, 단일 또는 극소수의 공급업체와 장기계약을 확대함으로써 비용 절감, 품질개선, 납기 준수 목표 달성에 실패했다. 또한 2, 3차 공급업체의 관리를 위해 1차 공급업체에 지나치게 의존하는 관행은 1차 공급업체가 2, 3차 공급업체에 대한 정보를 독점하도록 방관하는 효과를 가져와 공급사슬 관리의 핵심 조건인 투명성(transparency) 확보를 저해한다. 그 결과 공급사슬 관리의 통제권은 1차 공급업체에 넘어갈 가능성이 커졌다. 공급사슬 내 정보의 투명성 상실은 구매업체의 비용 통제권을 약화하고, 2, 3차 공급업체가 보유하고 있을지도 모르는 최종 고객의 가치 극대화를 위한 혁신적 기술의 발굴과 채택을 어렵게 하며, 인권 및 환경보호를 통한 지속가능성 보장을 힘들게 한다.[6] 결과적으로

---

5) Liker, Jeffrey and Thomas Choi(2004), "Building deep supplier relationships," Harvard Business Review, December, 82(12), 104-113.
6) Choi, Thomas, and Tom Linton(2011), "Don't let your supply chain control your business," Harvard Business Review 89(12), 1-7.

는 공급사슬 붕괴 발생 시 공급사슬 참여 기업들이 공동으로 문제를 인지하고 신속히 해결책을 찾는 것이 불가능하게 되었다.

특히 공급사슬 담당 임원들이 주목해야 할 점은 2, 3차 공급업체를 통해 얻을 수 있는 정보의 양과 질에 대한 부분이다. 일반적으로 2, 3차 공급업체들은 다수의 시장에서 다수의 고객을 대상으로 부품 및 부속품을 공급하고 있으므로, 시장 및 경제 상황의 변화를 조기에 감지하고 민감하게 반응하는 경우가 많다. 따라서 공급사슬 파트너 간 강한 소속감이 없는 상황에서 1차 공급업체에게 2, 3차 공급업체의 관리를 맡기는 관행은 경제 및 시장 동향의 중요한 정보원을 포기하는 행위이다. 또한, 2, 3차 공급업체와의 직접 소통이 아닌 1차 공급업체와의 간접적 교류는 공급사슬 붕괴 상황에 즉각적으로 공동 대응하는 길을 사전에 차단하는 행위라 볼 수 있다.

지난 2000년 IT 네트워크 장비업체인 시스코(CISCO)의 공급사슬 관리 실패 사례는 공급사슬 임원들에게 공급업체와의 협업에 관한 값진 교훈을 제공한다. IT 기업의 성장과 함께 2000년 3월 당시 시가 총액이 5,570억 달러에 이르러 황제주에 등극했던 네트워크 장비업체 시스코는 닷컴 버블(dotcom bubbles)의 붕괴와 함께 1년여 동안 시가 총액이 77%나 폭락했다. 당시 모든 IT 관련 업체가 공통으로 겪었다고 하기에 시스코의 실패가 매우 아쉬운 이유는 시스코의 2, 3차 공급업체들이 IT 시장의 이상 조짐을 감지하고 이를 시스코에 적극적으로 알렸음에도 불구하고 당시 회사 경영진이 이를 무시하고 과잉생산을 이어가다 자멸했기 때문이다.

불확실성이 지속되는 뉴노멀 시대, 기업의 최고경영진은 공급사슬 관리 이론의 기초를 상기할 필요가 있다. 최종 고객의 가치 극대화와 기업 성과에 지대한 영향을 미치는 기업을 인지했다면, 해당 기업이 공급사슬의 어느 단계에 위치하는지에 관계없이 그 기업과 파트너십을 개발하고 상호 활발한 정보 교환과 협업을 통해 시장의 변화에 공동으로 대처해야 한다는 것이다.

코로나-19 대유행 시대에 글로벌 기업이 경험한 세 번째 패착 또한 공급사슬 관계 관리에서 발생했다. 지분 관계가 없는 공급사슬 내 파트너십에서는 파트너에 대한 신뢰(trust)를 바탕으로 형성한 장기계약에 대한 기대감(commitment)을 높이고, 다시 거래 상대방에게 상호 의존성(interdependence)을 높인다. 이들 관계적 특징은 공급사슬 파트너들로 하여금 최종고객의 가치 창출에 공동의 노력을 경주(傾注)하게 한다.

신뢰는 잠재적 파트너에 대한 신용(credibility)과 호의(benevolence)를 평가한 결과이다. 신용은 잠재적 파트너의 역량에 대한 평가이며, 호의는 잠재적 파트너의 행동 의도에 대한 평가로서 잠재적 파트너와의 직접 경험(거래 경험) 그리고 간접 경험(시장의 평판)을 바탕으로 판단한다.

구체적으로 신용이란 한 기업의 잠재적 파트너에 대한 평가로서 파트너가 명시적 계약에 따라 거래를 수행할 수 있는 역량을 보유하였는지, 그리고 명시적 계약조건 이외의 상황에서도 기회주의적 행동을 피하고 파트너를 돕고자 하는 의도를 보이는지에 대한 평가 정도이다.[7] 그러나 신뢰는 한 기업이 파트너 기업의 미래 행동에 대한 긍정적 기대를 바탕으로 자신의 취약성을 받아들이는 심리 상태이다.[8] 즉, 신뢰는 한 기업이 잠재적 파트너의 과거 행동에 대한 평가를 바탕으로 높은 확률로 미래 행동이 과거 행동과 유사하다는 일방적으로 평가한 것이다. 따라서 비록 기업들이 공급사슬 파트너와의 신뢰를 바탕으로 협업을 진행하더라도 협업 과정에서 발생할 수 있는 파트너의 기회주의적 행동을 완전히 제거할 수는 없다. 이에 더해, 한 기업의 파트너에 대한 높은 수준의 신뢰는 파트너에 대해 지나치게 강한 감정적 유대감을 형성한다. 지나친 유대감은 다시 다른 기업에 대한 부정적 정보의 이성적 처리를 방해해 역효과를 가져올 수 있다.[9]

신뢰의 취약성을 고려할 때, 성공적인 공급사슬 파트너십에서는 협력적 경쟁(co-opetition)을 통해 기업 간 긴장을 유지하는 것이 중요하다. 교차출자 또는 협력업체 모임 등을 통해 강한 사회적 유대감을 형성하고 유지하는 일본식 공급사슬 관리에서조차도 원청업체가 공급업체의 역량 개발을 위한 아낌없는 지원을 하면서도 정작 거래에서는 복수의 역량 있는 공급업체 간 경쟁을 유도해 비용 절감, 품질 개선, 납기 준수 분야의 지속적 성과 개선을 꾀하는 것이 원칙이다. 이러한 일본식 공

---

[7] 민순홍, 남현정, 임수빈(2013), "비공식 및 공식 관계적 지배장치가 공급사슬 파트너십에 미치는 영향에 관한 연구: 공식 관계적 지배장치의 매개효과를 중심으로," 한국생산관리학회지, 24(3), 307-338.

[8] Rousseau, Denise M., Sim B. Sitkin, Ronald S. Burt, and Colin Camerer(1998), "Not so different after all: A cross-discipline view of trust," Academy of management review, 23(3), 393-404.

[9] Becerra, Manuel, Randi Lunnan, and Lars Huemer(2008), "Trustworthiness, risk, and the transfer of tacit and explicit knowledge between alliance partners," Journal of Management Studies, 45(4), 691-713.

급사슬 파트너십을 모진 사랑(tough love)이라고 표현하고 있다.[10]

그러나 코로나-19 대유행으로 인해 많은 글로벌 기업이 극단적 효율성 추구를 위해 협력적 경쟁이라는 공급사슬 파트너십의 기본 원칙을 무시했음이 드러났다. 대부분 역량 있는 공급업체 간 경쟁 유도는 사라지고 규모의 경제를 위한 단일 또는 극소수의 공급업체에게 물량 몰아주기를 함으로써 공급사슬 붕괴 시 대안 부재를 경험한 것이다. 효율성 극대화를 위해 극소수의 주요 파트너에 의존하는 관계 관리의 위험성은 공급사슬의 상류(upstream)뿐만 아니라 공급사슬 하류(downstream)에서도 발생했다. 코로나-19 대유행 발생 이후 계속되는 중국 주요 도시의 봉쇄는 한국 화장품 업계의 실적 부진의 주요 원인이 되었음이 좋은 예이다. 이와 같이 주요 시장, 주요 거래처 중심 거래는 일방적 의존성(unilateral dependence)에 기인한 회복 불가능한 위험을 초래한다.

공급사슬 관리의 네 번째 패착은 재고기반 공급사슬 위험관리 전략이다. 코로나-19 대유행 이전 글로벌 기업은 "수요예측 기반 주기재고(cycle stock) 플러스 알파(safety stock, 안전재고)"를 적정 재고수준으로 설정함으로써 수요 변화에 대처하는 방식으로 재고기반 위험관리를 해왔다. 재고기반 위험관리의 대전제는 과거 데이터에서 나타난 추세와 패턴이 미래에도 반복될 것이라는 확률적 수요예측이다. 또한, 개별 기업의 전사적자원관리(enterprise resources planning, ERP)를 통해 확보한 정보를 바탕으로 재고를 관리하여도 적절한 재고 관리가 가능하다는 것이다. 그러나

---

10) Choi, Thomas, and Tom Linton(2011), "Don't let your supply chain control your business," Harvard Business Review 89(12), 1-7.

확률적 수요예측은 코로나-19 대유행과 같은 전격적이고 전방위적인 위협에 대한 대처방안이 될 수 없는데, 이는 코로나-19 대유행과 같은 이벤트(event)가 빈번히, 주기적으로, 반복적으로 발생하지 않기 때문이다.

재고기반 공급사슬 위험관리 전략의 또 다른 전제는 고객이 요구하는 서비스 수준을 제공하면서도 비용을 최소화함으로써 고객 및 기업 가치의 동시 창출이 가능하다는 것이다. 두 가지 목표의 동시 달성은 도요타의 린시스템(lean system) 도입으로 가능했다. 린시스템은 고객의 입장에서 부가가치가 없는 요소(낭비)를 제거함으로써 비용 절감을 달성하고 비용 절감분을 가격에 반영함으로써 고객가치의 극대화를 가능하게 한다. 고객 입장에서 최악의 낭비는 과잉재고이다. 과잉재고의 원인은 수요 이상의 과잉생산이며, 그 결과는 불필요한 운송 및 잉여물자 관리이다. 과잉재고를 제거하는 방법은 적시 재고관리(just in time inventory management, JIT)이다. JIT 재고관리는 고객이 필요로 하는 때에 필요한 양만큼의 재고를 생산하고 배송함으로써 불필요한 재고를 최소화한다. 또한 JIT 재고관리는 품질개선 가속화 효과도 있는데, 이는 잉여재고가 없는 상황에서 불량품이 발견되면 공급사슬 내 후(後)공정이 멈출 수밖에 없고, 이는 전(前)공정에 참여하는 기업에게 품질에 대한 경각심을 불러일으켜 품질 개선활동에 적극 나서도록 하는 효과도 있다.

고객가치 극대화를 위한 가장 효율적이고 효과적인 시스템으로 평가받던 JIT 재고관리가 코로나-19 대유행기에 공급사슬 붕괴의 주요 원인으로 지목되었으나 이는 적절하지 못하다. 먼저, JIT 재고관리의 목적은 최종고객 가치 증대이며, 이를 통한 공급사슬 참여기업의 성과 향상이다. 고객가치 최대화를 위한 JIT는 시장 상황의 변화에 따른 운영상의 유연성(flexibility)과 전략적 민첩성(agility)을 요구한다. 만일(just in case)에 대비하는 잉여재고도 유연성과 민첩성 확보를 위한 도구가 될 수 있다. 전 세계적 경제 안정기에 글로벌 기업은 JIT의 운용 목적을 효율성 극대화로 잘못 이해하고 보유재고의 최소화를 정당화하는 논리로 활용했다. 이렇듯 변질된 목적을 위해 사용된 JIT 재고관리는 기업들이 고객가치 상승 대신 기업의 비용절감을 추구하도록 도왔다. 오늘날 JIT 재고관리를 채용한 대부분의 공급사슬은 just in case를 just in time의 반의어로 취급함으로써 불확실성에 대비하는 유연성과 민첩성을 갖출 수 없었다.

제대로 된 JIT 재고관리 실천을 위해서는 공급사슬의 지역적 근접성을 바탕으로 유연성과 민첩성을 확보하는 것이 중요하다. 그러나 효율성 극대화를 추구하는 변형된 JIT 전략은 글로벌 기업이 더 좋은 가격을 좇아 저비용국가(low cost countries)의 새로운 공급업체를 찾도록 했다. 구매업체와 공급업체 간 물리적 거리는 지리적 단절뿐만 아니라 정보의 단절을 가져와 재고관리의 어려움이 가중됐다. 또한 물리적으로 긴 공급루트로 인해 배송 중인 재고가 태풍 등 자연재해와 인재에 노출되고, 지속되는 항만적체로 인해 재고 부족 현상이 악화함으로써 JIT 재고관리의 의미를 상실했다.

근본 목적을 상실한, 변형된 JIT 재고관리는 코로나-19 대유행 상황에서 생산기지의 봉쇄에 따른 극심한 재고부족 사태를 불러왔다. 이와 대조적으로 린시스템과 JIT 재고관리의 원조인 도요타는 코로나-19 대유행으로 인한 반도체 부족 사태에서도 JIT 목적에 충실하게 보유재고를 대폭 늘림으로써 경쟁사 대비 선전하고 있다는 평가를 받고 있다.

Ⅲ. 뉴노멀 시대 공급사슬 전략

2022년까지도 지속되고 있는 코로나-19 대유행으로 인해 글로벌 기업이 공급사슬 붕괴를 경험했으나 이것이 공급사슬 전략의 종말을 의미하지는 않는다. '공급사슬'은 전략과 관계없이 재화를 원산지에서 최종소비자에게까지 전달하기 위해 자연발생적으로 존재하는 유통경로지만, '공급사슬 전략'은 공급사슬 내에 파트너십을 구성, 파트너 공동의 노력으로 최종고객 가치를 창출함은 물론 참여기업의 성과를 높일 수 있도록 하는 경쟁우위 획득 전략이기 때문이다.[11]

그러나 코로나-19 대유행으로 드러난 것처럼 지금까지 글로벌 기업은 공급사슬을 활용해 개별 기업의 운영상의 효율성 극대화를 꾀하는 데만 몰두했다. 이는 공급사슬 전체의 효율성·효과성 증대를 통한 최종고객 가치 극대화라는 본연의 목적 달성에 실패로 이끌었다. 또한 공급사슬 내에 있는 각각의 파트너 고유의 인프라와 역량을 조화롭게 활용해 공급사슬 내에서 발생하는 위험을 공동으로 대처하고 결실을 공유한다는 공급사슬 관리의 대원칙도 제대로 지키지 않아 이를 수습하는 데 어려움을 겪고 있다. 뉴노멀 시대를 대비하는 글로벌 기업은 공급사슬 관리의 기본으로 돌아가 공급사슬 전략을 재편해야 하며, 이를 위해 공급사슬 관리의 기본 원칙을 독자에게 다시 한번 상기하고자 한다.

---

11) Mentzer, John T., William J. DeWitt, James S. Keebler, Soonhong Min, Nancy W. Nix, Carlo D. Smith, and Zach G. Zacharia(2001), "Defining Supply Chain Management," Journal of Business Logistics, 22(2), 1-25.

1. 공급사슬 전략의 핵심은 공급사슬 관리 철학

공급사슬 관리 철학이란 '성공적인 공급사슬 관리를 통한 성과 향상을 꾀하기 위해서는 어떤 방식으로 공급사슬을 관리하여야 하는가'에 대한 공급사슬 참여기업들의 공통된 믿음이라고 할 수 있는데 다음 세 가지 요소로 구성되어 있다.[12] 첫째, 공급사슬 관리철학은 개별 기업들이 비록 법적으로는 독립된 경제주체이지만 최종 고객을 위한 가치 창출 과정에서는 상호 연결된 부분이라는 믿음이다. 이는 공급사슬이 비록 수직계열화(vertical integration) 형태의 법적 결합은 아니더라도 가상계열화(virtual integration) 형태의 관계적 결합이라는 현실인식에 바탕을 두고 있다.

불확실성의 연속을 가정하는 뉴노멀 시대에 기업들은 필연적으로 공급사슬 붕괴로 인한 위험을 가정할 수밖에 없다. 상황적 위험을 운명공동체인 공급사슬 파트너들과 공유하며 상호 의지함으로써 극복하고, 이를 통해 획득한 보상을 상호 공유함으로써 공존공영한다는 인식 전환이 필요하다. 최근 포드자동차는 트럭에 부착할 회사 로고 엠블럼 부족으로 인해 코로나-19 대유행에도 판매가 급증하던 픽업트럭 생산을 중단했다.[13] 포드자동차 사례는 비록 작고 저렴한 부품이라도 재고의 아웃소싱을 채택한 이상 구매기업은 공급사슬 참여기업들과 운명공동체일 수밖에 없음을 다시 한번 일깨워준다.

---

12) Ibid
13) 이용성(2022), "포드車, '엠블럼' 부족에 출고 지연…반도체만 문제 아니었네," 09.25 [https://biz.chosun.com/international/international_economy/2022/09/25/MCVHFIVVXRFPNL-2G4ETXIMY6FA/]

둘째, 공급사슬 관리철학은 공급사슬 참여기업들이 각 기업의 인프라와 역량을 조화롭게 통합하는 방식으로 상호 보완함으로써 경쟁력을 강화할 수 있다는 믿음을 제공한다. 초경쟁 시대 글로벌 시장에서는 단일 기업이 까다로운 최종고객의 요구사항을 들어주면서 경쟁기업을 물리치기 위한 자원과 역량을 보유하고 있지 못하다는 현실 인식에 기반한다. 따라서 공급사슬 관리는 운영상의 문제가 아닌 전략상의 문제인 것이다. 지분관계에 의한 수직계열화가 아닌 독립된 법적 주체 간의 가상계열화는 필연적으로 상호 보완적인 인프라와 역량을 갖춘 잠재적 파트너를 확보하여 그 기업과의 관계를 공고히 함은 물론 투명한 정보공유를 바탕으로 중단 없는 협업을 실천하는 것이 중요하다. 정보공유 없이는 신뢰가 형성될 수 없으며 신뢰 기반이 없는 정보공유는 공급사슬 의사결정에 필요한 중요한 사실을 누락할 수 있다. 따라서 공급사슬 잠재적 파트너 간 인적 교류와 정보교류를 바탕으로 신뢰를 구축하고, 신뢰를 바탕으로 공통의 정보공유 기술 및 채널을 확보하는 노력이 필요하다.

셋째, 공급사슬 관리철학은 공급사슬 관리의 궁극적 목적이 최종고객을 위한 가치 창출을 통한 고객만족이라는 믿음이다. 시장의 글로벌화와 인터넷 기술을 기반으로 이룩한 정보의 민주화는 최종고객의 권리 신장에 크게 기여했다. 특히 이커머스 플랫폼의 등장은 글로벌 가격비교와 구매후기 공유를 가능케 함으로써 고객의 지식수준을 높이고 요구사항을 더욱 까다롭게 만들었으며 브랜드 간 대체 가능성을 높였다. 특히 코로나-19 대유행 이후, 최종고객들은 비대면(untact) 쇼핑을 할 수 있는 이커머스 플랫폼에서의 구매 비중을 높였다. 지식으로 무장한 까다로운 고객의 요구사항을 완벽히 충족시키기 위해서는 고객 서비스 수준은 높이면서 가격을 낮추는 상반된 노력이 필요한데, 개별 기업 단독의 노력만으로는 이를 달성하기가 불가능하다. 따라서 글로벌 시장의 경쟁은 고객만족을 위한 공급사슬 간 경쟁이 될 수밖에 없다.

2. 공급사슬 관리 철학의 실천에는 공급사슬 관리 역량이 필수적

공급사슬 관리의 본질이 파트너십 기반 협업이라고 한다면, 공급사슬 내에서 고객가치 창출에 지대한 영향을 미칠 수 있는 인프라와 역량을 갖춘 또는 갖출 수 있는 잠재적 파트너를 평가하고 선정하는 공급사슬 관리 역량이 필수적이다. 이들 개별 기업의 역량에는 공급사슬의 전략적 중요성을 인식한 최고경영진의 전폭적 지지와 지원, 신뢰, 상호 의존성, 조직 간 호환성, 장기적 관계 수립, 시장의 위협 등에 대한 평가 등을 실행하는 전담 조직과 예산을 포함한다.[14]

코로나-19 대유행은 구매업체의 주문 취소나 구매유보, 공급업체의 가격 조정이나 재고 재배당 등 기업의 기회주의적 행태, 생산기지가 있는 국가의 일방적인 특정 지역 봉쇄로 인한 공급 차질, 국가 간 공급사슬을 둘러싼 통상 분쟁 등의 위험 요소를 드러내는 계기가 되었다. 따라서 불확실성으로 대표되는 뉴노멀 시대에는 기업 간 관계 및 시장 요인에 의한 공급사슬 위험에 대한 냉철한 평가와 함께 다양한 공급사슬 붕괴 상황에 대한 시나리오를 수립하고 이에 대한 시뮬레이션을 주기적으로 실시하여 언제 일어날지 모르는 공급사슬 붕괴에 대비해야 한다.

---

14) Min, Soonhong, Zach G. Zacharia, and Carlo D. Smith(2019) "Defining Supply Chain Management: In the Past, Present, and Future," Journal of Business Logistics, 40(1), 44-55.

또한 뉴노멀 시대에는 발생 확률이 다소 낮더라도 위험 발생 시 부정적 효과가 큰 위험요소를 주기적인 공급사슬 위험 평가를 통해 인지하고 위험에 대응할 수 있는 대안을 철저히 준비할 필요가 있다. 과거 발생 가능성에만 초점을 맞춘 위기 대응 방식으로는 제2, 제3의 코로나-19 대유행에 대처할 수 없음을 명심해야 한다.

3. JIT 재고관리는 최종고객 가치 극대화를 위한 공급사슬 전체의 노력

대부분의 글로벌 기업들이 코로나-19 대유행이 시작되기 직전까지도 재고비용을 총비용 상승의 주요 원인으로 지목하고, JIT 재고관리를 재고비용 절감의 도구로 활용함으로써 회복이 불가능한 공급부족을 초래했다. 뉴노멀 시대는 JIT 재고관리의 본질로 돌아가야 한다. 이는 고객이 원하는 재고를 원하는 품질과 양만큼 원하는 가격에 원하는 시간과 장소에 배송하는 것이다. 공급사슬 붕괴 상황에서도 JIT 재고관리를 성공적으로 실천하기 위해서는 필수 인프라와 역량을 갖추는 노력이 필요하다. 첫째, 공급사슬 JIT 재고관리와 각 참여 기업의 내부 JIT 재고관리를 분리(decoupling)함으로써 후공정에서 재고부족이 일어났을 때 개별 기업이 비축해 놓은 재고를 활용하여 후공정에 공급함으로써 공급사슬 전체의 생산중단을 방지해야 한다.

둘째, JIT 재고관리는 각 재고항목의 수요와 특성에 따라 A, B, C 등급으로 분류하고 A등급 항목, 즉 80%의 매출에 해당하는 항목의 경우 시장 상황의 변화에 따라 선제적으로 대응할 수 있도록 정보의 흐름을 철저히 장악해야 한다.

셋째, JIT 재고관리를 위해서 활용하는 수요 및 시장정보의 정확도를 높여야 한다. 이를 위해서는 ICT를 활용한 정보수집 및 분석 인프라 구축과 사내·외 관련 부서 간 협력(공동기획, 실행, 성과측정, 개선활동)이 필수적이다.

넷째, 효과적인 JIT 재고관리를 위해서는 제품의 재설계도 고려하여야 한다. 많은 부품을 사용할수록 공급사슬의 복잡성이 증가하고, 부품의 구조가 복잡할수록 범용부품이 아닌 주문 제작 부품 사용이 증가하고, 특정 공급업체에 대한 의존성이 높아져 공급사슬 붕괴 시 공급중단의 위험은 물론 복구를 위한 비용이 증가한다.

다섯째, 전사적, 전(全)공급사슬 데이터 통합이 없다면 실시간 재고 파악은 물론 재고 과·부족의 원인을 정확히 파악할 수 없어 사실을 기반으로 한 의사결정과 신속 대응이 불가능하다. 또한 공급사슬 파트너 간 협업이 없다면, 시장 상황에 대한 공통의 이해가 부족해 조화로운 대처가 불가능하다.

마지막으로 JIT 재고관리를 위한 협업은 공급사슬 참여기업 간 공급사슬 철학 공유 없이는 불가능하다.

4. 지속가능한 공급사슬 구축은 시대적 사명

지속되는 코로나-19 대유행의 영향은 개인은 물론 개인이 속한 지역사회의 지속가능성에 대한 경각심을 불러일으키는 계기가 되었다. 바이러스 발생의 근본 원인은 인류가 일으킨 자연파괴와 이로 인한 인간과 자연환경의 경계 없음이라고 할 수 있다. 또한 코로나-19로 인한 기업 생산활동의 저하, 지역사회 봉쇄 등은 사회적 불평등을 심화시키는 계기가 되었다. 이렇듯 바이러스 대유행으로 드러난 환경적, 사회적 이슈는 대부분 지금까지의 공급사슬 구성 및 운용방식에 기인한다. 생산기지가 집중된 저비용국가에서는 생산과정에서 발생하는 환경파괴 행위에 상대적으로 관대했으며, 근로자들의 인권, 노동권, 산업재해로부터의 보호에 소홀했다. 글로벌 생산기지에서 주요 시장을 잇는 장거리 공급루트는 필연적으로 온실가스 배출을 높이는 결과를 낳았고, 각종 가축 전염병이나 식품 부패로 인한 소비자의 피해를 유발하는 사례도 발생했다. 바이러스 대유행, 국가 간 갈등으로 인한 국경 폐쇄와 항구 적체는 식량 수급에 대한 불안을 야기한다. 마지막으로 생산기지가 있는 국가의 특정 지역 폐쇄는 직장을 잃은 근로자 및 그 가족의 생존을 위협할 수 있다. 이렇듯 코로나-19 대유행은 글로벌 공급사슬로 인해 발생하는 환경적, 사회적, 경제적 위기의 원인이 되었다.

지속가능성의 위기로 인해 각국 정부의 공급사슬 규제가 당연해졌다. ESG 경영은 금융투자업계의 투자 결정에 기반한 자율규제 성격이 강했으나 이제는 강제적 규제 성격을 띠고 있다. ESG 관련 규제를 주도하는 것은 일찍부터 다양한 이해관계자를 배려하는 세계관을 발전시켜온 유럽연합(European Union, EU)이라고 할 수 있다. EU가 추진하는 대표적인 공급사슬 관련 규제에는 기업 지속가능성 실사법(EU Directive on Corporate Sustainability Due Diligence), Fit for 55 및 탄소국경조정제도(EU Carbon Border Adjustment Mechanism, CBAM) 등이 있다. 첫째, 기업 지속가능성 실사법은 역내 기업 및 역내 기업과 일정 액수 이상 거래를 하는 역외 기업에 대하여 탄소중립에 관한 국제 합의 준수 여부, 환경파괴 여부, 노동권/인권 침해 여부 및 산업재해 등의 항목에 대해 주기적인 공급사슬 실사에 응하도록 하는 내용을 담고 있는데, 대상 기업의 침해 행위에 대해서는 민형사상 처벌을 규정하고 있다. 따라서 규제 대상 기업은 공급사슬 내 지속가능성 실사를 하고 그 결과와 함께 개선책을 공시하여야 한다. 이 법은 지금까지는 1차 공급업체에 관리를 전적으로 위임하거나 제3자 실사기관에 인증을 위탁하던 방식의 글로벌 공급사슬 관리 관행을 벗어나 공급사슬의 투명성을 확보하는 방식으로 2, 3차 공급업체까지도 ESG 경영 실태를 파악하여야 함을 의미한다.

둘째, Fit for 55는 EU 내 탄소가스 배출량을 2030년까지 1990년 대비 55% 감축하는 것을 목표로 하는 12개의 법안을 일컫는다. 이들 법안에는 기후, 에너지, 토지 사용, 온실가스 배출기준 마련, 탄소배출권 제도, 탄소배출에 대한 과세, 탄소감축/탄소중립 기술에 대한 투자 촉진 등의 내용을 포함하고 있다. Fit for 55 내용 중 글로벌 공급사슬과 직접적으로 관련한 내용으로는 항공유에 대한 탄소세 도입, 지속 가능한 항공유 사용 의무화, 해상운송 및 육상수송 수단에 대한 탄소배출권 거래제 도입, 해상운송수단의 배출가스 규제, 2023년 이후 하이브리드카를 포함한 내연기관 차량의 생산금지 등이 있다.

Fit for 55 입법안은 공급사슬 내 재생에너지 사용 촉진책도 포함하고 있다. 청정기술 사용에 대한 세율 인하, 범유럽 교통 인프라인 유럽횡단교통망(Trans-European Networks, TEN-T)의 핵심 연결망(Core Network), 종합 연결망(Comprehensive Network), 주요 도시 거점에 탄소중립차량용 충전시설 확충 등이 그 내용이다. 글로벌 공급사슬 물동량의 대부분을 담당하고 있는 해운을 규제하는 내용도 Fit for 55에 포함되어 있다. EU

역내 항구에 입출항하는 모든 국적의 5,000 총톤수(gross tonnage, GT) 이상의 선박을 대상으로 선박용 연료의 생산에서 선박에 연료주입시까지 발생하는 온실가스의 총량을 규제하는 방편으로 역내 항구 간 운항 및 정박시에는 배출량의 100%, 역내-역외 항해를 위한 입출항 시에는 배출량의 50%를 탄소배출권 정산 대상으로 규정했다.

셋째, Fit for 55 법안 중 글로벌 공급사슬 구성에 영향을 미칠 법안은 탄소국경조정제도(Carbon Border Adjustment Mechanism, CBAM)이다. CBAM의 주요 내용은 2025년부터 EU 역내 국가보다 탄소배출이 많은 역외 국가에서 생산 또는 수출하는 제품에 대해 관세를 부과한다는 것이다. 단 예외적으로 명시적 탄소거래제를 시행하고 있는 국가로부터의 생산/수출 제품에 대해서는 CBAM 인증서 구입에 대한 감축 및 면제 대상으로 인정하는데, 탄소배출권 가격이 EU 가격 대비 낮은 경우 CBAM 적용 면제 대상이 될 수 없다.

Ⅳ. 뉴노멀 시대 공급사슬 전략 재편 방향

뉴노멀 시대에는 언제든지 나타날 수 있는 바이러스 대유행 시기에도 굳건히 버틸 수 있는 강건한 공급사슬(robust supply chain)을 건설하고 운영하는 것이 중요하다. 이를 위해서는 또 다른 바이러스 대유행으로 인한 불확실성 발생 시에 대응하기보다 이를 포용하는 방식으로 공급사슬을 재편하는 것이 필요하다.

1. 공급사슬 재설계

코로나-19 대유행 이전에는 기업들이 효율성 극대화를 위해 공급사슬의 복잡성을 높여가고 있었다. 애플의 경우, 아이폰 생산에 참여하는 공급업체는 전 세계 200여 업체에 이르며, 10개 이상의 국가에서 생산이 이루어진다. 높아지는 공급사슬의 복잡성은 코로나-19와 같은 예측 불가능한 상황에서 필연적으로 위험의 종류와 강도를 높이는 결과를 낳았다. 공급사슬 위험을 줄이는 기초적인 전략은 공급사슬의 복잡성을 줄이는 것이다. 과거 글로벌 기업은 공급사슬의 단순화를 효율성 극대화 측면에서 추진했는데, 공급업체의 수를 축소하여 대형화를 유도하고 일감을 몰아주는 식의 단순화로 변질되었다. 그 결과로 코로나-19 대유행기 오히려 공급사슬 붕괴가 가속화되었다.

뉴노멀 시대 공급사슬 재설계 방향은 지난 20여 년간 공급사슬 연구자 및 컨설턴트가 지속해서 주장한 공급사슬 재편 방안과 일치한다. 그런데도 재편 방안을 실천한 기업이 없어 코로나-19 대유행 시기에 공급사슬 붕괴를 막을 수 없었다. 붕괴를 막을 수 있는 기본 원칙은 공급사슬 위험 분리(risk decoupling), 공급사슬 세분화(segmentation), 지역화(regionalization), 다변화(diversification) 등으로 달성할 수 있다.

첫째, 공급사슬 세분화(supply chain segmentation)는 고객 수요의 특징과 제품의 특징에 따라 생산 품목을 카테고리로 나누고, 각 카테고리의 생산을 위한 생산기지와 물류를 차별화하는 방식이다. 예를 들면, 유행에 민감하여 수요 변동성이 큰 품목은 생산기지를 가깝게 배치하고, 수요가 일정한 범용 품목은 생산기지를 저비용국가에 배치하는 방식을 고려할 수 있다. 수요 변동성이 크거나 유행에 민감한 품목의 생산기지를 시장에 가까이에 배치하면 신속한 고객 서비스가 가능하며 특히 물류난이 발생하더라도 재고 부족을 최소화할 수 있다. 반면에 범용기술과 원재료를 생산에 사용하는 범용 품목의 경우, 생산기지가 폐쇄되더라도 대체 생산기지를 확보하는 것이 용이하다. 특수한 원재료, 생산기술이 필요한 품목은 생산기지를 원재료 공급처 가까이에 배치함으로써 원재료를 공급하는 채널의 붕괴로 인한 영향을 줄일 수 있다. 공급사슬 세분화는 카테고리별로 규모의 경제를 이루어 효율성은 유지하면서도 특정 카테고리 공급사슬의 붕괴가 다른 카테고리 공급사슬 붕괴로 이어지지 않는다는 장점이 있다.

둘째, 공급사슬 지역화(supply chain regionalization)도 공급사슬 붕괴 위험에 대처하는 방법이 될 수 있다. 코로나-19 대유행 직전까지 글로벌 기업은 전 세계 시장을 전제로 글로벌 생산기지를 구축하여 효율성 극대화를 꾀했다. '뉴노멀' 시대에 불확실성이 '노멀'로 자리한다면, 공급사슬 붕괴로 인한 추가 비용 지출 혹은 재무적 손해는 지역별 생산기지를 건설하는 비용보다 오히려 높을 수 있다. 따라서 수요가 비슷한 지역으로 전 세계를 나눠 지역별로 생산기지를 두고 생산과 소비가 지역별로 이루어질 수 있도록 한다면 효율성을 유지하면서도 한 지역의 공급사슬 붕괴가 다른 지역 공급사슬 붕괴로 이어지는 사태를 막을 수 있다. 특히 뉴노멀 시대 각국 정부의 급증하는 보호무역 기조와 국제정치의 불안 요인을 고려하면 공급사슬 지역화가 위험 분산의 좋은 대안이 될 수 있다.

셋째, 공급사슬 다변화(supply chain diversification)는 뉴노멀 시대 위험 분산의 방안이 될 수 있다. 공급사슬 다변화는 단일 품목 생산에 복수의 생산기지를 활용하고, 복수의 물류센터, 복수의 운송망을 활용하는 방안이다. 복수의 생산기지·물류센터를 효율적·효과적으로 활용하기 위해서는 정보화와 자동화를 동시에 달성하는 스마트팩토리(smart factory)를 통해 취급 품목을 유연하게 변경할 수 있어야 한다. 재래식 기술과 역량으로 단일 품목만을 생산하는 다변화는 규모의 비경제를 초래함은 물론 전문화로 인한 장거리 운송 루트가 다시금 문제가 된다. 반면에 정보화, 자동화 기술에 기반한 다품종 소량생산 방식은 특정 품목, 특정 지역, 특정 공급사슬 붕괴 시 다른 지역, 다른 시설이 생산 및 배송을 넘겨받을 수 있어 전방위적인 공급사슬 붕괴를 방지할 수 있다.

공급사슬 다변화는 필연적으로 관리의 복잡성을 초래할 수 있다. 이를 최소화하기 위해서는 시설, 운영방식, 훈련과 역량의 표준화를 통해 품목 간 생산 라인 변경의 용이성을 높임은 물론 투자의 효율성을 높이는 노력이 필요하다. 중소기업의 경우 공급사슬 다변화와 이에 필수적인 스마트기술 활용은 재무적 부담이 될 수 있다. 이런 경우 표준화 역량이 있는 생산전문 기업, 제3자 물류서비스 기업에 아웃소싱하는 것도 공급사슬 다변화를 이루면서도 효율성을 유지하는 방안이 된다. 공급사슬 다변화는 위험의 분산이라는 의미에 더하여 공급사슬 붕괴 시 빠른 복구를 위한 예비능력을 갖춘다는 의미도 지닌다. 뉴노멀 시대에 불확실성을 포용해야 한다고 적정한 예비능력에 대한 논란이 있을 수 있다. 따라서 공급사슬 다변화는 공급사슬 붕괴 위험에 대한 정확한 평가와 예측을 통해 발생 가능성이 높고 발생 시 부정적 효과(고객가치 훼손, 기업의 재무적 위험, 공급사슬 파트너십 위협 등)가 가장 큰 품목, 카테고리, 지역을 우선 선정하여 실시해야 한다. 또한 공급사슬 붕괴가 일어났을 때, 지체 없이 공급사슬 전환하기 위해서는 다양한 시나리오 별 다양한 대안을 사전에 준비할 수 있는 역량이 필요하다.

2. 디지털 트랜스포메이션(Digital Transformation, DT)

코로나-19 대유행 이전의 상황에서는 제한된 범위의 공식화된 운영상의 재고 및 물류 정보 공유만으로도 가시성이 확보되었다고 할 수 있었다. 그러나 불확실성을 전제로 하는 뉴노멀 시대에는 파트너 간의 긴밀한 정보 공유를 통해 획득한 데이터를 심층 분석해 시장의 이상 변화를 감지해야 한다. 뉴노멀 시대에는 1차 파트너(1차 공급업체, 직접 고객) 이외의 공급사슬 참여기업과의 정보 공유도 필요하다. 이는 공급사슬 내 어느 특정 단계의 생산 중단에 따른 재고 부족이 공급사슬 전체의 붕괴를 초래하는 도미노 현상을 보이기 때문이다.

공급사슬의 어느 단계에서나 발생할 수 있는 위험을 감지하고 적절한 대응책을 모색하기 위해서는 공급사슬 가시성과 투명성 강화가 그 첫걸음이다. 공급사슬 가시성은 공급사슬 내 재화, 정보, 재무적 흐름과 위치를 실시간으로 파악하는 능력이다. 공급사슬 투명성은 재화, 정보,

재무적 흐름의 수집, 관리, 보관을 프로토콜에 따라 실행하는 것을 의미한다. 목적은 모든 이해관계자들이 내용에 접근, 공통적으로 확인하고 상황을 이해할 수 있는 이력관리(chain of custody)에 있다. 공급사슬 투명성의 기반은 공급사슬 가시성(visibility)의 확보인 것이다. 지속가능성 규제가 강화되는 뉴노멀 시대에 기업 고객 및 다양한 이해관계자들의 궁금해하는 생산 이력을 수집하고 공시하기 위해서도 공급사슬 투명성 강화는 필수적이다.

공급사슬 가시성과 투명성 확보를 위해서는 공급사슬 전 단계의 위험 요소를 지속적이고 안정적으로 추적하는 인프라가 필요하다. 이는 성공적인 디지털 트랜스포메이션(Digital Transformation, DT)을 통해 가능하다. 진정한 DT는 확장된 전사적자원관리(extended ERP, xRP)를 근간으로, 사물인터넷(Internet of Things, IoT), 클라우드 컴퓨팅(cloud computing), 데이터 애널리틱스(data analytics, DA), 디지털 트윈(digital twins), 그리고 인공지능 기반 의사결정 모델링(AI-based decision modeling)의 결합으로 완성할 수 있다. IoT는 광범위한 데이터의 수집을 가능하게 하는데, 특히 돌발 상황에 대한 데이터 캡처를 할 수 있어 공급사슬 흐름에 대한 정확한 정보를 생성하고 공급사슬 지연이나 변경 정보를 파트너 간의 공유가 가능하다. 데이터 애널리틱스는 광대한 데이터를 분석하여 유용한 정보를 생산해 의사결정 대안을 도출하는데 도움을 준다. 디지털 트윈은 다양한 대안을 시스템 상에서 가상으로 구현해 봄으로써 해결책의 질을 높일 수 있다. 디지털 트윈이 의사결정 모델링과 결합하면 의사결정의 정확성, 신뢰성, 반응성, 회복력이 높아진다. 마지막으로 xRP는 데이터 표준 프로토콜을 기반으로 공급사슬 파트너 간 실시간 데이터 생성, 공유, 분석 및 정보 기반 의사결정을 위한 포털(portal) 역할을 수행한다.

진정한 DT의 완성은 성공적인 공급사슬 협업을 의미한다. 과거 ERP 시스템의 전방위적 도입으로 생산-구매-유통 부서를 아우르는 재고관리-자동발주 시스템이 생성됨으로써 재고관리의 품질을 높일 수 있었다. 공급업체에 대한 재고 자동발주는 구매기업 내부의 과거 재고 출고량에 기반하거나 예상 매출에 기반한 반응형 시스템이었다. 즉, 출고량과 예상 매출은 실제 고객 수요의 프록시 값(proxy)에 불과한 것이다. 코로나-19 이전 확률적 확실성이 지배하는 시대에는 프록시 값을 활용한 린 재고관리가 가능했다. 예측 불가능성을 전제로 하는 뉴노멀 시대에는 한 기업 주도로 획득하고 분석한 프록시 값으로는 시장의 불확실한 이벤트를 고려한 수요예측에는 역부족이다. 따라서 기업들은 재고관리에 활용하는 데이터를 각 부서의 자체 데이터에서, 전사적 데이터로, 다시 전공급사슬적 데이터로 변경하여야 한다. 또한 기업 내부 데이터로부터 수요의 프록시 값을 생성하던 방식에서 이제는 기업 외부 데이터를 기반으로 하는 시장 기반 모델링을 실시해야 한다. 또한 고객 수요뿐만 아니라 수요에 영향을 끼치는 변동 요인을 탐지해 시장 기반 모델링의 완성도를 높여야 한다.

공급사슬 내 많은 모바일 기기에 내장된 IoT 장치를 통해 데이터를 수집하면 시장기반 모델링이 가능하다고 생각할 수 있으나, 공급사슬 파트너의 적극적인 참여로 획득한 데이터가 아니라면 데이터의 정확도를 보장할 수 없다. 따라서 기업들은 다시 내부 데이터를 시장 수요의 프록시 값으로 사용할 수밖에 없다. 이를 위해서는 공급사슬 파트너 간 협업적 정보공유는 물론, 인적 교류를 통한 시장 트렌드에 대한 통찰력도 필요하다. 그러므로 공급사슬 내 성공적인 디지털 트랜스포메이션의 전제조건은 파트너 간 신뢰 및 조직의 호환성, 시스템 통합이다. 공급사슬 파트너 간 인적 및 시스템 통합이 이루어진다면 DT를 기반으로 수집한 데이터를 다시 지식으로 전환하고, 종국적으로는 공급사슬의 실제 상황을 꿰뚫어 볼 수 있는 통찰력을 얻을 수 있다. DT 기반 공급사슬 내 공유 정보의 품질은 이에 참여하는 기업 내·외부 파트너의 참여 의지로 좌우되는데, 기업 내·외부 파트너의 적극적 참여가 있어야 정보 원천의 '진정성'을 설득할 수 있고, '진정성'은 다시 DT 플랫폼 정보의 진실성을 결정한다. 따라서 '플랫폼 정보의 진실성'은 공급사슬 주요 참여자들이 공유 정보를 활용하도록 유도하는 선순환 구조를 끌어내 의사결정의 건전성을 제고한다. 공급사슬 파트너 간 협업적 정보 공유가 없는 상황에서 DT를 활용한 의사결정 모델링은 단기적 대응에는 효과적일 수 있으나 시장의 불확실성 요인을 반영하여 수립해야 하는 중장기적 계획과 돌발적 위기상황에 대한 대안 마련에는 역부족이다.

V. 글을 마치며

코로나-19 대유행 시작 이후 생산 자원 부족, 물류난으로 촉발된 공급사슬 붕괴는 완전히 회복되지 않았다. 특정 지역에 고립되어 제한된 크기로 발생했던 공급사슬 붕괴는 재고의 완충 기능으로 비교적 빠른 기간에 극복할 수 있었으나 급격하고 전방위적으로 발생한 코로나-19와 같은 위험 요인을 회피하기에는 재고기반 위험관리를 작동할 수 없었다. 이제 조직의 최고경영자들은 공급사슬 붕괴로부터 고객 및 기업 가치를 보존할 수 있는 혁신적인 방안을 모색해야 한다. 혁신적인 방안은 새로운 기술, 새로운 방법만을 의미하지 않는다.

공급사슬 위험관리의 혁신에는 이미 지난 수십년 간 존재했으나 글로벌 기업 최고경영진이 잘못 이해하고 있었거나 실천을 꺼려서 오직 교과서에만 존재했던 방안을 소환하여 실행하는 방식을 포함한다. 진정한 공급사슬 위험관리 혁신은 공급사슬관리의 기본으로 돌아가 공급사슬관리 철학을 제대로 이해하는 것으로부터 시작할 수 있다. 공급사슬관리철학은 기업 최고경영진에게 최종고객의 가치 극대화를 위해서는 단일 기업이 아닌 공급사슬 파트너 간 협업 없이는 불가능하다는 믿음과 공급사슬이 운명공동체라는 공동체 의식을 가져야 한다고 일깨워주고 있다.[15]

공급사슬관리 철학을 공유한 공급사슬 파트너들은 내부적으로는

---

15) Mentzer, John T., William J. DeWitt, James S. Keebler, Soonhong Min, Nancy W. Nix, Carlo D. Smith, and Zach G. Zacharia(2001), "Defining Supply Chain Management," Journal of Business Logistics, 22(2), 1-25.

공급사슬 역량을 키우고, 외부적으로는 공급사슬 내에서 파트너 기업과 공통의 목표 수립, 정보 공유, 협업, 시스템과 프로세스를 통합하고 모든 과정에서 위험과 보상을 공유해야 한다. 다음으로 효율성 극대화 중심의 공급사슬관리는 공급사슬의 유연성과 민첩성을 떨어뜨린다는 점에 유념하여, 공급사슬 붕괴에 대비한 유연성과 민첩성 강화에 집중해야 한다.

공급사슬 붕괴에는 대응전략이 아닌 예방전략이 우선이다. 공급사슬 붕괴를 예방하고, 붕괴가 일어나더라도 빠르게 복구하기 위해서는 그동안 글로벌 기업이 실천하기를 꺼렸던 공급사슬의 세분화, 지역화, 다양화를 실천하고, 완전한 디지털 트랜스포메이션을 통해 시장기반 의사결정이 가능하도록 하는 역량을 구축하여야 한다. 공급사슬 위험관리는 고객가치의 극대화에 따른 고객만족을 성취하는데 일조함은 물론, 그 결과로서 개별 기업 및 공급사슬 전체, 나아가 기업 생태계 전체의 이해관계자들의 생존과 번영에 필수적임을 기억해야 한다.

Logistics Trends 2023

디지털 기반 비자산형 물류산업의 시대가 온다

송상화
인천대학교 동북아물류대학원 교수

KAIST에서 박사학위를 받고, IBM 기술연구소와 비즈니스컨설팅서비스를 거쳐 인천대학교에서 SCM과 물류, 유통, 디지털 혁신 분야 교육 및 연구에 힘쓰고 있다. 현재 인천대학교 4단계 BK21 교육연구팀장을 맡고 있으며, 네이버 자문교수, CJ대한통운 자문교수, KOTRA 디지털혁신위원으로 활동하고 있다.

I. 쇼피파이를 통해 살펴본 디지털 물류 서비스

1. 풀필먼트 스타트업 딜리버를 21억 달러에 인수하다

2022년 5년, 미국 최대의 전자상거래 플랫폼 아마존(Amazon)과 치열한 경쟁을 벌이고 있는 쇼피파이(Shopify)는 전자상거래 물류를 지원하는 풀필먼트 스타트업 딜리버(Deliverr)를 21억 달러에 인수합병한다고 발표했다. Deliverr는 2017년에 창업, 설립 5년을 막 넘긴 신생 기업이었고, 인수합병 발표 당시 직원 수 약 400명, 월간 100만 건의 주문을 처리하는 수준이었기에 Shopify의 Deliverr 인수합병은 유통 및 물류산업 전반에 신선한 충격을 주었다.

Deliverr는 온라인 쇼핑몰에서 상품을 판매하는 전자상거래 기업들을 위해 상품을 보관하고, 주문이 들어오면 포장 후 택배사를 통해 배송하는 과정을 대행하는 풀필먼트 서비스 기업이다. 풀필먼트 서비스를 제공하는 물류기업이 전자상거래의 성장과 함께 빠르게 증가하고 있지만, Deliverr는 자체 물류창고 투자를 최소화하고 기존 물류기업을 연결해 전자상거래 주문에 대응하는 디지털 풀필먼트 시스템을 구축해 운영하고 있다.

미국 내 전자상거래 주문에 대한 배송은 일반적으로 3~5일 정도 소요되고 있지만, Amazon을 중심으로 2일 이내에 신속하게 배송하는 서비스 경쟁이 치열해 경쟁 전자상거래 기업들 역시 Amazon에 대응해 빠른 배송 서비스에 대한 투자가 필요한 상황이다. 물류창고와 고객 간 거리를 감안할 때 고객 주문 후 2일 이내 배송이 가능하기 위해서는 미국 내 주요 위치에 2~3개 이상의 물류창고 확보가 필수적이며, 배송 서비스 속도가 올라갈수록 물류창고를 10여 개 이상 확보하는 것도 필요하다. 이에 따라 기존 풀필먼트 서비스 기업들은 물류창고 확보 및 운영에 초점을 맞추어 대규모 투자를 진행하는 것이 일반적이었고, 투자 유치를 통한 창고 인프라 확대가 서비스 경쟁에 있어 중요한 전략이 되어 왔다.

Deliverr는 물류창고를 자체적으로 운영하는 방식보다 미국 내 주요 지역에 파트너 물류창고를 확보한 후 전자상거래 업체가 요구하는 서비스 수준에 따라 재고를 보관할 물류창고를 선정한 후 입고 수량 결정, 주문과 재고 간 매칭 등을 데이터 분석에 기반해 최적화하는 방식을 채택했다. Deliverr의 파트너 물류창고가 되기 위해서는 약 4,500㎡ 이상의 공간을 확보하고 하루 5,000건 이상의 주문을 처리할 수 있어야 하며, Deliverr는 각 파트너 물류창고의 하루 처리량 중 20~30% 수준의 주문을 해당 물류창고로 배치한다고 안내하고 있다. 파트너 물류창고가 Deliverr에 모든 물량을 의존하면 수요 변동에 취약해질 수 있어 다수의 물류창고를 파트너로 확보하고 전자상거래 주문을 파트너 물류창고에 분산해 처리하는 방식을 채택하고 있다.

자체적으로 물류창고를 운영하지 않고 파트너 물류창고 네트워크를 통해 풀필먼트 서비스를 제공하기 위해 Deliverr는 디지털 기술에 기반한 물류 서비스 역량 향상에 노력한 것으로 알려져 있다. 고객 주문 분석, 온라인 유통 플랫폼별 판매 현황 분석, 물류창고별 생산성 분석 등을 통해 전체 풀필먼트 네트워크의 운영 패턴을 최적화하고, 주문 생성 후 최종 배송에 이르는 전체 단계를 Deliverr의 물류 정보 시스템을 통해 통합 관리함으로써 개별 파트너 물류창고는 물류 현장 관리 및 생산성 확보에 집중하고 전체 네트워크 관리는 Deliverr가 전담하는 체계가 구축될 수 있었다. 이러한 노력을 통해 인수합병 당시 미국 내 95% 이상의 고객이 Deliverr 네트워크를 통해 2일 이내 배송이 가능한 것으로 분석되었다.

2. 디지털 포워딩 스타트업 플렉스포트에 대규모 지분 투자

Shopify는 Deliverr 인수 전인 2022년 2월에도 디지털 포워딩 스타트업 플렉스포트(Flexport)에 대한 시리즈E 투자에 참여하며 디지털 물류 서비스 역량 확보에 집중했다. 2013년 창업한 Flexport는 국제운송 포워딩 분야에서 디지털 물류 혁신을 통해 빠르게 성장한 기업으로 유명하다. 2019년 손정의 회장의 소프트뱅크(Softbank) 비전펀드로부터 33억 달러의 기업 가치를 인정받으며 10억 달러의 투자를 유치했고, 2022년 2월에는 80억 달러의 기업 가치로 9.35억 달러의 시리즈E 투자를 추가 유치하는데 성공했다.

Flexport의 창업자 라이언 피터슨(Ryan Petersen)은 전통적인 포워딩 비즈니스가 인력에 의존한 아날로그 방식으로 운영되어 국제 운송 분야에서의 수요와 공급 간 미스매치가 매우 크고, 다수의 포워딩 기업들이 다단계로 서로 얽혀있어 비효율적인 비즈니스라는데 주목했다. 디지털 물류 혁신을 통해 선사 등 국제 운송 서비스 기업과 화주 기업을 연결할 때 시너지 창출이 가능할 것으로 판단했다.

이에 따라 Flexport는 화주 기업이 국제 운송 서비스를 의뢰하는 단계에서 개별 운송 서비스 계약 및 거래 진행, 정산 및 결제에 이르는 전체 단계를 하나의 정보 시스템으로 처리 가능한 디지털 물류 시스템을 개발했고, 이를 통해 경쟁 포워딩 기업 대비 높은 생산성을 확보한 것으로 알려져 있다. 오프라인 비즈니스 중심의 전통적인 포워딩 기업들이 물량을 확보한 중견 기업 이상의 화주 영업에 집중하는 사이 Flexport는 중소 규모 화주 기업들도 효율적인 서비스를 받을 수 있도록 시스템을 고도화했고, Flexport의 서비스 운영 인력들 역시 디지털 물류 시스템을 통해 선사, 화주기업, 물류기업 간 서비스 연계를 효과적으로 운영할 수 있게 되면서 매출이 2019년 6.7억 달러에서 2020년 13억 달러, 2021년 33억 달러를 넘어서며 글로벌 물류기업으로 성장하고 있다.

Flexport는 대규모 투자 유치 후 이를 활용해 자체 물류 인프라 확보에도 투자했으나, 전체적인 서비스 구성은 화주기업의 글로벌 무역 거래를 지원하기 위한 국제 운송, 내륙 운송, 통관, 물류창고 등 물류 프로세스를 구성하는 전체 기업들이 디지털 물류 시스템을 통해 효율적으로 연계될 수 있도록 디지털 서비스 역량 고도화에 집중했다. 화주 기업은 Flexport 서비스를 통해 전체 물류 프로세스를 효율적으로 관리할 수 있고, 온라인을 통해 서비스 의뢰에서 견적, 계약, 모니터링, 정산 및 결제에 이르는 전체 과정을 통합적으로 처리할 수 있게 되어 서비스 운영 효율성을 올릴 수 있었다.

　　Shopify는 2022년 상반기 투자자 대상의 설명회에서 Flexport에 대한 투자 및 전략적 제휴, Deliverr 인수 합병을 통해 북미 지역 전자상거래 기업들이 상품을 글로벌 소싱해 미국 내 창고로 운송하는 과정을 Flexport가 담당하고, 미국 내 상품 보관에서 최종 배송에 이르는 전체 과정을 Deliverr가 담당함으로써 Amazon에 필적하는 물류 네트워크 및 관리가 가능해질 것으로 전망했다.

3. 자체 물류 인프라를 확보한 아마존과 경쟁할 수 있을까?

　　Shopify의 Flexport 및 Deliverr에 대한 투자는 지난 몇 년간의 물류 역량 고도화 전략이 효과를 거두지 못하고 Amazon과의 서비스 경쟁에서 뒤처지고 있음을 반성하는 과정에서 나온 것으로 분석할 수 있다. Shopify는 자체 온라인 쇼핑몰을 통해 상품을 판매하고자 하는 전자상거래 기업에 쇼핑몰 구축에서 각종 부가서비스까지 전체 전자상거래 서비스 과정을 대행하는 서비스를 제공하며 빠르게 성장했다. 실제 2018년 Shopify의 상품 거래액 GMV(General Merchandise Value)은 411억 달러에서 2021년 1,754억 달러로 4배 이상 성장했으며, 같은 기간 Amazon의 전체 거래액이 2,770억 달러에서 6,000억 달러로 약 2배가량 증가한 것과 비교할 때 괄목할만한 성과를 창출하고 있는 것으로 볼 수 있다. 하지만 Amazon 거래액 중 자체 직매입 비즈니스를 제외하고 오픈마켓을 통해 일반 전자상거래 기업이 상품을 판매한 거래액이 2018년 1,600억 달러에서 2021년 3,900억 달러로 성장했다는 점을 고려해보면 Amazon 대비 경쟁력 확보가 여전히 시급한 상황임을 짐작할 수 있다.

〈표 1〉 Amazon과 Shopify 거래액 비교 (단위: 10억 달러)

	Amazon			Shopify
	직매입	마켓플레이스	합계	합계
2018	117	160	277	41.1
2019	135	200	335	61.1
2020	190	300	490	119.6
2021	210	390	600	175.4

물류 인프라에 대한 대규모 투자를 통해 2020년 페덱스(FedEx)를 제치고 미국 택배 시장 3위로 올라선 Amazon은 물류창고와 배송 네트워크 인프라에 투자해 소비자에게 빠른 배송 서비스를 제공하며 급격하게 성장했다. 최근에는 Prime 멤버십 제도를 도입해 연간 멤버십 구독료를 지불한 고객에게 주문 후 이틀 내 배송을 무료로 제공하기 시작했고, 3~5일 내외 배송 서비스가 일반적이었던 미국 전자상거래 시장에서 물류 인프라에 기반한 속도와 편의성을 제공함으로써 2021년 기준 2억명 이상의 Prime 멤버십 가입 고객을 유치하고, 연간 거래 규모 6,000억 달러를 달성하며 세계 최대의 전자상거래 플랫폼이 되었다.

Amazon은 사업 초기 자체적으로 상품을 확보한 후 판매하는 직매입 기반 유통 모델로 성장했으나, 이베이(eBay) 등 상품을 확보하지 않고 셀러를 유치해 전자상거래를 지원하는 마켓플레이스 형태의 비즈니스 모델이 성장함에 따라 직매입 비즈니스뿐 아니라 셀러에 대한 마켓플레이스 플랫폼도 동시에 제공하며 상품의 다양성을 확보하고 소비자에 대한 영향력을 높여왔다. 이 과정에서 Amazon은 자체 상품 판매를 위한 물류 인프라를 마켓플레이스 참여 셀러에게 개방했고, Amazon 플랫폼에서 상품을 판매하는 셀러들은 Amazon의 물류 인프라를 통해 고객에게 상품을 배송할 수 있는 FBA(Fulfillment By Amazon) 서비스를 이용할 수 있게 되면서 고객에게 신속하게 상품을 배송할 수 있게 되었다.

Amazon과 경쟁하는 Shopify 입장에서는 Amazon 플랫폼에서 상품을 판매하는 것보다 Shopify의 서비스를 통해 자체 쇼핑몰을 운영하는 것이 더 효과적인 선택이 될 수 있도록 전체 전자상거래 서비스를 고도화하는 것이 필요하며, 가장 취약한 부분인 물류 분야에 대한 경쟁력 확보가 시급한 상황이다. Amazon의 신속한 배송 서비스에 익숙해진 소비자들의 높아진 배송 서비스 기대 수준을 만족시키는 것이 핵심과제가 되면서 ebay, Walmart 등 Amazon과 경쟁하는 플랫폼 기업들 역시 배송 서비스 품질을 고도화하기 위한 투자를 확대하고 있어 Shopify 역시 배송 서비스 혁신은 가장 중요한 전략 과제라고 볼 수 있다.

Shopify는 이러한 전자상거래 환경 변화를 고려해 2019년 20억 달러의 투자를 통해 자체 물류 인프라 네트워크인 쇼피파이 풀필먼트 네트워크(Shopify Fulfillment Network)를 구축하겠다고 선언했고, 2020년 4.5억 달러에 물류창고 자동화 설비 기업 6리버시스템즈(6 River Systems) 인수 및 다수의 물류창고와 계약해 자동화된 물류창고 인프라 구축 및 Shopify 자체 풀필먼트 서비스를 고객들에게 제공하기 시작했다. 6 River Systems의 물류 자동화 설비를 갖춘 다수의 물류창고를 확보하고, 이를 통해 전자상거래 기업들이 Amazon, 월마트(Walmart) 등과 경쟁 가능한 풀필먼트 서비스를 이용할 수 있을 것으로 예측한 것이다.

하지만, 이미 자체 풀필먼트 서비스 역량을 구축한 Amazon, Walmart 등의 경쟁 기업이 풀필먼트 서비스 역량 고도화를 위해 대규모 투자를 지속함에 따라 Shopify의 풀필먼트 서비스 고도화에 대한 시장의 의구심이 높아지는 상황이 이어졌고, 급기야 2022년 2월에는 Shopify의 풀필먼트 전략에 대한 부정적 시장의 반응으로 주가가 급락하는 상황이 발생했다. 자체 물류 인프라를 구축하는 데 필요한 투자 규모가 상상을 초월하는 규모임을 고려할 때 Shopify가 물류 인프라 구축 및 서비스 역량 고도화를 통해 Amazon, Walmart 등의 기업과 경쟁이 쉽지 않다는 인식이 형성된 것이다.

4. 쇼피파이의 디지털 기반 통합 물류 서비스 혁신

Shopify는 2022년 초반 기존 물류창고 계약들을 대거 해지하고 풀필먼트 전략의 대대적 수정을 추진하게 된다. 기존에는 Amazon, Walmart 등과 마찬가지로 자동화된 자체 물류창고를 다수 확보하고 이를 통합 관리하는 인프라 중심의 물류 체계 구축이 목표였으나, 경쟁 기업과 유사한 규모의 인프라를 조기에 구축하기 위해서는 경쟁 기업의 몇 배 이상 대규모 인프라 투자를 빠르게 진행해야 했다. 거기에 더해 자체 인프라 운영을 위한 물류 서비스 역량 고도화는 물류 분야 인력 확충 및 시스템 개발, 서비스 노하우 축적 등에 추가적인 대규모 투자 및 기술 개발이 필요한 상황이었다.

이러한 문제를 해소하기 위해 2022년 Shopify는 경쟁 기업과 유사한 방식으로 대규모 투자에 따른 자체 물류 인프라 확보 및 서비스 노하우를 축적하는 물류 인프라 구축 전략을 포기하고, 디지털 물류 서비스 역량 고도화에 기반한 파트너십 기반의 디지털 물류 네트워크 구축 방식으로 전략을 전환하게 되었다. Flexport를 통해 해외에서 상품을 북미 지역으로 수입하는 과정을 효율적으로 처리하고, Deliverr를 통해 미국 내 상품의 배송 서비스를 고도화하는 방식으로 전환하는 것이다. 물론 안정적 서비스를 위해 자체 물류창고 확보 등 물류 인프라 확보를 일부 추진하겠지만, 전체적인 물류 서비스는 Flexport와 Deliverr를 통해 상품의 수입에서 배송까지 전체 프로세스를 디지털 서비스로 관리하고, 필요한 인프라는 Flexport와 Deliverr에 연결된 파트너 물류기업들을 처리하는 방식을 도입한 것이다.

[그림 1] Shopify와 Flextport 및 Deliverr 서비스 연계 구조
출처: shopify

Shopify의 물류 전략 전환 사례는 물류기업의 경쟁 전략에 대한 시사점을 보여주고 있다. 물류 서비스는 선박, 차량, 창고, 터미널 등 물류 인프라를 확보하고, 서비스 수요에 따라 물류 인프라를 효율적으로 운영해 화주 기업에 서비스를 제공하는 것이 기본적인 비즈니스 모델이다. 기술 개발 및 특허 확보를 통해 경쟁 기업이 제공하기 어려운 차별화된 제품을 생산해 독점적 판매가 가능한 제조 산업과 달리 서비스 산업은 유사한 비즈니스 모델로 구성되어 있고, 경쟁 기업이 제공하지 못하는 차별화된 서비스로 독점적 비즈니스 모델을 구축하기 어렵다는 측면에서 비용 절감을 통한 원가 경쟁력 확보가 중요한 경쟁력이었다. 특히, 대규모 인프라 투자를 통해 규모의 경제를 달성할 때 경쟁 기업 대비 저렴한 서비스 제공이 가능해져 규모가 큰 기업이 비용 경쟁력 측면에서 우위를 달성하는 것이 가능했다.

물류산업에서 규모의 경제를 통한 비용 경쟁력 확보가 중요하다는 것을 보여준 사례는 컨테이너 운송 서비스와 택배 서비스 분야가 대표적 사례라고 할 수 있다. 맥킨지(McKinsey) 분석에 따르면 1996년 글로벌 컨테이너 운송 산업의 최상위 5개사 점유율은 27%, 차상위 5개사 점유율은 16%로, 상위 10개사를 제외한 나머지 기업들이 56%의 시장을 차지하고 있었으나, 2017년이 되면 최상위 5개사 점유율이 64%로 성장하는 사이 차상위 5개사 점유율은 18%, 상위 10개사 제외 기업들의 점유율은 18%로 급감하게 된다. 20년 동안 기업 간 인수합병 및 컨테이너 운송 네트워크 확장, 초대형 컨테이너 선박 도입 등을 통해 규모의 경제를 달성한 상위 기업들은 요금 인하 경쟁을 통해 경쟁력이 취약한 기업들을 도태시키고 시장 점유율을 끌어올리는 데 성공한 것이다. 규모의 경제가 원가 경쟁력 확보에 기여하고, 원가 경쟁력으로 수요를 확대한 후 다시 규모를 확장하는 선순환 구조가 작동한 것이다.

국내 택배 서비스 시장에서도 2011년 시장 1위 기업의 시장 점유율이 19%, 차상위 2개 기업의 점유율이 26% 수준이었으나, CJ GLS와 대한통운 합병, 상위 택배 기업들의 메가허브 터미널 구축 및 서브 터미널 네트워크 확장으로 2020년에는 1위 기업이 시장의 50%를 차지하고, 차

상위 2개 기업이 27%를 차지하는 구도로 변화했다. 글로벌 컨테이너 운송 시장과 마찬가지로 대규모 인프라 투자를 추진한 상위 택배 기업들이 시장 점유율을 빠르게 끌어올리는 데 성공하면서 소수의 기업이 전체 시장을 주도하는 과점 형태의 시장으로 변화하는 것이다.

여기에 더해 최근에는 전자상거래를 중심으로 통합 서비스 역량 제고에 대한 경쟁이 치열하다. 쿠팡, Amazon 등 물류 인프라에 집중적인 투자를 진행하는 유통 플랫폼 기업의 경우 고객의 주문을 처리하는 전체 과정을 자체 인프라를 통해 빠르게 진행할 수 있게 됨에 따라 경쟁 유통 기업 대비 신속하고 편리한 배송이 가능한 구조를 구축하게 되었다. 여러 물류기업이 전문 분야에 따라 역할을 분담하는 전통적인 분업화된 물류 서비스 구조와 달리 이들 유통 플랫폼 기업들은 전체 프로세스를 자체적으로 해결함에 따라 신속한 서비스가 가능한 구조를 만들 수 있었다.

이러한 변화는 컨테이너 운송 분야 등 타 물류 분야로 번졌다. 글로벌 1위 컨테이너 운송사 머스크(Maersk)는 기존의 컨테이너 운송 인프라뿐 아니라 내륙운송, 풀필먼트 서비스 등의 분야로 서비스를 확장하고 있다. Maersk는 2020년 4월 미국 창고 및 배송기업 퍼포먼스 팀(Performance Team)을 5.4억 달러에 인수완료했고, 2021년 12월에는 아시아 지역의 주요 창고물류기업인 엘에프 로지스틱스(LF Logistics)를 36억 달러에 인수, 2022년 2월 미국 내륙운송사 파일럿 프레이트 서비스(Pilot Freight Services)를 16.8억 달러에 인수하는 등 컨테이너 운송과 연계된 내륙운송 및 물류창고 관련 기업들을 대거 인수하며 글로벌 물류 과정 전체의 서비스 통합을 추진하고 있다. 글로벌 컨테이너 운송사인 CMA

CGM 역시 3자물류 및 포워딩 관련 서비스를 제공하던 세바 로지스틱스(CEVA Logistics)를 2019년 인수했고, 2021년에는 인그램 마이크로(Ingram Micro)의 전자상거래 물류 부분을 인수한 것으로 알려져 있다.

[그림 2] 머스크의 엔드투엔드 통합 물류 서비스 구조
출처: Maersk

　물류산업에서는 ① 대규모 투자를 통한 인프라 확보로 규모의 경제 달성 및 비용 경쟁력 확보, ② 엔드투엔드(end-to-end) 통합 서비스 인프라 확보를 통한 서비스 경쟁력 달성이 핵심임을 알 수 있다. 대규모 인프라를 확보하고 전체 서비스를 자체적으로, 통합적으로 제공하면 비용 및 서비스 경쟁력이 모두 향상된다는 점에서 물류산업의 구조적 경쟁력의 핵심이라고 볼 수 있다. 국내 또한 2000년대 초반 글로벌 물류기업들과 경쟁 가능한 종합물류업 육성이라는 정책적 방향성을 설정하고, 기업 간 인수합병 장려, 종합물류업 인증 도입, 물류 아웃소싱 활성화 등의 정책적 지원을 추진했고, 이를 통해 국내 물류기업들의 규모가 급격하게 성장하며 세계적 수준의 물류기업들로 발돋움하는데 이바지했다.

　물류 인프라 중심의 자산형 물류 서비스는 높은 투자비용과 수요 변동성에 따른 리스크에 취약하다는 한계를 가지고 있다. 규모의 경제에 기반한 원가 경쟁력 확보, 수요 확대로 이어지는 선순환 구조를 정착하기 위해서는 지속적인 인프라 투자가 필요하고, 그 과정에서 일정 기간 적자 운영이 불가피한 한계가 있는 것이다. Amazon도 창업 후 오랫동안 물류 인프라 투자 및 높은 운영비용으로 인해 어려움을 겪었고, 선순환 구조가 어느 정도 궤도에 오른 이후에야 비로소 서비스 지속가능성이 올라가게 되었다.

치열한 서비스 경쟁과 높은 수요 변동성으로 물류 투자에 대한 리스크도 높아지고 있다. 대규모 인프라 투자 및 자체 물류 시스템 구축으로 이어지는 자산형 물류 서비스의 경쟁력 확보 전략은 수요가 갑작스럽게 감소할 때 이에 따른 생산성 하락이 불가피해 지속적인 성장에 부정적 영향을 미친다. 코로나로 인한 비대면 서비스 요구 확대, 전자상거래 시장 급성장으로 물류 인프라 투자가 확대되었으나, 대면 서비스로의 전환 및 오프라인 비즈니스 활성화가 이루어지면서 과도한 물류 인프라에 대한 우려가 커지고 이미 대규모 자금을 투자한 자산형 물류 서비스 기업들의 인프라 활용률이 급격하게 감소하는 문제가 발생하고 있다. 거시적 경제 환경 변화뿐 아니라 계절적 요인, 프로모션 영향 등으로 전자상거래 수요가 시기에 따라 크게 변동하는 특성은 고정적인 물류 인프라 투자에 대한 우려를 높이고 있다. 자산형 물류 서비스는 수요의 변동에 따른 공급의 유연화가 거의 불가능하다. 인프라의 운영 효율성의 지속적 확보가 어렵다는 측면에서 물류 인프라 중심의 자산형 서비스 경쟁 전략은 시장을 선점한 일부 기업 외 타 기업에게는 선택하기 어려운 전략이 되고 있다.

Shopify의 디지털 물류 서비스로의 전환은 이러한 자산형 물류 서비스 기업들과의 경쟁을 위해 새로운 전략을 고민한 결과로 이해할 수 있다. Amazon, Walmart와 같은 인프라 중심의 기업들과의 직접적인 인프라 투자 경쟁은 높은 수요 변동성 및 경제 환경 변화에 따른 리스크를 고려할 때 지속 가능하지 않다는 점에서 새로운 접근이 필요했고, Deliverr, Flexport와 같은 인프라 공유 및 연결에 기반한 디지털 물류 서비스 혁신 기업들의 비자산형 물류 서비스가 리스크에 강하면서도 효율적인 서비스를 구축하는데 긍정적 영향을 미칠 것으로 기대하는 것이다.

Ⅱ. 디지털 기술 기반의 비자산형 물류 서비스 성장

1. 다양한 디지털 물류 서비스의 등장

자체 인프라를 구축하지 않고 이미 인프라를 보유한 다수의 물류기업을 연결해 하나의 통합된 서비스를 제공하는 방식은 필요에 따라 인프라 공급을 유연하게 변경할 수 있고, 기업별 서로 다른 특성을 가진 인프라를 효율적으로 조합하면 특화된 서비스로 구성할 수 있다는 장점이 있다. 다만, 물류 서비스 수요기업으로서는 하나의 기업이 전체 인프라를 구축하고 운영해 통합적으로 제공하는 자산형 물류 서비스 대비 다수의 물류기업을 연결해 서비스를 제공하는 비자산형 서비스에 대해 서비스 품질 우려가 있을 가능성이 있다. 실제 인프라와 서비스를 제공하는 자산형 물류 서비스 기업과 기업별 인프라와 서비스를 결합해 통합 서비스로 구성하는 비자산형 물류 서비스 기업 간 의사소통이 효율적이지 못할 때 서비스 과정에서 문제가 발생할 가능성이 높은 것이다. 바로 이 지점에서 디지털 물류 서비스 혁신이 비자산형 물류 서비스 기업의 역량을 제고하는데 기여할 수 있을 것으로 예측된다.

디지털 기술 기반의 비자산형 물류 서비스는 서비스 모델에 따라 다양한 형태로 제공될 수 있다. 다수의 물류기업과 화주기업 간 서비스를 중개하는 디지털 물류 플랫폼 모델, 여러 물류기업의 인프라와 서비스를 결합해 하나의 통합된 디지털 물류 서비스를 수요기업에 제공하는 디지털 통합 물류 서비스 모델이 그 사례가 될 수 있다.

디지털 물류 플랫폼 모델을 살펴보면 미국의 우버 프레이트(Uber

Freight), 콘보이(Convoy) 및 중국 만방그룹 등 화물운송 플랫폼, 국내의 경우 전국24시콜화물, 화물맨, 원콜 등 화물정보망이 있다. 이들 디지털 물류 플랫폼 기업의 경우 플랫폼이 서비스를 통합적으로 제공하는 것이 아니라 물류기업의 서비스를 수요기업과 연결하는 중개 서비스에 초점을 맞추고 있다.

Flexport, Deliverr 등의 디지털 통합 물류 서비스 기업은 수요기업과 물류기업 간 서비스를 중개하는 방식이 아니라 디지털 시스템을 통해 다양한 물류기업의 서비스와 인프라를 연결하고 조합해 서비스를 제공하는 방식이라고 볼 수 있다. 국내의 경우 삼성SDS의 첼로스퀘어, 네이버의 NFA(Naver Fulfillment Aliance), 풀필먼트 스타트업 마이창고, 콜로세움, 볼드나인 등이 이러한 유형에 해당한다.

2. 디지털 기술 기반 비자산형 물류 서비스와 4자물류 서비스

디지털 기술 기반의 비자산형 물류 서비스는 4자물류 서비스와 유사한 개념으로 발전하고 있다. 물류 서비스는 서비스 제공 기업과 수요기업 간 거래 구조에 따라 1자물류에서 3자물류로 구분하는 것이 일반적이다. 국내외 문헌에 따라 2자물류에 대한 개념 정의에는 차이가 있으나, 국내의 경우 수요기업이 자체적으로 물류 프로세스를 운영하는 경우 이를 1자물류로 정의하고, 수요기업의 자회사에서 프로세스를 대행할 경우 2자물류, 수요기업과 상관없는 외부 물류기업이 프로세스를 아웃소싱하는 경우 3자물류로 정의한다. 치열한 기업 간 경쟁 및 높아진 고객 서비스 요구 수준으로 물류 서비스 경쟁력 확보가 기업 경영에 있어 중요한 의사결정 요소가 되면서 전문화된 물류기업에 서비스를 아웃소싱하는 3자물류가 전 세계적으로 보편화되고 있다. 이 과정에서 3자물류 중심의 물류 아웃소싱을 고도화한 4자물류라는 개념이 등장하게 된다.

4자물류 개념은 1996년 앤더슨 컨설팅(Andersen Consulting)에서 "자체 리소스와 역량, 기술, 그리고 외부 물류 서비스 기업의 서비스를 통합해 복잡한 공급망을 설계하고 운영하는 서비스(the 4PL is an integrator that assembles its own resources, capabilities and technology and those of other service providers to design and manage complex supply chains)"로 정의한 개념이 널리 통용되고 있다. 기존의 3자물류 서비스는 개별 물류 기능의 아웃소싱에 초점을 맞추고 있지만 4자물류 개념은 물류 아웃소싱에 컨설팅, IT 등을 포함해 화주 기업의 다양한 물류 서비스 요구사항을 통합적으로 만족시키는 방향으로 범위가 확장되었다.

기술의 발전 및 기업 경쟁력 향상으로 물류기업 중심의 3자물류 서비스에서도 IT, 컨설팅 서비스가 강화되고 있어, 4자물류라는 개념에 대해 마케팅 용어일 뿐 그 실체에 대해 일부 회의론도 있어 왔다. 실제 4자물류라는 개념은 컨설팅 기업을 중심으로 개념이 발전해왔다는 측면에서 물류기업 중심의 3자물류와 차별화된 물류 아웃소싱 서비스를 목표로 4자물류라는 개념이 도입된 측면도 있을 것이다. 물류 서비스를 컨설팅하던 컨설팅 기업들은 수요기업의 복잡하고 광범위한 물류 서비스를 하나의 물류기업이 자체 인프라만으로 서비스하는 것이 비효율적이라고 판단하고, 컨설팅기업이 다양한 물류기업들의 서비스와 인프라를 연계해 통합된 형태로 제공할 경우 물류기업 중심의 3자물류와 차별화된 4자물류 서비스가 성장할 수 있을 것으로 예상했던 것으로 판단된다.

3자물류 기업들 역시 물류 분야에서의 전문성을 바탕으로 IT 및 컨설팅 역량을 강화해 물류 아웃소싱 서비스를 고도화했다. 물류산업 전반의 디지털 역량이 충분히 성숙하지 않은 상태에서 4자물류기업이 물류기업들의 서비스와 인프라를 하나의 통합된 물류 서비스로 설계하고 제공하는 데 한계가 있어 4자물류 개념 확산에도 한계가 있었다.

　　　최근 들어 디지털 기술이 급격히 발전하고, 물류 서비스의 중요도 상승 및 물류산업에 대한 기업들의 관심이 올라가면서 4자물류와 유사한 맥락인 디지털 기술 기반의 비자산형 물류 서비스가 기업들의 관심을 받기 시작했다. 인공지능, 데이터 분석 등을 통해 물류 서비스의 경쟁력을 향상하고, 모바일, 인터넷, 웹·앱 등의 인터넷 서비스 기술을 접목해 물류 서비스의 계약 의뢰에서 견적, 계약, 모니터링, 정산 등의 과정을 효과적으로 처리할 수 있게 되면서 물류기업이 아니라도 다양한 물류기업의 서비스와 인프라를 연결해 디지털 통합 물류 서비스로 제공하는 것이 가능해진 것이다. 1990년대 후반 컨설팅 기업들의 4자물류 서스 시장 진출과 유사하게 최근 나타나는 현상은 IT·플랫폼 기업 및 스타트업들의 비자산형 디지털 통합 물류 서비스 시장 진출이 활발해지고 있다는 것이다.

3. 물류 서비스 범위 확대와 디지털 기반 통합 물류 서비스

　　　전자상거래 시장이 확대됨에 따라 전자상거래를 지원하기 위한 라스트마일 배송 및 풀필먼트 서비스를 중심으로 비자산형 디지털 통합 물류 서비스 시장이 크게 성장하고 있다. 고객 서비스 요구 수준이 높아지면서 익일 배송을 넘어 당일 배송에 대한 수요가 증가하고, 고객 편의성 증대를 위해 새벽배송, 주말배송, 심야배송 등을 추진하게 되는 과정에서 제조·유통 기업들은 물류 서비스 운영에 한계를 느끼고 있다. 다양한 물류 서비스를 효과적으로 제공하기 위해서는 물류 인프라 확보가 중요하나, 이를 자체적으로 구축하면 대규모 투자 및 수요 불확실성에 따른 높은 리스크를 감당해야 하는 문제가 있었다. Amazon, 쿠팡 등과 같이 자체 물류 인프라를 구축한 기업들이 통합적으로 제공하는 서비스 수준과 경쟁하기 위해 나이키(Nike)와 같은 글로벌 브랜드는 자체 쇼핑몰을 강화하고 자체 물류 인프라 고도화를 통해 물류 서비스 경쟁력 고도화 노력을 하고 있으나, 일부 글로벌 브랜드를 제외하고 인프라 투자 및 물류 서비스 노하우를 확보하는 것은 한계가 있을 것이다.

이에 따라 전자상거래 물류 분야에서 경쟁하는 기업들은 단순한 물류창고 운영이나 배송 서비스를 넘어 수요예측에서 재고관리, 물류창고 운영 및 상품 출고, 배송 모니터링 및 고객 불만 처리(교환, 환불 등)까지 전체 운영 프로세스를 통합적으로 관리하는 데 집중했다. 또한, 단순한 비용 절감을 넘어 차별화된 배송 서비스 제공으로 고객 만족도를 높이고, 이를 통해 매출을 향상시키는 성장 측면에서의 물류 서비스 운영으로 전략적 방향성이 고도화되기 시작했다. 과거 화주 기업의 물류 서비스 기업 선정 요인이 비용 최소화에 초점이 맞추어져 있었다면, 최근의 서비스 경쟁은 물류 서비스 기업 선정에 있어 서비스 품질 향상 및 매출 확대, 성장 지원 측면으로 변화하고 있어 서비스 경쟁력을 확대시키기 위한 기업 간 경쟁이 치열해지고 있다.

4. 영세하고 파편화된 물류 생태계를 이어가는 물류 혁신

물류산업 발전 측면에서도 디지털 기술 기반의 비자산형 물류 서비스의 성장이 필요한 상황이다. 물류산업을 구성하는 주요 서비스 분야인 운수업과 물류시설업을 살펴보면 서비스 유형에 따라 일부 차이는 있으나 제조업 대비 영세 기업의 비중이 매우 높다. 2020년 운수업 조사 결과 육상화물운송업의 경우 업체별 종사자 수가 평균 1.7명, 매출 1.4억 원 수준이며, 일반 화물자동차 운송업의 94% 이상이 연간 매출 80억 원 이하의 중소기업이었다. 물류창고를 운영하는 물류시설업의 경우에도 업체별 종사자 수가 평균 9명 내외, 매출 평균 26억 원 수준인 것으로 조사되었다. 규모의 경제가 중요한 택배 서비스, 컨테이너 운송과 달리 육상운송, 물류창고 등은 다수의 영세한 기업들이 시장에서 경쟁하는 구조로 운영되고 있다.

전자상거래 물류와 긴밀한 연관관계가 있는 운송 및 물류시설업의 영세하고 파편화된 산업 구조는 개별 기업이 고객을 확보하기 위해 마케팅 및 영업 활동 전개에 어려움이 있다. 물량 확보를 위해 가격 인하 경쟁이 치열해져 산업 전반의 경쟁력이 하락하는 구조적 한계를 가지고 있는 것으로 판단된다. 물류 거래 구조의 정상화를 위해 정책적으로 화주기업과 물류기업 간 직거래 구조 정착을 추진하고 있으나, 한국교통연구원의 2021년 화물운송업 동향 조사에 따르면 화물차주의 운송 거래 단계가 3단계 이상인 경우가 여전히 20% 이상인 것으로 조사되었다. 결국 다수의 중소규모 물류기업으로 구성된 물류산업은 물량 확보를 위해 다단계로 거래가 이루어지고, 그 과정에서 서비스 단가 경쟁이 치열해지며 전체 산업의 경쟁력이 하락하는 상황인 것으로 분석된다.

또한 디지털 기술에 기반한 물류 서비스 고도화 측면에서도 물류 기업들의 어려움이 가중되고 있다. 인공지능, 빅데이터, 플랫폼, 모바일, 블록체인, 물류로봇 등 디지털 물류 기술이 급속히 발전하면서 이를 적극적으로 활용하는 기업의 경쟁력은 올라가고 있으나, 물류 관련 기업의 연구개발비 지출 및 연구개발인력 확보에 어려움이 큰 것으로 알려져 있다. 주요 서비스 산업 중에서 물류 부분은 연구개발비 지출이 가장 낮으며, 전체 산업의 연구개발 지출에서 물류분야가 차지하는 비중이 2018년 기준 0.14%로 현저히 낮은 것으로 조사되었다.

5. 물류 서비스 연계를 위한 글로벌 노력

유럽은 물류기업 간 협력에 기반해 물류 서비스를 제공하는 피지컬 인터넷 방식의 공유 물류 시스템 구축을 추진하고 있다. 이를 위해 준비하는 것이 ETP(European Technology Platform) ALICE 프로그램이다. ETP ALICE 프로그램은 유럽의 공동 연구 플랫폼으로 물류 운영 효율성을 높이고 지속가능한 물류 시스템으로의 전환에 있어 물류기업 간 서비스 연계, 데이터 공유에 기반한 피지컬 인터넷이 미래 물류 체계의 목표가 될 것으로 예측하고 관련된 연구를 지원하고 있다. 전체 연구는 도시 물류 혁신(Urban Logistics), 글로벌 공급망 조율 및 협력(Global Supply Network Coordination and Collaboration), 물류 회랑 및 복합물류 체계 구축(Corridors, Hubs and Synchromodality), 지속가능하고 안전한 공급망 구축(Sustainable, Safe, Secure Supply Chain), 정보 시스템을 통한 물류 체계 연결(Information System for Interconnected Logistics) 등 5개의 주제로 구성되어 있다.

피지컬 인터넷이 구현되면 화주 및 물류기업은 특정 플랫폼에 종속되지 않을 것이다. 자체적인 서비스와 인프라를 필요에 따라 다양한 기업과 협력해 연계하고, 차별화된 서비스를 개발하는 데 활용할 수 있을 것으로 기대된다. 기업 간 물류 체계 연결과 관련된 주요 프로젝트를 살펴보면, FENIX, AEOLIX 등의 프로젝트가 추진되고 있다.

　　　　FENIX(European Federated Network of Information eXchange in Logistics)는 물류 플랫폼 간 데이터 상호 운용성을 확보하기 위해 유럽 내 주요 물류기업, 모빌리티 기업, 도시 및 정부, 공공기관 등의 플랫폼이 참여해 데이터를 공유할 수 있는 플랫폼 연합을 구축하는 프로젝트다. FENIX를 통해 플랫폼들은 자체적으로 보유한 데이터를 타 플랫폼과 손쉽게 공유하고, 필요한 데이터를 확보할 수 있을 것으로 기대한다. AEOLIX(Architecture for European Logistics Information Exchange) 프로젝트 역시 데이터 공유를 위한 데이터 표준을 제정하는 작업을 진행하고 있다.

　　　　일본도 2022년 공유물류 추진을 위한 피지컬 인터넷 로드맵을 발표하며 물류기업 간 인프라 및 서비스 연계를 위한 정책적 지원을 추진하기 시작했다. 전자상거래가 발전하고 물류 서비스에 대한 수요가 급증하는 상황에서 트럭 운전사의 부족, 물류비용 상승, 영세 물류기업 경쟁력 저하 등의 산업 구조 변화가 불가피해 이를 타개하기 위한 전략으로 기업 간 협력 및 인프라, 서비스 공유를 추진하게 된 것이다. 일본의 피지컬 인터넷 로드맵에서는 물류기업 간 서비스 공유로 중소 사업자가 전체 서비스의 규모의 경제에 기반해 성장하고, 지역 및 기업 간 밀접한 협력과 제휴 활성화, 물류 데이터 공유 확대, 자원 활용률 극대화를 추진하게 될 것으로 예상된다.

Ⅲ. 디지털 기술 기반 비자산형 물류 서비스 이슈사항

　　높아진 고객 서비스 요구 수준 및 산업 전반의 물류 서비스 경쟁력 제고를 위한 서비스 경쟁이 이뤄지고 있다. 물류 인프라에 대한 과도한 투자와 이에 따르는 리스크 등을 고려하고 기존 물류기업들의 인프라와 서비스를 효과적으로 연계해 end-to-end로 통합된 형태의 디지털 물류 서비스를 제공하려는 기업 간 경쟁은 2022년 이후에도 지속될 것으로 전망된다. 코로나-19 위기 이후 온라인 서비스의 성장과 배송 서비스 고도화에 대한 시장의 수요가 폭발적으로 성장했다. 물류 인프라에 대한 대규모 투자로 규모의 경제 달성 및 독점적 시장 장악이 가능할 것으로 예상되는 퀵커머스, 라스트마일 배송, 풀필먼트 서비스 분야에서 자체 인프라 구축 후 시장을 선점하려는 기업에 대한 투자자의 관심이 높았다.

　　독점적 경쟁력 확보를 위한 인프라 구축에 과도한 투자가 이뤄지고 경제 변동에 대한 불확실성이 증가함에 따라 인프라 중심의 물류 서비스 기업에 대한 투자는 당분간 불가피하게 감소할 것이다. 반면 다양한 기업들의 서비스와 인프라를 연결하는 과정에서 서비스 노하우 축적이 필요하고 시장 선점 효과도 클 것으로 예상되는 디지털 기반의 비자산형 물류 서비스 분야의 경우에는 시장 불확실성에도 불구하고 투자 지속이 예상된다. 시장의 불확실성과 경제 상황의 변화 등으로 2023년 이후 디지털 물류 서비스 시장의 성장 방향을 예측하는 것은 어려운 작업이지만, 관련 시장과 기업의 현황 및 이슈를 살펴보는 과정에서 새로운 기업과 서비스 개발 방향을 예측할 수 있을 것으로 기대된다. 이에 따라 디지털 기술에 기반한 비자산형 물류 서비스 산업의 현황 및 이슈를 살펴보고, 각각의 이슈에 대한 해결방안을 살펴보고자 한다.

1. 디지털 물류 플랫폼 모델에 대한 시장 수용성

디지털 물류 비즈니스 모델에서 가장 큰 관심을 끌었던 디지털 물류 플랫폼 모델은 화주와 물류기업의 비즈니스 모델 수용성 문제로 국내의 경우 여전히 성장에 제약이 있는 것으로 판단된다.

중국의 경우 전통적인 오프라인 물류 비즈니스 거래 방식이 비효율적이고 플랫폼 비즈니스 모델에 대한 거부감이 상대적으로 낮아 만방그룹을 중심으로 디지털 물류 플랫폼 서비스가 빠르게 성장하고 있다. 중국 기업 간 전자상거래 비즈니스를 살펴보자. 알리바바의 중국 내수시장 기업 간 전자상거래 플랫폼 1688.com에서 다양한 기업이 온라인 기업 간 거래를 진행하고 있다. 오프라인 유통사 중심의 거래 구조가 이미 확립되어 있어 온라인 전환이 느린 것으로 평가받는 철강 산업의 경우만 보더라도 2020년 10억 톤 규모의 중국 전체 철강 거래 금액 중 자오강(Zhaogang), 구야운상(Ouyeel), 뱅크스틸(Banksteel) 등 전자상거래 플랫폼을 통한 온라인 거래가 3억 톤에 이를 정도로 플랫폼을 통해 기업 간 거래가 활발히 이루어지고 있다. 이에 따라 다양한 분야에서 디지털 물류 플랫폼을 구현하려는 시도가 이어지고 있으며, IT·플랫폼 기업의 참여도 활발하다.

미국 시장의 경우 대표적인 화물운송중개 플랫폼 Uber Freight에서 화물운송 중개 서비스 차별화를 위해 화물운송사에 신속하게 대금을 정산하는 서비스, 데이터에 기반해 미래 운임을 예측하는 화주기업 대상 서비스 등을 개발하며 플랫폼 비즈니스 모델의 성장을 위해 노력하고 있으나 시장 독점적 사업자로 성장하기에는 아직 성과가 미흡하다. 분기별 매출 측면에서 살펴보면 2020년 4분기 매출이 3.13억 달러, 2021년 3분기 매출이 4.02억 달러 수준을 기록해 전년 동기 대비 40~60% 내외의 성장을 지속하고 있으나, 전체 화물운송 시장 규모를 고려하면 여전히 시장 점유율이 낮다. 2021년 4분기에 화물운송 소프트웨어 및 플랫폼 서비스 기업 트랜스 플레이스(Transplace)를 2.25억 달러에 인수하며 분기 매출이 2021년 4분기 10.8억 달러로 성장했다는 측면에서 볼 때 인수합병을 통해 규모를 키우고 고객 수요를 확대하는 전략을 지속할 것으로 예상되나, 기업 인수합병에 투입되는 투자 규모를 지속할 수 있을지에 대한 고민이 커지고 있으며 자체 서비스 역량 강화를 통한 유기적 성장(Organic Growth) 필요성이 클 것으로 판단된다.

국내의 경우에는 플랫폼에 대한 종속성에 대한 우려, 플랫폼을 통한 거래로 인해 새로운 매출 기회가 생기기보다는 기존 거래처를 상실할 것에 대한 리스크, 기존 오프라인 거래 관행 등으로 기업 간 전자상거래 자체가 활성화되지 못하는 상황에서 물류 서비스에 대한 플랫폼 비즈니스 모델 역시 성장하지 못하고 있다. 물류기업 및 물류 서비스 수요기업 모두 디지털 플랫폼을 통한 거래로 저렴하면서도 고품질의 서비스를 제공받고, 물류기업의 영업 및 마케팅 비용 절감이 가능하다는데 원론적인 공감대가 형성된 것으로 판단된다. 그러나 기존 서비스 거래 구조를 대체해 플랫폼 모델이 성장하는 것은 낮은 비즈니스 모델 수용성으로 단기간에 이루어지기 어려울 것으로 예측된다. 이에 따라 디지털 물류 서비스 관련 기업들의 성장 전략은 당분간 플랫폼 모델보다는 물류기업들을 연계해 하나의 통합된 디지털 물류 서비스로 제공하는 방식에 집중되는 것이 합리적일 것으로 판단된다.

2. 중소중견 물류기업의 디지털 전환과 물류 솔루션 생태계 구축

다수의 물류기업을 연결해 디지털 통합물류 서비스로 구축하는 과정에서 중소중견 물류기업의 데이터를 실시간으로 모니터링하고 견적 및 계약, 정산, 품질 평가 등을 실시간으로 관리하기 위해서는 중소중견 물류기업의 물류 시스템이 디지털화가 필수적이다. 각각의 물류기업이 기존의 수작업 기반 시스템으로 운영되면 다수의 기업을 하나의 디지털 서비스로의 연결하기 어려울 것이다. 디지털 물류 서비스 구축에 필요한 데이터가 공유되지 않고, 화주와 물류기업을 실시간으로 연계하는 것이 불가능하다는 점에서 디지털 전환을 지원해야 하는 것이다.

자체적으로 디지털 전문 인력을 확보해 기술 및 서비스를 개발하고, 인프라 고도화에 투자할 여력이 있는 물류 대기업과 달리 중소중견 물류기업의 경우 인력 확보도 어렵고 기술 및 서비스 개발에 대한 투자를 지속하는 것 역시 어렵다. 이에 따라 중소중견 물류기업의 디지털 전환을 지원하기 위한 물류 솔루션 생태계 구축이 활발히 이루어질 필요가 있다. 2021년 한국무역협회 국제통상연구원에서 시행한 물류산업 디지털전환 현황 조사 결과에 따르면, 디지털 전환이 필요하다고 응답한 비율이 전체의 약 89%였던 반면 디지털 전환에 대해 대응하고 있다는 기업은 전체의 45% 이하로 나타났다. 디지털 전환이 가장 필요한 분야로 응답자들은 디지털 플랫폼 구축(20.5%) 및 프로세스 디지털화(20.7%), 데이터 관리 및 분석(16%) 순으로 응답해 플랫폼 및 디지털 시스템 구축이 시급한 것으로 나타났다.

물류기업이 필요로 하는 디지털 시스템은 운송관리 시스템 TMS(Transportation Management System), 창고관리 시스템 WMS(Warehouse Management System), 주문관리 시스템 OMS(Order Management System) 등의 소프트웨어와 자동화 물류 설비 등 다양한 형태가 필요하다. 그러나 물류 분야에 특화된 소프트웨어 및 하드웨어 업체는 타 산업 대비 상당히 취약하다. 대표적인 물류 정보 시스템인 TMS, WMS를 필요로 하는 기업은 많이 있지만, 국내 시장 규모는 비욘드엑스의 2006년 분석에서도 WMS 분야 400억 원, TMS 분야 150억 원 내외로 조사될 정도로 관련 시장 규모가 협소한 것으로 나타났다.

디지털 전환을 위해 물류 솔루션 필요성이 올라가고 있으나 관련 시장 규모가 작은 것으로 평가되는 이유로는 국내 물류기업들의 디지털 전환이 상대적으로 더딘 것이 주요 원인이겠지만, 물류기업들이 활용하기에 적합한 솔루션이 적기에 공급되지 못하는 부분도 부정적인 영향을 미치고 있는 것으로 판단된다.

이러한 문제를 해결하기 위해 IT·플랫폼 기업 및 스타트업의 물류 솔루션 시장 진출이 활발해지고 있다. 물류 솔루션 전문 스타트업 테크타카는 전자상거래에 특화된 OMS, WMS, TMS 등의 시스템을 개발해 서비스 제공하고 있으며, 기술력을 인정받아 네이버 D2SF, 카카오벤처스 등으로부터 100억 원 이상의 투자금을 유치했다. 국내 최대 메신저 서비스를 운영하는 카카오의 계열사 카카오엔터프라이즈는 물류기업과 전략적 제휴를 체결하고 OMS, WMS 등의 물류 정보시스템을 SaaS(Software-as-a-Service) 형태로 제공하는 카카오 i-LaaS(Logistics-as-a-Service)를 시장에 출시했다. 물류 자동화 컨설팅 분야에서 국내 최대 규모 컨설팅 인력을 보유한 것으로 평가받는 LG CNS의 경우 2022년 월간 구독 형태의 물류 로봇 임대 서비스를 출시했으며, 물류 로봇 스타트업 플로틱은 물류 로봇뿐 아니라 물류 프로세스 전반의 자동화를 효율적으로 연계하는 솔루션 개발을 목표로 2022년 7월 34억 원 규모의 Pre-A 투자를 성공적으로 유치했다.

물류기업의 디지털 전환을 지원하기 위한 소프트웨어 및 자동화 설비 관련 물류 솔루션 기업에 대규모 투자가 지속되고 있다. 또한 관련 시장의 성장을 고려해보면 2023년 이후 더욱 다양한 물류 솔루션 기업이 등장할 것으로 예측할 수 있다. 다만, 물류 솔루션 시장이 성장해도 과거의 정보시스템 및 자동화 설비 구축 방식과는 차이가 있어야 한다. 기존 정보시스템 및 자동화 설비 구축 프로젝트는 개별 기업의 특성에 맞춰 커스터마이징(customizing)된 시스템을 공급하는 1회성 SI(System Integration) 형태의 프로젝트가 일반적이었다. 개별 기업에 맞춰 기능을 보완하고 고도화한 솔루션을 공급하는 것은 물류 솔루션의 효과를 최대화하는데 기여할 수 있으나, 물류 솔루션 기업 입장에서는 수익성 창출이 어렵고 연간 솔루션 판매에도 부정적 영향을 미치게 된다. 솔루션을 판매할 때마다 해당 기업에 맞춰 솔루션을 보완하는데 인력 및 시간이 소요되고, 솔루션 판매에 따른 1회성 프로젝트 비용이 정산되는 방식은 해당 솔루션에 대한 지속적인 업그레이드에 필요한 유지보수 비용 확보에 비효율적이다. 더욱이 최근 전체 산업의 디지털 전환 경쟁으로 디지털 관련 인력 채용이 어렵고 인건비가 큰 폭으로 올라가고 있다는 점에서 1회성 프로젝트 형태로 솔루션을 공급하는 기존 방식은 물류 솔루션 시장의 성장에 효과적이지 않을 것으로 예측된다.

이에 따라 기업별 특성에 맞춰 솔루션을 바꾸는 SI 프로젝트 형태의 서비스 모델에서 다양한 상황에 활용 가능한 범용 솔루션으로의 전환이 이루어질 필요가 있다. 개별 기업도 디지털 물류 솔루션에 맞춰 프로세스를 보완하려는 노력이 요구된다. 또한 소프트웨어 형태로 시스템을 공급하는 방식에서 클라우드 서버를 활용해 필요에 따라 물류 솔루션을 활용하는 SaaS 형태의 서비스로의 전환이 필요할 것으로 보인다.

3. 디지털 통합 물류 서비스 구축을 위한 서로 다른 출발점

다수의 물류기업을 연계해 하나의 디지털 물류 서비스로 통합해 제공하기 위해서는 물류기업들이 해당 디지털 물류 서비스와 연결되어야 하고, 수요기업을 위해 통합된 형태의 디지털 물류 서비스로 개발하는 과정에서 기술 및 서비스 개발 투자가 필수적이다. 디지털 통합 물류 서비스 개발 기업은 사업이 본 궤도에 오를 때까지 관련 수요 및 물류기업들과 협력하고 소통하며 투자와 기술 개발을 추진해야 하며, 이를 위해서는 수요 및 물류기업들과 협력하기 위한 구심점이 필요하다.

디지털 통합 물류 서비스 구축을 위한 시작은 크게 두 가지로 볼 수 있다. ① 수요 측면에서의 접근, ② 공급 측면에서의 접근이 그것이다. 수요 측면에서의 접근은 서비스 구축 단계에서 안정적인 미래 수요 확보 방안이 마련되면 공급 측면의 물류기업이 적극적으로 서비스에 참여하게 된다는 의미이다. 공급 측면에서의 접근 역시 물류기업들이 해당 서비스에 적극적으로 참여해 서비스 품질을 향상하고 이를 통해 수요기업을 안정적으로 확보해나가는 시나리오를 의미한다.

대표적인 수요 측면에서의 접근 방식은 국내의 경우 삼성SDS의 첼로스퀘어와 네이버 스마트 스토어, 중국의 경우 징둥(JD.com) 사례가 있다. 삼성SDS의 디지털 물류 플랫폼인 첼로스퀘어는 컨테이너 운송을 원하는 수요 기업이 온라인으로 손쉽게 특정 컨테이너 운송 구간에 대한 견적을 확인하고 계약 체결 및 모니터링, 결제 및 정산을 온라인에서 통합 처리 가능한 구조로 설계되어 있다. 삼성SDS는 삼성그룹 물류 서비스를 아웃소싱해 제공하는 과정에서 물류기업들과의 협력이 가능해졌고, 이를 통해 경쟁력 있는 컨테이너 운송 서비스를 디지털 시스템으로 제공할 수 있었다. 네이버의 경우 자체 쇼핑 인프라인 스마트스토어 가입 셀러가 2022년 기준 51만 개 이상에 이르고, 거래액 측면에서 쿠팡과 함께 국내 양대 이커머스 플랫폼으로 성장함에 따라 디지털 물류 서비스를 제공할 경우 수요기업 확보가 상대적으로 용이할 것으로 기대되고 있다.

알리바바와 함께 중국 전자상거래 시장을 선도하는 징둥(JD.com)의 물류자회사 제이디 로지스틱스(JD Logistics)는 JD.com의 물류를 지원하는 과정에서 자체 물류창고 인프라 투자뿐 아니라 중국 내 다수의 파트너 물류창고에 TMS, WMS 등의 물류 정보 시스템을 제공해 풀필먼트 서비스를 운영했다. 물류창고들은 JD.com의 물류 서비스를 처리하는 과정에서 자연스럽게 JD Logistics의 정보 시스템을 활용하게 되었고, JD Logistics는 TMS, WMS 등을 사용하는 파트너 물류창고들을 연결해 화주 기업의 서비스 수요에 대응하는 징둥윈창(JD Cloud Warehouse) 서비스를 출시했다. 징둥윈창 서비스는 이커머스 셀러가 원하는 풀필먼트 서비스를 중국 내 전역에 분산되어 위치한 물류창고들을 정보 시스템으로 연결해 제공하는 방식으로 고도화되고 있다.

공급 측면에서의 접근 방식은 카카오엔터프라이즈의 i-LaaS 서비스, 테크타카 아르고(Argo) 서비스 등이 유사한 방식이다. 카카오엔터프라이즈는 물류기업들에 OMS, WMS 등의 정보 시스템을 제공해 물류 솔루션 형태로 운영하고, 향후 사용 기업이 증가할 경우 이들을 연계해 풀필먼트 서비스로 제공하는 것이 가능할 것으로 예상된다. 테크타카 역시 OMS, TMS, WMS 등을 활용하는 물류기업이 늘어나면 이들을 연결해 풀필먼트 서비스로 통합하는 것이 가능할 것이다.

미국의 풀필먼트 스타트업 플렉스(Flexe) 역시 공급 측면에서 디지털 물류 서비스를 구축한 사례 중 하나이다. 2013년 칼 시브레히트(Karl Siebrecht)가 창업한 Flexe는 기업가치 10억 달러를 인정받으며 2.63억 달러의 투자금을 유치하는 데 성공한 풀필먼트 스타트업이다. Flexe는 물류창고 내 유휴공간에 주목해 창고별 유휴 공간을 화주기업에 연결하는 비즈니스로 처음 출발했다. 미국 내 주요 물류창고들을 파트너로 확보한 다음 Flexe는 각각의 파트너 창고에 디지털 물류 시스템을 연결하고 전자상거래 기업들에 풀필먼트 서비스를 제공하는 방식으로 서비스를 확장했다. Flexe 풀필먼트 서비스의 강점은 미국 내 다양한 위치에 자리잡은 파트너 물류창고 네트워크이며, 유휴공간 거래를 위한 플랫폼을 통해 디지털 풀필먼트 서비스를 제공할 수 있도록 기여했다.

공급 측면에서의 접근 방식이 성공하기 위해서는 물류 솔루션의 서비스 역량 제고가 필수적인 요건이 된다. 수요를 미리 확보하고 성장하는 방식이 아니라 물류 솔루션을 물류기업에 공급하고 저변을 확대하는 방식으로 성장하게 됨에 따라 물류기업들이 해당 물류 솔루션을 사용해야 하는 당위성을 확보하는 것이 필요한 것이다. 디지털 통합 물류 서비스 출시를 목표로 저렴한 물류 솔루션을 물류기업들에 보급하려는 기업들이 확대될 가능성도 있다.

이와 같이 디지털 통합 물류 서비스가 성공적으로 시장에 안착하기 위해서는 수요 및 공급 측면에서 안정적인 규모를 확보하고, 이를 통해 수요와 공급 측면을 강화해나가는 선순환 구조 구축이 중요할 것으로 판단된다.

4. 새로운 유형의 경쟁 구조

물류 서비스의 중요성이 올라감에 따라 물류기업이 아닌 유통, 제조, IT·플랫폼 기업의 물류 서비스 시장 진출이 활발히 이루어지고 있다. 전자상거래 플랫폼인 Amazon, JD.com, 쿠팡 등은 자체 물류 인프라 확보 후 이를 플랫폼을 이용하는 셀러들에게 개방하며 시장을 확대하고 있다. 오프라인 유통 기업 중 Walmart의 경우 WFS(Walmart Fulfillment Service)를 전자상거래 기업에 제공할 뿐 아니라 당일 배송을 위한 라스트마일 서비스 고로컬(GoLocal) 서비스를 출시하고 이를 홈데포(Home Depot) 등 경쟁 오프라인 유통 기업들에 개방해 서비스 수요를 확대하고 있다.

글로벌 패션 기업 GAP의 경우 6만㎡ 규모의 대형 풀필먼트 센터를 미국 내 주요 지역에 13개 이상 운영하고 있다. 2022년 9월 GAP은 해당 풀필먼트 센터를 활용해 경쟁 패션 기업에 패션 상품 풀필먼트 서비스인 GPS Platform Service를 시작했다. GAP은 제조기업이 온라인으로 최종소비자에게 직접 상품을 판매하는 D2C(Direct-to-Consumer) 비즈니스 모델을 확장하는 과정에서 풀필먼트 서비스 인프라 구축이 필요했고,

대규모 인프라 투자 후 시스템 고도화를 위해 경쟁 기업들에 풀필먼트 서비스를 개방하게 된 것으로 판단된다.

이와 같이 물류 서비스에 대한 기업들의 경쟁이 치열해지며 물류산업 외부의 유통, 제조, IT·플랫폼 기업들이 물류 인프라에 투자하고 물류 아웃소싱 서비스 시장에 뛰어드는 현상은 과거에는 경험해보지 못한 사례이다. 물류창고, 배송 네트워크 등 물류 인프라에 대한 대규모 투자는 높은 투자 규모 및 불확실한 수요 변동성에 노출될 수밖에 없다. 사업 추진 리스크를 완화하고 안정적인 수요를 확보하기 위해 물류 인프라에 투자한 기업들이 해당 인프라를 활용해 물류 아웃소싱 서비스에 진출하는 것이 오히려 합리적 선택이 되는 것이다.

코로나-19 위기를 거치며 신속하고 편리한 온라인 배송 서비스에 익숙해진 소비자의 높은 서비스 기대 수준은 제조, 유통, IT·플랫폼 기업이 물류 서비스 경쟁력 제고를 위한 투자에 적극적으로 뛰어들도록 유도하고 있다. 과거에는 전문 물류기업에 아웃소싱해 비용을 낮추는 방향으로 시장이 성장했다. 그러나 최근에는 비용 절감보다 서비스 경쟁력 제고를 위해 높은 비용에도 불구하고 물류 서비스 고도화에 투자하는 기업이 증가하고 있다는 점도 유의할 필요가 있다.

비용 절감 차원에서 바라보는 물류 서비스는 인프라에 대한 투자를 최소화하며 인건비 등 운영비용을 절감하는 과정에서 서비스 품질이 하락하는 문제가 있었다. 이는 물류산업 전반의 비용 인하 경쟁 및 서비스 경쟁력 저하의 악순환을 유발했다. 하지만 서비스 경쟁력 제고를 위해 기업들이 인프라 투자 및 서비스 고도화에 적극적으로 나서면서 물류 서비스를 제공하는 기업 유형도 다양해지고, 물류 인프라 고도화를 위한 인재 확보 경쟁, 기술 개발 경쟁 등으로 연결되며 선순환 구조가 정착되어 가는 현상은 물류산업 전반의 경쟁력 제고로 이어질 것으로 기대된다.

다만 이러한 전례 없는 물류 서비스 경쟁은 물류기업의 경쟁력 확보에 부정적 영향을 미칠 수도 있으며, 대규모 자금 및 기술, 인재를 확보한 물류산업 외부의 경쟁자들이 물류 서비스 분야로 진출하는 과정에서 기존 물류기업들의 서비스 역량 제고를 위한 지원이 필요하다. 특히, 디지털 통합 물류 서비스의 경우 디지털 기술에 기반한 서비스 고도화가 필요하며, 이를 위해서는 인재 확보 및 유지, 기술 개발 투자 등이 필요할 것으로 예측된다.

5. 데이터 공유 및 소유권, 보안

하나의 기업이 자체적으로 모든 물류 인프라를 구축하고 운영하는 자산형 물류 서비스와 달리 비자산형 디지털 통합물류 서비스는 다수의 물류기업을 연결해 하나로 통합하는 과정에서 서비스 표준화, 데이터 공유, 참여자 간 인센티브 연계 등의 기업 간 협력 과정이 필수적이다. 특히 거래 데이터는 전체 서비스 분석에 핵심 요소이다. 디지털 물류 서비스 기업이 거래 데이터 분석을 통한 수요 예측, 가격 최적화, 프로모션 등 다양한 의사결정에 활용하면 서비스 개선이 가능해진다.

그러나 각각의 서비스별 데이터가 서비스별로 독립적으로 수집 및 관리됨에 따라 서비스 간 데이터 공유가 어렵고, 디지털 물류 서비스 기업 외 수요기업, 물류기업, 독립적인 서비스 개발 기업들은 디지털 물류 서비스 기업이 해당 데이터를 공개하지 않는 이상 데이터에 대한 접근이 사실상 불가능한 구조가 문제로 지적되고 있다. 개인의 경우 마이데이터 서비스 등을 통해 다양한 서비스에 분산되어 관리되던 데이터를 특정 서비스로 이동 후 데이터 분석에 활용할 수 있는 방안이 마련되고 있으나, 디지털 물류 서비스와 같은 기업 간 거래 관련 디지털 서비스에서 수집된 데이터에 대한 공유 관련 정책이 별도로 없어 데이터 공유 및 데이터 소유권에 대한 문제가 발생할 가능성이 있다.

다만, 아직 디지털 물류 서비스가 시작 단계에 머무르고 있어 이에 대한 논의는 관련 서비스가 어느 정도 자리를 잡고 난 이후 본격적으로 진행될 것으로 예측된다. 유럽의 피지컬 인터넷 관련 데이터 표준화, 데이터 공유 관련 프로젝트와 유사한 형태로 국내에서도 기술 개발 및 연구 측면에서 데이터 공유 및 표준화 관련 논의가 진행될 것으로 기대되며, 실제 디지털 물류 서비스에 있어서 데이터 관련 정책적 규제 및 지원 방안 등은 장기적 과제가 될 것으로 판단된다. 디지털 서비스 확산의 핵심이 데이터 확보와 이를 활용한 분석에 있는 만큼 추후 주요 논의 과제가 될 가능성은 클 것으로 보인다.

2부
미들마일

Middle Mile

Logistics Trends 2023

디지털과 데이터가 만나는 스마트 물류창고의 미래

이준호
LG CNS 스마트물류사업부 사업부장 상무

LG CNS 스마트물류사업부 사업부장 상무로 재직하고 있다. 서울대학교를 졸업하고 인하대학교 국제통상물류대학원에서 석사학위를 받았다. GLMP(Global Logistics Management Program for CEOs) 15기로 수료했다. LG CNS에서 물류 IT부터 자동화까지 다양한 프로젝트를 이끌었고, 크로스벨트 소터 등 외산 설비의 국산화를 추진했다.

I. 디지털 혁신 필요성

코로나-19는 비대면 언택트 소비로의 전환을 가속화했다. 이러한 온라인 소비 증가는 유통기업에 요구되는 핵심 경쟁력을 변화시켰다. 온라인을 통한 상품 구매의 편의성뿐 아니라 당일 배송, 새벽배송 등의 편리한 배송에 대한 소비자들의 경험이 축적되면서 배송 서비스가 고객에게 새로운 가치를 제공하는 중요 요소가 됐다. 따라서 물류 서비스를 얼마나 효율적으로 혁신해 새로운 고객가치를 제공할 수 있는지가 유통업체의 차별화된 경쟁력을 좌우하는 핵심 요소로 부상하고 있다.

디지털 기술 기반을 토대로 물류 전 과정을 혁신한 아마존과 같은 테크 플랫폼 기업의 성공은 팬데믹 기간을 거치면서 많은 유통기업들에게 변화 없이 생존할 수 없다는 교훈을 주며 디지털 전환을 촉진하고 있다. 물류 분야에서 일어나고 있는 디지털 혁신은 기업의 생존을 위한 필수 요소가 됐다.

1. 시장의 요구

물류 영역의 디지털 전환을 촉진한 요인은 이커머스 시장의 성장이다. 국내 이커머스 시장은 팬데믹 기간 동안 연평균 20% 수준의 급성장을 이루었으며 엔데믹 시대가 오더라도 성장세는 유지될 것으로 예상된다. 이커머스 시장은 이미 오래전부터 우리 일상 속에 파고들어 그 영역과 규모를 계속해서 넓혀가고 있었다. 소비자의 소비 패턴이 편리함에 더 가치를 두고 그 가치를 체험해본 사람의 수가 늘어남에 따라 이커머스 시장의 성장은 지속될 것으로 보인다.

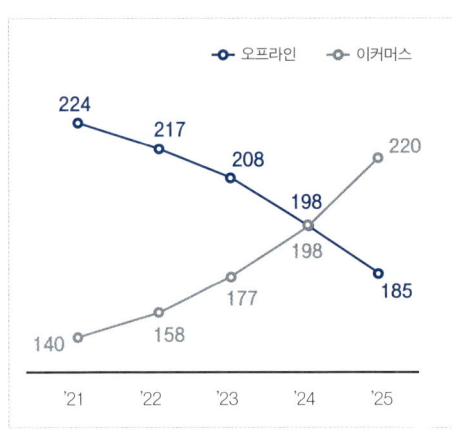

[그림 1] 한국 유통시장 전망 (단위: 조원)
출처: 보스턴 컨설팅 그룹

2022년 보스턴 컨설팅 그룹에 따르면 2025년에는 한국 유통시장에서 처음으로 온라인 시장이 오프라인 시장을 앞지르며 220조 규모로 성장할 것으로 전망하고 있다. 따라서 물류 서비스 혁신을 통해 새로운 고객가치를 제공하고 관련 경쟁력을 강화하려는 유통기업들의 시도가 지속될 것이다. 많은 소비자들은 지금까지 체험한 물류 배송 서비스보다 높은 수준의 서비스를 원하고 있다. 빠른 배송을 넘어 맞춤형 배송을 요구하는 등 고객 요구 수준이 고도화되는 것이다. 이에 고객에게 전달할 수 있는 차별화 가치가 무엇인지에 대한 기업들의 고민도 깊어지고 있다.

물류 배송 서비스 수준을 높이기 위해서는 병목 없는 원활한 물류 흐름 구현이 기본이 되어야 한다. 이를 위해서는 크게는 퍼스트마일, 미들마일, 라스트마일을 연계하는 물류망의 신속 전달이 이루어지도록 각 프로세스 간 병목과 정체가 없게끔 프로세스 흐름을 컨트롤하는 것이 중요하다. 또한, 퍼스트-미들-라스트 마일을 연결하는 각 노드인 물류센터 안에서의 물류 흐름에 병목이 없어야 함은 기본이다. 따라서 물류 경쟁력 확보를 위한 디지털 혁신은 물류센터 내의 물류 흐름을 원활히 하는 것에서부터 시작되고 있다.

2. 기존 물류센터의 한계

물류센터 내에서의 물류 흐름에 병목현상을 없애고 원활한 프로세스를 구현하기 위해 이미 많은 물류센터에 자동화 설비가 도입되어 운영 중이다. 하지만 현재의 물류센터는 빠르게 변화하고 있는 유통시장 환경에 적시 대응해 유연성 있게 운영되기에는 한계가 있다.

기존 물류센터는 대부분 고정식 설비로 되어 있어 한번 구축되면 Capa(물동량)가 고정되어 주문 변화에 탄력적 대응이 어렵다. 그리고 기존의 구축 방식으로는 신규 센터 구축에 대규모 투자와 긴 리드타임이 필요해 앞으로의 시장 변화를 정확히 예측하지 못한다면 투자 효율 측면의 리스크도 커진다. 또한 이런 한계를 극복하고 운영 효율을 높이기 위해 신규 ICT 기술을 적용하려고 해도 기존에 구축한 IT시스템과 제어 시스템이 단순 데이터 연계 중심으로 구현되어 적용에 한계가 있다.

그러므로 기존과 같은 자동화 설비 도입 위주의 물류센터로는 변화하는 시장 요구를 지속적으로 따라가기 어렵다. 한정된 공간 내의 물리적 제약 및 시간적 한계를 극복하고 보다 유연하고 확장성이 있는 스마트한 물류 흐름 구현을 위해 필요한 요소와 이를 위해 필요한 디지털 혁신 방향이 무엇인지 알아보고자 한다.

Ⅱ. 디지털 전환을 위한 핵심요소

　　산업현장에서 일어나는 디지털 전환(Digital Transformation)의 핵심은 현실 세계의 현상을 데이터화 해 디지털 시스템에 축적하고 수집된 데이터 분석을 통해 실시간 의사결정을 수행하고 운영되도록 프로세스를 혁신하는 것이라 할 수 있다.

　　물류에서도 단순 자동화 물류센터를 넘어 스마트물류센터로 변화하기 위해서는 AI, Robotics, Digital Twin, IoT와 같은 최신 ICT 기술을 기반으로 한 지능화와 데이터 기반의 최적화 운영체계가 마련되어야 한다. 지능화, 최적화 이 두 가지가 물류센터 디지털 전환을 이끌 핵심요소라고 할 수 있다.

1. 지능화

　　물류장비나 보관설비 등에서 단위 자동화는 기본 요소이며, 이를 통합적이고 효율적으로 운영하기 위해서는 ICT 기술기반 지능형 운영이 필수적이다. DHL에서 발표하는 로지스틱스 트렌드 레이더(Logistics Trend Radar)에서는 5년 내 가장 영향력 있는 물류 기술로 IoT, AI, Digital Twin, Robotics와 Automation을 선정했다. 이러한 지능형 기술의 실제 물류 현장에 어떻게 적용

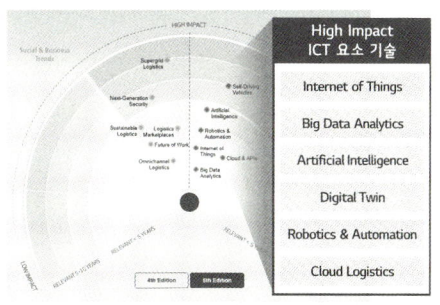

[그림 2] The Logistics Trend Radar
출처 : DHL, 2022

되고 있는지 알아보고자 한다.

1) AI 화물 3분류

택배센터 현장의 단순 고강도 수작업의 현실에 대해서는 우리 모두가 잘 알고 있는 사실이다. 그중에 택배 대형 허브터미널로 들어오는 11톤 차량에서 약 1,500~2,000개의 화물을 하차한 후 분류기(소터) 유형별로 수작업으로 체적별, 형상별로 분류하는 작업이 있다. 메가허브터미널의 경우 하차라인이 약 80~100개 정도로 이때 상품 분류를 위해 하차 라인당 1명 이상의 인력이 배치되어야 한다. 소터 설비를 위한 하차 분류에만 매일 최소 80명에서 100명의 인력이 필요하다는 의미다. 하차 라인 별 최소 1명에서 2명의 인력이 상품을 분류해야 하는데 이때 각기 다른 사람이 육안에 의한 판단으로 체적과 형상을 분류하기 때문에 분류 오류가 발생하거나 작업자의 한계 및 안전에 문제가 발생할 수가 있다.

문제 해결을 위한 지능화 기술이 AI 비전 기반 화물 3분류이다. 화물의 체적 측정뿐만 아니라 형상인식에 따른 유형 분류가 가능하도록 딥러닝으로 학습시켰다. 3D비전 카메라로 화물 이미지 획득 후 학습 데

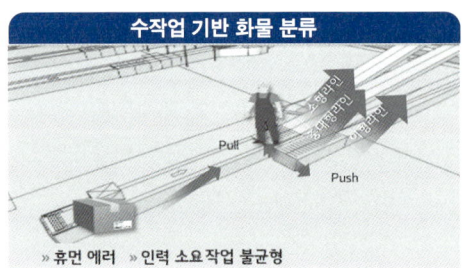 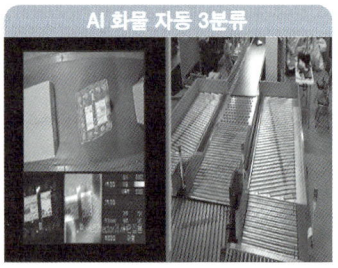

[그림 3] LG CNS AI 화물 3분류 솔루션
출처: LG CNS

이터를 기반으로 한 화물을 분류하는 것이다. 이를 통해 형상과 체적이 모두 정확한 기준에 의한 구분된 자동 화물 3분류가 구현될 수 있다.

2) AI 비전 싱귤레이터

이커머스 시장 성장과 함께 화물의 고속 처리에 대한 니즈도 증가하고 있다. 이에 따라 물류센터에서의 화물 처리는 부분 자동화에서 완전 자동화로 진화하고 있고 화물을 자동으로 정렬하는 싱귤레이터(Singulator)에 대한 수요도 늘고 있다. 소포구분기를 이용하더라도 싱귤레이터가 없으면 화물을 일정 간격으로 떨어뜨려 컨베이어 벨트 위에 하나씩 올려놓아야 한다. 이러한 작업은 모두 수작업으로 이루어져 상당히 많은 인력과 시간이 필요하다. 이를 해결하기 위해 AI 비전 기술을 적용한 싱귤레이터를 적용하고 있다. 기존 싱귤레이터는 박스를 정렬해주는 형식이었으나 현재는 폴리백으로 포장된 상품들의 사전 자동 정렬도 고객들이 요구하고 있다.

AI 비전 싱귤레이터는 이송 중인 각 화물의 2차원 위치를 비전 카메라를 통해 감지 및 추적하고 방향전환장치로 정렬한다. 동시에 영상

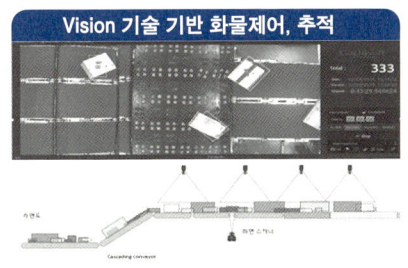

[그림 4] LG CNS AI비전 싱귤레이터
출처 : LG CNS

스캐너로 획득한 영상을 기준으로 화물을 인식해 이를 사전 분류할 수 있다. AI 비전 기반 지능형 솔루션은 정렬 성능뿐만 아니라 기계식 설비 대비 작은 공간이 필요해 공간 효율까지 높일 수 있다.

3) AI 비전 피킹

주문 오더 처리과정에서 인력투입이 가장 많은 분야중 하나가 피킹(picking) 업무다. 물류센터에는 다양한 형태의 상품이 고객의 주문 박스에 담겨 정해진 시간 내에 옮겨져야 한다. 이를 자동화하는 것은 아직도 복잡하고 어려운 일로 간주된다. 로봇 기술로 피킹 작업을 자동화할 수 있다면 물류센터의 지능화는 한 단계 더 나아가게 될 것이다.

아마존은 2015년부터 아마존 피킹 챌린지(Amazon Picking Challenge : APC)라는 이름으로 물류센터 내 다양한 상품을 피킹할 수 있는 로봇 기술 경연대회를 개최한 바 있다. 아마존이 2012년 인수한 키바(Kiva) 로봇

[그림 5] LG CNS 피킹로봇
출처 : LG CNS

은 상품을 보관하고 피킹 워크스테이션으로 이동을 시켜줄 수 있으나 실제 오더 처리를 위해서는 작업자가 상품을 집어 오더 토트에 넣어야 해 자동화율을 높이는데 한계가 있었기 때문이다. 아마존뿐만 아니라 영국의 오카도(Ocado) 및 많은 유통기업들이 폭증하는 주문 처리를 위해 피킹 로봇 도입을 시도하고 있다.

다양한 상품을 식별할 수 있는 비저닝(Visioning) 기술과 딥러닝 기반 AI기술, 물품을 피킹 및 적재를 위한 제어기술 등이 급속도로 발전하면서 사람의 피킹 정확도와 생산성을 따라잡는 단계로 진화하고 있다. 또한 로봇팔과 상품을 집는 역할을 하는 그리퍼(Gripper)등도 폴리백의 티셔츠부터 장난감 상자나 통조림 식품과 같은 단단한 포장에 이르기까지 다양한 형태의 상품을 처리할 수 있도록 개발되고 있다.

특히 1만 개 이상의 취급 상품을 학습해 1개 토트 박스의 다양한 상품들 중에 특정 상품을 인식해 피킹할 수 있는 상용화는 딥러닝 기술이 더욱 더 발전해야 될 수 있을 것이며, 이렇게 지능화된 피킹 로봇은 보관상품을 작업자에게 이송하는 설비인 GTP(goods To Person) 워크스테이션과 결합해 무인화를 구현할 수 있을 것이다.

4) 팔레타이저, 디팔레타이저 로봇

피킹 로봇이 낱개 상품을 피킹해 고객의 오더를 처리하는 피스 피킹(Piece Picking) 설비라고 한다면, 팔레트 위에 박스를 적재해 물류센터 간의 대량 이송, 물량 출하가 가능하도록 박스를 여러 단으로 자동 적재할 수 있는 자동화솔루션을 팔레타이저 로봇이라고 한다. 팔레타이징(Palletizing)은 팔레트에 상품을 잡아서 적재 및 배치하는 것을 말하고, 디팔레타이징(Depalletizing)은 팔레트에 쌓인 상품을 적하 및 분리하는 작업이다. 현재까지 팔레타이징과 디팔레타이징은 대부분 사람이 하는데, 박스도 무겁고 다단 적재 후 높은 곳에서 작업도 필요한 고강도 업무다. 이러한 박스 팔레타이징 및 디팔레타이징 작업에서도 지능화 기술이 적용된다.

두 작업의 지능화를 위해서 먼저 팔레트에 적재되어 있는 박스들의 면적, 높이, 위치를 인식하고 자동으로 들어 올릴 수 있는 보다 정밀한 비전 인식 기술이 요구된다. 기존 팔레타이저, 디팔레타이저 로봇은 최초 설계 구조에 맞는 박스에만 적용할 수 있었다. 미리 설정해 놓은 규격 이외의 화물의 경우 작업이 불가능했기 때문이다.

3D 비전 센싱(Vision Sensing)과 화물을 인지하고 판단할 수 있는 AI 기술이 발전해 동일한 모양이 아닌 화물도 연속 처리할 수 있고 다른 규격의 박스들이 함께 쌓여 있거나 나란히 정렬되어 있지 않아도 작업이 가능하다. 다양한 박스를 팔레트에 적재하는 것을 믹스드(Mixed) 팔레타

[그림 6] AI Vision 기반 Depalletizing 로봇사례
출처 : LG CNS

이저, 적하하는 것을 믹스드 디팔레타이저라고 한다. 이들 기술을 물류센터에 적용하고자 하는 요구가 최근 더욱 커지고 있으며 조금씩 상용화도 진전되고 있다.

5) 디지털 트윈

최근 SCADA(Supervisory Control and Data Acquisition) 시스템을 대신해 물류센터에 많이 도입되고 있는 제어 IT기술 요소는 디지털 트윈(Digital Twin)이다. 디지털 트윈은 '현실세계를 그대로 디지털로 카피한 제품' 이라는 의미로, 복잡한 대규모 물류센터에서 문제가 발생했을 때 신속하게 해결할 수 있도록 지원하는 역할을 한다. 작업자는 3D 화면을 통해 직관적으로 물류센터 구석구석을 살펴볼 수 있고, 실시간으로 어디서나 모니터링 할 수 있어 물류센터에 발생한 문제에 즉각적으로 대응할 수 있다.

물류센터에서 디지털 트윈은 단순 3D기반의 실시간 모니터링 용도뿐 아니라 IoT센서를 통해 주요 설비의 실시간 현황을 감지하고, 의사결정 가능한 데이터를 제공해 주는 용도로도 활용할 수 있다. 각 설비에 설치된 IoT센서에서 데이터를 수집해 디지털 트윈에 전달한 뒤, 설비의 상태정보를 확인할 수 있도록 한다. 수집된 데이터를 사람의 의사결정

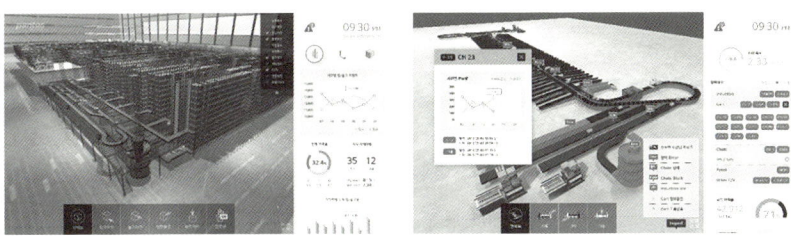

[그림 7] Digital Twin 적용 사례
출처 : LG CNS

을 도울 수 있도록 시각화하거나 능동형 정보(Actionable Intelligence)형태로 제공할 수 있다.

예를 들어 AI데이터 분석을 통해 설비 이상을 사전 예측해주는 설비 예지보전(predictive maintenance)과 같은 보다 고차원의 의사결정을 가능하게 한다. 디지털 트윈의 또 다른 장점은 시뮬레이션을 통해 사전 검증이 가능하다는 점이다. 물류센터 내에서 실제로 시도해 보지 못한 작업을 3차원으로 디지털화된 가상의 공간에서 시뮬레이션해 확인해 보고 최적의 결과 값을 현실에 반영할 수 있다.

최근 디지털 트윈에서 한 단계 더 발전한 모습으로 활용될 수 있는 메타버스 기술에 대한 관심이 고조되고 있다. 메타버스는 실제 세계와 똑같은 물리적 환경을 구현해 일시적으로 가상세계에 존재하는 것에 그치지 않고 현실 세계처럼 활동하거나 작업하는 경험을 할 수 있다. 물류에서도 메타버스의 구축, 활용을 가능하게 하는 기술발전과 함께 활용성에 주목하고 있다. 팩토리(Factory) 영역에서는 사람과 로봇이 함께 작업하고, 엔지니어가 공유된 가상공간에서 협업하며, 공장 전체가 실제 운영하는 모습으로 시뮬레이션되는 등의 미래 공장에 대한 모습을 제시하고 있다. 물류센터에서도 현실 세계처럼 구현된 메타버스 공간에 시뮬레이션을 수행해 신규 센터 구축 전 프로젝트 리스크를 검증하거나 운영단계에서의 효율을 극대화하기 할 수 있도록 사용 가능하다.

2. 최적화

물류센터가 대형화되고 더욱 운영이 복잡해지면서 보다 효율적인 운영을 위한 최적화가 중요해지고 있다. 이를 위해서는 작업자, 설비 및 장비 자원 등의 상황을 고려한 최적의 작업 할당이 이루어지고 프로세스와 설비 간에 병목현상이 없도록 매끄러운(Seamless)한 운영이 되어야 한다. 최적화 운영을 위해 데이터 분석 기반의 의사결정과 다양한 최적화 알고리즘 적용이 필요하다.

1) 빅데이터 분석

빅데이터 분석은 최적화 관점에서 파급력이 높은 기술로 평가된다. 물류센터 내에서도 빅데이터의 중요성을 인지하고 물류센터 내 창고운영, 제품관리, 주문관리 등 다양한 부분에 활용하고 있다. 물류센터에서는 원활한 물류 활동을 수행하기 위해 물류장비, 다양한 설비, 부가시설, 사람 등 물류주체 간 중단 없는 연결이 필요하다. 이를 실현하기 위해서는 데이터 수집, 분석 및 예측 등의 기술을 통해 물류센터의 운영을 유연하고 최적화하는 혁신이 필요하다. 물류센터 내 입고, 보관, 피킹, 분류, 출고 등의 프로세스를 따라 방대한 양의 데이터가 수집되면 이를 분석해 적합한 정보를 산출 및 적용해 물류센터 운영에 활용하는 것이다. 예를 들어, 물동량을 예측해 설계나 설비선정 단계에서 최적의 설비 및 규모를 선정하는데 활용할 수 있고 선정된 보관자동화 설비의 최적 보관영역 선정과 상품 출하 빈도에 따른 보관물품 예측 등의 효율적 보관설비 활용이 가능하다.

빅데이터는 소터와 같은 자동분류설비를 사용할 때도 물동량 분석을 기반으로 처리물량, 카트 점유율 등 생산성 변수를 활용, 소형/중대형 라인 간 로드 밸런싱을 이뤄 센터 내 설비를 효율적으로 활용할 수 있도록 한다. 또한 처리물량에 따른 작업자 생산성을 비교 분석해 작업 투입 인원 예측을 할 수 있어 센터 내 작업인원의 효율적 배치도 가능하게 한다.

빅데이터 분석은 자동화 설비 선정, 설비 운영 프로세스의 최적화뿐만 아니라 물류센터로 입고, 보관, 출고되는 물량, 시간대를 분석해 주문예측 분석도 수행할 수 있다. 단순히 판매량만을 보고 엑셀로 수행하던 룰 베이스(Rule Base)의 전통적 통계모델 기반 단순 트렌드 분석에 비해 딥러닝을 활용한 빅데이터 분석은 상품별, 카테고리별 맞춤형 AI 알고리즘을 통해 예측의 정확성을 높인다. 이렇듯 물류설비의 자동화와 함께 물류 운영상에서 발생된 다양한 데이터를 수립·분석해 물류센터 실시간 운영 최적화 체계를 구현함으로써 데이터 분석 기반의 디지털 혁신을 이끌 수 있다.

2) 주문처리 최적화

물류센터에서 매우 중요한 최적화 요소 중의 하나는 빠른 주문처리이다. 특히 B2C 물류는 매우 많은 상품(이하 SKU: Stock Keeping Unit)을 한정된 공간에서 처리해야 하기 때문에 상품배치부터 주문처리 순서와 SKU가 작업 공간에 보충되는 순서 및 시간을 잘 조율해야 한다.

물류센터 내부에서 발생하는 가장 비생산적 요소 중 하나는 피커(picker)의 이동 시간으로 이는 상품배치와 밀접한 관계가 있다. 이동 시간을 줄이기 위한 전통적인 상품배치 방법은 센터의 입출구를 중심으로 한 ABC 등급 기준에 의해 배치하는 것이다. 회전율이 높은 상품은 피킹 이동 거리를 줄여 운영 효율화를 추구하기 위해서다.

최근에는 보관 로케이션의 구역/랙/단 등을 입체적으로 관리하기 위해 3D 레이아웃(Layout)을 기반으로 상품배치와 재고 관리를 수행한다. 상품 회전율을 기반으로 색상을 달리해 상품배치의 효율을 직관적으로 확인 가능하도록 하고, AI기반 수요예측과 상품 발주 최적화의 연계를 통해 미래 수요에 대한 효율적 대응과 재고 비용 절감이 가능하도록 하고 있다.

주문 처리 순서를 정할 때 추가로 고려해야 할 요소 중 하나는 특정 작업자 혹은 설비에 작업량이 몰리지 않게 조정하는 로드 밸런싱이다. 아무리 좋은 성능의 자동화 설비를 배치하더라도 다른 영역에서 생산성이 떨어지면 전체 생산성에 영향을 주게 된다. 또한 평균적인 작업 물량에서는 설비에 일시적으로 갑자기 많은 물량이 몰리게 되면 해당 작업이 전체 생산성을 좌우하는 병목이 될 수도 있다.

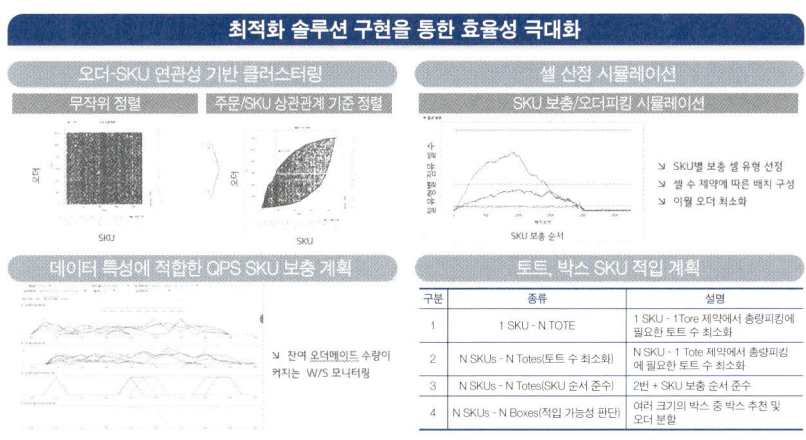

[그림 8] LG CNS 피킹 생산성 향상을 위한 최적화 알고리즘 예시
출처 : LG CNS

따라서 물류센터에서 특정한 곳에 작업이 갑자기 몰리지 않도록 사전에 알고리즘 기반 최적화 로직을 구현해 작업이 골고루 분배되는 것이 중요하다. 최적화 알고리즘은 고객들의 누적된 주문 데이터를 분석한 뒤 작업자가 상품을 이동하는 횟수를 줄이고 작업자 간 업무량을 균등하게 배분하는 식으로 시간당 주문 처리량을 높여 물류센터 전체 생산성을 향상할 수 있다.

3) 이동 경로 최적화, AI 강화학습

무인이송로봇 적용이 늘어나면서 이를 효율적으로 운영하기 위한 니즈도 함께 증가하고 있다. 자율주행 기술에 최적화 알고리즘 및 AI 기술을 더해 무인이송로봇이 보다 효율적 이송경로를 파악해 운행을 할 수 있게 하면 이송로봇 적용 효과를 높일 수 있다. 출하 시 이동거리 및 로봇 간 간섭을 최소화해 주어진 입출고 작업을 가장 효율적으로 수행할 수 있도록 하는 것이다. 이를 위한 최적화 알고리즘도 수리적 접근방식뿐 아니라 AI 강화 학습 등의 기술을 적용해 이동 효율을 더 높이기 위한 시도 또한 진행되고 있다.

그밖에도 물류센터에 최적화가 필요한 영역은 많다. 박스(혹은 토

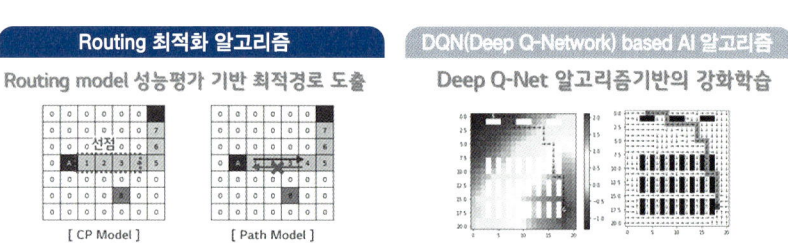

[그림 9]. LG CNS의 AGV/AMR의 최적 이송경로도출을 위한 최적화알고리즘
출처: LG CNS

트: Tote) 당 몇 개의 SKU를 담는 것이 박스를 최소로 사용할 수 있는지에 관련된 문제, 일일 주문량을 처리하기 위해 필요한 SKU 보충 공간 계산하고 운영하는 문제 등 최적화는 물류센터의 운영에서 빠질 수 없는 요소이다. 또한, 최적의 운영 방안을 적용해 물류센터를 설계한 후에 해당 부분이 계획된 대로 운영이 될지 사전 검증하기 위해 시뮬레이션을 수행하고 있다. 시뮬레이션을 통해 나오는 결과를 면밀히 분석해야지만 실제로 운영했을 때 그 효과가 나타날 수 있을 것이다.

Ⅲ. 차세대 스마트물류

디지털 혁신이 가속화됨에 따라 앞으로의 물류센터는 어떤 모습으로 변화할까. 물류센터는 로봇 자동화 기술 발전에 따라 다양한 물류로봇이 도입되고 궁극적으로는 물류 프로세스 전반에 거쳐 완전 자동화된 첨단 센터로 변화될 것이다. 또한 이를 구현하는 방식도 기존의 고정형 방식에서 벗어나 수요변화에 탄력적 대응이 가능한 모듈형, 이동형 방식으로 변화될 것이다. 유연성, 민첩성 확보가 중요해지면서 물류센터의 활용 방식도 사용한 만큼 지불하는 구독형 서비스 모델로 변화할 것이다. 마지막으로 소비자의 빠른 배송 요구에 대응하기 위해 물류센터도 도심 외곽에서 도심 내로 옮겨질 것이고 그 도심형 물류센터는 도심 내 구축에 따른 공간의 제약을 극복하기 위해 지능화 및 최적화 기술이 집약된 형태가 될 것이다.

1. 물류로봇 도입 가속화

물동량 증가에 따른 효율 제고, 노동력 부족 문제, 작업자의 고강도 업무 및 안전 문제 등을 해결하기 위해 물류센터에서의 로봇 도입이 본격화되고 있다. 로봇 분야에서 진행되고 있는 핵심 트렌드를 통해 향후 변화 모습을 상상해 보자.

1) 협동로봇의 성장

지금까지 현장에서 사용하는 많은 산업용 로봇들은 빠르고 강하다는 장점이 있으나 안전문제로 사람과 분리된 공간에 설치·운영되어야 한다는 한계가 있었다. 최근 들어 사람과 같은 공간에서 작업할 수 있는 협동로봇 도입이 증가하고 있다.

협동로봇 도입이 활성화되지 못했던 이유는 안전과 관련된 여러 조건을 만족해야 하기 때문이다. 물건을 들어 올릴 수 있는 가반하중(Payload), 동작 속도 등에 제약이 있었으나 로보틱스 기술 발전 등으로 제약조건을 극복하고 안전조건을 충족하면서도 가반하중을 늘리고 좀 더 복잡한 동작 구현이 가능한 협동로봇이 개발되고 있다.

2022년 독일에서 열린 뮌헨 로봇자동화 박람회(Automatica) 2022에서도 에이비비(ABB), 야스카와(Yaskawa), KUKA, 화낙(FANUC) 등 글로벌 메이저 로봇기업은 모두 협동로봇을 주요 주제로 전시했다. 글로벌 시장 조사기관인 마켓앤마켓(Markets and Markets)에 따르면 세계 협동로봇 시장은 2020년 9억8,100만 달러에서 연평균 성장률 41.8%로 성장해, 2026년에는 79억7,200만 달러에 이를 것으로 전망되고 있다.

2) 머신비전 등 기술 발전

로봇이 사람을 대신해 해당 작업을 수행하기 위해서는 사람과 같이 인지-판단-행동할 수 있어야 한다. 앞서 이야기한 지능화 사례에서 보듯이 머신비전의 기술발전은 로봇의 인지-판단 능력을 향상하면서 로봇의 현장 적용을 늘릴 수 있게 했다. 비전 전문기업뿐 아니라 센서 전문기업도 딥러닝 기반의 AI기술을 더한 머신비전 기술개발에 집중하고 있다.

물류영역에서는 머신비전을 통해 다양한 물품이 랜덤하게 배치된 상황에서 필요한 상품을 정확히 집어 올리는 비정형 피킹의 상용화가 진행 중이다. 다양한 형태의 물품을 정확하게 집고 핸들링하기 위해서는 머신비전 기술뿐 아니라, 로봇의 손 부분(End effector, Gripper)에 대한 기술 혁신도 필요하다. 지금까지는 진공 흡착방식의 Gripper가 대부분이었으나 굴곡이 심한 상품을 집어 올릴 수 있는 Gripper나 다수의 Gripper를 쉽고 효율적으로 교체할 수 있는 커넥터 등의 기술 개발도 활발히 진행되고 있다. 이러한 기술발전을 통해 사람과 같은 생산성은 가지는 로봇이 다양한 영역에서 도입될 것이다.

3) 로봇 오케스트레이션

앞으로의 로봇 운영 방식도 로봇을 설비의 일부로 인식해 개별 목적별로 도입하고 운영하던 방식에서 이기종의 다양한 로봇들이 상호 협력해 운영되는 모델로 변화할 것이다. 예로 모바일 로봇 위에 협동로봇을 결합해 로봇이 고정된 위치에서 뿐 아니라 이동하면서 다양한 업무를 수행하거나 로봇이 작업하는 다수의 작업위치에 모바일 로봇이 이동하면서 필요한 작업을 완성하는 방식 등을 들 수 있다.

이와 같이 미래의 물류센터에서는 로봇 간 컬래버레이션(Collaboration) 및 임무 간 오케스트레이션(Orchestration, 운영 최적화를 위한 로봇간의 작업 조율)에 대한 니즈가 증가할 것이다. 다수의 로봇을 모니터링/제어/관리할 수 있는 솔루션 등에 대한 니즈에 대응해 이기종 로봇과 다양한 자동화 요소를 포함해 물류라인을 시뮬레이션하는 소프트웨어나 다수의 이기종 로봇을 Orchestration 관점에서 통합 관제할 수 있는 솔루션 등이 출시되고 있다.

4) 로봇 안전

로봇의 성능 향상을 위한 기술 개발뿐 아니라 작업자의 안전을 지키기 위한 기술 개발도 같이 진행되고 있다. 다양한 센서와 연계해 로봇에 사람이 접근할 경우 로봇의 속도를 조절하거나 정지함으로써 보다 안전하게 운영할 수 있는 기술들이 상용화되고 있다.

예를 들어 로봇에 부착 가능한 압력센서가 내장된 스킨 제품을 사용, 사람과 접촉이 있을 때 안전하게 로봇을 정지시킬 수 있을 정도로 관련 기술이 발전하고 있다. 로봇 안전 기술의 발전은 작업자 안전을 위한 펜스 등을 대체해 다양한 유형의 작업에서 사람과 로봇이 공동으로 작업할 수 있어 로봇 도입 활성화에 기여할 것이다.

2. 완전 자동화

디지털 기술로 인해 그동안 자동화 구현이 어렵다고 생각되는 영역에서도 로봇을 포함한 자동화가 진행되고 있다. 이와 같이 물류센터 운영 전 프로세스의 자동화가 진행되면서 궁극적으로는 무인 운영이 가능한 무인 운영센터로 발전할 것이다. 그동안 자동화가 어렵다고 생각됐던 영역들에서 어떠한 변화가 일어나고 있는지 알아보고자 한다.

1) 상하차 영역 자동화

택배박스 상하차 작업은 현장에서 가장 반복적이고 단순한 업무이나 그와 함께 가장 고강도의 노동을 필요로 하는 작업으로 로봇으로 대체해야 할 최우선 과제였다. 그러나 프로세스도 까다로워 자동화 구현이 쉽지 않으며 로봇의 작업 생산성이 사람의 작업 생산성을 따라오지 못해 상용화가 가장 미흡한 부분이었다. 하지만 비전인식과 제어 기술이 점점 고도화되면서 상하차 자동화 시대도 곧 열릴 것으로 보인다.

2021년 열린 물류산업전시회 ProMAT에서 택배 상하차 노동문제를 해결하기 위한 상하차 자동화 로봇이 발표됐다. 이 솔루션은 피클로보틱스(Pickle Robotics) 사의 로봇 'Dill'이다. 피클로봇은 로봇팔 하나에 최대 25kg에 달하는 택배상자를 1시간에 1,800개까지 집어 올리고 내릴 수 있다고 발표했다. 산업용 로봇팔 하드웨어에 레이저 반사파로 거리와 장애물을 감지하는 라이다(Lidar) 카메라 두 대를 장착하고 인공지능 학습 기능까지 갖춰 택배센터 상하차 자동화의 가능성을 보여주었다.

2021년 보스턴 다이내믹스(Boston Dynamics)에서도 'Stretch'라는 이름의 상하차 솔루션을 출시했다. 이후 1년간 추가 개발 및 개선 과정을 거쳐 상용화 버전을 출시해 DHL 등과 공급계약을 한 것으로 알려져 있다.

[그림 10] 하차 자동화 로봇
출처: Pickle Robotics, Boston Dynamics

2) 자율이송로봇

기존의 물류센터 내에서의 운송은 박스 단위든 팔레트 단위든 최근까지도 컨베이어와 지게차가 대부분이며 자동화된 형태로는 사전에 설정된 명령 내에서 제한적으로 이동하는 설비인 AGV(Automatic Guided Vehicle)가 주를 이루었다. 최소한의 지능을 가진 AGV는 간단한 프로그래밍은 구현 가능하나 경로 탐색을 위해서는 와이어, 마그네틱 라인, QR코드 등으로 안내를 받아야 한다. AGV는 고정된 경로 기반으로 운영되기 때문에 환경 변화 시 시설 업데이트와 시스템 중단에 따른 추가 비용이 필요하다. 특히 주변을 탐색하고 장애물을 감지하고 회피하는 기능은 일반적으로 포함되어 있지 않다.

최근 AI 비전, 데이터 분석, 센서 기술이 발전되어 보다 정교한 자율주행이 가능한 자율이송로봇인 AMR(Autonomous Mobile Robot) 형태로 진화하고 있다. AMR의 자율 운영은 FMS(Fleet Management System)이라 불리는 소프트웨어를 통해 로봇의 위치와 가용성을 기반으로 다수의 로봇과 통신하며 제어함으로써 로봇이 서로 다른 위치에서 다양한 작업을 수행하고 협업할 수 있도록 한다. 따라서 변화하는 환경과 물동량 요구에 맞춰 유연하게 운영될 수 있다.

AMR은 현장에서 구성하는 지도나 미리 업로드된 시설과 공간 도면을 통해 경로를 실시간으로 탐색한다. 우리가 일상에서 사용하는 차량용 내비게이션과 같이 목적지를 정하면 카메라, 내장 센서, 레이저 스캐너 등이 주변 환경을 감지해 최적의 경로를 선택할 수 있다. 경로 상에 사람과 지게차, 팔레트와 같은 장애물이 나타나면 최적의 대체 경로를 자율적으로 선택해 안전하게 이동한다. 물류 흐름상 불필요한 동선을 최소화해 생산성을 향상할 수 있다.

자율이송로봇을 적용하면 워크플로우를 쉽게 수정할 수 있고 로봇과 사람 간의 다양한 협업을 가능하게 해 복잡하고 변화하는 물류센터의 환경에서 보다 지능적인 의사 결정을 내릴 수 있다.

3) 검수 및 포장 영역 자동화

물류센터에서 가장 인력이 많이 소요되고 프로세스 상 병목이 발생하는 포인트 중 하나는 검수와 포장이다. 검수 및 포장 영역에서도 AI 비전, 딥러닝 등의 ICT 기술을 적용해 자동화를 추진하고 있다.

검수는 고객이 주문한 다양한 상품을 오더 별로 피킹 후 고객에게 출하시키기 전 고객이 주문한 사항이 맞는지 확인하는 절차다. 주문 대응의 품질과 고객 만족도에 크게 영향을 미치는 프로세스 중 하나이다. 다양하게 피킹한 상품을 사람이 육안으로 하나하나 검수하다 보면 시간이 많이 소요될 뿐 아니라 그만큼 인력도 많이 소요되어 이 프로세스를 좀 더 효율적으로 처리할 수 있도록 개선하고자 하는 니즈도 높아지고 있다.

육안에 의한 검수를 AI 비전 기술과 딥러닝 기술 적용을 통해 자동 검수로 대체할 수 있는 지능화 솔루션도 개발되어 있다. 이미지 센싱으로 상품을 구분할 수 있도록 사전에 상품 이미지를 학습하고 피킹된 상품을 비전으로 인식/구분해 주문 리스트와 비교함으로써 상품 검수를 자동화 할 수 있다. 딥러닝 기반의 AI 비전 검수 솔루션은 검수를 자동화해 수작

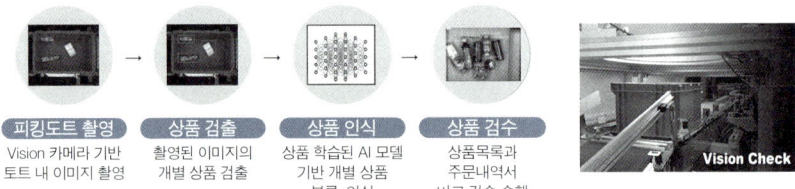

[그림 11] LG CNS AI 자동검수 솔루션
출처: LG CNS

업에 따른 병목과 오류를 제거해 운영 효율 향상을 가져올 수 있다.

작은 상품이나 큰 상품이 한정된 몇 가지 박스에 포장되므로 박스의 사이즈가 과다하게 포장되거나 박스 내 빈 공간이 많이 발생하는 경우를 볼 수 있다. 이 역시 지능화를 통한 자동포장방식을 도입, 개선할 수 있다. 사전에 상품의 전체 부피를 측정하고 이에 맞는 크기의 포장박스를 추천하거나, 전체 부피에 맞추어 맞춤형 크기의 박스를 즉시 만들어 포장라인에 투입하는 것이다. 작업자가 제품을 자동포장기에 투입하면 자동으로 제품의 길이와 폭, 높이 등을 스캔해 정보를 파악하고 이에 맞춰 자동 공정을 거쳐 제품의 크기에 딱 맞는 박스를 만든다. 박스 크기 자체가 제품의 크기와 거의 비슷하기 때문에 추가적인 완충재를 사용하지 않아도 된다는 장점도 있어 작업 프로세스 절감에도 상당히 도움이 된다. 더불어 포장 박스 안의 충전재 투입, 박스 포장 후 라벨링 등 공수가 소요되는 여러 부가 작업들도 자동화를 통한 개선 노력을 지속하고 있다.

3. 구독형 서비스 모델의 등장

기술 발전과 함께 다양한 지능형 자동화 솔루션이 출현하고 있다. 하지만 기업들의 고민 또한 커지고 있다. 자동화 설비 투자를 위해서는 시간과 비용이 소요되므로, 기업들은 자동화 설비가 투자한 만큼 제대로 된 효율을 만들어 낼 수 있을지에 대한 확신이 부족하며, 대규모로 투자했음에도 불구하고 여러 외부요인이 겹쳐 성장세가 둔화될 수도 있다는 불확실성으로 쉽게 투자 의사결정이 어렵다. 또한 중소기업의 경우에는 대규모 투자가 부담스럽기도 하다.

물류센터 인력 확보에 어려움이 커지고 운영 효율 증대에 대한 니즈는 점점 증가해 물류 자동화 설비 도입은 선택이 아닌 필수가 되고 있다. 이러한 상황에서 투자에 대한 불확실성, 비용에 대한 부담 등에 대한 문제 해결 방안의 하나로 구독형 서비스 모델이 대두되고 있다. 물류로봇과 같은 자동화 설비를 상품이 아닌 서비스 개념으로 제공하는 것이다. 물류로봇을 도입하기 위해 구매 투자를 했던 과거와 달리 로봇은 물론이고 로봇 운영에 필요한 소프트웨어까지 서비스 형태로 이용하는 것이다.

물류로봇의 구독형 서비스인 RaaS(Robotics as a Service)모델은 몇 년 전부터 로봇분야에서 많은 관심을 끌었고 상용화 서비스를 제공하는 로봇 기업들도 등장하기 시작했다. RaaS 모델에서는 로봇의 하드웨어뿐 아니라 로봇 통합 관제용 소프트웨어도 클라우드 기반 SaaS 모델로 제공된다. 따라서 도입 기업 입장에서는 자동화 설비 도입에 따른 투자비용뿐 아니라 관련 시스템 구축과 유지보수에 대한 부담도 줄일 수 있다. 또한 시장변화에 따라 추가되는 소프트웨어 업데이트도 주기적으로 받을 수 있다.

투자 불확실성과 규모에 대한 부담으로 자동화 솔루션 도입을 주저하던 기업들도 지능화된 자동화 솔루션을 보다 쉽게 도입할 수 있게 되며, 구독형 모델에서는 시장 수요 변화에 따라 사용 로봇 대수를 탄력적으로 조정할 수 있어 효용이 더 커지게 될 것이다.

1) 도심형 물류센터로 변화

기존 풀필먼트 센터(Fulfillment Center)는 도심 외곽 고속도로 근처와 같은 교통요지에 대규모로 구축되어왔다. 그러나 빠른 배송에 대한 소비자 니즈가 커지고, 유통시장이 퀵커머스로 변화되면서 근거리에서 단시간 내 소비자에게 전달이 가능한 전달이 가능한 마이크로 풀필먼트 센터(Micro Fulfillment Center 이하, MFC)라는 새로운 형태의 도심형 물류센터가 출현했다.

(1) 국내외 적용 현황

현재 국내 유통기업들도 기업의 사업 환경에 따라 대응전략을 마련, 빠른 배송을 요구하는 소비자 니즈에 대응하고 있다. 오프라인 거점을 보유한 기업은 기존 오프라인 공간을 재정의해 온라인 대응을 위한 거점으로 활용하고 있다. 단순히 상품을 진열하고 고객이 직접 필요한 상품을 선택하는 공간이었던 기존 매장에 물류 설비를 설치하고 온라인 주문 처리가 가능한 공간으로 재구성해 소비자의 빠른 배송 요구에 대응하고 있다. 오프라인 거점이 없는 온라인 전용 기업은 적은 비용과 짧은 시간 내 구축이 가능한 다크 스토어형 MFC를 구축하거나, 기 구축된 도심 내 물류센터를 임대해 온라인 물량을 처리하는 방식으로 대응하고 있다.

해외 유통기업들도 도심물류센터 구축에 적극적이다. 아마존, 월마트 등은 물류 자동화 솔루션 기업과 손잡고 자동화된 도심물류센터 구축을 진행 중이다. 미국의 물류시장 조사업체인 로지스틱스에 따르면 2026년까지 미국에 2,000개 이상의 MFC가 운영될 것이며 관련 시장은 100억 달러 규모로 커질 것으로 전망했다.

(2) 해결해야 할 문제들

온오프라인 유통기업, 온라인 플랫폼 및 라스트마일 사업자 등이 앞 다투어 퀵커머스 사업을 추진하고 있다. 이에 따라 서비스 제공에 필요한 도심 내 물류거점 확보도 활발히 진행 중이다. 하지만 현재 운영되고 있는 물류센터는 대부분 수작업 기반으로 효율 및 사업의 확장성 측면에서 한계를 가지고 있다.

도심형 물류센터가 유통시장 변화를 이끌고 새로운 고객 가치를 제공해 본연의 역할을 하려면 해결해야 할 문제도 많다. 먼저 도심이라는 특성에 따라 필연적으로 따라올 수밖에 없는 공간 한계를 극복해야 한다. 제한된 공간 내에서 다양한 고객 주문에 대응하고 온라인 주문을 빠르게 처리할 수 있도록 효율성을 확보해야 한다. 자동화 기술뿐 아니라 앞서 이야기한 다양한 지능화 및 최적화 기술들이 적용되어야 문제 해결이 가능할 것이다. 따라서 앞으로의 도심 물류센터는 ICT가 집약된 첨단 센터로 진화될 것이다.

(3) 지능화 기술이 집약된 도심 물류센터

도심 물류센터가 지능화 및 최적화되어 효율적으로 운영되기 위해서 어떤 기술과 서비스가 적용될지 생각해 보자. 먼저, 소규모 센터라도 보다 많은 고객의 주문에 대응하기 위해서는 다양한 상품구색이 필수적이다. 상품구색이 많다는 의미는 보관을 위해 넓은 공간을 필요로 하고 이에 대한 관리 프로세스의 복잡도도 증가한다는 것이다. 이와 같은 제약 때문에 좁은 공간 내에 구축해야 할 도심 물류센터에서는 판매 데이터 분석을 통한 데이터 기반 수요 예측 등이 무엇보다도 중요하다. 고객 주문패턴 빅데이터를 분석하여 보관 공간을 고려한 최적의 상품 선정과 적정 재고량을 정의하고 이에 맞는 최적의 자동화 설비를 선정하고, 설계해야만 제한된 공간에서 최대의 효과를 거둘 수 있다. 국내 새벽배송 기업인 마켓컬리의 경우 재고보관일수가 짧은 신선식품의 폐기율을 낮추기 위해 빅데이터와 AI 기술을 활용한다. 빅데이터를 기반으로 한 예측발주를 통해 재고를 최적화하고 판매와 연동해 재고 폐기율을 1% 미만으로 유지하고 있다.

또한, MFC가 도심 내 위치해 고객과의 근거리에서 운영되더라도 빠른 오더처리를 위해서는 입고에서 보관, 피킹, 검수, 포장까지 전 프로세스의 자동화가 필요하다. 앞서 이야기한 지능형 자동화 솔루션이 집약되어 완전 자동화가 이루어지면 24시간 무인 운영이 가능하고 도심 물류센터의 효용은 더 커지게 된다. 완전 자동화가 이루어진 도심 물류센터에서의 주문 처리과정을 상상해 보면 로봇을 통한 상품 입고, 보관이 이루어지고 상품의 보충과 온라인 오더처리를 위한 피킹 또한 로봇이 처리하게 된다. 향후에는 고객에서 전달되는 라스트마일 서비스까지

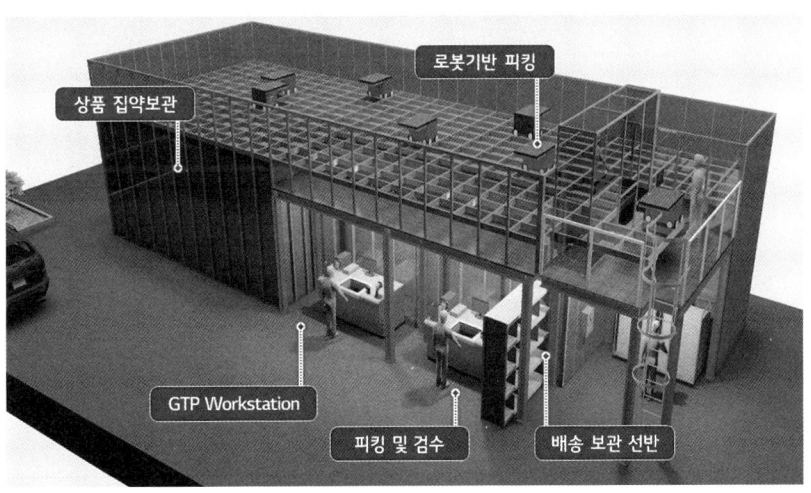

[그림 12] 자동화 솔루션이 집약된 도심물류센터 예시
출처: LG CNS

도 자율이송로봇이 수행하게 될 것이다.

　　마지막으로 작은 공간에 자동화 설비들이 집약되어 운영되는 도심 물류센터는 운영 관리 수준 또한 고도화되어야 한다. 센터 운영 프로세스 상 일부 영역에서 발생한 문제가 센터 전체 운영에 영향을 미칠 수 있다. 따라서 도심 물류센터에는 Digital Twin 기반의 실시간 모니터링이 필수적으로 적용될 것이다. Digital Twin을 통해 다수의 센터를 원격으로 실시간 모니터링해 문제가 발생하면 고객 주문을 인근의 타 센터로 이관해 대응하는 등 고객 서비스에 문제없도록 운영할 수 있을 것이다. 이 뿐 아니라 주요 설비 이상도 사전에 예측할 수 있는 예지보전 체계를 마련해 이상 발생을 원천적으로 방어하는 체계로 발전할 것이다.

Ⅳ. 글을 마치며

급변하는 환경에 기민하게 대응해 경쟁우위를 확보하기 위한 디지털 혁신은 물류 영역에서도 이미 시작됐다. 물류센터에서 일어나고 있는 디지털 혁신을 한마디로 요약하면 '디지털 기술 통한 지능화와 데이터에 기반 한 최적화를 통해 고객 가치를 제공하고 환경변화에 기민하게 대응 가능한 (디지털+데이터) 웨어하우스로의 전환'이라고 할 수 있다.

이러한 혁신의 기반에는 ICT 기술 발전이 있다. ICT 기술을 경쟁력 향상의 핵심적인 도구로 삼아 민첩하게 적용하지 못하면 결국 지속적인 성장을 장담하기 어려울 것이다. 급격히 변화하는 사업 환경 아래에서 살아남기 위해서는 ICT 기술의 적극적 도입과 지속적 변화 모니터링이 필요할 것이다.

Logistics Trends 2023

화물운송시장의 '보이는 손' = 풀랫폼

김승한
화물맨 부사장 | 공학박사

현재 화물운송플랫폼 대표기업 (주)화물맨의 부사장으로 재직 중이다. 20년 넘게 대기업 임원, 스타트업 경영 등을 통한 글로벌 물류, 창고·운송, 물류로봇·자동화 영역 등 다양한 물류 분야 경험을 바탕으로 인터넷 경제지『뉴스투데이』에서 2021년 12월부터 격주로「물류Dynamics시리즈」칼럼을 기고 중이다. 또한 경기대 S/W경영대학 겸직교수로도 활동 중이다.

Ⅰ. 격변의 화물운송시장과 춘추전국시대의 서막

'화물'의 이동을 다루는 화물운송시장을 살펴보면 국가별로 정도의 차이는 있겠지만 각자 오랜 역사를 지니고 있고, 매출 규모가 상당한 만큼 수많은 종사자가 속해있다는 공통점이 존재한다. 흥미로운 사실은 화물운송시장의 구성원들이 일반적으로 매우 보수적이고 파편화(fragmented)되어 있는 특징을 갖고 있다는 점이다.

최근 몇 년간 글로벌 규모의 디지털 전환(digital transformation)이라는 변화는 화물운송시장에도 예외 없이 상당한 영향을 주고 있다. 전통적으로 화주-주선사-차주로 구성된 생태계의 평형은 '보이지 않는 손'에 의해 유지되어 왔었다. 그러나 최근에는 화주와 차주를 연결하는 주선사 시장을 타깃으로 한 혁신적인 '플랫폼' 기반 플레이어가 등장하고 있다. 다가오는 2023년을 기점으로 미래의 시장통제력을 갖는 지능형(intelligent) '보이는 손'(visible hand)이 되기 위한 플레이어 간 주도권 경쟁이 격화될 전망이다. 국내의 경우 2022년 모빌리티 혹은 대형 물류 대기업의 자본력에 의한 기존 플레이어의 인수/합병, 자회사 분리 창업, 각종 화물운송 관련 협회들과의 사업협력 같은 합종연횡 등이 일어났다.(예로 2022년 10월 카카오모빌리티는 '화물마당'의 지분 49% 인수를 발표했다.) 이런 주도권 경쟁을 위한 변화는 앞으로 꾸준하게 발생할 것으로 예상된다.

화물운송시장의 고질적인 관행이던 다단계 주선구조는 법제화와 정부 규제 등을 통해 많이 해소된 상태이다. 다만 차주의 운송비 회수 지연에 따른 이슈는 여전한 숙제이다. 전통 방식의 결제조건(payment term) 관련 이슈 해결을 위한 핀테크 기술의 적용은 이미 시도되고 있고, 내년엔 더 다양한 방식의 시도가 일어날 것으로 예상되고 있다.

대형 플레이어의 시장 진입은 기존 주선사에게는 큰 위협이 될 것이다. 화주 유지를 위해 요율 인하 압력을 받을 것이고, 이로 인해 주선시장의 치킨게임은 불가피해 보인다. 주선사 내부 영업마진의 감소와 함께 금리 인상은 운전자금 확보에 직접적인 타격이 될 수 있다. 또한 인구감소로 인한 고용시장 악화, 인건비 상승 압력 또한 주선시장의 미래를 위협하는 요소이다.

2022년에 국제 공급망 이슈에 따른 트럭 생산 차질, 경유 같은 원자재 가격 상승은 시장을 위협하는 요인 중에 하나였고, 2023년에도 여전히 위험요소로 남아있을 듯하다. 안정적 차량확보 및 차주 운임 인상 요구에 대응하는 방안으로, 직접 트럭 자산(asset)을 확보하려는 움직임도 나타나고 있다. 과거 20년 동안은 차량을 소유해서 운영하는 것보다는 지입 형태의 외주 활용전략이 효율적이었다고 한다면, 2023년에는 이와는 다른 시장 흐름이 만들어질 수 있다.

　　기업의 지속가능성을 추구하는 ESG(Environmental, Social and Governance) 이슈도 이전보다 훨씬 더 시장에 강력한 영향을 주게 될 것이다. 안전운임제를 화두로 한 화물연대 파업사태와 카카오모빌리티와 택시업계 간의 갈등으로 더욱 두드러진 대기업의 사회적 책임 이슈는 계속 이어질 전망이다. 탄소배출과 관련된 규제와 지원책들도 영향이 예상된다. 특히 2023년에는 디젤엔진 차량 생산중단 및 전기차를 포함한 친환경 차량 확대요구, 자율주행 트럭의 등장과 같은 환경변화가 예상되며, 이에 따른 화물업계의 대응도 눈여겨 볼만하다.

Ⅱ. 국내 화물운송시장 생태계 및 화물운송플랫폼 관련 현황

이커머스의 성장에 편승했던 소위 '라스트마일(Last Mile)'에 대한 관심은 글로벌 팬데믹의 영향이 더해지면서 운송시장에서 단연 화두가 될 만큼 높아졌다. 2022년 3월 초 네이버가 SSG닷컴과 손을 잡고 새벽배송을 한다는 소식에 이와 관련한 기사들이 쏟아졌다. '로켓프레시'를 내세운 쿠팡, '새벽배송'의 원조라 불리는 마켓컬리, 여기에 메쉬코리아와 손잡은 지마켓 글로벌(G마켓·옥션)까지 가세한 새벽배송 전쟁은 '라스트마일' 시장이 얼마나 치열한 상황인지를 잘 보여주고 있다. 이들 라스트마일의 국내 시장규모는 10조 원 정도로 알려져 있다.

그렇다면 라스트마일과 비교되는 소위 '미들마일(Middle Mile)'의 시장 규모는 어떨까? 2020년 통계청 자료에 따르면 미들마일 시장 규모는 라스트마일보다 3.3배 큰 33조 원 규모로 추산됐다. 화물운송시장 종사자만 49만5,000여 명에 이른다. 이는 택시기사 25만 명보다 약 2배 정도 더 많은 수준이다.

1. 미들마일 화물운송시장의 특성

미들마일은 화물을 공장 혹은 물류창고에서 또 다른 공장, 물류창고 같은 거점으로 화물차량을 활용하여 운송하는 기업 간 거래(B2B) 운송을 의미하며, 물류창고나 영업점에서 최종적으로 소비자에게 배송되는 택배나 이륜배송 같은 라스트마일 물류의 전 단계로 정의할 수 있다.

모빌리티 관점에서 기존 여객 시장이나 라스트마일 시장 대비 화물운송으로의 접근이 어려운 여러 이유 중의 하나는 다양한 화물 종류 및 이들 화물에 부합하는 차량의 종류가 다양할 뿐만 아니라 상하차 조건과 같은 다양한 고객 요청사항이 존재하기 때문이다.

〈표 1〉 화물운송을 결정하는 여러 조건들

운송조건	가능한 옵션
상하차지	상차지, 하차지
상하차시간	당상/당착, 낼착 등
차량종류	다마스/라보, 1톤, 2.5톤, 5톤, 5톤축, 11톤, 18톤, 25톤
차량옵션	카고, 초장축/플러스, 리프트, 탑차, 윙바디, 호루/자바라, 냉동탑차 등
상하차방법	손운반, 지게차, 크레인/호이스트, 컨베이어
핸들링옵션	상하자 기사도움, 시간협의가능, 요금협의가능
기타	혼적여부 등

2. 미들마일 생태계 및 화물운송 배차계약 유형

국내 화물운송시장 생태계에는 크게 5가지의 참여자 그룹이 존재한다. 화주는 화물의 주인이며, 주선사는 화주의 운송요청을 처리한다. 플랫폼(화물콜)은 배차를 위한 중간 중개역할을 수행하며, 차량 측면에서는 운송사(다수 차량 관리)와 차주(실제 운전자)가 존재한다.

〈표 2〉 화물운송시장의 5가지 참여자 그룹

	화주	주선사	플랫폼	운송사	차주
역할	• 화물운송 요청 • 운임지급	• 화주특성 및 니즈 파악 • 책임운송 • 화물 상하차지 정보 제공 • 정산, 사고처리	• 물량-차주간 매칭 • 운송건 간략 정보 제공 • 차주 수수료 수취	• 영업판 대여 • 직영/지입차 대상 물량공급 • 주선업 겸하는 경우도 있음	• 운송서비스 제공 • 인수증 수령 및 전달

과거에는 화주에서 차주까지 연계되는 계약구조가 다단계를 형성하는 경우가 많았다. 불합리한 구조를 이유로 차주 이익을 침해당하는 사회적 이슈가 대두되었던 적도 있었다. 현재는 관련 법령 제정 등의 과정을 통해 계약단계 상의 다단계 구조는 많이 해결된 상태이다.

참여자들 간의 배차계약은 아래와 같이 4가지 유형으로 구분할 수 있다.
① 화주-운송사 직계약
② 주선사를 통한 직접 배차
③ 주선사의 화물정보망 플랫폼 재공유 통한 배차
④ 화주의 화물정보망 플랫폼 직접 활용

이 중 ③과 ④ 유형처럼 화물정보망 플랫폼을 통해서 운송되는 물량은 전체 화물운송 수요의 20% 정도로 파악된다. 특히 톤수별로 차이는 있으나 디지털화 대상이 되는 플랫폼 침투율[1]은 현재 20~35% 수준으로 추정된다.

3. 화물운송주선업체 현황

한국교통연구원(KOTI) 보고서에 따르면 5억 원 미만의 매출을 기록하는 영세업체의 비중이 2020년 기준으로 46.1%를 차지하며, 이를 10억 원 미만의 매출 업체까지 확장할 경우 67.9%로 대다수 업체들이 영

---

1) 플랫폼 침투율 = 플랫폼 통한 거래금액/전체 물량 거래금액

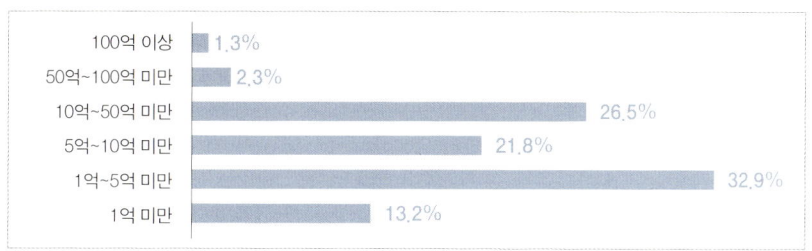

[그림 1] 2020년 기준 매출규모별 비중
출처 : KOTI 물류브리프 2021 4/4분기

세한 편이다.[2]

화물운송주선업체가 차량을 확보하는 방법 중 개인 차주에게 직접 배차하는 경우가 59.1%로 대부분을 차지하며, 화물정보망을 통해 차량을 확보하는 경우도 26.5%를 차지하는 것으로 조사되었다.[3]

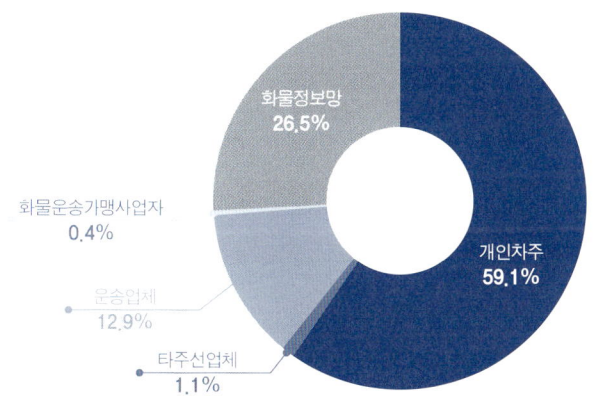

[그림 2] 2020년 기준 차량 확보방법

---

2) KOTI 물류브리프 2021 4/4분기
3) KOTI 물류브리프 2021 4/4분기

4. 미들마일 생태계 및 화물운송 배차계약 유형

현재 전국망을 갖춘 미들마일 화물정보플랫폼은 전국24, 화물맨, 원콜 등이 있다. 이들은 차주 중심의 화물정보플랫폼으로 이해할 수 있다. 국내에서 차주의 형태는 독특한 과정을 거쳐 현재에 이르렀는데 이에 대해 간략히 알아보려 한다.

1998년 이전 화물트럭은 운송사 중심으로 운영되었다. 20대 이상 트럭의 보유를 조건으로 운송면허를 운송사에 발급하는 제도가 있어서다. 즉, 당시는 운송사가 운송사 소유의 자차(운전자+트럭) 운영이 일반적이었다.[4] 5톤 이상은 원래 운송사 같은 법인만 번호판을 부여받을 수 있었다. 그러나 IMF를 거치면서 5톤 미만 소형인 개별과 용달('개별'은 1톤 초과 5톤 미만, '용달'은 1톤 이하) 같은 개인 차주가 늘어났고 영업용 화물자동차 등록대수가 최대 40만 대까지 증가했다.

1998년 이후부터는 위수탁제도[5]가 나타났다. 당시 위수탁제도를 이용해서 면허를 개인에 판매했던 운송사 중에 IMF를 거치며 폐업하는 업체들이 생겨 사회적 이슈가 발생했다. 2004년 화물연대 파업을 통해 ① 증차제한과 ② 위수탁차주 지위 인정을 받게 되는 등의 사회적 합의가 이루어졌다. 결국 정부가 2004년 10월 이전 등록한 위수탁차주에게 번호판 발급을 승인함에 따라 5톤 이상의 '개인' 차주가 생겨났다. 현재 등록된 영업용 화물자동차 40만 대 중 '개인' 운송사업자 차량은 일반(1.5

---

4) CJ가 인수하기 전 시점 운송사 '대한통운'의 당시 자차 비율은 80~90% 수준이었음.
5) 흔히 시장에서 '지입'이라 부르는 위수탁제도는 법률용어로 일제 강점기 때부터 있었다고 알려져 있다.

만)/개별(7.5만)/용달(10만) 수준으로 총 19만 대 규모로 추산되고 있다.

차주 관련 협회는 기존 개인사업자 차주의 경우 차량 톤수 기준에 따라 '개별협회'와 '용달협회'로 나뉘었다. 2018년 4월 국토교통부에 의해 개정된「화물자동차운수사업법」에 따라 기존 일반·개별·용달로 구분되었던 업종은 '개인사업자'과 '법인사업자' 둘로 개편되었다. 그로 인해 '개별'과 '용달'로 이원화되었던 개인사업자 차주 협회도 '개인운송사업자협회'로 통합이 필요한 상황이다.

법인사업자 차주는 전국화물자동차운송사업연합회(www.kta.or.kr)를 운영하고 있다. 연합회는 차량 1대 당 1,000원씩 회비를 납부 받아 복지 운영에 사용하고 있다. 2004년 화물연대 파업 당시 '화물복지재단'을 설립했고, 현재 사용되는 유가보조금 복지카드가 만들어진 것도 그때다. 참고로 복지카드 사용에 따른 실적포인트의 일부는 화물복지재단의 운영에 활용되고 있다. 과거 별도로 '화물나누리'라는 화물정보플랫폼을 만들기도 했으나 사용률이 매우 저조했다.

2020년 기준 미들마일 화물정보플랫폼 시장 규모는 360억 원 수준이다. 화물맨, 전국24, 원콜 등 3개 업체가 화물운송 플랫폼 시장의 상위권에 있으며, 이들 모두 전국 규모의 운송 네트워크를 구성하고 있다. 이들 중 화물맨(창업주 임재득 회장, 임영묵 대표), 전국24는 초기 '무전기(TRS)' 시대 때부터 화물정보 중개 서비스를 시작한 업체들이다. 이들은 2010년대 초중반 자체 휴대폰 앱 개발을 통해 화물정보를 중개하는 서비스를 신규로 도입하였고, 이런 변화의 과정을 통해 1세대 '무전기' 시대의 경쟁에서 살아남은 '원조' 화물운송 중개플랫폼 회사라고 할 수 있다.

반면 원콜은 2016년 운송 주선사 및 기존 정보망사업자 11개 대표 연합을 통해 창립된 회사다. 원콜은 2016년 설립 이후 빠르게 성장해 3위의 화물정보운송망 업체가 됐다. 원콜은 2022년 E&F라는 사모펀드에 인수되어, 주인이 바뀐 상태로 현재 운영되고 있다.

Ⅲ. 글로벌 화물정보플랫폼 기업 사례 및 동향

배달의민족과 요기요로 대표되던 국내 라스트마일 배달의 시장 경쟁 구도가 독일계 글로벌기업 딜리버리히어로의 참여로 큰 영향을 받았듯이, 미들마일 화물정보플랫폼의 경우도 국내 상황을 살펴보기에 앞서 글로벌 추세를 돌아볼 필요가 있다. 결론부터 이야기하면 글로벌 역시 미들마일 시장에 대한 관심이 날로 고조되어 가고 있는 상황이다. 이번 장에서 미국기업 3곳, 중국기업 1곳의 사례를 살펴보고 이를 통해 국내 화물정보플랫폼 시장의 미래를 예측해 보고자 한다.

1. 우버의 차세대 성장 병기 Uber Freight

우버(Uber Technologies, Inc.)는 공유경제 아이콘으로 널리 알려진 미국 기업이다. 우버는 2009년 창업 이후 2018년을 제외하고 창업 이래 줄곧 적자 실적으로도 유명하다. 리오프닝[6] 수혜주로 우버 전체의 매출 성장 및 흑자 전환이 예견되는 상황에서 최근 화물운송중개 부문인 우버 프레이트(Uber Freight)의 지속적인 두 자릿수 이상 매출 성장과 아울러 2022년 흑자 전환 전망도 긍정적으로 이야기되고 있다.[7]

1) 우버의 사업구성

우선 우버의 사업구성을 살펴보자. 우버는 크게 모빌리티, 딜리버리, 프레이트 3가지 부문이 있다.

---

[6] 코로나-19로 중단되었던 사업 및 경영 활동 또는 경제 활동 재개.
[7] 우버 프레이트에 대해서 우버 본사 홈페이지에는 미들마일 플랫폼 기반의 licensed freight broker이지 motor carrier는 아니라 밝혔다.

- 승차공유 서비스 Mobility
- 음식배달 서비스 Delivery (=우버이츠)
- 화물운송중개 서비스 Freight

〈표 3〉 우버 부문별 매출 증가

(단위: 100만 달러)

	2020년 2분기	2021년 2분기	증가율
우버 Mobility	886	1,963	122%
우버 Delivery	787	1,618	106%
우버 Freight	211	348	65%

각 부문 모두 급격한 성장을 기록하고 있다. 그중에서 우버 프레이트는 두 자릿수의 가파른 성장세를 보여주고 있다. 우버 프레이트는 화물차 운전자와 화주를 연결해 주는 서비스로 미들마일 플랫폼을 운영하는 사업이다. 다른 서비스에 비해 상대적으로 매출 비중은 적지만, 수익성 측면에서는 중요한 역할이 기대되고 있다.[8]

정리하면 우버는 우버 프레이트로 미들마일을, 우버 이츠로 라스트마일을 커버함으로써 화물운송의 전 구간을 연계, 통합하려는 전략을 추진 중에 있다.

2) 우버 프레이트의 비즈니스 모델

운송주선사의 영향력이 강한 미국은 톱10의 주선사가 M/S(시장점유율) 40%를 점유할 정도로 대형화되어있다. 운송사는 전국 네트워크를

---

8) 프레이트 분야의 예약 건수는 우버 전체 예약의 1% 수준이지만, 매출로 비교하면 4%를 차지할 정도이다.

보유한 대형 주선사에 화주 물량을 의존한다. 참고로 CH Robinson 같은 전통적인 대형 운송주선사의 주선수수료는 운송료의 15~20%를 차지할 정도이다. 또한 미국은 운송사가 직접 소속 차주에게 배차를 지시하는 '직영' 모델 중심이다. 직영 차량의 공차(Deadhead) 비율 감소가 수익에 직결되어 효율적인 배차운영이 매우 필요하다.

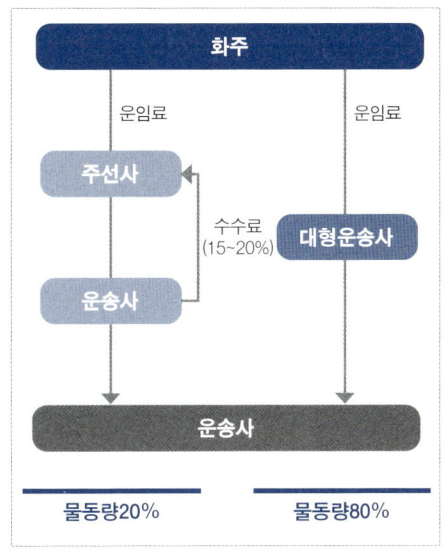

[그림 3] 미국의 화물운송시장 구조

지리적 특성상 주(state) 간 장거리 25톤 이상 대형 트럭 수요가 많아 화주 입장에서는 운송 현황 트래킹(Tracking) 상의 어려움이 존재한다. 반면에 차주 입장에서 보면 우리나라와 마찬가지로 운임료 지급 지연 같은 이슈가 동일하게 존재한다.

우버는 이러한 운송시장의 이슈들을 해결하고자 2017년 우버 프레이트 사업을 시작했고, 2018년 8월에 독립 사업부로 분리 운영되고 있다. 우버 프레이트는 화주의 화물을 검증된 화물차 운전자와 연결해준다. 우버 프레이트를 사용하면 화물차 운전자는 경로 정보(출발지, 목적지, 경유지), 운행 거리, 운송비용, 부가 작업 등을 쉽게 확인할 수 있다. 보통 이러한 과정은 전화 통화나 메시지로 이뤄졌고 화물차 운전자는 이에 상당히 많은 시간을 소비했다. 추가로 우버 프레이트가 결제가 빠르다는 것도 화물차 운전자가 좋아하는 이유이다. 일반적으로 운송 종료 후

운송비를 받기까지 수주가 소요되지만, 현재 우버 프레이트는 48시간 후 운송비를 지급한다. 즉, 차주 입장에서 비용을 두고 화주 혹은 주선사와 흥정할 필요가 없다.

우버 프레이트는 디지털 주선사 모델을 통해 매출 10억 달러를 기록 중이고, 주선시장의 10% 점유율을 차지하고 있다. DFM(Digital Freight Matching)이라 불리는 배차 알고리즘 기반 자동배차 서비스를 제공하고, 이를 사용한 운송사에게 DFM 서비스에 1~2%의 낮은 수수료를 청구하고 있으며, DFM 서비스 제공을 통해 트럭 공차율(Deadhead)을 22.6% 줄였다고 자체 평가하고 있다.

3) 우버 프레이트의 동향 및 발전

2021년 11월 우버는 운송관리 및 컨설팅 서비스업체인 트랜스플레이스(Transplace)를 2.6조 원에 인수했다. 트랜스플레이스 인수로 WSJ(월스트리트저널)는 우버 프레이트의 매출 규모는 44억 달러에 달하게 되어, 이는 미국 3PL업체 중 8위 수준이 된다고 평가했다. 업스트림(Transplace)과 다운스트림(Uber Freight)의 결혼이라고 표현되는 인수계약을 통해서 우버 프레이트는 화주 정보를 얻고, Transplace는 7만 명 트럭차주 풀(pool)을 확보함으로써 운송시장에 대한 상호 데이터를 확대하는 계기를 만들었다고 평가받고 있다.

우버의 DFM 기능을 통해 94%의 화물이 자동 운임 설정이 되고, 92%의 화물이 차주가 사용하는 앱(App)으로 자동 예약된다고 하며, 이때 화물차 운전자로부터 화주의 상하차지에 대한 리뷰를 확인하고 등록하는데, 절반 이상의 운전자들이 상하차지에 대한 리뷰를 등록한다고 한다. 운전자들의 리뷰 정보를 통해 트랜스플레이스의 화주는 공급업체(supplier)의 이슈를 파악하고, 우버의 차주는 화물을 선택하는데 등록된 리뷰 정보를 활용하는 시너지를 얻고 있다.

팬데믹 종료와 운송 요율 상승으로 인해 오너 차주(Owner Trucker)가 증가되었다. 미국 교통부(Dept. of Transportation)에 따르면 과거에는 오너 차주 증가가 월 2~3,000명 수준이었다면, 2021년에는 월 9,000~1만 명 수준으로 증가했다고 한다. 특히 오너 차주에게 우버 프레이트는 적합한 플랫폼이다. 2021년 우버 프레이트는 2020년 대비 85% 증가한 11만 명이 신규로 차주 회원 가입을 했고, 서비스 동시 접속자 10만 명을 기록하고 있다. 재무성과도 달라졌다. 2021년 4분기 매출은 2020년 대비 27% 증가한 3억9,600만 달러를 기록했다. EBITDA는 2020년 4,100만 달러 적자에서 2021년에 2,500만 달러 적자로 적자 폭이 감소됐음을 알렸다. 이에 우버 CFO 넬슨 차이(Nelson Chai)는 2022년 Adjusted EBITDA 기준 흑자 전환을 긍정적으로 전망한다고 전했다.

2. 디지털 화물운송 네트워크의 강자 Convoy

미국 방송사 CNBC는 매년 전 세계 혁신기업 50개를 선정하는 CNBC Disruptor 50을 발표한다. 2022년 선정된 혁신기업 리스트 중 10개 업체가 물류와 관련된 기업들인데, 이 중에서 '디지털 화물 네트워크' 업체가 2곳이다. 6위에 Convoy가 18위에 CloudTrucks가 랭크되어있다.[9]

---

9) 타 물류기업들은 콜드체인, 풀필먼트, 패스트딜리버리, 드론배송 등 다양하다.

2015년에 설립된 Convoy는 '트럭판 우버'라고 불리는 회사로 2022년 4월 3,400억 원($260M) 상당의 신규 자금 조달을 통해 4조원 이상의 기업 가치를 인정받았다. Convoy의 AI 머신러닝 알고리즘은 AWS[10]에서 제공하는 머신러닝 플랫폼인 SageMaker상에서 구현되었는데, 이는 경쟁자인 우버 프레이트보다 낫다는 평을 받기도 했다.

1) Convoy의 등장과 성장

2015년 마이크로소프트, 아마존 등 굴지의 IT회사 출신 Convoy 창업자 댄 루이스(Dan Lewis)와 그랜트 굿대일(Grant Goodale)은 머신러닝 기법을 활용, 효율적인 운송 매칭 플랫폼을 제공하는 디지털 화물운송 네트워크(Digital Freight Network)을 구축했다. 우버가 남는 차량을 활용했듯, 디지털 화물운송 네트워크 업체인 Convoy는 트럭의 남는 적재 공간을 활용했다.

당시 미국의 트럭 운송은 전체 운송사의 무려 91% 이상이 6대 이하의 트럭을 운용하는 등 굉장히 영세한 시장이었다. 또한 트럭 당 평균 공차(empty mile) 운송거리가 35~40%에 이를 정도로 비효율적이었다. 게다가 보수적이고 변화에 둔감해 브로커가 일일이 운송사와 화주를 연결해주는 매뉴얼 매칭 시스템이 주를 이뤘다. Convoy는 브로커 대신 화주와 운송업체를 직접 연결하는 앱을 서비스해 10~15%에 이르는 중개수수료를 받았다.

매뉴얼 중심의 운송시장을 기술 산업으로 재편하기 위해 Convoy

---

10) Amazon Web Service

는 자금이 필요했다. 이들은 운송 시장과 기술에 대한 이해를 바탕으로 세일즈포스 창업자 마크 베니오스, 아마존 창업자 제프 베조스, 액셀러레이터 Y Combinator 등 여러 엔젤 투자자 및 벤처캐피털(VC)로부터 투자를 이끌어 냈다.[11]

2) Convoy가 제공하는 기능들

일반적인 장거리 트럭 운송은 차주가 목적지에 도착하면 다음 주문을 받기 위한 목적으로 장시간 대기가 발생할 뿐만 아니라, 다음 주문지까지 공차 상태로 이동해야 하는 비효율이 존재하였다. Convoy의 자동배차 기능은 트럭의 대기 시간과 공차 운송을 최소화하기 위해서 미리 다수 화물의 출발과 도착 지점들을 연계하는 경로를 제시한다. 이 기능은 AI 머신러닝 기반의 매칭 알고리즘으로 구현되었다.

또한 이 자동배차 기능은 연관성 있는 여러 주문을 실시간으로 파악하면서, 해당 화물운송의 적정 가격을 설정할 수 있어 화주에게는 가격 부담을 줄여주는 효과도 제공한다. 예를 들어 텍사스발 LA향 화물 배송의 경우 앱을 통해서 텍사스로 돌아올 때 운송할 수 있는 화물도 알려주는 것이다. 이렇게 줄어든 공차 비율은 Convoy가 추구하는 ESG 가치와도 자연스럽게 연결된다. 미국 내 화물트럭의 기존 공차 총량은 7,200만 톤의 탄소배출량을 일으키고 있다고 한다. Convoy는 자사 디지털 화물 운송 네트워크 기술을 통해 공차와 탄소배출량을 줄일 수 있다고 하며 환경 영향에 민감한 많은 기업들을 타깃으로 하고 있다.

---

[11] 우버는 Convoy의 행보에 자극받아 2017년 5월에 화물차 운전자용 서비스인 '우버 프레이트'를 출시하게 되었다

정리하면 Convoy는 플랫폼 양단의 사용자인 운송사와 화주에게 각각 가치를 제공하고자 한다. 운송사에게는 운송루트 최적화를 통한 화물 적재율 및 수익 증대와 적재 대기 시간 감소를, 화주에게는 운송루트 최적화를 통한 운송시간, 비용 및 탄소배출 감소를 제공한다고 할 수 있다.

Convoy는 2019년 10월에 'Convoy Connect'라는 TMS(Transformation Management System)를 통합 서비스로 출시했다. 이를 무료로 제공해 화주가 운송 정보/현황과 같은 리포팅 데이터를 효율적으로 관리할 수 있도록 했다. Convoy는 핀테크 기술 적용을 통해 연료 카드 및 운송료 빠른 지급과 같은 서비스를 제공해 차주에 대한 편의성을 높이고 있다.

2021년 Convoy는 운송업체가 Convoy의 트레일러를 미리 적재하고 따로 보관할 수 있는 드롭 앤 후크(Drop & Hook) 서비스를 출시했다. 이를 통해 화물차 운전자가 보다 유연하게 픽업할 수 있도록 했다. CEO 댄 루이스는 서비스 출시 이후 지속적으로 매진을 거듭하고 있어 신규 조달된 자금의 일부는 Convoy가 전국적으로 임대한 현재 3,000대 이상의 트레일러 확장에 사용될 것이라 밝혔다.

3) Convoy의 전망

기업공개(IPO)와 관련해 Convoy의 CEO 댄 루이스는 아직 구체적인 계획은 없다고 했으나 옵션은 항상 열려있다. Convoy는 2022년 4월 시리즈E($260M) 투자를 통해 4조 원 이상($3.8B)의 기업 가치를 인정받았다. 이는 2년 전 투자유치 당시 인정받았던 기업가치 약 3조 원($2.75B) 대비 상승한 것을 감안하면 Convoy를 시장에서 긍정적으로 바라보고 있음을 알 수 있다.

Convoy CEO 댄 루이스의 화물운송 시장 생태계 관련 최근 언급은 흥미로운 부분이다. 그에 따르면 Convoy는 업계의 다른 중개인이 Convoy 기술 플랫폼에서 중개 사업을 운영하도록 하고, 이를 통해 Convoy의 디지털 플랫폼 내에 있는 트럭에 접근 가능한 계획을 밝혔다. 즉 15,000명의 중개인이 있지만 투자비용이나 기술 액세스 및 자체 기술의 플랫폼 구축 노하우가 없으므로 중개인의 화물을 Convoy 시스템에 넣고 Convoy의 플랫폼을 사용하게 하겠다는 것이다. 더 많은 화물이 Convoy 플랫폼 안에 들어오고, 네트워크는 더 강력해질 것이며, 더 많은 옵션을 트럭 운전자들이 제공받게 될 것이라는 비전과 로드맵을 가진 Convoy의 다음 행보를 주목할 필요가 있다.

3. 오너 차주를 위한 플랫폼 CloudTrucks

Convoy에 이어 또 하나의 글로벌 육상운송 관련 물류혁신 기업 CloudTrucks을 소개하려 한다. CloudTrucks는 CNBC Disruptor 50에서 18위에 오른 업체다.

CloudTruks는 캘리포니아 샌프란시스코에 본사를 둔 기술 스타트업이다. 사실상 운전밖에 모르는 많은 소규모 오너 차주(1~5대 미만 보유)들이 겪는 효율적인 적재 및 경로 결정, 현금 출납 등의 경영상 어려움에 착안하여 이들의 경영활동을 돕기 위한 서비스 제공 플랫폼을 운용한다. 앱 내에서 오너 차주들은 스스로 현금출납을 관리할 수 있으며, 차량 렌트비와 각종 보험 등의 지출 관리 등도 간편하게 처리할 수 있다. 주선사와 화주 지원 시스템은 많이 있었지만, 오너 차주의 니즈를 반영하는 시스템은 없었다는 점에서 착안한 것이 차별화의 핵심이라 할 수 있다.

2021년 11월 시리즈B($115M) 투자유치를 통해 1조 원 이상($859M)의 기업가치를 인정받았으며, 지속적으로 엔지니어와 데이터 분석인력, 차주 응대인력 충원을 계획 중이다.

1) 설립배경 및 비전

2019년 나이지리아 출신 CEO 토베나 아로디옹부(Tobenna Arodiogbu), 대만 출신 CTO 진 시(Jin Shieh) 및 조지 에제나(George Ezenna, 나이지리아 출신)가 만든 CloudTrucks는 소규모 오너 차주에게 부족한 경영관련 의사결정(스마트 운송계획, 즉시 지불 등) 지원 소프트웨어를 제공하는 플랫폼 기업이다. 창립 초기 CEO는 소규모 오너 차주의 연간 비용을 평균 대비 최소 15% 절감하겠다는 비전을 세웠다.

CEO 아로디옹부는 CloudTrucks 설립 전 트럭 산업을 위한 원격 운영 및 자율 주행 솔루션 구축에 중점을 둔 스타트업 Scotty Labs를 운영했다. 이후 DoorDash[12]에 인수된 Scotty Labs를 운영하는 동안 Arodiogbu는 트럭 운전자가 비즈니스를 관리할 때 겪었던 문제에 대한 통찰력을 갖게 되었다고 했다. 그가 생각한 문제는 수익 창출 결정 상의 어려움(적재물, 운송경로, 운송일자 등), 보험 및 규정 준수 비용 증가, 운송

---

12) DoorDash는 미국 내 배달 플랫폼 점유율 50%를 차지(2020년 10월 기준). 현재 포스트메이츠를 인수한 우버이츠와 경쟁 중이다.

대금 회수에 걸리는 시간(약 30~45일 정도) 등이었다고 한다.

CloudTrucks는 2020년 12월에 시리즈A 2,050만 달러 유치 이후 1년 만에 수익이 9.5배 증가했고, 플랫폼에서 완료된 배차 건수가 직전 년 대비 8배 증가하는 등의 비즈니스 성과를 거뒀다.

2) CloudTrucks가 제공하는 3가지 서비스 옵션

CloudTrucks는 현재 트럭 운송 비즈니스 문제를 해결할 수 있도록 ①Virtual Carrier, ②Flex, ③CT Cash라는 3가지 서비스를 제공하고 있다. Flex와 CT Cash는 기존에 CloudTrucks 회원에게만 제공되던 Virtual Carrier 서비스를 2021년에 대중(public)에게 확대 공개한 서비스이다.

[그림 4] CloudTrucks 제공 서비스
출처 : CloudTrucks 홈페이지

Virtual Carrier 서비스는 CloudTrucks가 제공하는 규정 적용 및 보험을 포함한 모든 것을 관리하는 패키지 거래 상품이다. 이용 수수료는 15%의 정도이다. 매일 21개의 타 화물정보망으로부터 올라오는 미국 전역의 화물정보 조회가 가능하다. 또한 Schedule Optimizer를 통해 자신이 정한 세팅(preference)에 맞춰 효율적인 수익이 날 수 있는 화물을 배정하고 예약할 수 있도록 한다. CloudTrucks(CT) Cash라는 VISA 현금

카드를 통해 배송 완료 즉시 운송대금에 대한 현금 인출도 가능하다. 현금 입출금 관리 및 세금 관련 관리도 앱 내에서 제공받을 수 있다. 이외에도 트럭 구매 및 리스도 가능하다. 주유비 및 차량정비 할인 혜택과 더불어 주유비 등 운용자금이 부족할 때에는 운송대금의 50%까지 선불지급(cash in advance)도 가능하다.

　　　　Virtual Carrier와는 달리 이미 자체 보험을 갖추고 및 자가 관리를 하고있는 소규모 트럭 운송 업체를 위해 설계된 Flex는 보다 저렴한 6% 수수료로 Virtual Carrier의 백오피스 기능을 동일하게 제공한다. 최적 배차를 가능하게 하는 Schedule Optimizer 기능을 사용할 수 있고, 현금 입출금 관리 및 세금 관련 관리도 앱 내에서 동일하게 제공된다. 마지막으로 CT Cash 또한 운송대금을 빨리 받기를 원하는 모든 차주가 사용할 수 있게 오픈되었으며, 사용 금액의 2.5% 수수료를 받는다. 이는 일반 팩토링[13] 회사가 징수하는 3~5% 수수료 대비 경쟁력을 갖고 있다.

　　　　위 3가지 서비스를 이용하는 CloudTrucks의 모든 사용자들은 Business Intelligence 기능을 기본적으로 사용할 수 있다. 이 기능은 차주에게 성과, 개인 비용 및 수익 분석을 제공하는 대시보드 서비스이다. 운전자의 실적, 개인 비용 및 수익에 대한 포괄적인 분석을 제공하여 운전자가 최대한의 수익을 낼 수 있는 방법을 더 잘 결정할 수 있도록 지원한다. 즉, 더 나은 현금 입출금 관리 도구만 필요한 차주의 경우는 CT Cash 카드만 사용하면 Business Intelligence 대시보드에 액세스할 권한

---

13) 팩토링이란 판매자가 매출처에게 물건을 판매 후 발생하는 외상매출채권을 외상대금 지급기일 전에 자금공급자에게 할인 매각하여 즉시 현금화하는 것을 의미

을 가질 수 있다.

3) CloudTrucks의 ESG 가치 실행

2020년 CloudTruks는 Uber와의 파트너십을 체결, 코로나-19 팬데믹 기간 동안 상용 운전 면허증을 소지한 Uber 운전자가 CloudTrucks에 가입해 화물운송을 할 수 있게 했다. 트럭이 없는 경우 CloudTrucks와 라이더(운전자) 파트너십을 통해 트랙터/트레일러를 임대할 수 있게 했다.

2022년 7월 CloudTrucks는 VISA와 제휴한 CT 신용카드를 출시했다. CT 신용카드는 신용카드 발급 자격을 갖추지 못한 오너 차주들에게 비즈니스 신용을 제공한다. CT 신용카드 고객은 모바일 및 웹 앱에서 언제든지 잔액을 확인할 수 있고, 모든 VISA 가맹점에서 사용 가능하다. CEO 아로디옹부는 CT 신용카드를 출시하며 "우리는 운전자가 현금 흐름을 더 잘 제어할 수 있도록 하는 간단한 솔루션 제공을 위해 CT 신용카드를 구축했고, 트럭 운전자가 비즈니스를 성장시키는데 필요한 도구를 제공할 수 있도록 최선을 다하고 있습니다"라고 언급했다.

4. 중국의 미들마일 공룡 만방그룹

세계 최대의 디지털 미들마일 화물 플랫폼은 어디일까? 화물운송 수요가 지속적으로 성장하고 있는 중국에서 플랫폼을 운영하는 만방그룹(滿幇集團)이다. 만방그룹은 2020년에 GTV(Gross Transaction Value; 총 플랫폼 거래액) 266억 달러를 기록함으로써 이미 세계 최대 규모를 달성했다. 2020년 말 기준 만방그룹의 화물 플랫폼은 중국 전역 300여개 도시에서

10만 여개 경로, 540만 명 이상의 등록 트럭 운전사, 약 58만 명의 유료 회원, 130만 이상의 화주 MAU(월간 활성 사용자) 달성 등 운영실적을 보여주었다.

중국의 미들마일 공룡 만방그룹은 2017년에 화물운송 플랫폼 상위 1, 2위 기업인 윈만만(運滿滿)과 훠처방(貨車幇)의 합병을 통해 만들어진 기업이다.14) 주요 투자자는 일본 소프트뱅크, 중국 텐센트, 미국 알파벳 등이며, 이들은 상장 전부터 투자를 결정하였다. 2021년 6월 만방그룹은 성공적인 뉴욕증시 데뷔(Full Truck Alliance or FTA, NYSE:YMM) 무대를 가졌다. 첫 날시가총액은 230억 달러(약 26조 원)를 기록했다.

1) 중국 내륙운송시장와 만방그룹의 점유율

CIC보고서15)에 따르면 중국은 세계 최대의 도로수송시장 보유국이다. 중국의 2020년 전체 운송시장 규모는 6조 위안(약 1,200조 원)에 이른다. 이 중 디지털 화물운송 플랫폼에서 처리되는 GTV(Gross Transaction Value)는 전체 도로수송시장의 4%에 불과한 수준이었으나 2025년에는 18%까지 성장할 것으로 예상된다.

2020년 전국 디지털 화물운송 플랫폼 총 GTV의 64%를 만방그룹이 차지하고 있다. 중/대형 화물트럭을 기준으로 전체 차주의 약 20%가 만방그룹의 서비스를 이용한다. 중국의 도로 화물시장은 아직 시작 단계이며, 시장 규모도 경제성장에 따라 확대된다는 점을 고려할 때 향후

---

14) 합병 당시 '윈만만'과 '훠처방'은 중국 화물운송 플랫폼 1, 2위를 다투는 업체였다.
15) 중국투자유한책임공사(China Investment Corporation)

만방그룹의 성장 가능성은 매우 높다고 판단된다.

2) 만방그룹의 비즈니스 모델과 생태계 전략

[그림 5] 만방그룹 비즈니스 모델
출처: https://ir.fulltruckalliance.com/Company-Profile

만방그룹이 제공하는 서비스는 크게 '화물매칭서비스'와 '부가가치서비스'이다. '화물매칭서비스'는 다시 화물목록서비스, 중개서비스, 온라인거래서비스의 3가지 서비스로 구성되어 있다.

첫째, 화물목록서비스는 앱을 통해 화주가 올린 화물을 차주가 잡을 수 있게 해 주며, 멤버십 화주는 무료 화주보다 더 많은 화물의 로드가 가능하다. 둘째, 중개서비스는 화주에게 적합한 차주를 추천하고, 이에 따른 중개(brokerage) 수수료를 받은 서비스이다. 마지막으로 온라인거래서비스는 화주와 차주 간 거래를 온라인상에서 가능케 하는 플랫폼 서비스이고, 발생된 거래에 대한 커미션을 청구하는 서비스이다.

'부가가치서비스'는 도로화물 사업과 관련된 부가적으로 제공되는 서비스를 지칭한다. 주선사를 위한 TMS[16]나 경로 최적화와 같은 소프트웨어 제공, 금융/보험서비스, ETC(Electric Toll Collection), 주유, 고장수리 및 정비 등 수조원 규모의 관련 시장을 타깃으로 하는 수익모델이다. 부가가치서비스의 매출은 2020년 6억3,000만 위안(약 1,500억 원)에 달해 전체 매출의 24.5%를 차지한다.

만방그룹은 화주와 차주 사이의 화물을 매칭하는 서비스로 시작되었지만, 중개 및 온라인 디지털거래를 가능케 하는 '통합 화물 플랫폼'으로 발전하였고, 현재는 부가가치서비스를 포함한 전체 '화물 생태계' 관점의 서비스를 제공하는 업그레이드를 계속 진행 중이다.

3) 만방그룹의 성장과 이슈

2022년 3월 만방그룹의 2021년 재무보고서 발표 후 만방그룹 CEO 장 후이(Zhang Hui)는 애널리스트 컨퍼런스 콜에서 재무결과에 매우 만족한다고 밝혔다. 그러나 매출 및 규모 확대와 더불어 손실분 증가에 대한 우려도 존재한다. 2021년 4분기 만방그룹의 총 순매출은 약 14억3,000만 위안(약 2800억 원)으로 전년 동기와 비교했을 때 68.1% 증가했고, GTV 기준으로는 695억 위안(약 14조 원)을 기록하여 전년 동기 대비 22.1% 상승한 것으로 나타났다.

2021년 4분기 화주들의 월간 활동량은 157만 명으로 전년 동기 대비 20.6% 증가했고, 활성 차주 역시 지난 12개월 동안 354만 명에 도달하

---

16) Transportation Management System : 운송관리시스템

는 등의 꾸준한 성장을 달성했다.

하지만 적자폭도 가파르게 증가하고 있다. 2021년 4분기 순손실은 13억2,110만 위안, 연간 순손실은 36억5,450만 위안을 기록했다. 적자폭 감소를 위해 만방그룹은 처음에는 화물 위탁자와 기사 모두 무료로 이용하도록 했지만 2018년부터 위탁자 연회비와 운전자 거래 소득에 대한 수수료를 받기 시작했다. 그러나 이로 인한 거래수수료가 증가하는 만큼 대부분 자영업자이며 가격에 민감한 트럭운전사들이 느끼는 부담 또한 늘어난다는 점도 고려해야 할 사안이다.

또 다른 문제는 관리비용이 과다하다는 점이다. 알리바바나 바이두 같은 다른 인터넷기업 대비 관리비용 비율이 매우 높다. 재무 보고서에 따르면 2021년 관리 비용은 42억7,120만 위안(6억7,020만 달러)에 달했는데, 이에 대해 만방그룹은 주요 비용이 지분 인센티브라고 설명했다. 이런 관리비용 이슈를 지적하며 과감한 정리해고와 주요 비즈니스와 무관한 일부 혁신적인 비즈니스의 정리를 주장하는 의견도 존재한다.[17]

시장 환경을 고려할 때 만방그룹의 성장 가능성을 의심하는 견해는 드물다. 그러나 관리비용 과다에 대해서는 나름의 교훈을 삼을 필요가 있다. 타 인터넷 기반 회사의 발전 모델을 참고한다면, 비용 측면에서 규모의 경제가 달성된 이후에는 만방그룹의 비즈니스 모델이 급성장하는 궤도를 시장에 보여줄 수 있을 것이다.

---

17) https://m.thepaper.cn/baijiahao_17031871

Ⅳ. 거대기업의 화물운송시장 진출 가시화

    2022년의 미들마일 시장의 가장 큰 특징은 대기업 집단의 화물운송플랫폼 시장 진출 러시라 할 수 있다. SK스퀘어, 카카오, KT는 IT전문 대기업으로 기존 여객 중심의 모빌리티 사업의 확장뿐 아니라 '화물' 이동 시장으로의 진입을 추진하고 있다. 반면 대형 통합물류기업인 CJ대한통운은 물류분야의 사업다각화 관점에서 미들마일 플랫폼 시장 진출을 재개하려 하고 있다.

    디지털 화물주선 스타트업인 로지스팟 자체 조사에 따르면 국내 기업 물류 담당자들은 디지털화를 점수로 평가했을 때 미들마일은 평균 51.5점이라는 답변을 주어, 라스트마일(평균 66.1점)대비 15점 이상 낮게 평가를 했다고 한다. 과거 '보이지 않는 손'에 의한 평형을 유지해 왔던 33조원 B2B운송시장에 대규모 자본에 의한 새로운 도전이 일어나고 있는 형국이다. 마치 미국, 중국 등 글로벌 시장에서 B2B 운송시장에 IT로 무장한 '보이는 손(Visible Hand)'을 목표로 하는 대형 유니콘 기업들이 속속 등장하는 것과 같은 맥락이라 볼 수 있다. 명확한 사실은 다가오는 2023년은 이들 '보이는 손' 기업들의 치열한 격전이 예상된다는 점이다. 각 대기업의 움직임을 차례로 살펴보도록 하자.

1. SK스퀘어 계열의 '티맵모빌리티'

    2021년 5월 티맵모빌리티가 790억 원(주식교환 포함)에 디지털 화물주선 스타트업 YLP의 지분 100%를 인수했다. 이는 대기업의 화물주선시장 진출을 알리는 미들마일 업계의 큰 뉴스였다. 당시 인수 명분은 크게

① SK그룹 물량을 기반으로 한 레버리지 효과, ② T맵이 보유한 전자지도 기반의 각종 인공지능(AI) 알고리즘, ③ YLP가 보유한 전국 단위의 데이터 활용을 통한 투명한 가격 책정 등이다.

모기업 SK스퀘어의 2022년 2분기 IR자료에 따르면 티맵모빌리티는 전년 동기 대비 301% 급증한 매출 451억 원을 기록했다. 매출 급증은 YLP의 화물중개사업 때문이다. 2022년 2분기 화물중개사업 매출은 전년 동기 대비 243% 성장한 327억 원에 달해 전체 티맵모빌리티 매출의 72.5%를 차지했다. 미들마일 사업이 매출성장에 큰 기여를 한 것은 사실이라 볼 수 있다. 하지만 티맵모빌리티의 또 다른 해결과제인 적자 이슈에서 여전히 자유롭지 못한 것도 사실이다.[18] 인수 이전부터 YLP가 안고 있던 매출 증가가 손실 증가를 함께 가져오는 근원적인 문제에 대한 특별한 해법을 아직은 찾지 못한 것으로 보인다.

티맵모빌리티가 자사 앱인 'T맵'내 화물차 전용 내비게이션 서비스를 2022년 연말 오픈을 목표로 준비한다는 소식은 눈여겨 볼만한다. 아직 미들마일 서비스와 직접적인 관련성을 연상하기는 무리가

[그림 6] 티맵모빌리티의 'T맵'을 통한 '원콜' 서비스 광고 화면[20]

---

18) 티맵모빌리티의 22년 상반기 누적 매출은 814억3,100만 원인 반면, 반기순손실은 426억3,300만 원 기록

있지만 우버와의 합작사인 '우티'를 설립하고,[19] 지분투자, 동일 빌딩 내 본점 이전 등을 진행했다. 티맵모빌리티와 우버와의 협업관계를 궁극적으로 미들마일 화물운송플랫폼 협업으로 발전하려는 개연성이 있다.

2022년 티맵모빌리티는 디지털 화물주선을 넘어 화물정보망 시장에도 진입했다. 폐기물분야 투자에 주력하던 사모펀드 E&F가 설립한 SPC(특수목적법인)가 '원콜'의 지분 100%를 약 700억 원 규모로 인수 완료했고, 이에 티맵모빌리티가 참여하는 형식으로 간접지분투자를 진행해 화물정보망 시장에 진출했다. E&F가 주도한 '원콜' 인수 이후 T맵을 통해 '원콜'의 서비스 광고를 진행하는 등 티맵모빌리티와의 시너지를 위한 사업을 대내외적으로 추진 중이다.

2. 카카오 계열의 '카카오모빌리티'

2017년 8월 카카오의 모빌리티 사업부문에서 독립한 카카오모빌리티는 '카카오T' 플랫폼을 기반으로 택시, 대리운전, 주차, 내비게이션 등 '여객' 중심의 모빌리티 전반에 대한 혁신을 이어가며 성장을 거듭했다. 이 과정에서 TPG컨소시엄, 칼라일그룹, 구글, ㈜LG 등으로 누적 1조 원 이상의 글로벌 투자를 유치하며 몸집을 키웠다.

약 33조 원에 달하는 '화물' 모빌리티 시장 진출은 카카오모빌리티에게 당연한 넥스트 스텝으로 예상되었다. 2021년 카카오모빌리티는

---

19) 우버는 2020년 말 설립한 티맵모빌리티에 약 600억 원을 투자하였다.
20) T맵 앱을 통해 보험 의무가입 조건이 없는 5톤 미만 차주 회원을 대상으로 한 적재물보험 무료 제공 서비스를 홍보하고 있다

'화물자동차 운송주선사업' 면허를 취득함으로써 미들마일 중개업 시장 진입의 전제조건을 마련하였다. 관련 인력확보 및 플랫폼 정비, 솔루션사(위드윈스) 인수, 관련 협회와의 협약서 추진 등을 진행했다. 이를 통해 2023년도 본격적인 미들마일 시장에 진출하겠다는 뚜렷한 의지를 볼 수 있다.

카카오모빌리티는 2021년 125억 원의 영업이익을 기록했다. 2020년까지 130억 원에 이르는 영업손실 기록과 비교했을 때, 투자자들과 약속한 IPO를 포함해 미들마일 진출이라는 신규사업 확대계획은 카카오모빌리티의 성공적인 미래를 보장하는 것으로 보였다. 그러나 무리한 수익성, 성장을 추구하는 과정에서 발생한 택시 및 대리운전 업계와 마찰과 이로 인한 '갑질'이라는 대외 이미지 악화라는 문제가 있었다. 카카오그룹 차원의 매각설까지 불거졌으나 매각설은 사실상 철회된 것으로 알려졌다.

현시점에서 카카오모빌리티가 '화물' 모빌리티에 진심일 이유가 무엇일까? 투자금 회수를 원하는 투자사 설득이 최우선적인 해결과제라고 볼때 IPO는 불가피한 선택이다. IPO의 선결과제는 수익성 제고이다. 카카오모빌리티는 '화물이동 서비스' 시장 진입을 위해 2021년 7월 '카카오T 퀵' 서비스를 시작으로 라스트마일 시장에 뛰어들었다. 최근에는 미들마일 시장 진입과 관련한 몇 가지 구체적인 움직임이 포착되고 있다.

카카오모빌리티는 2021년 6월 '위드윈스'를 약 20억 원 내외로 인수하였는데, 위드윈스는 화물운송 주선사업자 대상 솔루션 '로지노트'의 개발업체이다. 과거 위드윈스는 티맵모빌리티가 인수한 YLP의 개발을 맡으면서, 주식 처분 및 자산 소유권 이전 금지 조항이 포함되었던 것으로 알려졌고, 이런 조항을 근거로 인수사실을 YLP 측에도 통보했다고 알려졌다. 2021년 위드윈스는 '로지노트' 출시 이후 164개 화물운송 주선사를 고객으로 확보했고, 서비스형소프트웨어(SaaS)를 통해 클라우드 서비스 또한 제공하고 있다.

카카오모빌리티는 택시 및 대리운전업계와의 불협화음으로 인한 피해를 고려해 미들마일 진입에 맞춰 관련 협회 등과의 사전 접촉도 진행했다. 그 결과 최근 10월에 전국화물자동차운송주선사업연합회(주선연합회)가 소유 중이었던 화물중개플랫폼 '화물마당'의 지분 49% 인수를 완료했다.

미들마일 시장에서도 티맵모빌리티와의 경쟁 구도가 본격화될 것이라는 전망이 대두되는 상황에서, 아직까지도 카카오모빌리티는 언론을 통해 공식적으로 시장진출을 부인하는 자세를 취하고 있다. 위드윈스 인수와 관련해서도 카카오모빌리티는 "위드윈스는 물류 분야 효율성을 높이는 솔루션을 개발하는 전문 기술기업이다. 향후 카카오모빌리티의 기술과 연합하고, 카카오T 플랫폼 내 사물의 이동 영역에서 다양한 플레이어들의 비즈니스 효율을 극대화함으로써 시너지를 창출할 것"이라면서도, "미들마일을 포함해 사물의 이동 영역 전반에서 업계 효율을 높이는데 기여할 수 있는 방안을 다각도로 모색 중이나, 주선업자로서 미들마일 시장에 진출하는 것은 고려하지 않고 있다"고 선을 긋는 입장을 발표하기도 했다.

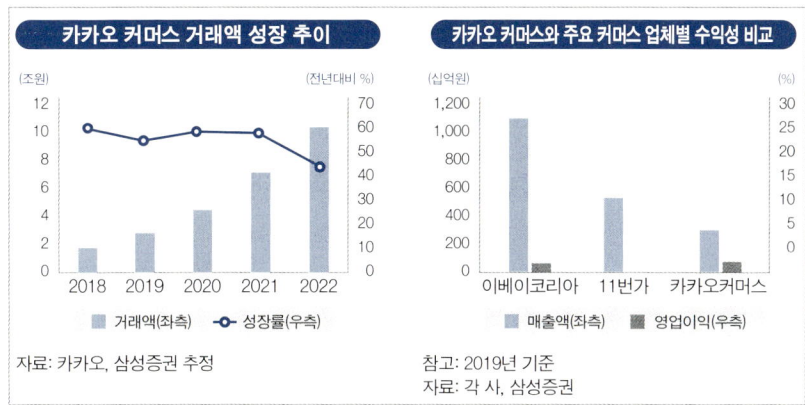

[그림 7] 카카오 커머스의 성장
출처 : 삼성증권, 2021.3

　　카카오모빌리티의 B2B 운송시장 진출과 관련해서 카카오그룹 차원의 시너지도 초기 연착륙을 위한 유리한 조건이며, 최근 이커머스의 성장과 궤를 같이 하는 카카오커머스의 성장을 주목할 필요가 있다. 특히 카카오의 영원한 경쟁자인 네이버의 이커머스사업은 쿠팡과 견줄 만큼 이미 업계의 최강자라 할 수 있는 상황이다. 네이버의 강점을 비교 검색엔진이라 한다면, 카카오는 4,600만 사용자 기반의 '국민' 모바일 메신저라는 장점을 갖고 있어 이커머스와 관련된 물류의 경쟁도 무척 흥미로울 것이다.

　　카카오커머스는 2018년 이커머스 전문 자회사로 독립한 후 지난해 9월 본사에 CIC[21] 형태로 재합병되며 연평균 40% 이상의 매출성장세와 견고한 흑자이익을 내고 있다. 카카오커머스의 성장 세부 내역을 들여다보면 기존 커머스 사업인 '선물하기', '톡스토어', '메이커스'에서 꾸

---

21) CIC(Company in Company) : 사내독립기업

준한 매출 신장을 기록하고 있다.[22] 또한 2021년에 다양한 커머스 스타트업의 인수에도 성공했다. 대표적인 예가 패션 스타트업 '지그재그'와 라이브 커머스 스타트업 '그립'의 인수이다. '지그재그'는 2021년에 인수된 후 거래액이 전년대비 30% 이상 성장하면서 1조 원을 돌파했다.

3. KT 계열의 디지털 물류자회사 'KT 롤랩(lolab)'

KT의 물류사업은 2020년 ABC(AI, Big Data, Cloud) 역량 기반 플랫폼 회사 도약을 통한 2025년 비통신 매출 20조 달성이라는 그룹 차원의 로드맵 설정으로 시작됐다. KT는 통신에 치중한 수익구조의 다변화를 위해 ABC 첨단 기술 고도화에 주목했고, 이를 현장에 적용시킬 수 있는 분야로 물류를 선택했다. 물류 효율화 솔루션에 착안한 이유는 제품이 소비자에게 가기까지 운송 경로와 운행 일정 최적화, 배송시간과 비용 절감, 유해가스 감축 등을 통해 빠른 배송과 ESG(환경/사회/지배구조) 가치를 지향할 수 있다는 점이었다.

2020년 6월 KT 공식 온라인몰에서 고객이 휴대폰을 주문하면 이륜 운송기사가 가까운 대리점에서 1시간 내 배송하는 서비스를 시작하였다. '부릉'을 운영하는 메쉬코리아와 MOU 체결을 통해 제공한 BPO(Business Process Outsourcing) 서비스의 일부로 진행됐다. 2020년 11월에는 GS리테일과도 업무협약을 맺어 두 달 동안 AI 물류 최적화 플랫폼 시범 서비스를 운영하였는데 지역은 고양과 제주 물류센터를 대상으로 진행되었다.

---

22) 2021년 '선물하기' 매출은 중장년층 구매율 확대로 인해 2020년 대비 43% 성장했다.

2021년 6월 KT는 물류 및 플랫폼 사업을 전담할 디지털물류 전문 법인 KT 롤랩을 자회사로 설립했다. KT는 롤랩 설립을 위해 약 220억 원에 해당하는 200만 주를 추가로 출자했고, 이로써 KT 지분이 80%가 되었다. 앞선 여러 기업들과의 MOU를 바탕으로 2021년 8월에는 현대백화점그룹과 기존 배송 데이터를 기반으로 최적의 배송 라우트를 설계하는 과제를 협의하였다.

현재 KT 롤랩의 주 고객은 쿠팡(집화센터)과 이마트 24(물류 센터 운영)이다. 특히 쿠팡과는 밀크런 서비스[23]에 AI기술을 적용한 최적의 동선을 안내하는 서비스를 제공하고 있다.

KT의 목표는 전자상거래(이커머스) 관련 기업들과의 물류 협력 강화다. 대표적인 합작 사례로 '팀프레시'에 대한 투자를 들 수 있다. 팀프레시는 대표적인 새벽배송 대행업체로 2018년 설립 이후 4년 만에 월 매출 200억 원을 달성했다. 냉장탑차 자차 150대를 포함한 9천 대에 달하는 차량 네트워크를 기반으로 냉장·냉동시설을 갖춘 물류센터 및 상품 보관·포장·출하·배송과 같은 일괄 처리 풀필먼트 전반을 대행한다. 주요 고객으로는 마켓컬리, 오아시스마켓, 사러 등이 있다.

2022년 6월 KT는 전략적 투자자로서 팀프레시의 시리즈D에 참여해 553억 원 규모를 투자하여 팀프레시 지분 약 11.4% 취득을 통해 2대 주주가 되었다. 팀프레시도 이미 KT 롤랩의 지분 20%를 보유한 2대 주

---

23) 밀크런(milk-run) 서비스 : 여러 공급자를 순회하여 운송하는 방식. 예로 각각의 공급업체를 돌면서 제품을 수거하고 구입처로 운송하는 형태를 의미

주로 긴밀한 상호협력관계를 유지하고 있다. 양 사 간 투자를 계기로 KT는 팀프레시의 강점인 신선식품 배송 및 물류센터 운영 분야 역량을 활용하고, 팀프레시는 KT 인공지능(AI) 디지털변환 기술을 현장에 적용, 물류센터 운영과 운송 효율을 높인다는 구상이다.

KT는 KT 롤랩을 통해 미들마일 화물정보망사업을 시작, 2022년 5월 KT 롤랩과 KT가 공동으로 개발한 '브로캐리' 서비스를 출시했다. 브로캐리는 정보통신기술(ICT)을 바탕으로 화물을 발송하는 화주와 운송하는 차주를 연결해주는 서비스다. 화주가 브로캐리에 화물을 등록하면 차주정보를 바탕으로 맞춤형 매칭 결과를 제공한다. KT 롤랩은 브로캐리를 통해 화주에게는 투명한 과금을 제공하고, 최적 차량 배차를 통해 운용 효율을 극대화할 것이라 설명했다. 브로캐리는 정산 대행 서비스를 통해 화주의 업무 부하를 낮추고, 책임 운송 보장을 통해 차주의 신뢰도를 높일 계획이다. 이 밖에 KT그룹 내 BC카드·스마트로와 협업을 통해 국내 최초 익일 운임 지급을 보장할 예정이라고 한다.

[그림 8] KT 롤랩의 '브로캐리' 서비스

4. 전통적인 물류 강자 CJ대한통운의 '헬로' 사업 재개

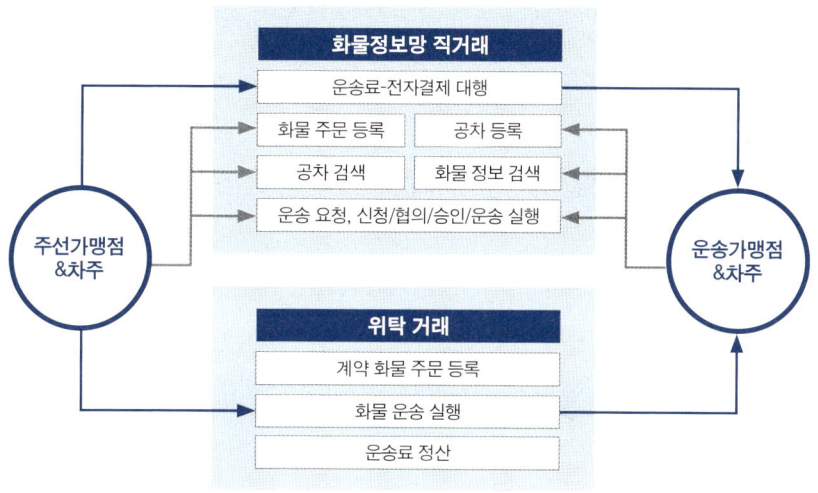

[그림 9] CJ대한통운 'HELLO' 서비스 개요
출처 : https://www.hellotruck.co.kr/

대표적인 종합물류기업인 CJ대한통운은 2015년 말부터 화물운송을 원하는 화주와 운송물량을 원하는 차주 간 직거래를 위한 물류 플랫폼 '헬로(HELLO)'를 운영하고 있다. 그 당시 화물정보망 사업 개시는 85년 역사를 지닌 전통의 '자산형' 물류기업이 온라인, 모바일 플랫폼 기반의 사업으로 영역을 확장한다는 의미 있는 사건이었다. 하지만 초기 기대와는 달리 절반의 성공으로 평가되고 있다. 즉, 오픈 플랫폼으로서의 외부 확장에는 한계가 있었고, 현재 헬로는 사실상 CJ대한통운의 자사 택배차량 혹은 간선차량에 대한 관리를 위해 운영되고 있으며, 운송 TMS 역할을 하는 기간시스템 인프라로 활용되고 있다.

과거 오픈 플랫폼으로서의 '헬로'의 한계는 화물운송 생태계 관점으로 설명 가능하다. 국내 주선사는 다수의 중소 규모 사업자로 화주를 놓고 경쟁하는 입장에서 '헬로'에 자신이 갖고 있는 화주의 배차주문 관련 세부 정보를 알려주는 것에 반감이 생길 수밖에 없다. 오히려 CJ대한통운으로부터 대기업 물량을 받고 싶기 때문이다. CJ대한통운이 가진 대기업의 이점(자체 화주 물량, 자체 운송 네트워크 등)은 분명했으나, 화물운송 생태계가 가진 한계로 인해 오픈마켓으로의 확장에는 깊은 고려와 준비가 필요했던 것으로 보인다. '헬로'를 통해 얻을 수 있는 교훈은 대기업의 진출은 보다 확실한 차별화가 더욱더 중요하다는 점이다. 또한 기능적이나 정책면에서 차별화되지 못한 서비스로는 기존 시장을 선점하고 있는 화물맨과 전국24시 등과의 경쟁에 한계가 있을 수밖에 없다.

한진의 화물운송 정보화사업인 'eTruck' 서비스의 선례를 살펴보면 이 점은 더욱 명확해진다. 한진의 'eTruck' 서비스는 '헬로'보다 앞선 2011년에 런칭했다. 그 당시에도 이미 다양한 차별화 서비스들을 담고 있었다. 화주와 차주 간의 중개거래가 미완료될 경우를 대비한 '책임운송제', 우수 차주회원 확보를 위한 '차주평가제', 운임지급 안전결제시스템인 에스크로 서비스, 실시간 차량위치 관제서비스, 차주용 모바일 전용 앱 구축 및 한진 정비공장에서 차량 수리 시 정비공임에 대한 10% 할인 같은 부가서비스까지, 10년이 넘은 현시점에서 봐도 앞선 많은 서비스들을 시장에 제공했다. 그럼에도 불구하고 시장은 대기업의 진출에 우호적이지 않았고 이점을 참고할 만하다.

2022년 '헬로'의 원래 목적인 오픈마켓형 화물정보망플랫폼 사업 재개 노력이 내부적으로 진행되고 있는 것으로 알려졌다. 이를 위해 사내 벤처 형태의 T/F를 구성, 운영하고 있는데, 궁극적으로는 전문자회사

형태를 한 스핀오프를 계획하고 있다. 이 시스템도 기존의 '헬로' 인프라와는 별개의 신규시스템을 개발하고 있고, 사내 TES 연구소 조직이나 CJ 올리브네트웍스와의 협업이 아닌 T/F 인하우스 개발자를 채용하고 있다. 2022년 내 자회사 설립 및 신규 사업 오픈을 계획하고 있으며 '화물중개정보망'을 중심으로 사업을 전개할 것으로 알려졌다.

물류 대기업인 현대글로비스도 2021년 자체적인 화물정보망 시스템 개발 구축을 추진했으나 이후의 사업 전개는 기대했던 성과를 달성하지 못했다. 2022년에는 신규 조직을 구성하고 시스템 업그레이드를 추진했다. 또한 현대글로비스는 현대차그룹의 전속(Captive) 물량을 기반으로 한 그룹 내 협조뿐 아니라 외부 및 해외진출을 모색 중인 것으로 알려졌다. 화물정보망 사업 이외에 현대글로비스는 eBay의 스마일배송을 위해 수도권에 5개 T/C[24]를 구축했으나 물량 감소로 인해 적지 않은 적자가 발생하고 있다는 기사가 나오기도 했다.

---

24) T/C(Transport Center) : 재고를 보관하지 않는 통과형 물류센터를 지칭

V. 주변 환경 변화와 화물정보망에 대한 영향

　　라스트마일만큼은 아니지만 2020년대 미들마일 시장 성장과 화물정보망에 대한 관심의 증가는 이커머스의 영향임을 부정할 없다. 코로나 팬데믹 영향이 더해지면서 택배물량은 기하급수적으로 늘었고, 관련된 간선수송을 처리하는 미들마일 차량에 대한 수요도 공급을 초월했고, 그만큼 시장운임도 많이 상승하였다.

　　하지만 우크라이나 전쟁에 의해 촉발된 글로벌 공급망 붕괴는 차주들(공급)에게 돌아갈 과실을 빼앗으면서 마이너스 영향을 주었다. 디젤 가격 인상이 대표적인 영향이고, 잠시였지만 요소수사태로 촉발된 공급이슈도 미들마일 차주들에게는 큰 부담이 되기도 하였다. 화물연대 파업의 빌미가 된 안전운임제에 대한 사회적 논의도 미들마일 시장에 영향을 줄 이벤트였다.

　　2023년 미들마일 시장에 영향을 줄 트렌드는 무엇일까? 크게 ① 경기침체에 따른 영향, ②점점 강화되는 ESG 영향, ③핀테크로 대표되는 금융서비스의 결합 등의 3가지 관점에서 2023년의 트렌드를 예측해 보도록 하자.

1. 경기침체에 따른 영향

　　벌써부터 글로벌 공급망 붕괴로 인한 특수였던 물류업계에 불황의 소식들이 들려오고 있다. 선사의 선복이 남아돌고, 항공사 스페이스 부족도 옛말이라 벌써 운임이 반토막이란 이야기가 시장에서 들린다.

그다음은 창고의 공실이고, 그다음이 운송 수요의 감소가 될 것이다. 예로 CJ대한통운의 택배 물량이 아주 적은 몇 %에 불과하지만 창사 이래 첫 감소가 일어났다.

2022년 들어 '오늘회'의 부도 소식도 들리고, 대표적인 라스트마일 스타트업 메쉬코리아에 관한 부정적인 소식도 들린다. 투자시장의 위축은 미들마일 화물정보망시장을 포함한 물류분야 전반에 부정적인 영향을 주게 될 것이고, 2023년은 실적에 따라 관련 기업의 옥석을 가리게 되는 극명한 생존게임이 될 가능성이 매우 높다. 최근 몇 년 동안 디지털 주선사를 표방하고 등장한 몇몇 오픈 플랫폼 스타트업들 대부분이 사실 매출은 성장하지만 영업이익 또한 비례적으로 마이너스를 발생시키는 구조적 문제점을 갖고 있다는 것은 널리 알려진 사실이다. 이들 업체에게 외부 투자자금의 축소 분위기는 매우 심각한 재무위기를 가져올 가능성이 높다.

최근 미들마일 플랫폼 시장의 흥미로운 트렌드 중의 하나는 다수의 트럭 자산을 보유하고 있는 '운송사' 인수를 통한 자산(asset) 확보 전략이다. 최근 화물 수요 증가와 노동인력 고령화, 3D 업종 기피 현상 등으로 공급(트럭, 운전자)이 부족한 것은 분명한 사실이나 경기침체까지 예상하는 당분간의 경기둔화의 경향은 2023년은 물론이고, 장기적으로 미들마일 시장에서 자산 투자전략에 대한 긍정적인 효과로 이어질지 의문이다. 2022년에는 중단되었지만 한시적으로 전기차에 대한 영업용 번호판 발급으로 소형화물차 시장에 영향을 주었던 것처럼 정부의 향후 번호판 정책 변동에 따라서도 시장 경쟁자들 간의 자산 확보 전략은 직접적인 영향을 받게 될 것이다.

2. ESG 관련 변화

1) 환경

환경 관련 영향은 전기차, 수소차로 대변되는 친환경 트럭에 대한 변화가 가장 대표적일 것이다. 2022년 7월 21일 미국 10여개 도시에서 아마존 배송전용 전기차의 첫 운행이 시작되었다. 이날 전기트럭 제작사인 리비안(Rivian Automotive, Inc.)의 주가도 지난 악재의 폭락세를 끊고 급등을 하였다.

[그림 10] 아마존 배송전용 전기차
출처 : Amazon 홈페이지

미국에서 가장 많이 팔리는 차는 무엇일까? 그 답은 '픽업트럭'이다. 미국 가정에 있어서 픽업트럭은 필수품이라 할 정도로 반드시 필요한 생활수단의 하나이다. 즉, '전기픽업트럭'에 대한 관심은 너무나 자연스런 결과이고, 탄소규제 압력에 대응하기 위해서라도 미국의 유통공룡 아마존은 온라인을 통해 주문받는 상품을 원활히 배송하기 위해서 친환경 차량제작사인 리비안에 대한 투자를 결정했던 것이다. 마치 10년 전 창고자동화를 위해 KIVA를 인수했던 것과 비견될만한 '운송' 부문의 전략적 의사결정이었다.

애초에 아마존은 리비안이 2030년까지 10만 대의 전기차 배달용 밴을 이커머스 배송 현장에 투입한다는 계획이었다. 하지만 현재는 코로나발 공급망 붕괴 등을 이유로 올해 연말까지 약 1만 대 가량의 배달용 밴이 인도될 것으로 기대한다고 계획이 수정된 상태이다.

미국의 픽업트럭이 가정용이라면, 국내 1톤 트럭은 '생계형'이라 할 수 있다. 참고로 국산차 전체 판매량 1위는 상용차로, 2021년 9만2,000대 판매를 기록한 현대의 '포터'다. 기아의 '봉고'와 양분하고 있는 1톤 트럭은 연간 15만 대 수요시장을 형성하고 있을 정도로 큰 시장이다. 1톤 트럭의 대부분은 노후화된 디젤트럭으로 매연은 일반 승용차의 5배 수준이며, 2023년에는 디젤트럭의 생산을 중단할 것이라는 발표도 있었다.

탄소저감 목적으로 1톤 전기트럭이 3년 전부터 도입되기 시작했고, 특히 2022년 4월 13일 일몰까지는 1톤 전기트럭에 대해서 노란색 '영업용번호판'을 같이 발급해주었기 때문에 이로 인한 1톤 전기트럭 도입이 활발히 일어났었다. 영업 목적의 트럭을 운행하기 위해서는 차량 구입과는 별도로 영업용번호판(2,000만 원 수준)의 구입이 필수적이기 때문에 트럭기사 입장에서는 상당히 좋은 조건이었다고 할 수 있다.

정부 발표에 따르면 2023년부터 디젤트럭의 생산이 중단되고, 이로 인해 친환경차량으로의 전환은 이미 예정되어 있는 상태이다. 하지만 아직 이에 대한 준비는 미흡한 상태라고 할 수 있다. 전기 혹은 수소 트럭으로의 단기간 전환은 현실적으로 어렵다고 했을 때 과도기적인 수단으로 저공해 차량으로 분류되는 LPG트럭, LNG트럭뿐만 아니라 연비 측면에서 '하이브리드 디젤'과 같은 대안이 거론되고 있다. 특히 하이브리드 디젤의 경우 순수 국내 연구진(KAIA, 국토교통과학기술진흥원)에 의해 개발 기존 디젤차량을 개조해서 하이브리드로 전환하는 기술이며, 이를 통해 30% 이상의 연비절감 효과를 볼 수 있다고 알려져 있다.

현대 포터, 기아 봉고에 전기트럭 모델이 있기는 하나, 최근 경제성 측면에서 1,000만 원 대 중국 전기트럭의 진출이 가시화되고 있어 국내시장에 대한 침투가 염려된다. 복지카드를 통한 유가보조금처럼 1톤 전기트럭에 대한 정부보조금 지급도 전기트럭 확산에 고려해 볼 사항이 아닌가 싶다. 외국의 경우 Amazon, FedEx 등 거대 유통물류기업이 자신의 브랜드로 전기트럭을 생산, 운용하는 것처럼 미들마일 플랫폼 회사들 브랜드로 친환경 트럭이 운용되는 것도 충분히 예견할 만하다.

2) 사회

ESG의 사회적 측면에서 고려할 사항은 미들마일 운송시장 생태계에 대한 공감과 이해일 것이다. '디지털 주선업'이라는 전략적 목표를 갖고 있는 대형 모빌리티 기업군의 경우 기존 택시, 대리운전 생태계와의 마찰로 인해 아직도 부정적인 여론의 질타를 받고 있는 것과 같은 상황이 미들마일 쪽에서 재현되는 것을 절대 용납할 수는 없다. 기존 주선사를 대표하는 주선업협회와의 관계 정립에 애를 쓰고 있는 것도 이런 이유에서라 볼 수 있다. 전국 만개 이상의 주선업체와 종사자들의 역할은 단순 브로커의 역할이 아니다. 매일매일 화주의 공급망 운송흐름을 책임지고 보장하는 것이 그들의 역할인데 하루아침에 이들 역할이 대체될 수 있다는 시각은 매우 나이브(naive)한 생각이다. 과거 한진의 eTruck이나 CJ대한통운의 헬로가 겪었던 시장진입 실패의 원인은 결코 시스템 기능과 서비스의 문제가 아니었다. 대형 종합물류업체를 경쟁자로 판단하고 있는 주선업체들에 대한 고려가 없는 일방적인 사업추진이 근본 원인이었던 것이다.

가시화를 눈앞에 두고 있는 레벨4 수준의 자율주행 트럭의 등장도 사회적인 측면에서 고려해야 할 중요한 변화가 될 것이다. 사실 자율주행 트럭의 탄생은 로봇택시 산업의 그늘에서 시작되었다. 예로, Alphabet의 Waymo는 텍사스, 애리조나, 캘리포니아에서 UPS와의 협력 하에 자율주행 트랙터 트레일러를 테스트하고 있다. Daimler와 같은 기존 업체는 물론이고, TuSimple, Aurora, Embark, Plus, Ike와 같은 기술 스타트업에 이르기까지 이제는 여러 업체들에서 완전 무인 트럭을 만들기 위한 노력이 활발히 진행 중이다.

아쉽게도 현재 트럭 자율주행 분야는 대륙인 미국, 중국 등에서 주도권을 가지고 진행되고 있다. 화물 트럭은 주로 고속도로를 달리며, 시 외곽의 물류 허브를 중심으로 움직이기 때문에 미국에서는 자율주행 트럭의 상용화가 승용차보다 더 빠를 것으로 관측되기도 한다. 특히 코로나 팬데믹과 우크라이나 전쟁으로 촉발된 글로벌 공급망 붕괴 과정에서 화물운송 수요는 높아졌으나, 트럭 운전자 부족현상의 심화는 트럭 자율주행의 상용화를 더욱 촉진하고 있는 상황이다.

2015년에 설립된 TuSimple은 현재 20개의 카메라와 2개의 라이더레이저 센서를 통해 세상을 보는 자체 운전 기술을 갖춘 Navistar 트럭을 사용하고 있다. 이 회사는 UPS, Nvidia 및 중국 기술 회사 Sina의 지원을 받으며 샌디에이고와 베이징에 본사를 두고 있다. TuSimple은 2021년 4월 나스닥에 주식을 85억 달러 가치로 상장한 최초의 자율주행 트럭 스타트업이다. 또한 TuSimple은 Nvidia와 공동으로 자율주행 칩셋을 개발히고 있다

TuSimple은 자율 트럭 기술의 선두 공급업체이지만 지난 4월 한 유튜버가 유출한 사고 동영상으로 더 유명해지는 해프닝을 겪었다. 미국 고속도로 교통안전국(FMCSA)에 제출한 설명에는 자율주행 시스템 문제보다는 '운전자의 조작 실수'라고 밝혔지만, 이로 인해 다시 한번 안전에 대한 경각심을 불러일으키게 되었다. 다행히 충돌 당시 인명 혹은 재산 피해는 없었던 것으로 알려져 있다.[25]

피츠버그 기반의 Aurora는 2017년에 창업되었으며, 최근 피츠버그에서 사업을 운영하고 있던 우버의 자율주행 부문을 인수한 후 이곳에 본사를 설립하였다. Uber는 이 거래로 Aurora에 4억 달러를 투자했으며 합병된 회사의 가치는 100억 달러였다. 이후 Aurora는 SPAC(기업인수목적회사) 합병을 통해 2021년 11월에 상장되었다. 한편 현대차그룹도 2019년 5월 오로라에 2,000만 달러를 투자, Aurora 지분을 보유하고 있다. 2022년 초에는 Amazon도 5% 주식 매입을 마친 상태이다. Aurora는 자율주행 승용차 개발로 시작해서 나중에 자율주행 트럭 개발을 집중한

---

25) FMCSA가 데이터를 수집하기 시작한 2021년 7월부터 2022년 5월까지 자율주행 시스템 장착 차량과 관련된 충돌은 130건이며 그중 3건만이 자율주행 트럭과 관련된 충돌로, 대다수는 승용차와 관련된 사건이었다.

경우로 2023년에 자율주행 트럭 출시를 예정하고 있다.

　　　　Embark 홈페이지에 따르면 Embark는 2021년 11월 50억 달러 규모로 상장했다. SPAC과의 합병을 통한 우회 상장이었다. 2021년 12월 오는 2024년 운행 목표로 캘리포니아와 텍사스 등 선벨트 주에서 자사 소프트웨어를 활용한 첫 자율주행 트럭을 상업적으로 출시할 계획임을 천명한 상태이다.

　　　　그럼 국내의 경우는 어떨까? 미국과 비교할 수준은 아니지만 화물수요증가, 운임상승, 운전자 부족, 안전의식 제고 등 여러 조건은 우리도 트럭 자율주행에 대한 관심 및 기술투자를 외면할 수 있는 상황은 절대 아니다. 2018년부터 정부 주도로 자율주행 트럭 운행을 위한 준비작업을 시작하였고, 작년에는 국토교통부 주관으로 화물차 4대의 80㎞ 구간 군집주행을 시연하였고, 화물차 군집주행 기술 개발 성과 발표회를 열기도 하였다.

　　　　2020년 현대차그룹은 Aptiv와의 J/V를 통해 '모셔널'社를 설립하였고, 2021년부터 실제 도로주행을 시작하였다. 모셔널은 미국의 공유차량플랫폼기업 리프트(lyft)와 협업을 통해 2022년 8월 라스베이거스에서 로보택시를 출시하였는데 언론에 많은 주목을 받았다. 모셔널은 현대차의 전기차인 아이오닉5를 자율주행차로 만들어 리프트와 함께 라스베이거스에서 본격 서비스를 시작했다. 운전자가 없는 완전 자율주행차량으로 승차공유 서비스로 운영되고 있다. 두 회사는 2023년부터 미국의 여러 도시로 자율주행 승차공유 서비스를 확대한다는 방침이다. 이 소식은 거의 모든 국내 언론과 CNN 등 주요 외신을 통해 소개됐다.

현대차는 이런 승용차 자율주행 기술 확보에 이어 군집주행이 가능하고, 운전자 개입마저 필요하지 않은 완전 자율주행 트럭 개발에 박차를 가하고 있다고 한다. 이를 위해서 기존 자율주행 기술과는 다른 각종 첨단 기술(센싱, 판단, 제어)을 도입하였다고 하며, 센서의 경우도 대형 트럭에 최적화된 다수의 센서를 장착하여 돌발 상황에 안정적으로 대처할 수 있는 기술을 고도화하고 있다. 급변하는 글로벌 경쟁 속에서 IT강국 대한민국이 트럭 자율주행 분야에서도 글로벌을 견인하는 미래를 간절히 기대해 본다.

3) 정부 정책

ESG의 정부 정책과 관련해서 가장 눈에 띄는 것은 국회 차원의 '화물자동차 운수사업법 개정안' 발의(2022.6.30.)가 아닐까 싶다. 2018년 3월 최초 도입된 화물자동차 안전운임제는 차주의 적정한 수익보장을 통한 화물수송의 안전보장을 목적으로 3년(2018~2022년) 일몰제로 한정된 운송품목(컨테이너, 시멘트)에 대해 실시되었고, 실시 이후 화물운송 근로여건 개선, 저가계약 감소, 교통안전 증진 등 긍정적인 효과 발생한 것이 사실이다. 개정안은 운송품목을 확대하려는 내용이 골자이고, 향후 화물자동차 혹은 특수자동차로 운송되는 품목에 대해서도 광범위하게 적용될 예정이다. 즉, 철강재, 위험물질, 곡물·사료, 택배간선운송차량 등을 구체적으로 명시하고 있는 데에서도 드러나듯 화물연대 등 화물운송업계의 강력한 요구가 실제 집행으로 이어질 가능성이 높다고 판단된다.

3. 다양한 형태의 금융서비스 등장

미들마일 시장 활성화 차원의 핀테크를 포함함 금융서비스 도입이 활발해질 것이다. 미들마일의 예는 아니지만 2021년 토스(toss)의 '타다' 인수 소식은 간단히 말해서 모바일 결제시장이 전통적인 택시시장에 뛰어든 것으로 요약될 수 있다. 앞서 몇 개의 글로벌 미들마일 플랫폼 업체들 사례에서 볼 때 이미 다양한 형태의 금융서비스가 미들마일 시장에 제공되고 있음을 확인할 수 있었다.

화물운임 지급 주체와 회수 구조를 살펴보면, 운송료 지급은 화주와 차주 사이에 많은 단계를 거치기 때문에 일반적으로 화물운송 운임이 차주에게 돌아가는 기간이 길어진다는 이슈가 있다. 운임 지급 시간을 단축하는 아이디어에 착안한 금융 프로그램이 등장하였으나, 아직은 지급시간 단축에 대한 수수료 부가로 인해 확산에는 한계를 겪고 있는 것도 사실이다.

하지만 화물운송시장 결제 규모가 상당하고, 이와 관련된 다양한 금융상품으로의 확정성이 매우 높다는 점을 고려할 때, 가까운 미래에 미들마일 플랫폼시장에서 핀테크 기술과 연관된 다양한 형태의 금융서비스 등장은 쉽게 예견 가능한 일이라 할 수 있다.

Ⅵ. 글을 마치며

　　같은 운송영역에 속하지만 미들마일보다 라스트마일이 디지털 전환에 더 민감했던 이유는 무엇일까? 근본적으로 B2B와 B2C의 차이라 생각한다. 디지털노마드 세대인 소비자가 라스트마일의 패러다임을 바꾸었을 뿐이지, 현재의 모습은 기존 생태계 플레이어가 진화를 거듭한 모습은 아니다. 미들마일이 앞으로 맞이할 미래도 기존 아날로그 생태계가 자발적으로 진화하기에는 한계 시점에 접어든 듯하다. 다시 말해 B2B 시장의 보이지 않는 손보다 '속도', '효율성', '편의성' 측면에서 IT에 의한 '보이는 손'을 더 선호하는 패러다임 변화가 일어나고 있다.

　　2021년까지 혁신이라는 신무기와 아이디어로 무장한 다수의 스타트업이 기존 미들마일 플랫폼 시장에 도전하던 시기였다면, 2022년은 해외와 국내 모두 대규모 자본력을 바탕으로 기존 생태계 바깥에 있던 대기업군의 시장진출 신호가 여기저기에서 들리는 등 시장변화의 변곡점을 맞고 있다.

　　다가오는 2023년을 전망하자면 극심한 경제침체 속에서 기술혁신 경쟁이라는 새로운 패러다임 하에서, 실적을 바탕으로 '보이는 손'이 되고자 하는 기존 플레이어의 자구 노력과 새로이 시장을 진입하고자 하는 대형 플레이어 간의 경쟁이 심화될 것으로 예측된다. 또한 이 과정 속에서 이들 간의 합종연횡은 시장 변화에 새로운 변수가 될 가능성이 높다. 여기에 환경과 사회변화, 정부 정책에 부합하고자 하는 ESG적인 측면의 고려가 향후 화물운송플랫폼시장 성공의 중요한 결정요인이 될 것이라 예상된다. 기존의 화물이동에 대한 정보서비스 제공과 함께 핀테크를 포함한 각종 금융서비스들이 미들마일 시장의 시대적 요구에 맞게 제공될 것이며, 새로이 제공되는 금융서비스를 통해 국내 미들마일 시장의 디지털 전환은 더욱 가속도가 붙게 될 전망이다.

Logistics Trends 2023

컨테이너 선사의 디지털 전환 방법론

김용규
남성해운 대표

국적 컨테이너 선사 남성해운의 대표. 1953년 설립된 국내 최초의 민간 외항선사인 남성해운은 20여 척의 컨테이너 자사선을 통해 아시아 역내 50여 개 글로벌 물류 네트워크를 구축하고 있다. 글로벌 가치사슬의 다변화에 따른 'Extended Logistics'를 실현하고, 해운물류업계의 Digital Transformation을 선도하기 위한 연구와 파트너십 프로그램을 운영 중이다.

I. 디지털화 vs. 디지털 전환의 이해

언택트, 온택트, 수퍼플루이드, 디지털 혁신…. 글로벌 사회가 급격하게 변화하면서 수많은 단어가 우리 삶에 다가왔다. 새롭게 만들어진 단어도 있지만 '디지털'은 우리와 너무나도 밀접한 단어이다. 어쩌면 현대 사회에서 디지털 기술을 사용하지 않는 사람이 없다고 할 수도 있을 것이다. 우리는 디지털 사회에 살고 있다.

그런데 인터넷 기사나 서점에 가서 조금만 둘러보면 수많은 사람이 이 '디지털' 때문에 무한한 고민을 하고 있다는 것을 쉽게 알아차릴 수 있다. 언제 어디서나 우리 곁에 있는 것이 디지털인데, 왜 그토록 사람들은 디지털 때문에 골머리를 앓는 것일까? 디지털 기술을 도입하고, 응용하고, 확산해야 하는 사람의 입장에서 보면 조금이나마 이해가 된다. 디지털 기술을 개발하는 것도 골치가 아픈데, 이 기술을 적합한 비즈니스 모델에 효과적으로 접목해야 하고, 또는 이 기술을 통해 새로운 비즈니스 모델을 구상할 수 있어야 한다. 뿐만 아니라 그 비즈니스 모델을 가동할 수 있는 조직 체계를 구성해야 하고, 그 비즈니스 모델의 고객이 디지털 기술을 편리하게 사용할 수 있도록 매끄러운 서비스를 제공해야 한다. 그 비즈니스 모델이 안착할 수 있는 기반 환경을 조성하는 것도 빠질 수 없다. 물론 깊숙하게 들어가면 더욱 복잡한 단계가 숨어있다.

우리는 이러한 일련의 단계를 크게 세 가지로 나누어 볼 수 있다. 'Digitization', 'Digitalization', 'Digital Transformation'이 바로 그것이다. Digitization은 무엇이고, Digitalization은 무엇인가? 더 나아가 사람들이 말하는 Digital Transformation은 무엇인가? 심지어 Digitization과 Digitalization은 스펠링도 헷갈릴뿐더러, 한국어로 둘 다 '디지털화'라고 번역되는 것을 심심치 않게 볼 수 있다. 그럼에도 우리는 이 세 단계를 구분할 줄 알아야 한다. 쉽게 구분하면 〈그림 1〉, 〈그림 2〉와 같다.

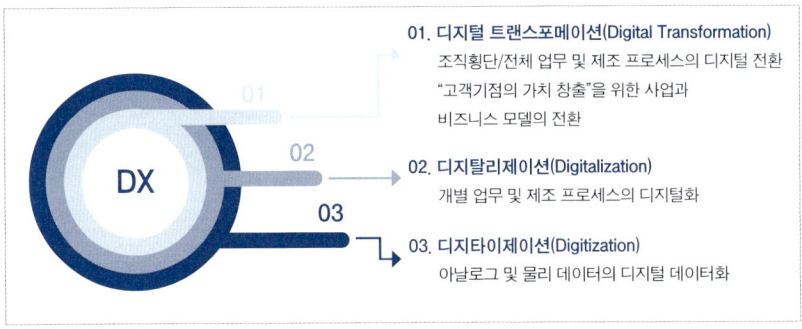

[그림 1] Digitization, Digitalization, Digital Transformation의 구분
출처 : www.meti.go.kr

- Digitization (디지털화) : 아날로그 및 물리 데이터의 디지털 데이터화
- Digitalization (디지털화) : 개별 업무 및 프로세스의 디지털화

• Digital Transformation (디지털 전환) : 디지털 기술을 이용한 비즈니스 프로세스, 비즈니스 모델, 비즈니스 생태계의 전환

위 정의를 보면 Digitization과 Digitalization은 모두 '디지털화'로 번역되지만, 디지털화의 대상이 명확히 다르다는 것을 볼 수 있다. Digitization은 정보의 유형을 아날로그에서 디지털로 전환하는 것이고, Digitalization은 업무처리방식을 디지털로 전환하는 것이다. 업무방식과 업무처리과정을 디지털로 전환하기 위해서는 업무에 필요한 데이터가 모두 디지털로 전환되어 있어야 하므로, Digitization은 자연스럽게 Digitalization의 사전 단계가 된다. 단, Digitalization 단계에서는 디지털화된 데이터를 통해 기존의 업무방식을 보다 효율적으로 개선하는 것이지, 비즈니스 모델을 변화시키거나 새로운 비즈니스 모델을 창출하지는 않는다.

어느 정도 Digitalization이 진행된 조직에서는 전체 업무 기능과 프로세스의 디지털 전환과 함께 '고객 기점의 가치 창출'을 위한 사업과 비즈니스 모델의 전환을 꾀할 수 있다. 비즈니스 프로세스, 비즈니스 모델, 비즈니스 생태계를 바꾸는 이 단계가 바로 Digital Transformation이다. 이전에는 브로커나 개개인의 대면 영업, 또는 아날로그적인 방식의 비즈니스 모델이었다면 Digital Transformation을 거쳐 고객에게 이전에는 제공하지 못했던 새로운 가치와 경험을 선보이는 것이다. Digital Transformation은 Digitization과 Digitalization을 모두 포함하고, 추가로 비즈니스 모델의 변화까지 포괄하는 가장 광의의 개념이라고 볼 수 있다.

Ⅱ. 해운물류업의 디지털 전환

2008년까지 성장기를 맞이했던 해운산업 아래, 글로벌 해운 기업들은 기업 자체의 규모를 키우거나, 얼라이언스(해운선사공동연합체)에 본격적으로 가입하면서 성장기 이후의 안정기를 준비해왔다. 외형 확충과 더불어 프로세스 및 IT 혁신을 통한 서비스 차별화도 대부분 해운 기업의 전략 방향 중 하나였다. 이후 2010년대 해운산업이 오랜 기간 침체를 겪으면서 국내 해운산업에도 어려움이 누적되었고, 해운업계 재건의 노력에도 불구하고 결국 한진해운이 파산하면서 국내 물류업계 전반에 큰 파장을 일으켰다. 10년에 가까운 기간 동안 매출과 선복량 성장 정체를 맞이한 선사는 포트투포트(Port-to-Port), 즉 기존에 영위하던 전통적인 해상운송 서비스만으로는 더 이상 한계를 극복할 수 없다고 판단했고, 코로나-19와 함께 찾아온 사회 변화를 감지하면서 여러 분야에서 돌파구를 찾기 시작했다.

선사를 둘러싼 사회 및 시장환경의 변화는 크게 3가지로 나눌 수 있다. 그 첫 번째는 '고객사(화주)의 변화'이다. 물품 보관, 적재, 통관, 육상운송, 해상운송 등 복잡한 단계로 나뉘어 있던 물류 단계를 최소화하고 싶어 하는 화주가 늘어났다. 쉽게 말해 이 모든 서비스를 한 번에(One-Stop) 제공할 수 있는 종합물류서비스에 대한 수요가 증가했고, 여기서 '물류사의 변화'라는 두 번째 변화가 도출됐다. 고객의 요구가 변화함에 따라 수많은 물류기업이 사업영역을 확장하면서 각 물류단계 별 경계선이 희미해지기 시작했다. 선사는 해상운송만을 영위하던 기존의 비즈니스 모델에서 벗어나 육상운송 서비스를 제공하기 시작했고, 컨테이너 데포(Depot)와 CFS 창고 등 육상거점 인프라를 마련하기도 했다. 이에 통관 서비스까지 더하려는 움직임도 자연스럽게 발생했다. 선사뿐만이 아니었다. 소위 GTO(Global Terminal Operator)라고 불리는 글로벌 터미널 운영사와 글로벌 소매업자, 육상운송업자, 포워더 등 물류사슬의 구성원들이 종합물류서비스 사업으로의 확장을 꾀하고 있다. 물류사별로 각자의 핵심역량 기반, 사업영역을 확장하면서 '토탈서비스', '일체서비스', '일관서비스', '종합서비스' 등의 이름으로 One-Stop 물류서비스를 제공하기 시작한 것이다.

세 번째 변화는 사회 및 경제 발전에 따른 변화이다. 2020년부터 수년간 가장 큰 키워드이자 이벤트를 꼽자면 수많은 사람이 단연코 '코로나-19'를 고를 것이다. 코로나-19 상황을 겪으면서 비대면 업무 및 서비스의 필요성이 급격히 증가했고, 이에 따라 디지털 업무환경, 디지털 서비스 확산 등의 움직임이 가속화되었다. 점차 발전해오던 디지털 전환 기술과 비대면 기술이 순식간에 자리 잡는 순간이었다. 기술 발전에 따라 환경과 사회를 생각하는 움직임도 대두되었다. 세계 최대 자산운용사 중 하나인 블랙록(BlackRock)의 최고경영자 래리 핑크가 2020년 연례서한에서 ESG 경영을 언급한 이후, 전 세계 수많은 기업의 ESG 경영에 관한 관심이 급속도로 증가했다. '정도경영', '윤리경영', '지속가능경영' 등 기업들이 추종하던 경영방침이 'ESG 경영'이라는 개념으로 묶이게 되면서, 기업들은 환경·사회·지배구조를 아우르는 경영방침을 수립해야 했다. 비즈니스 모델을 획기적으로 변화시키는 요소는 아닐지라도, 기업에게 새로운 책임감과 새로운 전략방향에 대한 부담감을 주는 사회적인 변화였던 것이다.

이러한 사회적 변화는 해운업계에 엄청난 변화를 불러왔다. 일전

[그림 2] 해운산업을 둘러싼 사회 및 시장환경의 변화

출처 : 남성홀딩스 전략기획실

에 언급했던 것처럼, 기존의 해상운송(Port-to-Port) 서비스에서 벗어나 새로운 패러다임, 새로운 비즈니스 모델을 기획하는 것이 현재 글로벌 해운기업이 당면한 가장 큰 과제이자, 필수적으로 갖춰야 하는 생존 조건이 되었다. 국적 해운기업인 남성해운의 사례를 통해 이러한 변화에 대응하는 국적 컨테이너 선사의 디지털 전환 실행전략을 살펴본다.

Ⅲ. 해운을 넘어 Beyond Shipping

　　2021년 연매출 약 5,800억 원을 달성한 남성해운은 2010년대까지만 하더라도 연매출 약 3,000억 원 규모의 중견 국적 컨테이너 선사였다. 아시아 역내 컨테이너 정기선 서비스를 제공하는 남성해운의 연매출은 약 8년간 3,000~4,000억 원 대에서 머물렀고, 매출과 직결되는 선복량, 선적 실적, 소석률은 감소하거나 가까스로 유지하는 실정이었다. 2010년대 해운산업이 불황기에 접어들면서 남성해운뿐만 아니라 대부분의 글로벌 선사의 성장률이 오랜 기간 정체된 상황이었다.

　　물류 산업 전반의 변화와 코로나-19로 인한 사회의 변화에 대응하고, 오랫동안 이어진 정체기를 돌파하기 위해 남성해운은 2020년 11월 'BEYOND SHIPPING, engineering the future'이라는 신규 캐치프레이즈를 발표했다. 'BEYOND'는 남성해운의 기존 핵심역량인 해상운송 서비스를 넘어 새로운 개념의 비즈니스로 나아가겠다는 의미를, 'engineering'은 신기술과 신문화에 따라 적극적으로 변화하겠다는 의미를 담았다. 쉽게 말해 'BEYOND'는 비즈니스 모델의 전환, 'engineering'은 업무 환경 및 방식의 디지털 전환 및 변화 대응을 말한다. 기존의 강점과 핵심역량을 가져가면서도 대외 물류환경 변화를 선도하겠다는 의지를 공표한 것이다.

- BEYOND (비즈니스의 모델의 전환)
  - Extended Logistics Service로의 확장 : 멀티모달 연계운송을 통한 국내외 거점 및 인프라 연결, 종합물류서비스 토탈 지원
  - 선화주 상생협력 기반, 비즈니스 성장 도모 : 안정적인 선복 제공

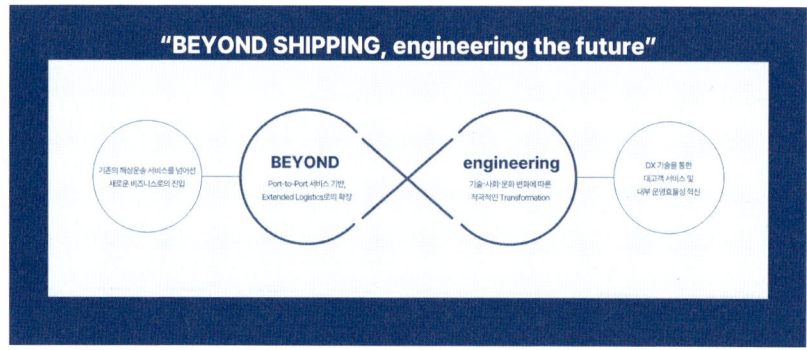

[그림 3] 남성홀딩스의 2020년 캐치프레이즈 'BEYOND SHIPPING, engineering the future'
출처 : 남성홀딩스 전략기획실

및 운임 변동 최소화를 위한 표준운송계약서 체결 및 중소형 화주 수출 지원 프로그램 등 화주 맞춤형 서비스 지속 제공 및 개발

- engineering (디지털 전환 및 변화 대응)
  - 적극적인 Digital Transformation : 분야별 적절한 DX 기술 도입 및 관련 기업과의 적극적인 협업 도모
  - ESG 경영을 통한 친환경 선사로의 도약 : 남성해운 ESG 현 수준 진단과 실행전략 수립을 통한 건강한 회사 문화 디자인 및 친환경 선사로서의 사회적 기여

다음은 engineering에 속하는 남성해운의 'Digital Transformation' 사례이다.

1. 해운물류산업의 디지털 전환

많은 기업이 Digital Transformation(이하 DX)을 위해 DX 기술을 도

입하곤 한다. 앞서 언급했듯 Digitization과 Digitalization, Digital Transformation은 엄연히 구분되어야 하지만, Digital Transformation이 모든 개념을 포괄한다고 보고 Digital Transformation으로 통칭하겠다.

DX 기술은 말 그대로 DX 기술일 뿐이지 이를 비즈니스와 접목하기 위해서는 기술과 비즈니스의 연계성을 찾아야 한다. '이 기술을 우리 비즈니스에 어떻게 적용할 수 있을까?', '이 기술을 도입함으로써 우리가 얻을 수 있는 것은 무엇인가?', '우리가 DX 기술을 적용하려고 하는 원초적인 이유는 무엇인가?' 등이 그에 대한 질문이 될 것이다. 보스턴컨설팅 그룹(BCG, Boston Consulting Group)에서 2018년에 조사한 바에 따르면, DX 과정에서 적용될 수 있는 대표적인 기술은 △e-Platform(온라인 플랫폼) △Advanced Analytics(고급분석) △IoT(Internet of Things, 사물인터넷) △AI(Artificial Intelligence, 인공지능) △Autonomous Vessel and Robots(무인 선박 및 무인로봇) △Blockchain(블록체인) △Cyber Security(사이버 보안)로, 각 기술이 연계될 수 있는 컨테이너 선사의 비즈니스는 다음과 같다.

- e-Platform : 온라인 화물운송 예약, 온라인 화물 관리, 고객 맞춤형 서비스 제공
- Advanced Analytics : 서비스 네트워크 최적화, 수요 예측, 가변적 가격 책정, 장비 순환 최적화
- IoT : 선박 장비 및 부속품 모니터링, 냉동 컨테이너 상태 모니터링
- AI : 온라인 서비스 센터, 선복량 재배치 최적화, 선박 고장 및 안전사고 방지를 위한 예지정비
- Autonomous Vessel and Robots : 무인 선박 운항, 기항 대기 시

스템 자동 운영
- Blockchain : 대금 지급 자동화, 화물 보험, 온라인 B/L
- Cyber Security : 고객정보 보안 강화, 자동화 시스템 보안 강화

이러한 사전적 배경을 바탕으로 남성해운은 2010년대 중후반부터 DX 기술을 도입하기 시작했고, 2020년대에 들어 본격적인 Digital Transformation에 나섰다. 남성해운의 Digital Transformation 목적은 크게 두 가지다. 첫 번째는 내부 운영효율성 제고, 두 번째는 고객 니즈 기반의 서비스 및 비즈니스 전환이다. 내부 운영효율성 제고란 기존 핵심 역량의 효율화 및 극대화를 위한 디지털 전환을 말한다. 고객 니즈 기반의 서비스 및 비즈니스 전환이란 미래 성장동력 및 고객 요구 기반의 서비스 및 비즈니스 전환을 통한 화주 중심의 디지털 전환을 뜻한다. 다시 말해 DX 기술을 통해 남성해운 내부의 업무 효율을 높이고 성과를 극대화하는 한편, 외부적으로는 고객에게 경쟁력 있는 서비스를 제공하는 비즈니스 모델을 구축하겠다는 것이다. 이 두 가지 목적은 '남성해운이 DX 기술을 도입하려고 하는 이유가 무엇인가?'에 대한 답변이자 '이 기술을 어떻게 남성해운 비즈니스에 접목할 수 있을까?'에 대한 생각의 시작점이다.

남성해운은 위와 같은 목적 아래 크게는 6가지, 시작 단계까지 포함하면 10가지가 넘는 DX 기술을 도입해가고 있다. 남성해운이 기술별로 어떤 목적과 단계를 가지고 비즈니스 모델을 구축하고 있는지, 최종적으로는 어떤 전략방향을 가지고 Digital Transformation을 진행하는지 살펴보도록 한다.

2. DX 기술별 실제 적용사례

1) 클라우드 기반 차세대 코어시스템 ICON+ 개발

클라우드(Cloud)라는 이름의 기술은 아마 여러 포털사이트의 클라우드, 드라이브 서비스를 통해서 많은 사람이 접해보았을 것이다. 자료와 소프트웨어를 인터넷상의 서버에 저장하고, 인터넷에 접속하면 언제 어디서든 자료를 사용할 수 있는 컴퓨터 환경을 클라우드라고 한다.

남성해운은 2013년 ICON이라는 내부 운영시스템을 개발하여 업무 대부분을 해당 프로그램으로 처리했다. 그러나 당시에는 컴퓨터마다 해당 프로그램을 설치해야만 업무에 접근할 수 있었고, 하나의 독립적인 소프트웨어로 개발되다 보니 비교적 폐쇄적인 환경으로 구축해 외부와의 자유로운 연동이 어려웠다. 이러한 문제점을 해결하기 위해 남성해운은 2020년 클라우드 기술을 사용한 차세대 코어시스템 ICON+ 구축 프로젝트 기획에 착수, 2021년 12월 신규 시스템 오픈을 통해 내부 운영 효율성을 크게 높였다.

클라우드 기술을 접목한 ICON+의 장점은 크게 3가지로 볼 수 있다. 첫 번째는 최신 웹 환경을 사용함으로써 다양한 장비에 최적화된 Web 화면과 성능을 제공한다는 것이다. 프로그램이 설치되어 있지 않아도 웹브라우저를 통해 쉽게 접근할 수 있고, 사용자가 어떤 장비에서 접근해도 설계된 화면대로 볼 수 있다. 두 번째는 디지털 기술을 통한 고객 영업 지원을 강화할 수 있다는 점이다. 클라우드 기반으로 구축된 운영시스템은 외부와의 연동이 자유로워 타 시스템을 연계하거나 임베딩할 수 있어 유연성 및 확장성이 뛰어나 고객의 니즈와 변화하는 시장

환경에 대응하기 용이하다. 세 번째는 기업 IT 운영 조직의 경쟁력을 강화할 수 있다는 것이다. 개방성과 확장성이 큰 클라우드 기반 운영시스템은 시장의 변화에 대한 신속한 대응이 가능해 이러한 대응 체계 속에서 IT 운영 조직의 역량이 강화되고 그러한 역량이 다시금 내부 시스템에 적용될 때 '조직 역량 강화 ↔ 비즈니스 및 서비스 품질 제고'라는 선순환 고리가 완성된다. 또한 저렴한 운영 비용으로 기존의 시스템에 비해 원가를 절감할 수 있으므로 조직의 활동 범위도 비교적 유연해진다.

ICON+ 시스템을 기반으로 남성해운은 고객 중심 시스템으로의 전면 재정비 계획을 수립했다. 내부적인 운영효율성 개선부터 시작해 고객이 체감할 수 있는 영역으로의 DX 기술 효과를 확장할 계획이다. 일차적으로는 ICON+를 운영하면서 축적되는 데이터 기반, 내부 운영 효율화를 위한 분석 시스템을 고도화하는 한편, 외부 플랫폼과 디지털 기술을 접목한 e-Service 시스템을 개편한다. 이후 기존 ICON에서 사용하던 RPA(Robotic Process Automation) 시나리오를 보완, ICON+에 적용함으로써 외부 DX 기술과의 연계를 본격적으로 진행할 예정이다. 궁극적으로는 확장성이 강한 클라우드 기술의 장점을 기반으로, ICON+와 해운물류 디지털 플랫폼을 직접 연계해 화물 가시성 모니터링 서비스를 탑재한다. RPA와 화물 가시성 모니터링에 대해서는 각 기술 부분에서 자세하게 서술하고자 한다.

2) 'RPA' 업무 자동화 시스템 구축

RPA는 사람이 하는 반복적인 업무를 로봇 소프트웨어를 통해 자동화하는 기술이다. 업무처리 속도가 매우 빠르고 인적 오류가 발생할 가능성이 적다. 반복적인 업무에 대한 노동력을 대폭 감소하고 기업 경쟁력을 높이는 대표적인 DX 기술이다.

국내외 글로벌 선사는 이미 많은 분야에서 RPA를 도입하기 시작했으며, 특히 문서의 글자를 읽어내는 OCR(Optical Character Reader, 광학식 문자판독장치) 기술과 매우 큰 시너지를 낸다. 산업 특성상 수많은 종이 문서가 오가는 물류업계에서, 종이 문서 위의 글씨를 재입력하는 단순 작업을 로봇이 대체할 수 있는 것이다.

남성해운은 차세대 코어시스템인 ICON$^+$ 사용 이전, ICON이라는 내부 운영시스템 상에서 3개 업무에 대해 RPA 기술을 적용했다. 화물 픽업지 변경 업무에서 기존에 사람이 처리하던 8개의 업무 단계 중 5개 단계를 루프(Loop)를 통해 자동 반복되도록 하였고, 부킹 자동 승인과 매입 부가세 대사 업무에서는 파일 간 불일치 정보 추출 작업을 RPA로 매우 빠르게 수행했다. 2021년 1월~11월 기간 중 RPA 기술은 전체 대비 약 20%의 처리량을 보이며 업무 효율을 빠르게 증가했다.

RPA 기술은 한번 구축되면 24시간 운영할 수 있어 주말, 휴일, 야간을 비롯해 언제든 무인으로 업무를 처리할 수 있다는 것이 가장 큰 장점이다. 고객이 언제 요구하든 신속하게 대응할 수 있으며, 이처럼 빠른 속도에도 불구하고 오류 및 누락이 매우 적어 업무의 정확도도 현저히 높아진다는 것이 RPA 기술 도입의 주요한 이유가 된다. RPA 기술로 불필요한 노동력 소비가 없어지므로 임직원은 주 업무에만 집중할 수 있는 환경에서 근무하게 된다.

남성해운은 기존의 ICON을 더 이상 사용하지 않아 차세대 운영

시스템인 ICN+이 안정화되는 시기에 RPA 기술을 대폭 확장해 재도입할 예정이다. 이전에는 3개 업무에 대해서만 RPA 기술을 운용했다면, 앞으로는 실제 업무 담당자와의 시나리오 설계 및 보완을 통해 10~20개 업무의 자동화를 목표로 RPA 기술의 재도입을 준비하고 있다.

3) '플랫폼' 통한 고객과의 접점 채널 증대

온라인 플랫폼은 공급자와 수요자가 참여해 각 참여자가 얻고자 하는 가치를 공정한 거래를 통해 교환할 수 있도록 구축된 환경이다. 참여자 간 연결과 상호작용을 통해 발전하는 플랫폼은 참여자가 많을수록 네트워크의 효과가 발생하는 상생 산업 생태계를 구성한다. 플랫폼 구축의 기초가 되는 ICT(Information and Communication Technology)가 급속도로 발전하면서 플랫폼의 구축과 활용이 쉬워졌고, 비대면 업무와 맞춤형 서비스에 대한 니즈가 증가하면서 플랫폼의 역할이 극대화됐다.

남성해운은 고객 접점 채널 다양화와 화물운송 가시성 강화를 위해 국내 디지털 종합물류 플랫폼인 '밸류링크유'와 긴밀하게 협업하고 있다. 일반적으로 플랫폼 비즈니스의 수익모델은 수수료와 광고인데, 밸류링크유는 '참여자가 많을수록 네트워크 효과가 증대되는' 플랫폼의 특성을 극대화하기 위해 서비스의 대부분을 무료로 제공한다. 참여자들이 비용에 대한 장벽 없이 쉽게 접근할 수 있는 플랫폼 환경을 조성하는 것이다. 실제로 밸류링크유는 창업 후 3년간 매출액 목표가 '0'이었다.

남성해운은 물류사슬 전반을 아우르면서도 플랫폼의 기본개념에 충실한 밸류링크유의 비즈니스 모델이 충분한 잠재력을 가지고 있다고 판단하고, 밸류링크유가 제공하는 8가지 물류 솔루션[부킹온/쉬핑온(해상운송), 에어온(항공운송), 로지온(복합운송 및 W&D), 레일온(철도운송), 트럭온(트럭운송), 통관온(통관), 이지온(이커머스 물류)] 중 부킹온과 쉬핑온, 이지온을 집중적으로 활용하고 있다.

남성해운이 해운물류 플랫폼에 기대하는 첫 번째 효과는 플랫폼이라는 비대면 영업 채널을 통해 신규 고객이 유입되거나, 기존 고객이 다양한 경로를 통해 남성해운 서비스에 접근할 수 있도록 편리한 서비스를 제공하는 것이다. 남성해운은 밸류링크유를 통해 운임 견적 및 부킹 등 해상운송 서비스의 전 과정을 원스톱으로 처리하고, 웹 기반 환경을 구축함으로써 고객의 접근성을 강화할 목적이다.

2021년 남성해운은 '플랫폼영업팀'이라는 새로운 영업 조직을 만들면서 본격적으로 플랫폼 활용 확대에 나섰다. 기존의 아날로그 방식이나 개별 선사 또는 포워더와 접촉하는 것에 익숙해져 있는 시장환경을 단번에 뒤집기는 어렵지만, 남성해운과 밸류링크유는 지속적인 협업 미팅을 통해 신규 화주 유입 방안을 고민하고, 기존 화주의 불편함을 신속하게 해소하고 있다. 이러한 노력에 힘입어 밸류링크유를 통해 유입되는 신규 고객과 플랫폼 부킹 건수는 점차 증가하고 있다.

두 번째 기대효과는 화물운송서비스에 대한 가시성 강화이다. 플랫폼 상 등록된 고객 정보를 통해 고객별 화물 추적(Track & Trace) 정보를 시각적으로 제공하고, 운송 중 발생하는 문제 상황에 대해 신속하게 대응할 수 있는 체계를 구축하는 것이다. 플랫폼의 이러한 기능은 각 선사의 e-SVC와도 연동되어 고객이 언제 어디서든 자신의 화물 상태와 위치를 확인할 수 있는 편리한 기능을 제공한다.

남성해운은 해상운송을 대상으로 하는 부킹온, 쉬핑온뿐만 아니라 종합물류를 다루는 이지온 솔루션까지 플랫폼 활용 범위를 확장하면서, 종합물류를 위한 디지털 기반을 확보해 나가고 있다. 남성해운은 지속 확대하고 있는 지역별 거점 및 인프라와 밸류링크유라는 종합물류 플랫폼, 그리고 플랫폼의 부가가치를 창출할 수 있는 RPA, IoT 및 분석 기술의 연계 시너지가 발현될 수 있도록 구체적인 로드맵을 수립하고, 각 비즈니스 모델과 연결된 파트너사와의 밀접한 협업 체계를 확대할 계획이다.

4) 'IoT' 활용 실시간 화물 운송 가시성 강화

가전제품에도 많이 사용되면서 우리의 일상 속에서도 쉽게 찾아볼 수 있는 IoT는 사물 간 연결을 통해 정보를 주고받도록 하는 기술이다. 사람이 집을 나서면 자동으로 가스가 차단되고, 사람이 들어오면 자동으로 전등이 켜지는 등의 기술이 바로 IoT이다.

화물에 대한 가시성과 정시성이 중요해지면서 해운물류업계에도 IoT 바람이 불기 시작했다. 컨테이너에 부착하는 손바닥만한 IoT 장비가 대표적이다. 이 장비는 2G·3G 및 GPS 이동통신 기술을 통해 화물 정보를 실시간으로 감지 및 통신하는 장비로, 제품의 사양에 따라 조금씩은 다르지만 일반적으로 화물 및 컨테이너의 실시간 위치, 컨테이너 내부 온·습도, 이벤트 발생 시 충격 규모 등의 정보를 제공한다. 해당 정보는 IoT 장비 운영사의 플랫폼에 실시간으로 등록되고, 이를 통해 운송사, 물류기업, 화주는 자신의 화물이 어디에서 어떤 상태로 운송되고 있는지 파악할 수 있다. 특히 온습도나 충격에 민감한 제품에 이벤트가 발생할 경우, IoT 장비가 즉시 이벤트 알람을 보내 화물의 파손이나 손실에 신속하게 대응할 수 있도록 한다. 따라서 화주는 화물의 실시간 이동 경로 파악을 통해 재고를 관리하거나 조달 계획을 수립할 수 있고, 민감 화물에 대한 실시간 품질관리와 손실 최소화가 가능하다. 해운선사는 주요 자산인 컨테이너의 위치를 실시간으로 파악함으로써, 잉여 컨테이너 관리를 통해 고객의 운송 수요에 즉각 대응할 수 있다.

2018년 해당 IoT 장비를 생산하는 국내 스타트업과 인연을 맺게 된 남성해운은 약 2~3년간의 내부 스터디 단계를 거쳐 2021년 IoT 장비 350대로 시범운영을 시작했다. IoT 장비 개발에 필요한 테스트베드(Test-bed)를 직접 제공함으로써 기술 고도화와 실증 단계를 지원하는 한편, 선사로서 IoT 장비 운영체계를 선제적으로 구축할 수 있는 기회였다. 장비 설치 및 관리만 해도 터미널, 컨테이너 M&R 업체, 남성해운 해외 사무소 등 여러 파트너의 도움이 필요했고, 그 누구도 경험해본 적 없는 업무였기 때문에 초기에는 수많은 난관을 겪었다. 컨테이너에 부착된 장비를 위험물로 인식해 억지로 제거하거나 '이게 뭐지?'하는 사람들의 호기심에 분실된 경우도 수차례 발생했다. 분실된 장비가 트럭 운전기사의 집에서 발견되는 등의 엉뚱한 사건도 있었다.

이러한 시행착오를 겪은 남성해운은 2021년 하반기 국내 배터리 제조 대기업과 IoT 활용 스마트물류혁신 협력사업을 진행하게 되었다. 온·습도와 충격에 매우 민감한 리튬이온배터리가 대상 화물이었고, 지역적으로 분산된 공급사슬에서의 배송 품질과 가시성을 확보하는 것이 해당 협력사업의 주된 목표였다. 중국 상하이 터미널에서 배터리 폭발 사고가 발생한 지 얼마 되지 않아, 배터리의 배송 품질 관리의 필요성이 대두되는 시기였다. 남성해운에게는 그동안 시범사업으로만 운영해오던 IoT 장비를 실제 화주를 대상으로 접목함으로써 목표하던 화주와의 상생모델을 그려 나갈 수 있는 좋은 기회가 되었다. 화주와 남성해운은 각 사별 협력사업 요구사항을 협의하고, 양사 간 운송정보 및 실제 실행안을 협의하며 업무 협력 프로세스를 구축했다. 2021년 10월 1차 물량 선적을 진행한 남성해운은 이후 수차례 IoT 장비를 활용한 리튬이온배터리 운송을 진행했고, 해당 사례를 기반으로 한국해양진흥공사가 주최한 선화주 상생협력 우수사례 경진대회에서 최우수상을 수상했다.

이후 남성해운은 지속적으로 국내 수출입 업체를 대상으로 IoT 장비 도입을 확대하고 있으며, 일부 고객사 대상으로는 MOU를 체결해 보다 원활하고 신속한 대응 체계를 구축하고 있다.

5) 'Mobile APP' 통한 접근 편의성 제공

현대인에게 거의 1인 1대 이상의 스마트폰이 보급되면서 언제 어디서나 고객이 서비스를 제공받을 수 있는 환경이 구축되었다. 이를 위해서는 서비스 제공자가 우선 서비스를 제공할 수 있는 기반을 조성해야 했고, 대표적인 것이 스마트폰에 쉽게 설치할 수 있는 모바일 어플리케이션(Mobile Application, 이하 앱)이다.

화물운송서비스를 제공하는 선사는 일반적으로 화물 운송 예약과 견적, 운송정보 전달 서비스를 제공하는데, 이와 같은 기능을 담은 앱을 출시해 화주가 언제 어디서든 서비스를 제공받을 수 있게 되었다. 남성해운 또한 화주용 앱을 출시했고, 이를 통해 간편한 고객 서비스를 제공함으로써 화주 편의성을 제고했다.

남성해운 모바일 앱의 대표적인 기능은 △내 화물 조회 △스케줄 검색 △모바일 운송 예약 및 B/L 조회 △운송 정보 조회 및 간편 요청 등이 있다. 내 화물 조회 메뉴에서는 예약한 화물의 상태정보를 쉽게 파악할 수 있다. 스케줄 검색 메뉴에서는 화물의 출발지 및 도착지, 날짜 입력을 통해 간편하게 남성해운의 운항 스케줄을 조회할 수 있다. 모바일 예약과 B/L 조회 메뉴에서는 선택한 스케줄에 맞게 화물 운송을 예약하고 발급된 B/L을 확인할 수 있다. 또한 필요정보 조회 메뉴에서는 Surcharge Tariff(기본 운임) 이외에 선사/항공사가 화주에게 부과하는 비용)를 검색하거나, Free-time(선적 대기 화물 또는 양하된 화물을 부두 내 야드에서 무료로 장치할 수 있는 기간)을 요청하는 등 다양한 부가서비스를 제공받을 수 있다.

6) 'Smart Ship' 개발, 선박 관리 및 운영 고도화

남성해운은 서비스뿐만 아니라 기술적인 선박관리 측면에서도 디지털 전환 작업을 지속하고 있다. 스마트 선박(Smart Ship)은 일반적으로 디지털 기자재 및 정보통신기술을 적용한 미래형 선박이자 안전하고 편리한 친환경 서비스를 제공하는 지능형 운항선박을 말한다. 남성해운은 선박관리 관계사인 마젤란마린솔루션즈와 함께 스마트 선박 서비스센터 구축사업에 참여하고 있다. 해상에서는 고장진단 예측정비 솔루션과 디지털 선박관리 시스템을 가동하고, 육상에서는 선대관리시스템, 선대 운항 진단예측정비 시스템, 선대 운항모니터링 시스템을 가동하며 이를 위성통신을 통해 연결하는 것이 스마트 선박 서비스센터의 주요 추진 시나리오다.

Ⅳ. 디지털 서비스 경험 전환과 차별화

　　남성해운이 정의한 디지털 변화에 대한 키워드는 '연결성', '융합', '차별적 경험', 'Data-Driven', '디지털 생태계' 등이었다. 이를 기반으로 도출된 남성해운 리더십 직급의 철학은 '혁신 디지털 기술의 연계와 융합을 기반으로 한, 다수 디지털 혁신의 참여자에서 시장을 재편하는 선도자로의 발돋움'으로, 2022년 남성해운 임직원이 생각하는 핵심 키워드에 리더십의 지향점을 반영해 'Digitalized Logistics to Empower Your Business(디지털 기반 종합 물류 서비스를 제공, 혁신 생태계 가치의 전파 및 구성원의 차별적 경험 강화)'이라는 남성해운의 Digital Transformation 비전을 발표했다. 비전에 들어간 단어는 각각 남성해운의 Digital Transformation의 핵심 가치체계를 담고 있는데, 이는 〈그림 4〉와 같다.

- Digitalized : 다양한 디지털 기술의 융합과 연계로 사업 연결성을 강화하며, 데이터 기반 의사결정 체계로 나아가는 것
- Logistics : 전통적인 산업의 특성에서 벗어나, 확장된 개념의 서비스(Extended Logistics)를 제공하는 것
- Empower : 남성그룹의 디지털 혁신에 대한 가치를 더욱 널리 공유하고 전파하여, 시장의 판도를 바꾸는 선도 그룹을 지향하는 것
- Your Experience : 고객과 우리, 남성그룹을 둘러싼 생태계의 경험을 변화시키는 것

　　앞서 설명한 디지털 혁신을 위한 핵심 가치를 기반으로, 남성해운은 디지털 혁신을 실현하기 위한 Digital Transformation 추진 과제와 로

Digitalized Logistics Empower Your Experience
디지털 기반 종합물류 서비스를 제공, 혁신 생태계 가치의 전파 및 구성원의 차별적 경험 강화

- **Digitalized**: 디지털 기술의 융합/연계로 **사업 간 연결성을** 강화하고 **데이터 기반 의사 결정 체계를** 구속하는 것
- **Logistics**: 전통적인 해운업에서 벗어나, **Extended Logistics Service를** 제공하는 것
- **Empower**: 디지털 형식에 대한 남성그룹의 가치를 공유하여 **시장의 판도를 전환**하는 것
- **Experience**: 남성그룹을 둘러싼 생태계 속, **고객의 경험을 변화**시키는 것

[그림 4] 남성해운의 Digital Transformation 비전과 핵심 가치체계
출처 : KEARNEY 컨설팅, 남성홀딩스 전략기획실 공동

드맵을 수립했다. Phase 1, 2, 3으로 나누어 단계별 Digital Transformation 과제 추진 지향점을 설정했다. 단기적으로는 고객 데이터 확보 중심 과제에서 장기적으로는 디지털 혁신 기반 고도화를 위한 과제가 추진되는 것이 그 로드맵의 주요 내용이다. 남성해운이 앞으로 수행하고자 하는 과제의 우선순위를 사업가치의 연관성과 추진 용이성/시급성을 기준으로 구분하고, 각 과제가 Phase 1, 2, 3에 맞도록 단계별 추진 과제를 선정했다.

1. 해운물류와 IoT 기술 접목 사례

IoT(Internet of Things, 사물형 인터넷)란 '인터넷을 기반으로 모든 사물을 연결하여, 정보를 상호 소통하는 지능형 기술과 서비스'를 말한다. 그렇다면 IoT 기술을 해운물류에 어떻게 적용할 수 있을까? 현재 해운물류 산업에서는 Maersk를 비롯한 글로벌 10대 선사를 시작으로, 아래와 같은 목적을 가지고 IoT를 도입하고 있다.

- 컨테이너 선사의 내부 자산 운영 효율화
- 화물추적 서비스를 통한 對화주 서비스의 제고

IoT 장비의 기본적인 기능은 컨테이너의 위치와 온습도 정보를 TEU(20ft 컨테이너 1대) 단위로 수집하는 것이다. 현재 특정 컨테이너가 어디에 있는지, 컨테이너 내부의 화물이 충격을 받지는 않았는지, 화물이 어떤 상태인지를 IoT 장비 송신 주기에 따라 실시간으로 받아볼 수 있다.

전 세계 많은 선사들이 IoT 기술을 적용하고 있다. 2020년 12월 기준, 선복량 순위[1]에 따른 글로벌 10대 선사별 IoT 적용 현황은 다음과 같다.

- **Maersk** : Reefer Container 약 30만 대에 IoT Device 적용(2017년~)
- **Mediterranean Shg Co.** : Traxens社를 통해 IoT Device 도입 중(2019년~)
- **COSCO Group** : Traxens社와 파트너십 체결하여 IoT Device 적용 중(2020년~)
- **CMA CGM Group** : Reefer Container 약 10만 대에 Traxens社 IoT Device 적용
- **Hapaq-Lloyd** : Reefer Container 약 10만 대에 Globe Tracker社 IoT Device 적용
- **ONE(Ocean Network Express)** : Globe Tracker社와 파트너십을 체결하고 IoT Device 적용

---

1) 출처 : Alphaliner Top 100(2020. 12. 12)

- **Evergreen Line** : BLUEX社의 물류 데이터를 활용한 GreenX 론칭
- **HMM Co., Ltd.** : Reefer Container IoT Device 적용의 件 검토 중
- **Yang Ming Marine Transport Corp.** : 일부 선박 Smart Ship Notations 인증 확보 중
- **ZIM** : Maersk의 MCI Smart Container 구매, 자체 플랫폼 (ZIMonitor)에 적용 중

남성해운에서는, 2021년 1월부터 국내 스타트업 S사와 협력하여 IoT 장비 300대를 대상으로 PoC를 진행하고 있다. 현재는 장비 운영 방안을 보완하면서 IoT 데이터 활용의 초기 단계에 접어들고 있다.

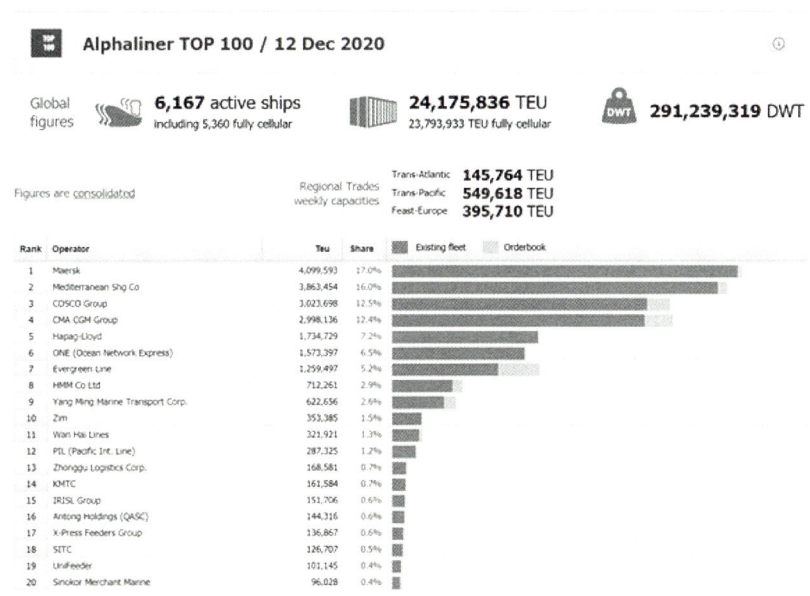

[그림 5] Alphaliner에서 발표한 2020년 글로벌 해운선사별 선복량 순위
출처 : Alphaliner

해운물류에 IoT는 왜 필요한 것일까? 먼저 '1) 컨테이너 선사의 내부자산 운영 효율화, 2) 화물추적서비스를 통한 對화주 서비스의 제고'라는 IoT 기술의 가장 큰 2가지 목적을 공유하고자 했다. 조금 더 상세히 들어가 보자. 해운물류에는 다양한 운영주체와 변수가 존재한다. 그렇기 때문에 적시/적소에 알맞은 솔루션을 제안하기가 어려웠고, 이해관계자별/부서별로 수많은 애로사항이 존재해왔다. 이를 해결하기 위해 해운물류 업계의 각 부서가 필요로 했던 주요 정보와 기술은 다음과 같다.

〈표 1〉 해운물류 업계의 각 부서가 필요로 하는 주요 정보와 기술

영업 부서	IT 부서	Equipment (Container) 자산 관리 부서	재무회계 부서	기업 내 의사결정자
對화주 정보 제공을 위한 • 터미널별 선박 입항 여부 정보 • Reefer Container Issue(온/습도/충격 등) 정보 • 화물 적입 위한 Empty Container 위치 추적 정보 등	• 고객사 창고 및 공장과 가까운 Empty Container 재고 정보 • 장부상 회계 내역과 실제 Container 운영 상의 괴리 감소를 위한 실시간 Container 위치 정보 • Container 정보의 Database화 등	• 실행된 PTI(Pre-trip Inspection, Reefer Container 사전 검사) Data 수집 • Container M&R(수리) 기록 Database화 및 관리 • Container 사전 검사 기록 관리 및 정비 일정 수립	• 자사 소유 Container 자산 관리 • 기말 자산 실사용 재고 파악	IoT 서비스 투자에 대한 ROI(Return On Investment, 투자자본수익률) 및 BEP(Break-even Point, 손익분기점) 분석 • IoT 기술에 대한 신뢰도 및 데이터 가시성 확보

위 애로사항을 해결하기 위한 움직임의 일환으로서, IoT가 솔루션으로 도입/적용되고 있다. IoT는 이러한 Pain Points를 아래와 같이 해결할 수 있다.

- **영업 부서** : Any time, Any Where 컨테이너의 위치와 상태를 확인하고, 확인된 정보를 화주에게 제시

- **IT 부서** : Real-time에 가까운 컨테이너의 위치와 해당 컨테이너의 History 및 현 상태를 파악하고, 확인 및 저장된 정보를 내/외부 담당자에게 전달하여 내부 업무의 효율성을 증가시키고 對고객 서비스를 추가 발굴
- **Equipment(Container) 자산 관리 부서** : 기존에 수집/관리하지 못했던 컨테이너의 다양한 이력(위치, 수리 여부 기록 등)을 파악하고, 선사의 장비 자산에 대한 선제적 관리 및 예방 조치 실행
- **재무회계 부서** : 해외에 있어 파악하지 못하던 컨테이너 자산에 대해 실질적인 자산 실사 및 구매/리스한 컨테이너의 사용률 파악을 통한 매몰되는 기회비용 파악

여기까지 해운물류산업 내에서의 IoT 기술의 도입 현황과 필요성에 대해 알아봤다.

애로사항에 대해 공감하는 사람도 있고 '과연 저 문제점들이 실제로 해결될 수 있을까?'하는 의문이 생기는 사람도 있을 것이다. 또한 '그래서 도대체 IoT가 실제로 어떻게 운영/사용되는 것일까?'라는 호기심이 드는 사람도 있을 것이다. 전 세계의 해운물류 관련 IoT 장비사의 현황은 다음과 같다.

- **Orbcomm사** : Dry/Reefer Container용 IoT 장비 및 선박용 AIS와 MVSAT 등을 공급하는 Total Service Provider로서, IoT Device(2개 종류)와 해상구간에서의 IoT 데이터 센싱을 위한 안테나 Device(1개 종류)를 지원한다. GT1200 Series는 Dry Container 및 트레일러에 장착되어 태양전지판을 통해 반영구

적으로 사용 가능한 추적 장비이고, 독립형 또는 화물 센서가 장착된 All in one Device이다. CT 3000은 Reefer Container를 실시간으로 모니터링하는 제어용 장비이고, 온도 제어, PTI 단순화 및 데이터 로그 액세스 기능을 보유하고 있다. VSAT Antenna 고성능 고품질의 선박용 위성 안테나로, 3축 제어 플랫폼을 사용하여 안정된 위성 추적기능을 제공한다. 구조가 단순하여 유지보수가 용이하여 네트워크에 대한 호환성이 뛰어나며, MIL-STD 규격을 통과했다.

- **Traxens사** : CMA CGM과 MSC가 출자한 프랑스 벤처기업으로, 2012년 냉동 및 냉장 화물에 사용되는 부착형 센서보급기술을 개발한 후, 지속적으로 시장 점유율을 증가시키고 있는 IoT 특화 물류 솔루션 공급업체다. 현재 Dry/Reefer Container와 철도 및 트레일러 차량에 사용 가능한 IoT Solution Service Provider로서 발전하고 있다. TRAXENS-BOX V2는 Dry Container는 Door 외부 상단에 부착, Reefer Container는 컨트롤러 천공 작업 후에 부착한다. 컨테이너의 위치, 주변 온도, 불법 개폐, 충격에 대한 데이터를 서버로 발송한다. 컨테이너 내부의 추가적인 노드 혹은 센서(온도, 습도 및 충격)의 관제 데이터는 블루투스 통신 기능을 통해 서버와 연동한다.

- **Globe Tracker사** : Reefer Container에 부착되는 IoT Solution Service provider로서, Reefer Container를 전문으로 하는 IoT 장비 및 솔루션을 일체형으로 서비스하고 있다. GT Sense Device는 Reefer Container 관제 서비스에 특화되어 있다. 블루투스, LoRA , 2G/3G/4G 전체 통신 기술이 접목된 IoT 장비를 사용하고, 다양한 센서 노드(불법 개폐, 습도, 조도, 진동, 온도, 충격,

움직임, 버저 등)를 보유하고 있는 것이 특징이다. 해당 센서는 블루투스 혹은 LoRA 통신 기술을 통해 Reefer 컨테이너 IoT 장비로 데이터를 송신하고, 통신이 불가한 구역(해상)에서는 데이터를 축적하여 셀룰러망이 확보되는 위치(육상)에서 데이터를 발송한다. 해상 간 통신을 위해 별도 BTS(Base Transceiver Station, 선박 내 IoT 장비와 VSAT/FBB 간 통신이 가능하도록 네트워크 환경을 구축해주는 시스템)도 보유하고 있다.

- **Maersk Container Industry사** : MAERSK의 자회사이며, Reefer Container 제작 및 Smart Container를 제조하여 공급하는 컨테이너 제조사다. 통신 장비 제조회사인 ERICSSON사와의 협업을 통해 IoT 장비와 RCM(Remote Container Management) 서비스를 개발하여 자체적으로 운영하고 있다. Maersk Container Industry는 해당 IoT 장비 및 서비스를 통해 Reefer Container의 실시간 데이터를 확보하고, 이산화탄소 배출량 감소를 비롯한 검수 업무와 관련된 수기 업무를 자동화한다. 위성통신 서비스를 통해 해상 구간 내에서도 실시간 데이터 전송이 가능하도록 서비스를 연계하고 있으며, 현재 Reefer Container 30만 대에 IoT 장비를 부착하여 RCM 서비스를 제공하고 있다. 최근에는 IBM사와의 협업을 통해 Supply Chain 내 블록체인 기술을 도입하여 적용을 완료했다.

앞에서 각 해운사별 IoT 장비 개발 현황을 살펴보았다. 〈표 1〉, 〈표 2〉는 Orbcomm, Traxens, Globe Tracker의 3개사 Hardware 및 Software 비교표이다. 'Reefer Container용 IoT Device' 모델을 기준으로 2020년에 작성했으며, Maersk Container Industry사 제품의 경우는 해

당 디바이스 및 관련 솔루션의 상세한 스펙 및 정보를 공유하고 있지 않은 관계로 제외했다.

〈표 2〉 IoT 장비 주요 3개사 Hardware 비교

항목	Orbcomm	Traxens	Globe Tracker
이동통신	2G/3G	2G/3G/LTE	2G/3G/LTE
GPS	○	○	○
데이터 센싱 (온습도/충격)	○	○ (외부온도 감지)	○
속도 감지	-	○ (가속 시 알람)	-
원격 제어	○ (온도, CO_2, O_2 제어)	○ (온도 제어)	○ (온도 제어)
알람 임계치 설정	○	-	○
추가 센서	9축 센서만 적용	내장 센서 (온습도, 9축, 기압, 탈부착, 조도)	외장센서조드 연계 ○ (온습도, 9축, 조도, 탈부착, 부저)

출처 : 남성홀딩스 전략기획실

〈표 3〉 IoT 장비 주요 3개사 Software 비교

항목	Orbcomm	Traxens	Globe Tracker
리포트	○ (온습도 그래프, 운송경로)	○ (온습도 그래프)	○ (온습도 그래프)
알람 서비스	○	○	○ (SMS, E-mail)
냉동기 고장예지보전	×	×	×
외부 API 연계	○	○	○
해상 위치 연동	○ (AIS 제공)	○ (AIS 연동)	× (연동 준비 중)
지오펜스 기능	○	○ (도착일 예상)	○

출처 : 남성홀딩스 전략기획실

IoT 장비는 보통 탈부착이 가능한 고정형으로 제작된다. 철제 사출물에 강력한 자석으로 부착한 뒤, 케이블타이나 나사 등으로 고정해 임의 탈거를 방지한다. 부착 위치는 장비의 종류에 따라 조금씩 다르지만, 일반적으로 컨테이너 도어(Door) 외부의 중상부에 부착한다고 생각하면 된다.

Reefer 컨테이너용 IoT 장비의 경우, 내부 온도 측정과 전력 공급을 위해 컨테이너 내부의 공조기에 부착할 수 있다. IoT 장비가 운영 중 분실되는 경우가 있는데, 대부분의 이유가 '제3자의 원인불명 장치에 대한 호기심으로 인한 탈거'이다. 꼭 작은 폭탄처럼 생겨 폭발에 대한 불안감에 장치를 제거하는 일도 있다고 한다. 이처럼 물류업계 내 IoT 장비의 인지도 제고는 꼭 풀어야 할 하나의 숙제이다.

이를 위해 남성해운은 Digital Transformation 거버넌스를 운영할 계획이다. 로드맵 관리와 이행지원, 성과관리, 조직구성으로 이루어지는 거버넌스의 성공 사례 확보를 통

[그림 6] 남성해운 컨테이너에 부착된 IoT 장비.
출처 : 남성홀딩스 전략기획실

해 차별화 역량을 구축하는 기반을 마련하고 임직원의 인식 변화와 디지털 역량 상향평준화를 위한 프로그램 추진을 포함하며, 데이터 분석 및 각종 기술의 전문가의 협업을 통한 지원모델 구축을 통해 Digital Transformation 수행을 지원한다. 또한 Digital Transformation을 위한 업

무와 조직의 변화도 과감하게 추진 중이다. 연속성 있는 디지털 전환을 위한 과제 수행을 위한 조직적인 기반을 강화하고, 로드맵에 따른 체계적인 기술 도입 및 정비를 통해 업무 프로세스를 한층 효율화하는 것이 목표이다. 남성해운 임직원의 노력과 고객의 관심, 개별 디지털 기술이 융화되어 시너지를 발현하는 날을 고대해본다.

Logistics Trends 2023

콜드체인 물류로 돌아보는 우리나라 농업의 역사

조지성
한국해양수산개발원 부연구위원

농업경제학자. 서울대학교에서 농업경제학 석사학위를 받고 미국 오클라호마주립대학(Oklahoma State University)에서 '식품에 대한 소비자 행태 분석'에 관한 논문으로 농업경제학 박사학위를 받았다. 지금은 한국해양수산개발원에 재직 중이며 소비자를 중심으로 한 식품 콜드체인의 다양한 측면을 살펴보고 분석하는 연구를 하고 있다.

I. 들어가며

"공부가 가장 쉬웠어요." "사교육은 따로 하지 않았고, 교과서만 열심히 공부했습니다."라는 수능만점자의 인터뷰 내용에 우리가 공감하지 못하는 이유는 무엇일까? 솔직히 고백하자면 내가 고등학교 2학년 때는 이런 말을 들은 척도 하지 않았다. 부모가 선천적으로 몸이 약한 아이에게 손흥민이나 해리 케인(Harry Kane) 같은 세계적인 축구선수가 되길 강요하면서 그들이 받았던 교육방식을 그대로 아이에게 적용하려 한다면? 또는 타고난 음치인 아이가(물론 선천적 음치는 없다고들 하지만) 아이유 같은 국민가수가 되길 바란다면? 예상컨대, 이 부모의 교육방식을 적극적으로 지지하는 사람을 찾기는 힘들 것이다. 이는 한 사람이 가지고 있는 고유한 특성을 고려하지 않은 목표 설정 및 전략 수립방식 때문이다. 음치인 아이라면 아이유를 목표로 하기보다 음을 바르게 인식하고 발성하는 것이 목표의 시작일 수 있다. 이를 달성하기 위한 훈련방법은 아이유의 연습법과는 다를 것이다. 또는 굳이 음악이 아닌 다른 분야에서의 재능을 발굴하는 것도 방법이 될 수 있다.

재미있게도 지금 우리가 농업을 바라보는 시선이 음치인 아이에게 아이유가 되길 바라는 부모와 같다는 것이다. 우리 농업이 미국, 네덜란드, 프랑스, 브라질 등 전통적 농업강국[1]과 같은 능력(재배면적, 생산성, 기술력 등)이 있는지 평가하고, 전략적 성장이 필요한 산업이 아니라 국가차원에서 보호가 필요한 산업으로 분류해버렸다. 일정 부분에 대해서는 이러한 내용에 동의한다. 하지만 여기서 이야기하고자 하는 것은 우리 농업을 진단할 때 목표 및 전략수립의 방향성을 잘못 잡은 것이 아닐까 하는 의문이다. 우리가 흔히 알고 있듯 미국은 넓은 재배면적을 기반으로 규모의 경제를 실현한 농업국이고, 네덜란드는 재배면적은 상대적으로 적으나 자본 및 기술개발을 통해 생산성을 향상하여 농업강국이 된 국가이다. 즉, 해당 국가의 농업 조건 및 특성을 정확히 이해하고, 글로벌 시장에서 경쟁력을 가지기 위한 전략을 수립할 필요가 있음을 시사한다.

상대적으로 물리적 여건이 열악한 우리 농업이 글로벌 경쟁력을 가지기 위해 무엇을 어떻게 해야 할까? 소비자들이 대기업인 맥도날드에만 햄버거를 먹으러 가는 게 아니라, 서울 성수동 어딘가에 위치한 작은 수제버거 가게에서 햄버거를 먹기도 한다면, 시장에서의 포지셔닝에 따라 작은 기업도 충분히 가능성이 있지 않을까? 우리 농업이 글로벌 시장에서 적절한 위치에 자리 잡기 위해서는 소비자에 대한 충분한 분석이 선행되어야 한다. 맥도널드의 햄버거와 작은 수제버거 가게의 햄버거에 대한 소비자들의 기대치가 다르기 때문이다. Jo&Lee(2021)는 빅데이터(big data), AI(artificial intelligence), IoT 등과 같은

---

[1] 농업강국을 논하는 기준은 다양하나, 본서에서는 수출입물량을 기준으로 언급했다.

4차 산업혁명 기술이 제품에 대한 소비자 선호분석 기회를 확대했으며, 이를 통해 기존 생산자 중심(product-oriented)의 공급망관리(supply chain management)가 소비자 중심(consumer-oriented)으로 전환되고 있다고 언급했다. Zokaei&Simons(2006) 또한 제품에 대한 소비자의 만족도가 기업경영에 있어 중요함을 강조했고, Selen&Soliman(2002)은 인터넷 보급으로 인해 시장에서의 소비자 파워가 증대되었다고 언급했다. Christopher&Ryals(2014)와 Canever, Trijp&Beers(2008) 역시, 이러한 흐름에 동의하고 있다. 이는 소비자 선호를 바탕으로 제품을 출시하고 시장에서의 기업 포지셔닝 전략을 수립하는 것이 중요함을 시사한다.

Lusk&Briggeman(2009)은 식품에 대한 소비자 지불의사금액(WTP, willingness to pay) 및 식품 관련 수단-목적 사슬 분석(Means-end chain)[2]에 대한 선행연구를 바탕으로, 소비자들이 식품을 구매할 때 고려하는 11가지 가치(food value)를 정의했다. 이들이 정의한 가치는 자연주의(naturalness), 맛(taste), 가격(price), 안정성(safety), 편의성(convenience), 영양학적 가치(nutrition), 습관적 소비(tradition, preserving traditional consumption patterns), 원산지(origin), 공정성(fairness), 식품의 외형(appearance), 환경에 대한 영향(environmental impact) 등이다. 식품가치는 빠르게 변하는 기술 및 이에 따른 새로운 제품에 대한 소비자 선호를 신속하게 파악하기 위한 수단으로 사용된다. 식품가치는 11가지로만 고정된 것은 아니고, 분석 목적에 따라 조정 가능하다.

---

[2] 수단-목적 사슬이론(Gutman,1982)은 구체적인 제품 속성(attributes)에 대한 소비자의 믿음(beliefs)을 추상적 가치(abstract values)와 연결하는 프레임(framework)으로, 심리학, 마케팅 분야 등에서 사용되고 있다.

Jo&Lusk는 2016~2017년도에 걸쳐 미국, 아르헨티나, 독일, 중국, 캐나다 소비자를 대상으로 식품가치 중요도 분석을 수행했다. 이들은 식품가치를 총 12개로 결정했는데, 기존의 '습관적 소비가치' 대신 동물복지(animal welfare)와 새로움(newness)을 추가했다. 분석 결과, 아르헨티나를 제외한 4개국(미국, 독일, 중국, 캐나다)의 소비자들은 식품 선택 시, '안정성'이 가장 중요한 가치라고 응답했다. '맛'은 모든 국가에서 상위 5위 안에 포함되었으며, '가격'은 독일을 제외한 4개국(미국, 아르헨티나, 중국, 캐나다)에서 상위 5위 안에 들었다.

한국해양수산개발원(KMI, korea maritime institute)에서는 2019년도에 Jo&Lusk의 분석에 따라 한국, 중국, 일본의 소비자를 대상으로 12가지 식품가치에 대한 분석을 수행했다. 한국과 중국 소비자는 식품구매 시, 가장 중요한 가치로 '안정성'을 고려했다. 일본 소비자들은 '가격'을 가장 중요하게 고려하는 경향이 있다. 일본 또한 '안정성'이 3위로 식품구매에 있어 중요한 가치로 여긴다. 한 가지 흥미로운 점은 한국, 독일, 일본 소비자의 경우, 타 국 대비 식품구매 시 '원산지'를 중요하게 인식한다는 것이다. 한국의 경우 '원산지'에 대한 가치 순위는 3위, 독일과 일본은 4위이다. 사실 한국에서는 마트에서 소비자들이 제품의 앞 또는 뒷면에 부착된 스티커의 원산지를 확인하는 모습을 볼 수 있고, 시장에서 상인들이 판매하는 제품이 '국산'인지 '수입산'인지 여부를 종이 팻말에 적어 세워두는 모습을 심심치 않게 확인할 수 있다. 종합해 보면, 최근 소비자들이 식품을 구매할 때 중요하게 고려하는 가치는 공통적으로 '안정성', '맛', '가격' 임을 알 수 있다. 즉 소비자는 식품을 구매할 때 건강에 해를 가하지 않는 안전하고, 맛있으면서 가격이 합리적인 제품을 선호한다는 것이다.

결과만 놓고 보면 너무 당연한 이야기를 너무 돌려 이야기하는 것이 아닌가 생각할 수도 있다. 여기에서 기억해야 하는 점은 소비자들이 이 3가지 가치를 나머지 9가지 가치 대비 상대적으로 더 중요하게 생각한다는 점이다. 안전하고, 맛있으면서 가격도 합리적이고 동물복지에 앞장서며 환경에 나쁜 영향을 미치지 않고, 먹기에도 편리하며, 공정하게 생산된 제품의 생산이 현실적으로 가능할까? 수요와 공급이론에서는 항상 목적함수와 제약조건이 있다. 제약조건 아래에서 최적의 효용을 달성하기 위해서 선택과 집중이 필요한 것이다.

식품에 대한 소비자 선호도 분석 내용을 바탕으로 우리나라 농축수산물의 글로벌 포지셔닝을 고민해 보자. "공급망 전 구간 완전한 콜드체인관리를 통해 신선도가 유지된 합리적인 가격의 제품"은 어떤가? 주변에서 흔히 콜드체인관리가 되었다고 말하는 제품을 쉽게 찾아볼 수 있다. 그런데 정말 생산, 가공, 내륙운송, 해상/항공운송, 보세창고, 일반창고 등 모든 공급망 노드에서 콜드체인관리가 이루어졌을까? 경작면적이 부족한 우리나라에서 기술개발을 통한 생산성 향상이 가격 경쟁력 제고를 위한 유일한 답일까? 지금부터는 한국해양수산개발원에서 수행했던 실증사업 사례를 바탕으로 이 두 가지 이슈에 대해 자세히 살펴보고자 한다.

샤인머스캣을 예로 들어 보자. 수출시장에서 샤인머스캣의 가격 구조를 단순화하면 '생산 원가+수출입국에서의 물류비(행정비용 포함)+관세+이윤'이다. 2021년 기준 태국 수입 포도시장의 약 82.2%를 차지하고 있는 중국산 샤인머스캣은 약 1,500바트/2kg이고 한국산 샤인머스캣은 약 2,000바트/2kg로 중국산이 한국산보다 저렴하다. 물론 맛, 외형, 신선도가 정확히 같은 제품이 아니기 때문에 가격 차이만 가지고 1:1로 비교하기는 어렵다. 가격을 제외한 포도의 다른 특성들은 소비자의 판단에 맡긴다고 가정하고, 가격구조를 바탕으로 가격차를 설명해보고자 한다. 우선 중국과 한국은 포도 생산 여건 및 구조가 상이하므로 생산원가에서 차이가 발생한다. 특히 태국과 FTA를 체결한 중국의 경우 포도에 대한 관세율이 0%이지만, 우리나라의 경우 30% 수준으로 여기에서 추가적인 차이가 발생한다. 그런데 재미있는 사실은 지금부터이다. 중국과 한국은 태국까지의 해상운송 소요시간이 유사함에도, 중국의 경우 수출하는 포도의 약 99%를 해상으로 운송하는 반면 한국은 약 8%만을 해상으로 운송한다. 즉, 중국은 해상운송을 통해 '물류비'마저 절감한 것이다.(2021년 기준 해상운송비용이 항공운송비용 대비 저렴한 수준이었음)

생산여건 및 관세율 조정 등의 이슈는 구조적으로 단기간에 변화시키기 쉽지 않다. 그렇다면 물류비는 어떨까? 운송수단을 변경하는 것 정도는 할 수 있지 않을까? 이를 시발점으로 왜 우리나라 농가 및 수출업자는 해상운송이 아닌 항공운송을 선택하는지에 대해 알아보았다. 인터뷰 결과, 원인은 크게 두 가지였다. 첫째, 포도가 저장성 식품이기는 하지만 항만 및 해상운송구간에서의 콜드체인관리에 대한 신뢰성이 낮다는 점이다. 둘째, 한 번에 주문받는 물량이 20ft나 40ft 리퍼컨테이너(온도와 습도에 민감한 화물을 운반하기 위해 냉각설비를 갖춘 컨테이너)를 가득 채울 만큼 많지 않다는 것이다. 이를 반대로 해석하면 가격경쟁력 제고를 위한 답을 도출할 수 있다. 즉 항만과 해상운송을 포함한 공급망 전 구간 실시간 콜드체인관리정보(온습도)를 모니터링하고, 물량확보를 위한 스마트콘솔센터(smart consolidation center)를 운영한다면 '물류비' 절감을 통한 한국산 샤인머스캣의 가격경쟁력 제고가 가능하다는 것이다.

이제는 상품의 전 구간 온습도 모니터링, 원스톱 서비스라는 이야기가 진부하게 들린다. 이는 어느새 금요일 저녁 퇴근길에 스마트폰 애플리케이션으로 치킨과 맥주를 주문하고, 집에 도착해서 내가 주문한 치킨의 조리가 끝났는지, 배달기사님은 매칭이 되었는지, 제발 도보만은 아니길 바라며 배달수단을 확인하고, 왜 집 앞 사거리에 멈춰있는지, 아파트 입구를 못 찾는 건 아닌지 창문을 내다보는 데 우리가 익숙해져 있기 때문일 것이다. 하지만 실제로 식품의 수출입에 있어 이러한 시도는 우리가 저녁 메뉴를 주문할 때 사용하는 시스템처럼 활성화되어 있지 않다.

수출식품 공급망을 단순화해보자. '생산지-제조/가공공장-물류창고-(내륙운송)-항만/공항(국내)-(해상/항공운송)-항만/공항(국제)-보세창고-소비지'로 구분할 수 있다. 우리나라에는 공급망 각 노드별(예: 생산지) 식품의 온습도 관리를 위한 시설 및 장비를 어느 정도 구비하고 있다. 하지만 콜드체인 관리 데이터를 저장하지 않거나, 또는 공유하지 않는 경우가 대부분이다. 예를 들면, 생산지에서 가공공장으로 이동하는 내륙운송 구간에서 냉장/냉동 트럭 운전자는 대부분 운송기간 동안의 온도기록지를 따로 제공하지 않는다. 해상운송은 더욱 심각하다. 선사는 리퍼컨테이너의 상태정보를 알고 있음에도 화주에게조차 기록지를 공유하지 않는다. 데이터가 제대로 공유되지 않으므로 화주는 해상운송구간에서 화물 콜드체인관리 여부에 의심을 가지게 된다.

물론 이런 서비스가 존재하지 않는다는 것은 아니다. 덴마크 해운선사인 머스크(Maersk)는 트레이드렌즈(TradeLens)라는 블록체인기술 기반의 플랫폼을 운영한다. 트레이드렌즈 서비스 중 하나인 냉장화물어

시턴트는 해상운송구간에서의 리퍼컨테이너 관리정보를 가입자가 시간 대별로 확인할 수 있게 한다. 하지만 이는 일부 민간기업을 중심으로 제공되는 서비스로 우리나라에서 수출하는 모든 농축수산물에 적용하는 데는 한계가 있다. 따라서 IoT센서와 데이터로거(Data logger)를 활용하여 식품 공급망 전 구간 콜드체인 관리데이터를 생성하고, 이를 블록체인 기술 기반 플랫폼에 연계하여 실시간으로 확인하는 실증사업을 수행함으로써, 화물의 신선도를 유지하고 안전한 식품을 수출할 수 있는 방안에 대해 살펴보고자 한다. 또한 스마트콘솔센터라는 개념을 제시함으로써 경제성 측면에서 해상운송의 효과를 극대화하기 위한 물량확보 방안에 대해서 논하려 한다.

크리스토퍼 콜럼버스가 아메리카 대륙을 최초로 발견한 사람은 아니지만, 그의 항해는 유럽인의 세계관을 바꿔놓았다. 배를 타고 서쪽으로 항해하다 보면 유럽인 누구나 발견할 수 있었던 아메리카 대륙이지만, 가장 먼저 시도하기는 어렵다. 실제로 콜럼버스가 1차 항해를 시작하기까지 6년이 소요된 것만 보아도 알 수 있다. 누군가는 신선식품의 콜드체인 체계를 완벽하게 구축하고 해상운송을 통한 물류비 저감이 당연하지 않냐고 말할 수 있다. 그러나 이를 실제로 시스템화하기 위해서는 손에 잡히는 결과물이 필요하다. 공급망 참여주체 간 공감대를 형성하기 위함이다. 이를 위해 한국해양수산개발원에서는 2021년도, 2022년도, 2023년도 총 3개년도에 걸쳐 '해상운송 구간의 콜드체인관리 정보 실시간 모니터링 연구' 및 '스마트콘솔센터 운영가능성 연구 I, II'를 수행하고 있다.

Ⅱ. 샤인머스캣으로 살펴본 콜드체인 모니터링

앞서 언급한 샤인머스캣은 저장성 식품이다. 타국에서는 해상운송 비중이 높으나 우리나라는 아직 해상보다 항공운송 비중이 높다. 생산자 및 수출업자가 항공운송을 선택하는 첫 번째 이유는 항만과 해상운송 구간에서의 품질관리에 대한 불확실성이다. 이를 해결하기 위해 샤인머스캣의 전 구간 콜드체인관리현황 모니터링 실증사업을 수행했다. 사업을 통해 해상운송을 이용하더라도 '안정적인 온습도 관리 및 품질유지가 가능하다'는 인식을 높이고자 했다.

실증사업 대상구간은 한국 김천에서 태국 방콕이며, 〈그림 1〉과 같이 공급사슬 노드(node)를 생산지, 선과장, 부산항, 해상운송, 방콕항, 보세창고, 소매점 등으로 구분했다. 각 노드별 관계자는 김천농협, 에버굿(수출업자), SM line(선사), LP(수입업자) 등이다. 삼성SDS는 데이터로거(Data logger) 및 블록체인기술기반 유통이력 플랫폼인 첼로트러스트(CelloTrust)를 운영했고, 에스위너스는 IoT센서를 제공했다.

실증사업을 수행하기 전 일반적으로 권장되는 샤인머스캣 콜드체인 관리기준(온도 2℃, 습도 50%)의 해상운송 적용 여부를 확인하기 위해, 한국식품산업클러스터진흥원 식품패키징센터에 유통환경모의시험을 의뢰했다. 유통환경모의시험은 실제 한국-태국 간 유통환경을 반영해 결정했으며, 저온내구성(환경) 시험, 복합환경 진동시험, 충격(수직/수평) 시험 등을 수행했다. 사전 시험 수행 결과, 샤인머스캣의 적절한 콜드체인관리만 수반된다면 태국으로 수출 시, 해상으로 운반된다 하더라도 품질에는 영향이 없음을 확인했다.

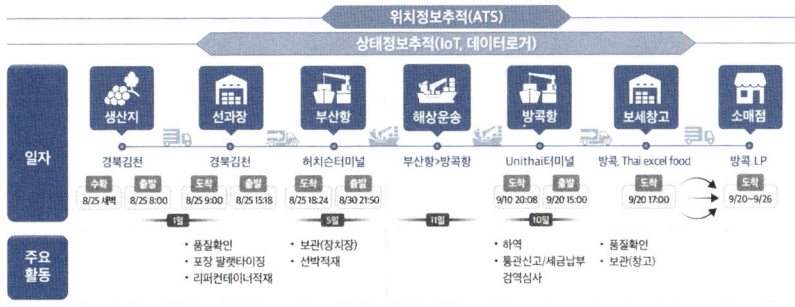

[그림 1] 실증사업 개요

본격적으로 실증사업 내용을 살펴보도록 하겠다. 시작은 경북 김천의 샤인머스캣 선과장이다. 연구진은 〈그림 2〉와 같이 샤인머스캣이 방콕 보세창고에 도착할 때까지의 온도, 습도, 진동 변화를 추적하기 위해 총 4개의 상자에 IoT센서 2개 및 데이터로거(Data logger) 4개를 부착했다. IoT센서는 1시간 단위로 온도와 진동을 첼로트러스트(CelloTrust)에 기록하여 공급망 참여자가 실시간으로 샤인머스캣의 상태정보를 확인할 수 있게 한다. 한편 데이터로거는 1분 단위로 샤인머스캣의 온도, 습도, 진동 정보를 기록하며, 태국 수입업자가 샤인머스캣을 인도받은 후 보세창고에서 데이터를 CelloTrust에 업로드한다. 이는 IoT센서의 통신이슈에 대응하고 안정적인 데이터의 확보를 위한 조치이다.

실증사업에 사용한 샤인머스캣은 2kg 박스(3송이) 64개, 총 128kg이다. 해상운송 후 샤

[그림 2] IoT센서 및 데이터로거 부착

 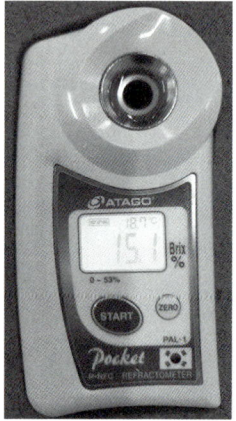

[그림 3] 샤인머스캣 당도 측정 예시

인머스캣의 품질이 유지되었는지를 확인하기 위해 포장 전 선과장에서 탈립, 변색, 곰팡이, 당도 등을 확인했다. 64박스 192송이 모두 탈립, 변색, 곰팡이는 발견되지 않았고, 곰팡이 방지용 유황패드와 함께 포장했다. 당도 측정을 위해 무작위로 9박스를 선택, 3송이 중 가운데 위치한 송이에서 한 알을 떼어 당도계로 당도를 측정했다. 샤인머스캣은 태국 현지에서의 품질상태에 따라 약 50%는 판매할 예정이므로, 상품성을 위해 모든 송이의 당도를 측정하지는 않았다.

[그림 4] 샤인머스캣 적재모습

이제 모든 준비가 완료되어 리퍼컨테이너가 선과장에 도착했다. 리퍼컨테이너는 시험결과를 바탕으로 미리 온도를 2℃, 개폐율을 25%로 설정했다.

리퍼컨테이너 상태설정 정보는 수출업체가 선사 예약 시, 최초 발생되며 이는 패킹리스트(Packing list)와 BL(선하증권; bill of lading)에서 확인할 수 있다. 아래 그림과 같이 준비한 샤인머스캣을 20ft 리퍼컨테이너에 3단 팔레트 2개로 구성해 적재했다.

지금부터는 샤인머스캣의 모든 수출과정에서의 콜드체인상태정보를 CelloTrust 플랫폼 상에서 확인할 수 있다. 그렇다면 생산자와 수출업자가 우려했던 부산항, 해상운송구간, 방콕항에서의 샤인머스캣 관리는 어떻게 이루어지고 있을까? 데이터로거 4개 모두 유사한 데이터를 기록하고 있으므로, 여기서는 1번 데이터로거를 따라 샤인머스캣의 움직임을 살펴보도록 하자.

1) 선과장

8월 25일 새벽 김천 농가에서 수확한 샤인머스캣은 곧바로 김천 농협 선과장으로 운송되었다. 이후 냉장시설이 구비된 선과장에서 샤인머스캣의 포장 및 팔레타이징이 이루어졌으며, 리퍼컨테이너 적재 전까

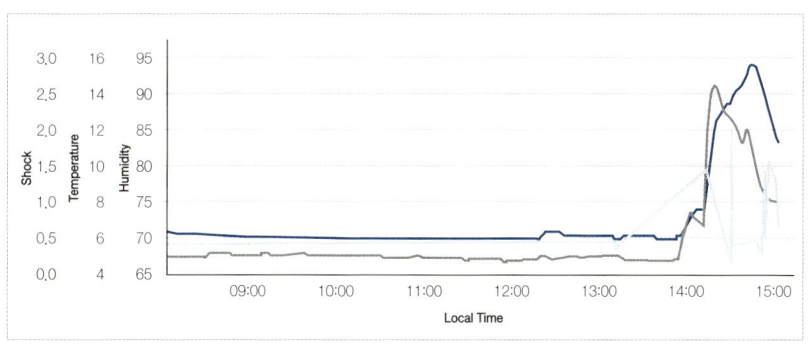

[그림 5] 상자1 상태정보기록(선과장, 21.8.25. 9:00~15:18)
주. 파란색은 온도, 회색은 습도, 밝은 파랑은 진동을 의미함

지 선과장의 냉장창고에 보관했다. 적정 보관온도가 2℃인 샤인머스캣을 보관하는 냉장창고이나, 〈그림 5〉와 같이 6℃ 수준을 기록하고 있다. 공통적으로 15시 3분에 충격이 발생했으며, 이때 샤인머스캣의 리퍼컨테이너 적재작업이 시작된 것으로 판단된다. 이후 샤인머스캣의 온도는 지속적으로 상승했다. 리퍼컨테이너에 적재된 후 실링(sealing)된 시점인 15시 18분경 상자의 최고 온도는 15.6℃ 기록했다. 이는 리퍼컨테이너에서 예비 냉각이 제대로 이루어지지 않았거나, 대형차량의 접안이 가능하지 않은 냉장창고 구조 때문으로 추정된다.

2) 부산항

김천 선과장에서 출발한 트럭은 18시 34분경 부산항 허치슨터미널 게이트에 도착했다. 〈그림 6〉에서는 내륙운송 구간에서 발생한 진동을 확인할 수 있다. 리퍼컨테이너가 터미널에 장치된 이후에 온도가 2℃까지 하락한 것으로 볼 때, 장치장에서의 리퍼컨테이너 관리는 정상적으로 이루어진 것으로 판단된다. 최초 선박 출항일정은 8월 29일 12시였으나 선석 배정지연 등으로 출항지연이 발생했다. 최종적으로 8월 30일 21

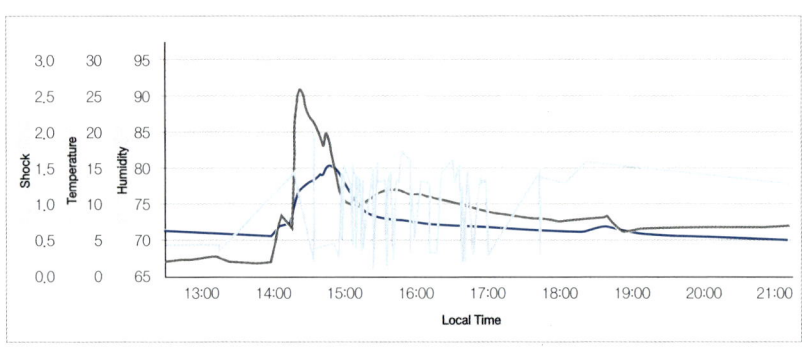

[그림 6] 상자1 상태정보기록(선과장-부산항, 21.8.25, 12:41~21:00)
주. 파란색은 온도, 회색은 습도, 밝은 파랑은 진동을 의미함

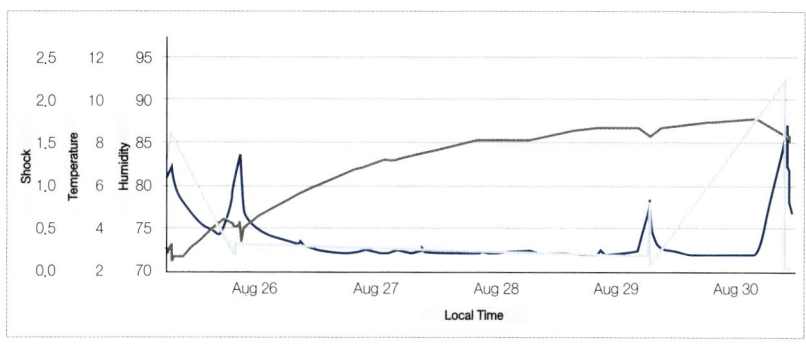

[그림 7] 상자1 상태정보기록(부산항, 21.8.25. 18:34~8.30. 21:50)
주. 파란색은 온도, 회색은 습도, 밝은 파랑은 진동을 의미함

시 22분에 컨테이너를 선박에 적재하고 21시 50분에 출항했다. 해당 정보는 허치슨터미널 홈페이지 및 SM Line 선사 홈페이지에서 확인 가능하다. 다만 터미널 운영사 홈페이지의 경우 작업내용이 실시간으로 업데이트되고 있으나 선사 홈페이지에는 실시간 정보가 공유되지 않았다.

〈그림 7〉은 리퍼컨테이너가 터미널에 도착한 후(8.25. 18:34)부터 출항한 시점(8.30. 21:50)까지의 1번 데이터로거 기록이다. 컨테이너가 선박에 선적된 시점인 21시 22분경 충격이 발생한 것을 확인할 수 있고, 컨테이너 선적작업이 수행되는 동안 리퍼컨테이너는 전원공급이 되지 않은 것으로 판단된다.

3) 해상운송구간

해상운송구간에서 IoT센서를 부착한 컨테이너의 상태정보를 실시간으로 확인하려면 선박에 소형 위성통신 기지국(VSAT, Very Small Aperture Terminal)을 설치해야 한다. 다만 통신기지국에 없는 경우에는 데이터를 일정 시간(1시간)마다 수집했다가 통신이 가능한 장소(기항지 등 내륙에 근접했을 때)에서 일괄적으로 전송한다. 이번 실증사업에서도 IoT센서를 부착했지만 선박에 VSAT가 설치되어 있지 않아 기항지(상하이, 호치민)에서 일괄적으로 데이터를 확인했다.

　　SM Line 홈페이지에서 선박의 도착 예정 정보를 확인할 수 있으나, 선박의 실시간 위치는 확인하기 어렵다. 실증사업에서는 컨테이너의 위치정보를 확인하기 위해 CelloTrust에 AIS(Aeronautical Information Management; 선박자동식별시스템) 정보를 연동했다. 〈그림 8〉은 CelloTrust 상에서 컨테이너 위치정보를 확인하는 예시다. 지도를 살펴보면 '중국 산터우-베트남 호찌민' 구간과 '베트남 트라빈-태국 찬타부리' 구간이 직선으로 표시된 것을 확인할 수 있다. 이는 AIS 서비스가 제공되지 않는 지역으로 향후에는 해당지역에 지상 AIS(Terrestrial AIS)를 설치하는 것도 대안이 될 수 있을 것이다.

[그림 8] CelloTrust 상 컨테이너 위치정보

주. 지도상 직선으로 표시된 지역은 AIS 서비스 음영지역으로 웹상에서 데이터를 확인할 수 없음

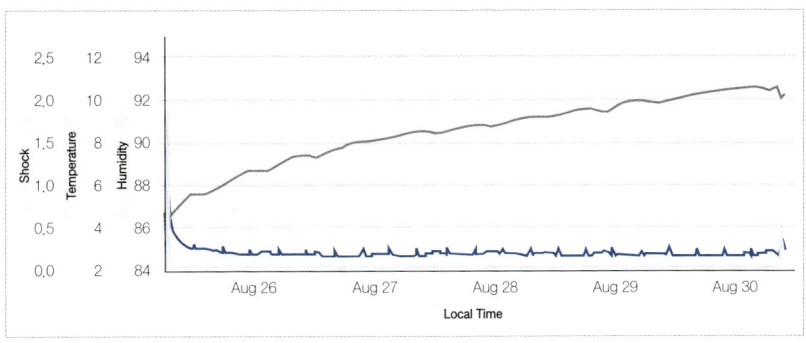

[그림 9] 일반상자1 상태정보기록(부산항, 8.30. 21:50~9.10. 20:08)
주. 파란색은 온도, 회색은 습도, 밝은 파랑은 진동을 의미함

선박 내 리퍼컨테이너의 온도관리는 적절하게 이루어진 것으로 판단된다. 〈그림 9〉에서 확인할 수 있듯이 부산항-방콕항 전 구간에서 온도가 2~3℃로 안정적으로 유지되었다.

4) 방콕항

9월 10일(금) 한국시간 18시 50분에 선박이 방콕항에 접안했다. 리퍼컨테이너의 하역작업은 20시 08분에 완료되었다. 이후 9월 13일부터 통관절차가 시작되었으며 최종적으로 9월 20일 15시에 터미널에서 리퍼컨테이너가 반출되었다. 통관신고, 세금납부, 검역심사에 총 8일(13~20일)이 소요되었다. 태국 수입통관 평균 소요시간이 50시간[3]인 것을 고려했을 때 이보다 오랜 시간이 걸렸음을 알 수 있다. 이러한 상황을 대비하여 필수서류인 '원산지증명서(Certificate of Origin), 검역증(Phytosanitary certificate), 상업송장(Commercial Invoice), 포장명세서(Packing List), 선하증권(BL), 수입신고서' 등을 모두 준비했다. 그러나 'Global GAP 인증, 수출신

---

3) 한국조세재정연구원, 2016, 19p.

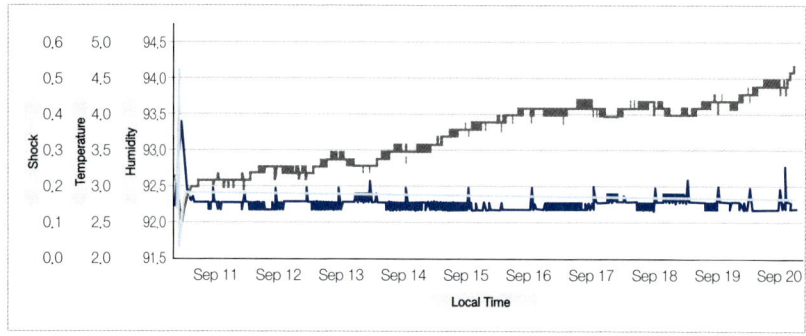

[그림 10] 일반상자1 상태정보기록(방콕항, 9.10. 20:08~9.20. 15:00)
주. 파란색은 온도, 회색은 습도, 밝은 파랑은 진동을 의미함

고필증(영문), 농협-수출업자 간 Invoice(영문), 수출업자-농협-농가 간 관계 증명 공문(영문)' 등 세관원의 추가 서류 제출 요구로 인해 절차가 지연됐다. Kotra(2021)에서도 태국 세관의 까다로운 서류 심사로 인해 수입 물품 통관 지연 사례가 빈번히 발생함을 밝혔으며, 세관원 별로 다른 심사기준이 적용되고 있다고 언급한 바 있다. 향후 태국 신선식품 수출 활성화를 위해서는 태국의 비관세장벽에 대한 국가 차원에서의 이슈 해결이 필요할 것으로 보인다. 그렇다면 예상치 못한 지연으로 인한 샤인머스캣의 상태는 어땠을까? 〈그림 10〉에서 확인할 수 있다. 상자의 온도는 안정적으로 2~3℃를 유지하고 있다. 즉 태국항에서의 리퍼컨테이너 관리가 적절히 이루어졌다는 것을 뜻한다.

5) 보세창고 및 소매점

9월 20일 15시에 리퍼컨테이너가 터미널에서 반출된 후 창고[4]로 이동했다. 〈그림 11〉과 같이 내륙운송 구간 및 보세창고에서 샤인머스캣

---

[4] Thai Excel Foods Co.,Ltd

의 품질을 측정하는 동안 온도는 2~4℃로 안정적이었다. 소매점으로 이동 시에는 샤인머스캣이 컨테이너 단위가 아닌 개별 상자 단위로 움직이므로 상태정보추적은 보세창고까지만 진행됐다.

일부 샤인머스캣은 LP 수입업자 소유의 소매점에서 판매되었다. 소매점에는 영상 2℃로 유지할 수 있는 냉장창고가 따로 없어 하루 동안 주문받은 만큼 다음 날 창고에서 운반하여 배송하는 방식으로 판매가 이루어졌다.

김천에서 품질을 확인한 9개 상자의 샤인머스캣이 품질을 안정적으로 유지하고 있는지가 궁금했다. 태국 보세창고에 반입된 시점(9월 20일)에 9개 상자의 당도, 탈립, 변색, 곰팡이 등을 확인했다. 당도는 김천에서 측정한 평균 브릭스가 16.2%, 방콕에서 측정한 평균 브릭스는 15.3%로 0.9%p 차이가 발생했다. 탈립은 평균 0.3개, 변색은 0.7개, 곰팡이는 0.1개였다. 전반적으로 포도의 품질이 유지되었다고 보나, 객관적인 결과를 위해 5일간 소비자에게 실제로 판매하기로 했다. 샤인머스캣

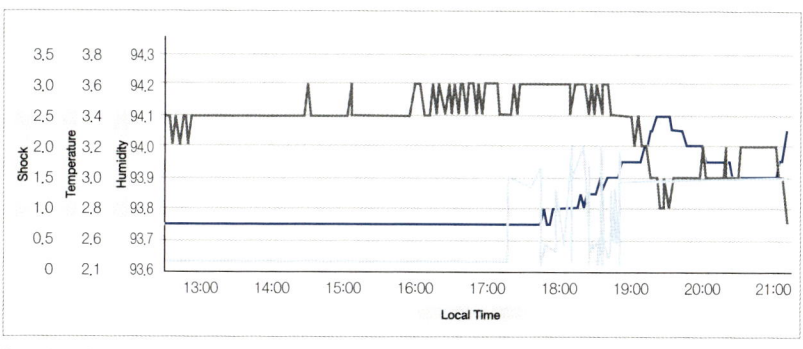

[그림 11] 일반상자1 상태정보기록(방콕항-창고, 9.20. 15:00~18:40)
주. 파란색은 온도, 회색은 습도, 밝은 파랑은 진동을 의미함

은 5일 동안 총 29박스가 박스당 2,000바트(약 7만원) 가격에 판매되었다. 이는 해상으로 운송된 샤인머스캣에 대한 태국 소비자들의 지불의사금액이 2,000바트라고 해석할 수 있고, 해상운송으로도 충분히 판매 가능한 수준의 품질을 유지할 수 있음을 보여준다. 판매종료 후(9월 25일) 기준 남아있는 16상자에 대한 품질검사를 실시했다. 16송이 중 4알에서만 변색이 확인되었으며 탈입과 곰팡이는 발견되지 않았다. 이는 통관 직후 시행한 9상자에 대한 품질 측정 결과보다 긍정적이다.

실증사업으로 항만 및 해상운송 구간에서 신선식품의 콜드체인 관리가 안정적으로 가능함을 알 수 있었다. 그렇다면 모니터링시스템이 포함된 해상운송과 일반적인 항공운송에서 어느 정도 비용 차이가 있을까? 물론 운임은 계속 변동하기 때문에 정확한 비용 차이를 제시할 수는 없으나, 실증사업이 수행된 2021년 8~9월을 기준으로 볼 때 해상운임과 항공운임이 전체 비용에서 차지하는 비중을 비교해보았다. 우선 해상운송의 경우, 상품의 상태정보(온습도, 진동)를 추적하는 시스템을 도입한다는 가정하에 IoT센서 및 데이터로거 회수비용을 물류비용에 추가했다. 비교 결과, 해상운송이 전체 비용에서 차지하는 비중(박스당)은 0.96%로 항공운송 14.58% 대비 상당히 낮은 수준임을 확인할 수 있었다. 하지만 우리는 물류비 산정 시, 해상운송은 20ft 리퍼컨테이너 기준 1,755박스를 적용했고, 항공운송은 RKN 컨테이너(항공운송용 온도조절 가능 컨테이너) 기준 143박스를 적용했다. 즉 해상운송이 항공운송 대비 확실한 경쟁력을 확보하기 위해서는 물량확보가 필요함을 시사한다. 다음으로 수출화물 물량확보를 위한 수단인 스마트콘솔센터를 설명하려 한다.

Ⅲ. 스마트콘솔센터와 농산물 수출입 효율화

앞서 2장에서 설명한 실증사업을 통해 해상운송의 안정적인 신선식품 콜드체인관리 가능성을 확인했다. 그렇다면 이제는 규모의 경제를 실현하기 위한 대안을 찾아야 한다. 가장 먼저 스마트콘솔센터(Smart Consolidation Center)를 소개하고자 한다. 이번 장에서 제안하는 스마트콘솔센터는 소규모 단위의 물량을 집하하는 시스템을 통해 규모의 경제를 실현하고 물류비를 절감하는 것으로, 궁극적으로는 우리나라 농축수산물의 해외시장 확대를 목적으로 한다. 〈그림 12〉는 스마트콘솔센터 개념도이다. 그림 상의 기능을 기준으로 조금 더 자세히 살펴보자.

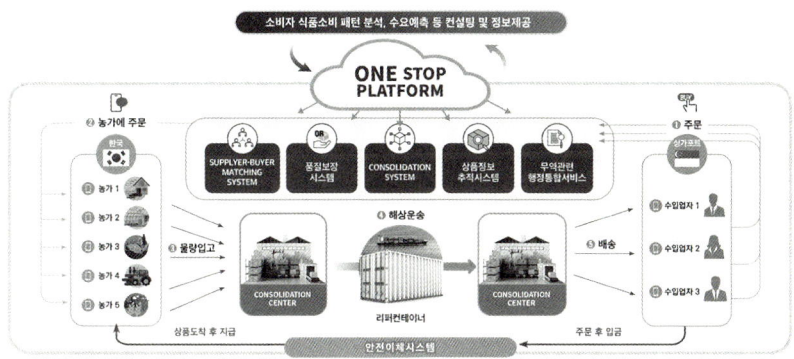

[그림 12] 스마트콘솔센터 개념도

스마트콘솔센터는 하드웨어와 소프트웨어 모두를 의미하는 개념으로, 상품의 콜드체인관리 및 무역 관련 업무를 원스톱 시스템을 활용해 처리하는 것이다. 스마트콘솔센터를 이용하는 비즈니스 모델은 총 네 가지이다. 모델은 다음과 같다. ① 수입업자1이 다량의 단일품목 주문, ② 수입업자1, 2, 3이 소량의 단일품목 주문, ③ 수입업자1이 다량의 다품목 주문, ④ 수입업자1, 2, 3이 소량의 다품목 주문이다. 여기서 다량이란 40ft 리퍼컨테이너 물량을 의미한다.

모델 ①을 기준으로 스마트콘솔센터의 기능을 살펴보자. 2022년 9월 1일 수입업자1은 스마트콘솔센터 애플리케이션(이하 앱)을 통해 샤인머스캣 2kg짜리 4,000박스를 2주 뒤인 9월 15일까지 납품해달라는 주문을 넣었다. 센터에서는 주문 접수 후, 사전에 등록되어 있는 농가1, 2, 3, 4, 5에게 주문내용을 전달하고, 농가들은 납품최소량, 납품최대량, 상차일시 등을 앱에 입력한다. 농가가 입력한 정보는 센터에서 실시간으로 확인할 수 있다.

센터에서는 농가들의 입력정보를 확인하여 최종 납품계약을 확정/체결한다. 예를 들면 농가1은 500박스는 9월 13일, 800박스는 9월 17일까지 납품 가능하고, 농가2는 1,000박스를 9월 14일, 농가3은 150박스를 9월 14일, 농가4는 1,200박스를 9월 13일, 농가5는 1,200박스를 9월 14일까지 납품할 수 있다고 응답했다. 정보를 받은 센터는 9월 15일까지 납품이 불가한 농가1의 800박스는 확정하지 않고 13일까지 가능한 500박스만 확정했다. 그리고 농가2 1,000박스, 농가3 150박스, 농가4 1,200박스, 농가5 1,150박스를 확정했다.

이후 센터는 납품가능수량과 일자를 고려하여 밀크런(Milk run) 시스템(여러 농가를 순회하여 수거·운송하는 방식)을 통해 물류비를 최소화할 수 있는 루트를 계산한 뒤 배차한다. 배차시스템 역시 농가주문시스템과 유사하다. 센터에서 미리 앱을 깔아 놓은 트럭 운전사에게 주문을 넣고, 이를 확인한 운전사가 가능 여부를 응답, 센터에서 최종확정을 하는 방식이다. 이후, 밀크런을 통해 수집한 물량은 한국의 콘솔센터(냉장/냉동 창고)로 입고된다.

입고 시 AI 기술을 활용하여 상품의 품질을 1차로 확인한다. 여기서 언급되어야 할 센터의 중요한 기능 중 하나가 '품질보장시스템'이다. 해외 수입업자가 이야기하는 우리나라 농축수산물의 문제점 중 하나는 수입하는 품목의 품질이 고르지 못하다는 것이다. 수출시장 확대를 위해서는 안정적인 품질의 상품을 제공해야 하므로 이를 위한 전략 수립이 필요하다. 센터에서는 품질보장시스템을 운영하고, 하나의 브랜드로써 상품을 관리한다. 품질검사까지 모두 마친 제품은 가장 비용효율적인 방법으로 리퍼컨테이너에 적재된다.

센터에서는 무역관련 행정통합서비스를 제공한다. 농가와의 최종 납품계약이 확정되면 센터는 포워더 입찰 시스템을 통해 물량(40ft 리퍼컨테이너 1대) 및 출항 희망일에 대한 정보를 입력한다. 미리 가입된 포워더들은 입찰가격을 제시하고, 센터는 시스템 내 알고리즘에 따라 최적의 포워더를 선정한다. 포워더는 시스템상에서 가격만을 제시하지만, 센터는 그동안 축적한 포워더의 데이터(정시성, 서비스만족도 등)를 종합하여 결정한다. 시스템에 따라 최종 선정된 포워더는 무역관련 업무를 센터 플랫폼을 이용하여 일괄적으로 수행하고 상품의 해상운송을 책임진다. 공급망 관계자는 해상운송 구간을 포함한 공급망 전 구간에서의 상품 상태정보(위치, 온도, 습도, 진도)를 국제운송주선사/실행사 웹페이지에서 실시간으로 확인할 수 있다. 최종소비자들의 경우, 상품 소비 시, 상품에 부착된 QR코드를 스캔함으로써 상품 정보를 확인한다.

상품이 수입국에 도착하면 현지의 콘솔센터로 입고된다. 현지 콘솔센터에서는 품질보장시스템을 활용하여 출고 전 품질검사를 한 번 더 수행한다. 통관 및 품질검사까지 모두 완료된 상품은 수입업자1에게 인도된다. 만약 모델 ②와 같이 여러 수입업자에게 상품을 인도해야 하는 경우라면, 배차시스템 및 밀크런 시스템을 이용해 물류비 저감을 위한 최저 루트를 제공한다. 상품을 수령하면 수입업자는 앱으로 상품인수여부를 확정하고, 상품 품질 및 서비스 만족도 문항에 응답하는 것으로 마무리된다. 마지막은 안전이체시스템이다. 스마트콘솔센터는 안전거래기능이 포함되어 있는 인터넷 뱅킹 계좌이체 서비스 등과 연계하여 기존 대금결제리스크를 최소화하고자 한다.

공급자-구입자 매칭(Supplier-buyer matching) 시스템, 품질보장시스템, 콘솔 시스템(Consolidation system), 상품정보추적시스템, 무역관련 행정통합시스템, 안전이체시스템, 수입업자 만족도 조사 시스템 운영을 통해 축적된 데이터는 수요자 선호도 분석, 수요예측 등 2차 분석정도로 가공된다. 가공된 데이터는 스마트콘솔센터 운영의 고도화 전략 수립에 활용될 예정이다.

모델 ③, ④는 모델 ①, ②와 달리 다품목을 다룬다는 차이점이 있다. 센터 시스템 활용방식은 모델 ①, ②와 대부분 동일하나 밀크런 시스템 및 컨테이너 콘솔 시스템에서 차이가 있다. 농축수산물은 2차 가공식품과는 달리 상품의 특성에 따라 적정 콜드체인관리 여건도 다르다. 이에 배차 및 컨테이너 콘솔 시, 상품의 콘솔가능여부라는 조건을 반드시 고려해야 한다.

우리나라는 지리적 특성상 소규모 농축어가가 대부분이다. 이들이 경쟁력을 가지고 해외시장에서 우리 농축수산물이 브랜드파워를 가지기 위해서는 물류부문 혁신이 필요하다. 스마트콘솔센터는 소규모 농축어가가 해외시장에 손쉽게 진출할 수 있는 기회를 제공하고 상품이 가격경쟁력을 가질 수 있도록 지원하는 역할을 할 것이다. 가격경쟁력은 무조건 타 국가 상품 대비 저렴한 가격을 제시한다는 개념이 아니다. 우리 농축수산물 만의 고유성(identity)을 가지고 높은 품질을 선보이면서 불필요한 비용을 낮춰 합리적인 가격의 우수한 상품을 만들자는 이야기이다. 우리나라에서는 "지금은 파이를 키울 때"라고 이야기하면 아직까지 부정적인 시선이 많다. 여기서 말하는 파이는 누군가의 효용을 희생하기를 강요하는 것이 아니다. 당장 눈앞의 이익이 아닌 중장기적 관점에서 우리 사회가 합의한 국가 브랜드에 맞는 제품을 선별해 해외시장에 내보여서 우리 농축수산물의 해외시장 파이를 키우자는 것이다. 그 시작을 스마트콘솔센터가 할 수 있을 것이라고 생각한다.

그렇다면 스마트콘솔센터의 구축·운영이 가능할까? 너무 이상적인 시스템은 아닐까? 많은 기능을 한 번에 다루는 플랫폼이 가능할까? 의문을 해소하기 위해 2022~2023년에 걸쳐 스마트콘솔센터의 운영 가능성 확인을 위한 실증사업을 설계했다. 2022년도에는 공급자-구입자 매칭(Supplier-buyer matching) 시스템, 콘솔 시스템(Consolidation system), 상품정보추적시스템을 구현했으며, 한국-미국 간 모델 ③에 대한 실증을 수행 중이다. 꽃피는아침마을 USA(수입업체), 용성씨엔에어(포워더), 청산바다(생산자), 이투이스토리(물류플랫폼업체)가 참여 중이며, 2023년도에는 품질보장시스템, 무역관련 행정통합서비스, 안전이체시스템을 구현하려 한다.

Ⅳ. 글을 마치며

코로나-19, 러시아-우크라이나 전쟁 등을 겪으면서 전 세계가 하나처럼 움직였던 시대가 끝나는 듯 보인다. 미국은 자국 내 제조산업 관련 공급망 복원력 향상을 위한 미국산 물품 인정기준에 따른 세금 우대, 반도체·배터리 등 핵심산업에 대한 직접투자, 무역규정 조정 등의 정책을 시행 중이다. 또한 미국은 인도양과 태평양에 인접한 국가 간 경제안보 동맹인 인도-태평양경제프레임워크(IPEF, indo-pacific economic framework)를 통해 동맹국과의 협력체계를 구축하고 있다.

EU의 움직임도 미국과 유사하다. EU 내 독립적인 배터리 공급망을 구축하기 위한 EU 배터리법 제정을 추진 중이며, 반도체 생산의 현지화를 위한 투자 및 정보 공유 등을 위한 EU Chips Act를 발의했다. 중국 또한 전정특신(专精特新; 전문화·정밀화·특성화·혁신 요소를 갖춘 강소기업) 육성정책을 통해 공급망을 내재화하고 주요 원자재, 핵심부품, 식량작물 등에 대한 수출규제정책을 시행 중이다. 즉, 각국은 경제안보와 직결된 품목을 보수적 수단으로 관리하고 있다. 또한 글로벌 공급망 위기에 대응하기 위한 수단으로 리쇼어링(reshoring)[5], 니어쇼어링(near-shoring)[6], 프렌드쇼어링(friend-shoring)[7]을 채택한 것으로 보인다.

이러한 흐름도 '문화'와 '문화를 동반한 상품'은 비껴가는 듯하다.

---

[5] 비용절감 등을 이유로 해외로 진출한 자국기업이 본국으로 돌아오는 현상.
[6] 비교적 교류가 쉬운 인접 국가로부터 아웃소싱(Outsourcing)하는 현상.
[7] 코로나-19와 같은 글로벌 공급망 이슈를 동맹(Ally)국(또는 우호적인 국가) 간 연대전략을 통해 해결한다는 의미로, 인도-태평양경제프레임워크가 프렌드쇼어링 개념을 포함하고 있다고 볼 수 있다.

2022년 10월 15일 K-POP 그룹 방탄소년단(BTS)의 2030 부산세계박람회 유치 기원 콘서트는 국내외 수만 관객이 부산을 찾게 했으며, 이러한 방탄소년단의 경제적 효과(외국인 증가 및 소비재 수출증가)는 연평균 생산유발효과 4조1,400억 원, 부가가치유발효과 1조4,200억 원 수준이다(현대경제연구원, 2018). 영화『기생충』은 미국 아카데미 시상식에서 작품, 감독, 국제영화, 각본 등 네 개 부문에서 상을 받았다. 영화『기생충』속에 나오는 짜파구리에 대한 해외 소비자들의 관심도 증가해 농심은 짜파구리 조리법을 다양한 언어로 제공하는 영상을 제작하기도 했다.

해외의 사례도 있다. 프랑스의 EPV(enterprise du patrimoine vivant, 살아있는 문화유산 기업) 인증마크는 프랑스 전통, 장인정신, 기술을 바탕으로 경제적 가치를 창출하고 특정 지역을 대표하는 기업에게 부여된다. 우리에게 익숙한 세인트 제임스(saint james; 마린룩으로 유명한 프랑스 패션 브랜드)가 EPV 인증마크를 보유하고 있는 대표적인 예이다. 이들은 소비자들이 단순한 상품이 아닌 브랜드를 소비한다는 것을 인지하고, 프랑스 문화와 상품을 결합해 프랑스 기업의 해외시장 포지셔닝을 돕고 있다. 인증마크는 전문장비, 건축유산, 장식예술, 식문화, 미식, 문화와 여가, 패션과 미용 등 다양한 산업에 적용된다.

각국의 공급망 안정화 및 복원력 향상을 위한 공급망의 내재화, 독립화 추세는 당분간 지속될 것으로 보인다. 하지만 3차산업혁명기술, 4차산업혁명기술의 발전을 기반으로 한, 문화의 국가 간 공유 및 브랜드 가치에 대한 소비자 트렌드는 우리나라 농축수산물의 해외시장 진출에 긍정적인 영향을 미칠 것으로 판단된다.

우리 농축수산물의 해외경쟁력을 제고할 수 있는 핵심은 '물류'에 있다. 항만, 해상운송 구간을 포함한 전 구간에서의 콜드체인관리가 가능한 시스템 운영과 해상운송을 이용한 물류비 절감 등을 통해 신선하고 안전하며 합리적인 가격을 갖춘 우리 농축수산물의 해외시장 진출을 기대해 본다.

3부 라스트마일

Last Mile

Logistics Trends 2023

2000년대 유통산업의 발전과 풀필먼트 진화

박지원
쿠팡 풀필먼트 서비스디자인 시니어 디렉터

현재 쿠팡에서 풀필먼트센터 서비스디자인을 진행하고 있다. 까르푸, 홈에버, 홈플러스를 거치면서 오프라인 유통에 대해 경험했고 2016년도 쿠팡에 합류하며 온라인 유통 서비스 그중 풀필먼트에 대한 전문지식을 가지고 있다. 현재는 풀필먼트센터 신규 오픈 및 시스템, 프로세스, 자동화 장비 전문가로 풀필먼트센터의 서비스 디자인업무를 담당하고 있다.

I. 들어가며

학창 시절에 문방구에 가면 항상 놀라웠던 일이 있었다. 문방구에서 연필 또는 볼펜을 집고 "사장님 얼마예요?"라고 물어보면 사장님은 한 치의 망설임도 없이 "300원이야."라고 말했다. 그때 '사장님은 가게에 있는 모든 상품의 가격을 어떻게 다 외우고 있지?'라는 의문점을 가지게 되었다. 사장님은 '공급사에서 구매한 가격에 대한 마진을 계산해 판매가를 측정하고 그것을 상품 단위로 기억하고 있다가 우리에게 판매 가격을 말한 걸까?' 아니면 '평균 내어 어림잡아 그 정도의 가격이면 될 것으로 생각해 판매가를 말한 걸까?' 지금 와서 생각해봐도 아직도 풀리지 않는 숙제다.

1990년대 우루과이 라운드(Uruguay Round) 협의 이후 본격적인 서비스 문호개방을 진행하면서 1993년도 이마트 1호점인 창동점이 오픈했고 이후 1996년도부터 해외 대형마트 체인인 월마트, 까르푸, 테스코, 마크로 등이 국내에 출점하기 시작했다. 대형마트와 기존 소매점과의 차이는 다양한 상품을 하나의 공간에 모아두고 원스톱 쇼핑을 할 수 있도록 한 것이다. 또한 제품가격을 표시하고 POS(Point of Sales, 판매시점 정보관리)를 도입하여 소비자가 직접 가격 비교를 진행하면서 고객이 직접 원하는 상품을 픽업해 계산대로 이동하는 셀프 서비스로 상품을 구매할 수 있게 됐다. 예를 들면 간장을 구매할 때 대형마트가 생기기 이전에는 슈퍼마켓에 구비된 특정 상품만 구매할 수 있었으나, POS 도입으로 인해 가격과 회사, 유통기한을 확인해 상품을 선택할 수 있게 된 것이다.

2000년도에 들어서면서 교통 및 통신의 발달과 코로나-19 등 특수 상황을 맞아 온라인 시장 규모 확대가 가속화되었다. 2005~2015년도까지 10년간 거래액 증가는 43조 원이었으나 2015년도 이후 5년간 거래액 증가는 103조 원으로 매우 가파르게 성장하고 있다. 쇼핑의 패러다임이 오프라인에서 온라인으로 변하고 풀필먼트센터, 라스트마일 물류 등 우리가 오프라인 환경에서 경험하지 못한 새로운 방식의 물류운영 서비스가 발전하고 있다. 이런 배경 하에 유통시장의 발전과 풀필먼트센터, 풀필먼트센터의 자동화에 관해 이야기하고자 한다.

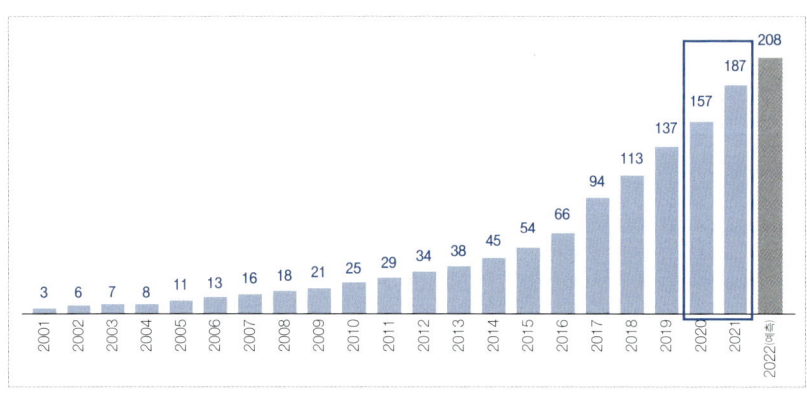

[그림 1]국내 이커머스 연도별 거래액(2022.09)
출처 : 통계청

Ⅱ. POS로부터 시작된 데이터 관점의 유통산업

　　유통산업의 발전은 물류 발전뿐 아니라 데이터 활용 여부에도 많은 영향을 끼쳤다. 예전 슈퍼마켓 사장님은 아침마다 종이와 펜을 들고 매장을 구석구석 다니면서 어떤 상품이 얼마나 남았는지 재고를 파악한 후 거래처에 전화 또는 팩스로 발주를 넣었다. 판매가 잘 되는 상품과 그렇지 못한 상품의 재고관리에 어려움이 발생했고 원가관리도 되지 않아 적정 수준의 이익을 확인하기에도 어려움이 따랐다.

　　1990년대 이전에는 사람들이 상품을 구매할 때 주로 전통시장과 동네의 슈퍼마켓을 이용했다. 소비자는 자신이 원하는 상품이 전통시장과 슈퍼마켓에 재고가 있는지 모르는 채 무작정 찾아가야 했다. 만약 원하는 상품이 없다면 대체 상품을 구매할 수밖에 없었다. 판매자 또한 고객이 언제 방문해 얼마나 구매할지 모르고 무엇을 구매하려는지도 알 수 없어 다양한 종류의 상품을 많이 들여놔야 할 수밖에 없는 구조였다. 가격 또한 명확하게 정해지지 않아 소비자는 판매자에게 매번 물어야 했고, 가장 저렴한 물건을 사기 위해서는 여러 상점에 들러야 했다. 판매자는 소비자에 따라 가격을 다르게 책정할 수 있는 자신만의 규칙을 만들었고 소비자와 흥정해 적정한 수량을 적정 가격으로 판매할 수도 있었다. 이러한 구조는 소비자도 판매자도 만족할 수 없었다. 소비자로서는 쇼핑을 위해 많은 시간을 투자해야 했고 적당량을 적정 가격에 구매하기 위해서는 판매자와 원치 않는 흥정을 해야 했다. 판매자는 언제 소비자가 올지 모르는 상태에서 충분한 양의 재고를 보유해야 했고 판매가 잘 되는 상품과 되지 않는 상품에 대한 가격을 조절해야 했다. 서로 간에 불투명한 거래가 이루어진 것이다.

1990년 우루과이 라운드를 거치며 많은 분야에서 문호개방을 하게 되었다. 뉴스와 신문에서 농산물 개방에 대한 찬반의견이 매일같이 들려왔다. 1995년을 기점으로 서비스 산업에 대한 개방이 이루어지며 전 세계의 많은 유통사가 한국 시장의 문을 두드렸다. 대표적인 외국계 대형마트인 월마트, 까르푸, 테스코, 마크로 등이 당시 한국 시장에 진출했다. 한국의 유통시장은 우루과이 라운드를 기점으로 많은 변화가 일어난다. 대형마트의 등장이 유통시장의 발전에 크게 이바지했기 때문이다. 이마트, 롯데마트, 킴스클럽 등 국내기업이 운영하는 대형마트가 등장하고 앞서 언급한 외국계 유통사가 경쟁적으로 점포를 확장하며 소비자들은 점점 편리한 쇼핑 경험을 얻을 수 있었다.

첫 번째는 무료 주차다. 소비자는 백화점을 제외하고 주차공간과 비용 문제로 인해 승용차를 이용한 쇼핑이 어려웠다. 대형마트가 내세운 무료 주차공간은 쇼핑을 할 때 소비자가 승용차를 이용하는 계기가 되었다. 승용차를 이용하게 되자 거리에 대한 제한이 사라지고 한 번에 많은 양을 사들일 수 있게 되었다. 두 번째는 새로운 문화공간의 탄생이다. 문화센터 등과 다양한 놀이시설 등이 입점해 새로운 여가 시설이 되었다. 마지막으로 쇼핑의 편리성이다. 대형마트는 필요한 상품 대부분을 한 번에 구매할 수 있다. 판매가격 또한 정확하게 고지되어 있어 불필요한 흥정을 하지 않게 되었고, 행사상품을 바로 확인할 수 있어 더욱 저렴한 가격에 구매할 수 있다. 결제도 한 번에 가능해 비용관리 또한 쉬워졌다. 전통시장과 동네 슈퍼마켓에서 받기 어려운 서비스가 제공된 것이다.

1. 판매자에게도 좋은 점이 있을까?

대형마트의 등장 이후 판매자는 POS와 PDA를 통해 데이터화 할 수 있었다. PDA와 PC를 통해 상품 입고 시 어떠한 상품이 얼마만큼 들어왔는지 기록할 수 있게 되었다. 고객들이 POS를 통해 계산하며 발생하는 데이터를 통해 입출고관리, 재고관리, 판매 데이터 수집도 가능해졌다. 해당 기록을 통해 측정가능한(Measurable) 데이터를 만들어 시간대별, 일별, 주별, 월별 판매량을 분석하고 KPI(Key Performance Indicator, 핵심성과지표)를 설정·관리할 수 있었다. 즉, SCM(Supply Chain Management, 공급망관리)이 가능해진 것이다. 판매 데이터로 적정 재고량을 산출하고 제조사에 발주할 수 있게 되었으며 수요 예측(Demand Forecast)을 통해 정해진 공간에 적정한 재고를 가져갈 수 있었다. 또한 판매 데이터를 가지고 각 지점에 적절한 인원 배치가 가능해졌고, 재고의 보충과 판매를 위한 진열도 효율적으로 관리할 수 있게 되었다. 변동비(판관비) 관리 및 현금흐름에 대한 관리도 가능해졌다. 이렇게 얻은 데이터는 마케팅에도 사용할 수 있어 매출 증대에 좋은 영향을 미쳤다. 결국 고객이 얻은 좋은 경험을 기업에서는 데이터화 할 수 있게 되었고 이를 바탕으로 고객에게 더 좋은 경험을 만들어줄 수 있는 패턴이 만들어져 이를 잘 활용하는 기업이 성장할 수 있게 되었다.

2000년대에 들어서자 대형마트는 쇼핑의 편리함과 전국적 매장 확대에 힘입어 소비자가 가장 선호하는 생활필수품 구매 장소가 되었다. 하지만 모든 기업들이 이 성장세에 올라탄 것은 아니었다. 월마트, 까르푸와 같은 세계 1, 2위 대형마트가 한국 시장에서 철수했고, 토종 1세대 대형마트로 불리던 킴스클럽도 이랜드기업에 인수·합병(M&A) 되었다. 빈자리는 3대 대형마트인 이마트, 롯데마트, 홈플러스가 차지했고 점차 한국형 대형마트로 진화했다. 홈플러스는 백화점에만 있었던 문화센터를 도입해 고객들의 체류시간을 늘리고 쇼핑 이외에 다른 즐거움을 얻을 수 있도록 했다. 이마트는 트레이더스, 일렉트로마트 등 다양한 매장을 선보이며 새로운 볼거리를 제공했다. 롯데마트도 창고형 마트인 VIC마켓, 백화점과 연계한 쇼핑 공간 등을 선보이며 지속해서 발전하고 있다.

　　2000년대부터 2010년까지는 홈쇼핑과 인터넷 쇼핑이라는 새로운 서비스가 등장했다. 홈쇼핑과 인터넷 쇼핑은 고객이 직접 오프라인 매장에 방문하지 않아도 되는 쇼핑 방식이다. 초창기 홈쇼핑은 카탈로그를 기반으로 고객에게 상품을 알리고, TV를 통해 해당 상품의 특별할인을 진행해 고객에게 인기를 얻었다. 2000년도에는 1조 원 단위의 매출을 만들며 대형마트의 성장세를 주춤하게 했고 2012년도부터는 3조 원 대

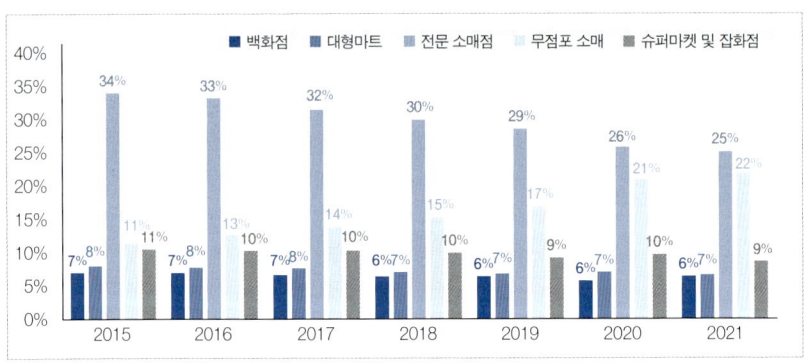

[그림 2] 소매업태 별 판매액 비중(2022.09)
출처 : 통계청

[그림 3] 소매업태별 판매액 추이(2022.09)
출처 : 통계청

의 매출을 달성, 새로운 쇼핑 채널로 발돋움했다.

온라인 쇼핑의 등장은 우리 삶에 새로운 패러다임을 제공했다. 2000년대 초 온라인 쇼핑은 지금과는 매우 달랐다. 인라인스케이트가 유행했던 2000년대 초에는 인라인스케이트를 구입하기 위해 네이버나 다음 카페의 동호회를 가입한 뒤 카페에 올라온 판매글을 확인한 다음 성지라 일컫던 동대문운동장 인근 판매점에 직접 방문해 신어보고 구매하는 형태였다. 이러한 형태가 점점 발전해 옥션, G마켓, 11번가, 인터파크 등 판매자와 구매자를 연결하는 중개업체인 오픈마켓이 등장해 온라인 시장을 주도해 나갔다.

2008년 이후 스마트폰이 등장하자 온라인 쇼핑의 성장은 더욱 가속화됐다. 스마트폰 등장 이전에는 집 또는 회사의 PC에서 일정 시간을 투자해 온라인 쇼핑을 했다. 가격과 할인율을 꼼꼼히 비교한 후 장바구니에 상품을 담아 결제를 진행하려면 공인인증서가 있어야 했다. 인증서뿐 아니라 결제를 위한 Active-x를 설치해야 했고, 처음부터 결제를 다시 진행해야 하는 경우가 많아 당시 컴퓨터와 친하지 않은 사람은 결제하다 포기하는 경우가 잦았다. 만약 특정 사이트에서 결제가 원활했다면, 소비자는 해당 사이트에서 결제하는 것이 편해 그곳만 이용하기도 했다.

스마트폰 등장 이후 결제의 어려움이 많이 해소되었다. 하나는 통신사 소액결제의 등장으로 한 달 30만 원 정도는 큰 어려움 없이 결제할 수 있게 되었다. 다른 하나는 간편결제 앱의 등장이다. 카드를 등록하고 보안 인증을 받으면 어떤 앱에서도 큰 불편 없이 결제할 수 있었다. 간편결제와 핀테크 결제 플랫폼 등장 이전에는 대부분의 온라인 쇼핑

결제가 무통장입금 또는 계좌이체 등으로 이루어졌다. 결제 방식이 불편해 소비자들은 자주 구매해야 하는 생활필수품보다 목적성이 있는 상품 구매 시 온라인 쇼핑을 주로 활용했다. 결국 소비자가 편리한 쪽으로 쇼핑 경로가 변경된 것이다.

2010년도에는 소셜커머스라는 이름으로 쿠팡, 위메프, 티몬 등이 등장했다. 오픈마켓과는 달리 공동구매 형태로 특정 상품을 미리 기획, 저렴한 가격으로 고객을 모집하고 판매하는 전략을 갖춘 판매방식이었다. 이는 미국의 그루폰을 벤치마킹해 국내에 들어왔다. 콘서트 티켓에서 시작해 콜라 등 음료 공동구매까지 다양한 영역에서의 쇼핑을 이끌었다.

소셜커머스의 시대는 쿠팡이 아마존과 같은 직매입 구조의 이커머스 사업으로 변하며 업계 전반에 변화를 불러일으켰다. 2015년 쿠팡이 직매입 기반의 익일배송 서비스인 '로켓배송'을 시작했다. 많은 유통산업 관계자가 비용이 많이 들어 쉽지 않은 도전일 것이라 생각했다. 그러나 2022년도 현재에도 로켓배송은 온라인 쇼핑을 대표하는 서비스로 자리 잡았다. 쿠팡과 더불어 직매입 구조인 E2E(End to End) 서비스로 운영하는 기업은 대표적으로 아마존, 징둥닷컴, 오카도 등이 있다. 이들 기업은 빠른배송을 통해 소비자의 만족도를 높인 대표적인 기업이다. 아마존은 초기 UPS와 FedEx를 활용해 빠른배송을 했으나, 현재는 직접 배송을 진행하며 아마존 플렉스(flex)를 통한 유연성을 확보했다.

2. 빠른배송과 MFC를 활용한 퀵커머스

이커머스의 발전에서 가장 중요한 요소는 배송의 발달이다. 국내에 쿠팡이 등장하기 이전에는 온라인 쇼핑의 기본 배송 가능일은 이틀이었다. 고객이 상품을 주문하면 판매자는 당일에 들어온 주문을 정리해 포장하고 택배사에 맡긴다. 택배사는 상차된 상품을 집하하고 분류해 해당 지역으로 보낸 뒤, 배달 지역의 택배기사가 배송한다. 이때 걸리는 시간(서비스 리드타임)이 통상 이틀이었다.

쿠팡은 직매입과 자체배송을 통해 서비스 리드타임을 하루로 단축했다. '로켓배송'은 고객이 주문할 상품 수요를 예측해 풀필먼트센터에 미리 보관하고 고객이 주문하면 바로 포장해 자사 물류 네트워크를 통해 다음 날 배송하는 서비스다. 2022년 현재 새벽배송, 당일배송, 로켓배송 등 고객의 주문시간에 따라 더 빠르게 받아볼 수 있는 배송 타입을 만들었고 고객에게는 정시배송과 빠른배송이라는 좋은 고객경험을 제공했다. 마켓컬리 또한 샛별배송이라는 신선식품 특화 서비스를 시작했다. 오후 11시까지 주문하면 다음 날 아침 7시 이전에 배송해주는 샛별배송 서비스는 아침에 일어나 도착한 상품을 냉장고에 넣어둔 뒤 출근할 수 있다는 장점으로 서울 강남권에서 입소문을 타고 큰 성장을 이뤘다.

이마트, 홈플러스, 롯데마트와 같이 기존 오프라인 매장을 거점으로 가지고 있는 대형마트들도 변화했다. 지정일 배송 또는 2시간 배송 등 서비스를 제공하기 시작한 것이다. 지정일 배송은 점포 또는 지역마다 반경 2km 내외 지역을 설정하고 배송차량을 섭외해 고객이 선택한 수령날짜와 시간을 선택해 배송받는 방법이다. 고객은 자신이 상품을 받을 수 있는 날짜와 시간을 지정해 일정을 미리 계획할 수 있어 편리하고, 기업은 정해진 수용능력(Capacity) 내에서 배송할 수 있어 효율적이다.

대형마트 3사와 쿠팡, 마켓컬리 모두 '빠른배송'이라는 단어로 고객에게 어필하고 있지만 속을 들여다보면 다른 방식의 배송형태를 갖추고 있다. 대형마트 3사는 배송 날짜와 시간을 고객이 직접 선택하는 방식으로 고객과 고객 간의 거리가 멀어도 배송차량이 한 번에 이동해야 한다. 따라서 배송시간이 오래 걸리고 한 번에 많은 고객에게 배달할 수 없어 무료배송 주문금액이 높을 수밖에 없다. 하지만 쿠팡과 마켓컬리는 마감시간 전까지 주문하면 다음날 새벽까지 배송하는 서비스로 서로 가까이에 있는 고객의 주문을 모아 배송구역을 설정하는 방식이다. 1대의 차량이 근거리 배송을 하므로 트럭 1대 당 배송할 수 있는 고객 수가 많고 주문이 많을수록 생산성이 향상되는 구조다. 어떤 배송형태가 고객과 기업에게 좋은 것이냐는 상황에 따라 차이가 있어 단정 짓기 어려우나 비용 중심의 기업이라면 지정일 배송이 합리적일 것이고, 서비스 중심의 기업이라면 쿠팡과 마켓컬리와 같은 배송이 합리적일 것이다. 고객의 수요와 기업의 수용 능력에 대한 균형이 선택에 가장 중요한 요소가 될 것이다.

2021년도부터는 퀵커머스(Quick Commerce)라는 새로운 배송형태가 활성화됐다. 배달의민족의 B마트, 요기요와 GS리테일이 손을 잡은 요마트, 쿠팡의 쿠팡이츠마트, 이마트 스피드 E장보기, 홈플러스 즉시배송, 롯데마트 바로배송 등이 그것이다. 점포와의 근거리(1~2㎞)를 기준으로 15분~1시간 내에 배송된다. 3,000~7,000개 정도의 상품군을 취급하는데 이는 대형 슈퍼마켓에서 취급하는 종수와 맞먹는다. 모든 회사에서 안정된 모델을 찾기 위해 많은 테스트를 진행하고 있고, 현재까지는 배송방법과 라이더 운영이 가장 큰 변수로 떠오른다.

3. 다양한 종류의 상품과 상품리뷰

　　온라인 쇼핑이 등장하자 소비자는 다양한 상품을 구매할 수 있는 기회를 얻었다. 대형마트에 구비된 상품의 종류는 점포의 크기나 종류에 따라 조금씩 다르지만 대략 5만 개 정도 취급하고 있다. 더 다양한 상품을 판매할 수 없는 이유는 공간의 한계 때문이다. 오프라인의 경우 무한대로 공간을 넓힐 수 없으므로 판매가 잘 되는 상품으로 선택과 집중을 할 수밖에 없다. 그에 반해 온라인 쇼핑은 공간에 대한 제약이 적다. 언론 기사를 통해 보도된 쿠팡의 취급 상품 수는 약 1,000만 개 이상이다. 쿠팡은 오픈마켓과 직매입 방식의 이커머스 두 가지를 이용해 다양한 상품을 취급하고 있다. 플랫폼 내에서 소비자에게 다양한 상품을 보여주는데 오픈마켓의 경우 판매자의 창고에서 재고를 보관하고 이를 고객이 주문하면 출고하는 형태이다. 직매입 방식의 이커머스는 수도권 외곽에 자리한 대형 물류센터 또는 도심지 인근의 풀필먼트센터에서 상품을 보관하다 고객이 주문하면 배송한다. 수도권의 오프라인 점포에서 상품을 보관하고 판매하는 것보다 상품의 종류와 재고를 관리하는데 큰 이점이 있다. 또한 소비자 선택의 폭을 넓혀주고 다양한 상품에 대해 가격, 품질 등의 많은 조건을 비교하며 상품을 구매할 수 있도록 했다.

　　다양한 상품군이 존재해도 소비자가 상품 구매에 어려운 부분이 생긴다. '내가 선택한 상품이 정말 좋은걸까?'라는 질문이다. 이런 부분은 구매 후기, 상품평, 리뷰 등을 통해 도움을 받을 수 있다. 해당 상품을 경험해보지 못한 경우 먼저 이용한 소비자가 남긴 상품평과 구매후기를 보고 선택을 좀 더 쉽게 할 수 있다. 배달앱에서도 리뷰를 통해 먹어본 적 없는 음식점의 메뉴를 선택할 수 있게 되었고, 의류 버티컬 커머스(카테고리 특화된 쇼핑몰)에서는 착용 후기나 착장 컷 등의 후기를 통해 소비자가 사이즈나 색상을 선택하는 데 많은 도움을 주었다.

온라인 쇼핑에서 가장 판매하기 어려운 카테고리는 신선식품이다. 아직도 많은 소비자는 눈으로 직접 신선도를 확인하고 구매하려는 경향이 있다. 그러나 설문조사 데이터에 따르면 코로나-19 이후 온라인에서 식료품을 구매하는 비율이 81.5%이며, 월평균 구매횟수도 5.02회로 주1회 이상 구매한다는 것을 확인할 수 있다. 이는 온라인 시장이 배송상태와 배송기한 등의 이유로 안전한 공산품 위주로 거래되던 모습에서 벗어나 다양한 종류의 제품을 구매하고 빈도 또한 높아짐을 알 수 있다.

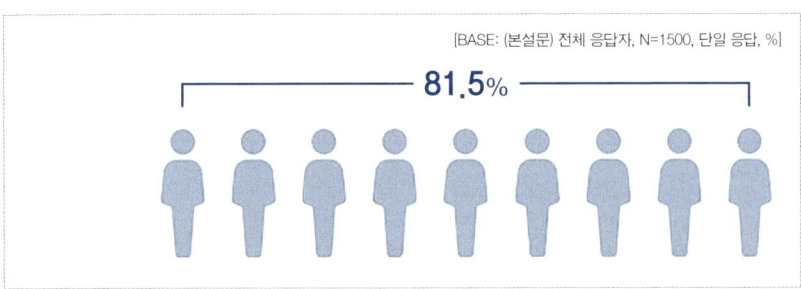

[그림 4] 온라인 식료품 구매율
출처 : 오픈서베이, 2022년 2월

[그림 5] 월 평균 온라인 식료품 구매 빈도
출처 : 오픈서베이, 2022년 2월

코로나-19 기간 동안 새로운 온라인 쇼핑 방식이 나타났다. '라이브 커머스(Live Commerce)'다. 기존 TV 홈쇼핑과 비슷하지만 언제 어디서든 모바일을 이용해 공간과 시간의 제약에서 벗어났다. 또한 유명인이 아닌 일반인이나 인플루언서가 실시간으로 사용방법, 사용후기, 의류의 경우 착장, 화장품의 경우 메이크업 등을 직접 시연하며 소비자가 보다 쉽게 상품을 선택할 수 있도록 했다.

다양한 종류의 상품을 빠르게 배송하는 것과 다른 소비자의 상품 구매후기 등을 바탕으로 판매 카테고리가 변화하고 확대했다. 또한 쇼핑의 편리성으로 인해 지속적인 구매 활동이 일어나고 있음을 볼 수 있다.

4. '락인 효과'를 극대화하는 멤버십 서비스

온라인 쇼핑이 등장하며 멤버십 서비스가 활성화되고 있다. 멤버십에 가입하면 쇼핑뿐 아니라 다양한 서비스를 추가로 받을 수 있다. 가입을 위해서는 월회비나 연회비를 지불 해야 하는데 비용이 부담될 수 있지만, 혜택을 잘 활용한다면 충분히 좋은 서비스를 누릴 수 있다. 오프라인에서 대표적으로 멤버십 서비스를 제공하는 업체는 미국식 창고형 할인매장인 코스트코다. 개인 회원의 경우 약 4만 원의 연회비를 내고 회원카드를 발급받아야지만 쇼핑을 할 수 있다. 코스트코의 경우 특별한 혜택이 있어 가입한다고 하기보다는 회원가입 후 쇼핑이 가능하다는 점과 품질에 대한 보장, 정확한 환불정책 등이 큰 장점이다.

온라인 쇼핑업체의 대표적인 멤버십은 아마존 프라임이다. 연회비는 2022년 기준 139달러로 비싼 편이지만 수백만 개의 상품을 이틀 혹은 하루 이내 무료배송으로 받을 수 있고, 거주지에 따라서는 당일 무료배송도 가능하다. 아마존 비디오, 아마존 뮤직, 회원전용 특별할인, 아마존 프레시, 아마존 리딩 등 쇼핑과는 관련 없지만 다양한 서비스를 제공해 멤버십을 유지하고 지속적으로 아마존을 사용할 수 있는 락인 효과(Rock-in effect, 소비자가 어떤 제품 또는 서비스를 소비하기 시작하면 다른 제품으로 소비 전환을 하지 않고 기존의 제품이나 서비스 소비를 꾸준히 유지하는 현상을 말한다. 사용자 고착, 고착 효과, 자물쇠 효과)를 창출하고 있다.

국내 이커머스 플랫폼 기업도 락인 효과를 기대하며 많은 서비스를 제공하고 있다. 네이버의 경우 '네이버플러스' 멤버십을 통해 네이버페이 최대 5% 적립, OTT 또는 음원 스트리밍, 웹툰 이용권 제공, 멤버십 데이 등을 제공하고 있다. 쿠팡은 멤버십 서비스 '와우클럽'을 통해 구매 금액과 상관없이 무료배송, 무료반품, 로켓프레시, 쿠팡플레이 등 다양한 서비스를 제공한다. 각 이커머스 플랫폼 기업이 멤버십을 지속 개발하는 이유는 소비자가 플랫폼에 머무는 체류시간을 늘릴 수 있는 전략을 택했기 때문이다. 멤버십은 단순히 쇼핑뿐 아니라 생활의 편리성을 제공하고 소비자의 삶 속에 하나의 기능처럼 다가갈 수 있다.

고객들이 생각하는 쇼핑의 개념은 점점 변화하고 있다. 전통적인 쇼핑 방식은 소비자가 필요로 하는 상품을 찾아 오프라인 매장을 직접 방문하고 가장 적정한 가격에 판매하는 매장에서 상품을 구매하는 방식이었다. 하지만 현재는 가격을 적극적으로 비교하고, 시간적 낭비를 줄이는 등의 합리적인 쇼핑을 추구한다. 또한 편리함과 품질, 가격, 빠른 배송, 무료 반품, 신선 상품 구매, 멤버십 혜택, 부가 서비스 등 많은 부분을 고려해 합리적으로 소비한다.

새로운 아이폰이 발매될 때 전날부터 줄을 서서 밤을 새우며 기다리는 모습을 뉴스에서 보았을 것이다. 하지만 요즘은 온라인 사전 예약을 하면 신규 제품이 출시되면 새벽에 집에서 상품을 받아볼 수 있다. 단순히 빠르게 받는다는 의미뿐 아니라 소비자에게 새로운 가치와 경험을 제공하는 것이다. 이러한 혜택을 받기 위해 소비자는 기꺼이 비용을 들이며 멤버십에 가입하고 유지한다. 또한 더 좋은 서비스를 받기 위해 많은 혜택이 있는 플랫폼을 찾는다. 전통적인 기업은 기존 고객을 유지하기 위한 전략으로 단순히 할인 행사나 줄서기 상품으로 유인했지만, 이는 일회성 이벤트밖에 될 수 없다. 지속가능한 고객 경험을 유지할 수 있는 방법을 찾아야 하는 것이다.

현재 많은 유통 기업은 어려운 상황과 마주했다. 팬데믹, 고금리, 인플레이션, 경기침체, 원달러 환율 급등 등 많은 부정적인 전망이 매일 뉴스 기사로 쏟아지고 있다. 또한 엔데믹으로 이어지는 2022년 이후에는 생활비 비중이 쇼핑에서 점차 여행과 레저로 이동해 정해진 한도 내에서 생활 필수품 정도만 쇼핑할 가능성이 있다. 또한 생활 물가는 올라가고 있으나 소비자의 소득은 물가만큼 오르지 않아 최소한의 비용으로 합리적 소비를 추구할 것이다.

향후 1~2년 간 유통 기업은 새로운 서비스에 투자하기보다 현재 상황에서 비용을 줄이고 생산성을 확대하는 전략을 세울 것이다. 그러나 소비자는 지속적으로 편리함과 합리적 소비를 만들어 줄 기업을 구매처로 선택할 것으로 보인다. 즉 어려운 시기지만 기업은 고객 경험을 극대화할 수 있는 전략을 수립하고 유지해야 한다.

III. 풀필먼트의 지속적인 발전

　　물류의 지속적인 발전은 우리의 삶을 편리하게 하고, 많은 산업의 발전에 기여하고 있다. 하지만 물류 기업이 막대한 이익을 추구하며 세계적인 기업이 되기에는 많은 어려움이 있다. 아직까지 많은 사람이 물류를 단순히 창고 운영 또는 택배와 같은 배송 정도로만 생각하고 있기 때문이다. 그러나 세계의 많은 기업이 물류 부문에 지속적인 개발 및 투자를 지속하고 있다. 이번에는 이를 포괄하는 단어인 '풀필먼트(Fulfillment)'에 대해 알아보고자 한다. 풀필먼트는 영어사전 속에 ① 이행, 수행, 완수, 실천, 달성 ② 고객의 주문처리 라는 뜻으로 등록되어 있다. 그렇다면 풀필먼트 서비스(Fulfillment Service)는 무슨 뜻일까? 사전에는 '물류 전문업체가 물건을 판매하려는 업체의 위탁을 받아 배송과 포장, 재고관리, 교환 및 환불 등의 모든 서비스와 과정을 담당하는 물류 일괄대행 서비스'로 정의되어 있다.

　　풀필먼트를 잘하는 대표적인 기업에 대해 모든 포털사이트에서 검색하면 아마존이라고 나온다. 아마존은 정말 배송, 보관, 포장, 재고관리, 교환, 환불 등을 잘하는 걸까? 아니면 FBA(Fulfillment by Amazon)이라는 이름으로 2006년도부터 시작한 서비스로 인해 대표기업으로 선정된 것일까? 다른 기업들은 풀필먼트 서비스를 잘하지 못하는 것일까? 실무 경험을 토대로 풀필먼트 서비스에 대해 설명하고자 한다.

1. 풀필먼트 수행을 위한 9가지 사전 기능

　　풀필먼트 서비스를 수행하기 위해서는 9가지의 사전 기능이 준비되어야 한다. ①고객 주문 플랫폼, ②수요예측 시스템, ③OMS(Order Management System), ④판매자(전문업체), ⑤특정 규모 이상의 물류센터, ⑥WMS(Warehouse Management System), ⑦퍼스트마일(First Mile), 미들마일(Middle Mile), 라스트마일(Last Mile), ⑧TMS(Transportation Management System), ⑨CS(Customer Service)가 그것이다. 이 9가지 기능 중 하나라도 갖추지 못한다면 사전적 의미의 기능을 수행하기 어렵다.

1) 고객 주문 플랫폼

국내를 대표하는 쇼핑 애플리케이션(이하 앱)을 나열하면 네이버, 쿠팡, SSG.COM, G마켓, 티몬, 마켓컬리 등이 있다. 해당 업체의 앱에서 소비자가 상품을 검색하고 마음에 드는 상품을 장바구니에 넣은 뒤 결제를 진행한다. 그러나 고객 주문 플랫폼이 있다고 풀필먼트 서비스를 모두 운영한다고 보기에는 어렵다. 쿠팡, 마켓컬리, SSG.COM, 네이버쇼핑의 일부 특정 상품군(CJ 대한통운과 협업해 곤지암, 군포에서 특정한 상품군을 풀필먼트로 운영) 등을 제외하면 대부분 오픈마켓으로 운영되어 판매자가 직접 상품을 보관 및 포장한 뒤 택배사를 이용해 소비자에게 제품을 판매하는 형태이기 때문이다. 쿠팡, 마켓컬리, SSG.COM 또한 오픈마켓 형태로도 상품을 판매한다. 이는 모든 상품을 자사 풀필먼트센터에 보관하기 어렵기 때문이다.

2) 수요예측 시스템

일회성으로 상품을 판매하는 것이 아니므로 상품을 지속적으로 풀필먼트센터에 보관해야 한다. 이를 위해서 과거 판매 데이터를 기반으로 한 수요예측 시스템을 가지고 있어야 풀필먼트센터의 공간을 합리적으로 사용할 수 있다. 이를 기반으로 고객 서비스 레벨(고객이 방문할 때마다 항상 구매할 수 있는 상품을 뜻함)을 맞출 수 있다. 이를 설명하는 쉬운 예로 수요예측으로 처리할 물동량을 파악한 뒤 작업 인력을 구성하는 것이다.

3) OMS(Order Management System)

OMS는 크게 두 가지 기능을 가지고 있다. 첫 번째는 고객의 주문 정보를 가지고 있는 시스템이다. 두 번째는 판매자(전문업체)가 수요예측을 한 상품을 주문할 수 있는 기능(ERP의 Ordering System)이다. 만일 OMS가 없다면 결과론적으로 수요예측이 어렵고, 상품을 제때 정량을 공급받지 못해 고객의 주문을 처리하기 어렵다.

4) 판매자(전문업체)

네 번째 기능은 판매자이다. 많은 판매자와 이들이 갖춘 다양한 종류의 상품을 플랫폼에서 고객이 주문할 수 있도록 하는 것이 중요하기 때문이다. 수요와 공급의 역할을 하는 것이 소비자와 판매자다. 많은 물류 운영자는 판매자가 없어 어려움을 겪고 있어 중요성이 부각되고 있다.

5) 특정 규모의 물류센터

물류센터는 풀필먼트센터와 같은 의미라고 볼 수 있다. 판매자의 상품을 미리 보관해 소비자가 주문하면 바로 처리할 수 있는 장소가 존재해야 한다. 최근에는 도심에 위치한 MFC(Micro Fulfillment Center)와 같이 소규모의 풀필먼트센터도 존재한다. 특정 크기라고 정의한 이유는 목적성과 운영방식에 따라 어떤 상품을 취급하는지, 어떤 운영 환경을 가졌는지에 따라 다르기 때문이다.

6) WMS(Warehouse Management System)

풀필먼트에서 10가지 상품만을 취급한다면 WMS는 굳이 필요하지 않다. 스프레드시트만으로도 운영 가능하다. 하지만 다양한 종류의 상품을 갖췄다면 고도화된 WMS가 필요하다. 모든 운영 관련 활동을 정의하는 WMS는 풀필먼트센터의 핵심이다. WMS와 고객주문 플랫폼, OMS, TMS, CS가 모두 연결되어 있고, 데이터를 주고받을 수 있어야 진정한 의미에서의 풀필먼트 서비스를 운영할 수 있다.

7) 퍼스트마일, 미들마일, 라스트마일

퍼스트마일은 판매자의 상품을 풀필먼트센터까지 이동하는 과정을 말한다. 미들마일은 포장된 상품을 특정 지역까지 이동하는 것을 의미하는데, 보통 간선차량이라고 부른다. 라스트마일은 최종소비자에게 전달되는 과정을 뜻한다. 이 3가지를 한 회사가 모두 운영하지는 않지만 계약 또는 협력관계이든, 수직계열화를 통한 기업 자체 운영이건 간에 꼭 필요한 요소이다.

8) TMS(Transportation Management System)

TMS는 상품의 이동과 고객 배송경로를 정확히 설정하고 이동 간의 낭비를 최소화하기 위한 시스템이다. 고객의 CS에 적극적인 대응을 하기 위해 이동경로 파악은 매우 중요하다.

9) CS(Customer Service)

고객들의 클레임에 대응하고 상품 품질 관련 문제를 해결하는 역할을 한다. 교환 및 환불 정책과 고객 대응 시스템이 주문 플랫폼과 함께 연동되어 신속, 정확하게 대응해야 한다. 풀필먼트 서비스 운영 기업 중 언급한 9가지를 완벽히 수행하는 기업은 거의 없다. 어떤 기능은 IT 개발 회사에서, 어떤 기능은 물류창고 운영 회사에서, 어떤 기능은 택배사에서 담당하기도 한다. 모든 기능을 한 기업이 관리하기에는 전문성뿐 아니라 큰 비용을 수반하기 때문이다. 다양한 분야의 업체와 잘 협력해야 풀필먼트 서비스를 운영할 수 있다.

국내 최대 포털사이트 기업인 네이버는 고객 주문 플랫폼과 CS 기능은 직접 운영하고, 실제 상품 이동은 많은 물류기업과 동맹(Alliance)을 맺어 운영한다. 자신이 잘하는 것에 집중하고 부족한 것은 잘하는 전문기업에 맡기는 정책이다. 반대로 쿠팡과 마켓컬리와 같은 기업은 최대한의 기능을 내재화해 운영한다. 이는 높은 비용과 많은 시간이 필요하고, 전문인력 양성에도 많은 투자가 필요하다. 정답은 따로 없다. 다만 풀필먼트 서비스를 보다 완벽하게 수행하기 위한 방식을 기업 상황에 맞게 구현하고 고객과 판매자에게 좋은 경험을 선사하는 것이 풀필먼트 서비스라 할 수 있다. 이때 고객은 내부고객, 외부고객, 실제 상품을 구매하는 소비자를 모두 포함한 것이다.

2. 풀필먼트센터의 기능과 자동화

1) 풀필먼트센터의 기능

풀필먼트 서비스 구축을 위해 가장 중요한 것은 풀필먼트센터이고, 그 중에서 자동화 기능이라 할 수 있다. 국내 최고의 물류회사는 어디일까. 많은 사람과 업계 종사자들은 CJ대한통운이라 할 것이다. CJ대한통운은 CJ그룹의 자체 물류를 맡고 있을뿐 아니라 우리나라에서 가장 큰 택배회사이다. 또한 3자물류(3PL)을 운영하며 많은 소규모 기업의 물류를 책임진다.

CJ대한통운은 네이버와 지분을 맞교환하며 전략적 제휴를 맺고 네이버 쇼핑의 풀필먼트센터 및 배송을 맡고 있다. 경기도 광주의 곤지암과 군포에 풀필먼트센터를 구축해 네이버 쇼핑을 통해 들어온 주문을 받아 소비자에게 빠르게 배송하고 있다. 풀필먼트센터 내에 특정 기업의 상품을 수요예측을 통해 미리 보관하고 주문과 동시에 피킹과 포장을 진행해 CJ대한통운의 택배를 이용해 배송을 진행한다. 고객 주문과 CS 등 실제 상품과 관련된 업무는 네이버가 진행하고 있으나, CJ대한통운은 고도의 OMS와 WMS, TMS를 자체적으로 가지고 있으므로 많은 판매자(전문업체)가 CJ대한통운의 풀필먼트센터를 이용하고 있다.

쿠팡은 자사 플랫폼에서 판매하는 상품을 풀필먼트 서비스로 운영한다. 풀필먼트센터 내 대부분의 재고는 직매입한 상품이나 오픈마켓 판매자 상품을 보관 및 운영하는 '제트배송' 서비스도 제공한다. 쿠팡은 CFS(Coupang Fulfillment Service)라는 자회사에서 풀필먼트센터를 운영하며, CLS(Coupang Logistics Service)라는 자회사가 라스트마일을 담당하고 있다. 쿠팡은 구매부터 라스트마일까지 최대한 많은 과정을 수직계열화하여 운영하고 있다. 이로 인해 고객 경험에서부터 많은 강점을 가지게 됐다. 쿠팡 앱에서는 소비자의 위치에 따라 조금씩 다르긴 하나 로켓와우 멤버십에 가입하면 상품 검색 시 당일배송, 새벽배송, 로켓배송, 제트배송 등의 뱃지를 확인할 수 있다. 소비자는 이를 확인해 주문하고자 하는 상품이 언제, 어떻게 배송하는지 확인하며 구입할 수 있다. 소비자와의 소통에 풀필먼트 운영방식이 함께 녹아있는 셈이다.

대표적인 신선식품 새벽배송 기업인 마켓컬리 또한 풀필먼트센터를 잘 운영하고 있다. 신선식품이라는 특징을 잘 활용해 3단계 온도 범위별로 센터를 구분해 사용하고 있다. 신선식품에 특화된 포장과 냉장배송차량을 이용하며 외부온도에 덜 민감한 새벽시간을 이용한 배송이 전문화되어 있다.

이밖에도 풀필먼트센터를 운영하는 카페24, 위킵, 두핸즈(품고), 파스토(FASTO), 아워박스 등의 업체가 있다. 또한 풀필먼트센터 운영 시스템을 제공하는 업체인 테크타카(아르고), 물류회사와 판매자를 연결하는 서비스인 카카오엔터프라이즈의 카카오 i LaaS 등 많은 회사가 다양한 방식으로 풀필먼트 서비스를 위한 투자와 개발을 진행 중이다.

2) 풀필먼트센터의 자동화 과정

풀필먼트센터의 운영 과정은 다음과 같다.

입고(하차, 검수, 검품) → 진열 → 피킹(집품) → 포장 → 분류(상차)

입고는 풀필먼트 운영사가 수요를 예측해 필요한 만큼 발주한 상품을 센터에 하차하고, 검수하며(파손검사, 유통기한 검사, 표기사항 검사), 수량을 확인하는 과정이다. 계약 조건에 따라 직매입일 경우 이때 매입대금 지불 명세서를 발급해야 하므로 매우 중요하다.

입고가 완료되면 상품 진열 단계에 진입한다. 이때 기존 물류센터와 풀필먼트센터 간에 큰 차이가 발생한다. 전통적인 물류센터는 B2B로 운영되므로 벌크(Bulk)로 입고되고, 벌크로 출고되는 것이 일반적으로 입고와 출고의 단위가 거의 변하지 않는다. 풀필먼트센터는 대부분 B2C로 운영되므로 벌크로 입고되지만, 개별 상품으로 출고되는 경우가 대부분이다. 이로 인해 상품 진열 시 모든 상품을 낱개로 나눠야 한다. 풀필먼트 센터의 생산성에 영향을 미치는 구간으로 이를 무시하고 벌크로 진열하면 이후 공정에서 더 많은 손실이 발생한다.

다음 과정은 집품이다. 흔히 피킹이라고 말하는 이 과정은 오프라인 매장에서 소비자가 매대에 있는 상품을 선택하는 것을 센터의 작업자가 대신 하는 행위이다. 피킹은 풀필먼트센터뿐 아니라 물류센터 업무의 약 50% 정도를 차지한다. 이때 WMS의 기능이 센터의 생산성을 좌지우지한다. 대규모의 센터에서 고객이 주문한 상품을 찾아 피킹하는 것은 상당히 어렵다. 진열된 상품의 정확한 위치를 찾아 어떤 순서로 피킹할 지, 고객 단위로 할지, 물류센터 내 위치 단위로 피킹할지 다음 공정에서 사용될 자동화 장비도 다르게 설정되어야 하기 때문이다.

피킹이 완료되면 고객 단위로 포장하게 된다. 한 고객의 주문을 최대한 함께 포장(합포)하는 것이 비용을 절감하는 방식이다. 그러나 신선식품 여부, 파손 여부 등 경우의 수가 다양해 합포가 불가능한 상황도 발생한다. 특히 박스당 비용을 과금하는 택배사를 이용하는 풀필먼트의 경우 합포가 비용에서 큰 비중을 차지한다.

마지막 공정은 분류와 상차이다. 대부분의 풀필먼트센터는 택배사를 이용하므로 지역별 분류를 하지 않고 택배사 트럭에 상차해 택배사의 허브터미널에서 지역별 분류가 이뤄진다. 하지만 쿠팡과 마켓컬리 등과 같이 택배사가 아니라 직접 물류를 운영하면 풀필먼트센터에서 지역별로 상품을 분리하고, 분류한 상품을 배송센터 차량에 상차해 이동한다.

이 때 한 번 프로세스가 구축되면 물리적인 변경이 매우 어렵고 비용이 많이 발생해 운영 방식에 대한 명확한 정의가 필요하다. 각 기업이 가진 프로세스에 따라 풀필먼트 운영 방식이 상이하므로 E2E(End to End) 테스트를 거쳐 명확한 프로세스를 갖춰야 한다.

2022년 기준 국내에서 풀필먼트센터를 운영하는 회사는 이마트, 쿠팡, 마켓컬리, 네이버 등이 있다. 기업은 고객의 요구사항을 충족하는 풀필먼트센터를 운영하기 위해 대부분 인력에 의존하고 있다. 시장이 점차 성장할수록 인건비 상승과 더불어 서비스 품질의 불확실성, 고숙련자의 부족현상, 다품종 소량 배송의 증가, 풀필먼트 운영 적자 폭 증가로 인해 센터 운영을 인력에 의존하는 경우 어려움을 겪을 수 있다. 이를 해결하기 위해 기업에서는 풀필먼트 자동화를 진행하고 있다. 쿠팡은 빠른 성장을 위한 인건비 절감에 초점을 두어 인력 중심의 물류 운영에서 자동화 중심의 물류 운영으로 전환하고 있다. 마켓컬리 또한 새벽배송을 위해 더 빠르고 좋은 품질의 고객 경험을 유지하고자 신규 자동화 기술에 투자하고 있다. 이마트는 기존 오프라인 매장을 활용하며 온라인 전용센터를 추가, 온오프라인을 함께 아우르는 자동화를 추구하고 있다.

풀필먼트센터의 자동화 투자는 엄청난 처리량을 소화할 수 있고, 일정한 속도를 가능케 한다. 또한 불량률(Defect Rate)을 낮출 수 있을 뿐만 아니라 장기적 관점으로 볼 때 비용을 감소시킬 것으로 기대하고 있다. 그러나 고객의 수요가 명확하지 않다면 과잉 투자가 되어 기업에 많은 고정비를 발생시킬 수도 있다. 따라서 고객 수요와 처리량 간에 적절한 균형을 고려해 투자해야 한다.

다음은 풀필먼트 자동화를 운영하는 국내외 3개 업체의 사례를 소개하고자 한다.

(1) 오카도(Ocado)

2000년 4월 영국에서 설립된 온라인 식료품 유통기업 오카도는 로봇과 AI를 활용해 이커머스의 혁신을 선도하고 있다. 대형 물류센터와 배송 네트워크 구축을 통해 기존 오프라인 유통 채널과 차별화된 비즈니스 모델을 설계했고, 빠르고 정확한 배송에 주력해 물류센터에서 직배송하는 시스템을 사용하고 있다. 오카도는 이를 통해 오프라인 매장 없이 온라인만으로 이익을 낸, 드문 사례를 가진 기업이다.

오카도는 주문에서 배송까지 모든 주문 이행을 처리할 수 있는 프로세스인 OSP(Ocado Smart Platform)를 구축, 운영하고 있다. 또한 물류센터 내에 그리드 시스템 방식의 GTP(Goods to Person)를 구축하여 소프트웨어와 하드웨어까지 통합한 최적화 시스템과 운영 프로세스를 가지고 있다. 오카도는 물류센터에서 상품을 진열, 보관, 피킹하는 그리드 시스템(Auto Store와 유사한 모델)과 DPS(Digital Picking System) 방식으로 분류하는 로봇 암(Robot Arm) 형태의 그리퍼 로봇 등을 활용하고 있다.

(2) 이마트 네오003(NE.O, NExt generation Online store)

이마트는 2014년 네오001 센터 오픈을 시작으로 2016년 네오002,

[그림 6] 오카도의 사동화 현황
출처 : 로이터, 유튜브(OSP)

2019년 네오003을 열고 빠르게 성장하는 온라인 시장에 대응했다. 네오003은 이마트 오프라인 매장에서 취급하는 5만여 종의 상품을 고객에게 배송해주는 온라인 전용 센터로 냉동, 냉장, 상온(정온), 상온(일반) 상품으로 구성되어 있다.

[그림 7] 이마트 네오003
출처 : 신세계그룹 뉴스룸

국내 대형마트에서는 처음으로 온라인 전용센터를 운영 중인 네오003은 프로세스의 80% 이상을 자동화했다. 운영 프로세스는 오카도를 벤치마킹해 거의 동일하나 AGV나 AMR같은 로봇류 장비를 원활히 가동하기 위해선 습기와 바닥의 컨디션이 중요해 냉장과 냉동 창고에서 운영하기 불리하다. 냉장과 냉동창고에서 운영할 수 있어 유리한 미니로더를 GTP 자동화 설비로 사용하고 있다.

고객의 주문은 배치(Batch, 묶음)단위로 이뤄진다. 한 개의 차량에 50명 고객의 주문이 정해지면 50명의 고객 주문이 한 번에 시작되어 동시에 끝나지 않는다. 이때 시퀀스 버퍼(Sequence buffer)라는 공간을 활용해 마지막 50번째 고객 주문이 마무리될 때까지 기다린다. 50번째 고객의 주문이 완성되면 배송 차량에 먼 고객의 주문부터 멀티 셔틀에서 꺼내고, 배송순서 역순으로 차량에 적재된다. 그로인해 보관 및 배송차량 적재 시 생산성을 향상할 수 있도록 설계되어 있다.

(3) 쿠팡

소셜커머스를 시작으로 2010년에 설립된 쿠팡은 이후 아마존을 모델링해 직매입 구조 사업모델을 구축했다. 쿠팡은 라스트마일을 직접 운영하며 이커머스 분야에서 빠르게 성장하고 있다. 전국에 100여 개의 물류센터를 구축해 로켓배송, 당일배송, 새벽배송, 제트배송 등과 같이 배송의 편리성을 극대화해 고객 만족도 향상에 초점을 두고 운영하고 있다.

쿠팡은 아직까지 자동화 장비 운영이 많지 않은 상태로 운영 효율과 비율 절감을 위해 지속적인 물류 자동화에 투자하고 있다. 소터

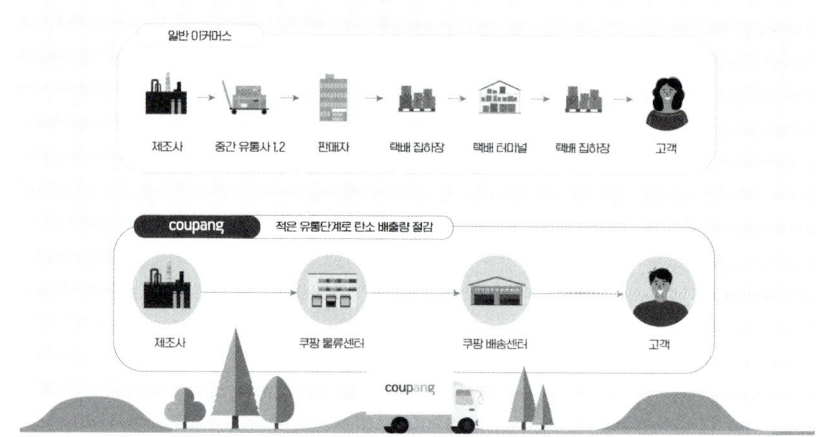

[그림 8] 쿠팡의 물류 과정
출처 : 쿠팡 뉴스룸

(Sorter), 컨베이어(Conveyor), 오토 라벨러(Auto Labeler), 오토 배거(Auto Bagger) 등 분류형/이동형 자동화 장비와 모듈러형 자동화 장비 위주였으나 일부 센터는 GTP(Goods To Person) 방식의 AGV(Automated Guided Vehicle), AMR(Autonomous Mobile Robots) 등을 설치해 자동화 장비 사용 비율을 점차 늘리고 있다. 2021년도 이후 신규 규축 센터에는 GTP 장비를

[그림 9] 쿠팡 풀필먼트센터
출처 : 쿠팡 뉴스룸

설치해 운영할 예정이다.

자동화 설비는 기업이 취급하는 상품의 종류, 배송형태, 운영 프로세스, 비즈니스의 확장성, 취급상품의 크기 등에 따라 다양하게 선택할 수 있다. 자동화를 선택할 때는 많은 변수를 고려해야 한다. 비즈니스에서 추구하는 방향이 명확해야 풀필먼트센터의 자동화 구축을 목적에 맞게 진행할 수 있다. 첨부한 표는 물류센터와 풀필먼트센터에서 주로 사용되는 자동화 장비이다. 표를 통해 기업이 어떤 상품을 취급하고 어떤 운영 형태를 추구하는가에 따라 선택 장비가 다르다는 것을 알 수 있다.

신선식품만 취급하는 버티컬 이커머스 기업은 상품의 좋은 품질을 유지하며 빠르게 배송해야 하므로 신속하고 품질에 대한 안전 보장이 가능한 자동화 장비를 선택해야 한다. 신선 물류센터의 특성 상 습기가 많고 결로현상 등으로 미끄러짐이 발생해 안전사고가 일어날 수 있으므로 AGV나 AMR과 같은 장비 대신 셔틀 방식을 택하는 것이 바람직하다.

판매가 저조한 상품을 대량으로 보관해야 할 경우 적재량 규모가 큰 그리드 시스템 장비를 사용하는 것이 좋다. 또한 빠른 출고가 필요한 경우에는 셔틀류 자동화 장비가 유용하다. 자동화 장비를 설치하면 처리량(Capacity)이 고정되므로 신중히 선택해야 한다. 사업의 성장성과 고객 경험에 대한 서비스 레벨 비용의 투자 정도 등 다양한 요소를 고려해 기업에 최적화된 장비를 선택하는 것이 좋다.

		DAS	DPS	AutoSorter	AMR Cart	Vertical Carousel
물동량 특성		소품종/소량출고	소품종/소량출고	소품종/소량출고	소품종/소량출고	다품종/저빈도
Handling Unit		BOX & PCS	BOX & PCS	PCS	BOX & PCS	BOX & PCS
출고 생산성		L(인력에 의존)	L(인력에 의존)	H(자동반출, 이동 X)	L(인력에 의존)	H(자동반출, 이동 X)
물량변화 대응성		L(인력추가 투입, 이동량 많음)	L(인력추가 투입, 이동량 많음)	M(설비 증축 가능)	L(인력 추가 투입, 이동량 많음)	M(설비 증축 가능)
안정성		L(인력에 의존)	L(인력에 의존)	H(보관 피킹의 연속성)	L(인력에 의존)	H(보관 피킹의 연속성)
비용 효율	설치 비용	H(초기 투자 비용 낮음)	H(초기 투자 비용 낮음)	M(초기 투자 비용 보통)	M(초기 투자 비용 보통)	M(초기 투자 비용 보통)
	운영 비용	L(인력 운영 비용 높음)	L(인력 운영 비용 높음)	M(인력 운영 비용 보통)	L(인력 운영 비용 높음)	M(인력 운영 비용 보통)
특징		• 배치단위 운영으로 즉시 처리에 어려움 • 다양한 형태에 유연하게 대응 가능 • 초기비용이 적게 듦 • SKU를 늘리는데 어려움이 있음 • 배송지를 늘리는데 어려움이 있음	• 오더 피킹을 기본으로 하기 때문에 고객 수가 많아지면 효율이 감소 • 다양한 형태를 유연하게 대응가능 • 초기비용이 적게 듦 • 컨베이어를 기본으로 설치해야 하기 때문에 확장 시 고려사항이 있음	• 작은 상품을 낱개단위로 운영 • 모듈단위로 확장 가능 & 유연성이 좋음 • 재고의 보관기능 또는 분류기능으로 사용가능	• 기존의 창고를 그대로 사용할 수 있음 • 존 단위로 운영 또는 path 단위로 운영 가능 • 분류기능까지 사용할 수 있음 • 층 이동이 불편함	• 작은 상품을 낱개단위로 운영 • 모듈단위로 확장 가능 & 유연성이 좋음 • 속도가 매우 느리고 장기보관상품에 좋음

		Multi Shuttle (Conveyor)	Multi Shuttle (AGV)	Mini Load	AGV/AMR + POD	Cube Grid
물동량 특성		다품종/ 고빈도	다품종/ 고빈도	다품종/ 중고빈도	다품종/ 저빈도	다품종/ 저빈도
Handling Unit		BOX & PCS	BOX & PCS	BOX & PCS	BOX & PCS	BOX & PCS
출고 생산성		H(자동반출, 이동 X)	H(자동반출, 이동 X)	H(자동반출, 이동 X)	H(자동반출, 이동 X)	H(자동반출, 이동 X)
물량변화 대응성		M(설비 증축 가능)	M(설비 증축 가능)	L(설비 증축이 어려움)	H(로봇 추가 가능, POD 추가 가능)	M(설비 증축 가능)
안정성		H(보관 피킹의 연속성)	H(보관 피킹의 연속성)	H(보관 피킹의 연속성)	H(보관 피킹의 연속성)	H(보관 피킹의 연속성)
비용 효율	설치 비용	L(초기 투자 비용 높음)	L(초기 투자 비용 높음)	L(초기 투자 비용 높음)	M(초기 투자 비용 보통)	L(초기 투자 비용 높음)
	운영 비용	H(인력 운영 비용 낮음)	H(인력 운영 비용 낮음)	H(인력 운영 비용 낮음)	M(인력 운영 비용 보통)	H(인력 운영 비용 낮음)
특징		• 장비 속도 면에서 매우 강점임 • 추가 설치와 초기 투자비용이 높음 • 층간이동에서 유리함 • 층고가 높은 센터에서 활용성이 좋음 • 보관 피킹이 연속적임	• 장비 속도 면에서 매우 강점임 • 추가 설치와 초기 투자비용이 높음 • 층간이동에서 유리함 • 층고가 높은 센터에서 활용성이 좋음 • 컨베이어가 없어 유연성에서 조금 더 유리함 • 보관 피킹이 연속적임	• 장비 속도 면에서 매우 강점임 • 추가 설치와 초기 투자비용이 높음 • 층간 이동에서 유리함 • 층고가 높은 센터에서 활용성이 좋음 • 보관 피킹이 연속적임	• 보관 피킹이 연속적임 • 속도는 느리지만 로봇을 추가할 수 있음 • 무겁고 큰 상품을 처리하기에 어려움이 있음 • 유연성이 타 장비에 비해 매우 좋음	• 창고 보관 측면에서 최적임 • GTP 장비 중 속도가 느림 • 모듈 단위로 확장 가능 • OMS와 함께 사용 시 효과적임 • 보관 피킹이 연속적임

Ⅳ. 글을 마치며

   1990년대부터 현재까지 유통산업이 빠르게 발전한 데는 데이터 축적 기능의 역할이 지대했다. 소비자에게 좀 더 편리한 서비스를 제공할 수 있도록 발전한 간편한 결제 방법, 다양한 종류의 상품 제공, 상품 선택에 대한 정보 제공, 빠른 배송을 위한 노력, 풀필먼트 서비스를 통한 E2E 서비스, 더 나은 서비스를 위한 자동화 등은 그간 축적된 데이터를 활용한 기술이다.

   유통산업의 지속적인 발전에 따라 우리들의 삶은 좀 더 편리하고 시공간의 제약에서 자유로워지고 있다. 고객의 새로운 경험을 위해 기업은 지속적인 투자와 개발을 해야 한다. 더욱더 발전되는 유통산업과 물류산업이 되기를 바란다.

Logistics Trends 2023

새벽배송 시대의 라스트마일 성공전략

마종수
한국유통연수원 교수

롯데쇼핑(주)롯데마트의 MD와 SCM부문장, 물류혁신담당임원을 거쳐 스마트물류분야의 전문 컨설턴트 활동중이며 현재 유통산업연수원의 교수이다. 로지스틱스 2.0에서 로지스틱스 4.0에 해당하는 물류시스템을 모두 구축하고 운영해본 실전 물류 전문가로서 특히 첨단 이커머스 풀필먼트센터 구축과 운영 분야에서 차별화된 노하우를 보유하고 있다.

I. 2022년 새벽배송시장의 승자와 패자

'새벽배송'하면 어떤 회사가 떠오르는가? 아마 대부분 마켓컬리와 쿠팡, SSG.COM 정도가 떠오를 것 같지만 실제로는 생각보다 훨씬 많은 업체가 새벽배송시장에서 총성 없는 전쟁을 벌이고 있다.

새벽배송시장에는 원조 강자 마켓컬리와 온라인 공룡 쿠팡, 전통적인 유통대기업인 이마트의 SSG.COM과 롯데쇼핑, GS리테일, BGF, 현대백화점 등이 참전해 있고 냉장냉동 밀키트를 중심으로 프레시지와 동원까지 경쟁에 뛰어들었다. 최근 다크호스로 떠오르고 있는 오아시스마켓 같은 신규업체들까지 포함하면 등 얼핏 살펴보아도 대략 10개 이상의 업체들이 격렬한 새벽배송 전쟁을 벌이는 상황이다.

그러나 자신만만하게 출사표를 내던지며 새벽배송시장에 뛰어들었던 업체 중 상당수가 현재 깊은 내상을 입고 연이어 경쟁에서 탈락하고 있다. 그중에서도 특히 유통 대기업인 롯데와 BGF리테일이 운영하던 헬로네이처, GS리테일, 동원과 프레시지에 이르기까지 많은 새벽배송 업체들이 최근 들어 서비스를 종료하며 시장에서 철수하게 된 것은 온오프라인 업계 모두에 큰 충격을 준 사건이었다.

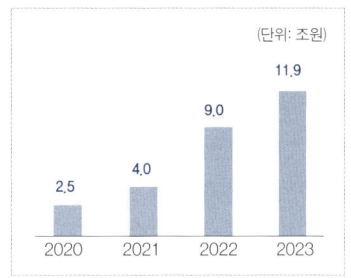

[그림 1] 국내 새벽배송시장 규모
출처: 교보증권

마켓컬리의 샛별배송 서비스로 시작한 국내 새벽배송 시장은 2015년 불과 100억 원이었으나, 2022년 9조 원, 2023년에는 무려 11.9조 원의 매출이 예상된다. 이는 전세계 모든 온오프라인 카테고리를 통틀어서도 유래를 찾기 어려울 정도의 엄청난 성장속도이다. 그에 따라서 초고속으로 성장 중인 새벽배송시장이 황금알을 낳는 거위로 인식되며 유통, 물류, 제조업체를 망라하여 많은 업체의 각축장이 됐다. 그러나 이러한 성장의 이면에는 과도한 물류비용과 마케팅 비용 등으로 영업적자 규모가 커지며 운영비용을 감당하지 못하는 업체들의 속출하며 새벽배송 레이스에서 탈락하며 역사의 뒤안길로 사라지고 있는 것이다.

새벽배송 시장에서 뜨거운 경쟁을 벌였던 롯데그룹만 하더라도 국내 최대의 유통대기업이라는 프리미엄을 안고 롯데슈퍼의 '롯데프레시 새벽배송'을 시작했다. 뒤이어 롯데홈쇼핑의 '새롯배송'과 롯데마트의 '새벽에ON'이라는 이름으로 새벽배송시장에 참전했고 2022년에 들어 차례로 새벽배송시장에서 철수했다.

BGF가 인수하여 업계 1위를 목표로 새벽배송시장에서 경쟁했던 '헬로네이처' 역시 과도한 적자 누적으로 운영을 종료했다. 헬로네이처는 국내에서 마켓컬리보다 먼저 신선식품을 온라인에서 콜드체인으로 서비스했던 회사다. 새벽배송시장의 원년인 2015년부터 마켓컬리와 함께 새벽배송시장을 개척해왔던 베테랑 업체의 서비스 종료라는 점에서 놀라움을 준다. 이후 역시 유통대기업 중 한곳인 GS리테일과 국내 1위의 밀키트 제조업체인 프레시지와 역시 밀키트와 반찬으로 경쟁하였던 동원의 새벽배송 서비스가 연이어 종료되는 등 2022년의 새벽배송시장은 대형 유통, 제조업체들의 시장 철수와 함께 새롭게 재편되고 있다.

브랜드 네임이나 물류 인프라, 자본력 등 모든 면에서 압도적인 경쟁 우위를 가지고 있는 대기업들이 온라인시장에서는 매우 고전하고 있고 특히 새벽배송시장에서는 참패에 가까운 모습을 보이는 것은 일반인이 보기에는 다소 낯설고 이해가 가지 않을 것이다. 오프라인 시장을 석권하던 유통 대기업은 온라인과 새벽배송시장에 진출하며 그동안 오프라인 시장에서 사업을 확대하던 방식을 고수했다.

오프라인 시대에서 리테일은 부동산산업이었다. 엄청난 자본을 들여 목 좋은 곳에 거대한 규모의 매장을 구축하고 매스컴 광고에 어마어마한 비용을 쏟아부으면 후발주자라도 누구나 성공할 수 있었다. 그래서 오프라인 유통업체들은 경쟁사와 아무런 차별화도 되지 못한 채, 규모의 경제가 승리한다는 기존의 성공 방정식을 좇아 물리적인 투자에 집착하게 된 점이 오히려 현재 오프라인 유통 대기업의 발목을 잡은 중요한 원인이었다고 볼 수 있다.

불과 10년 전만 하더라도 국내의 유통시장은 오프라인 대기업이 장악하고 있었다. 그들은 온라인시장 초기의 쿠팡이나 G마켓 등과 경쟁하며 승리를 자신했고 2015년 마켓컬리가 새벽배송시장의 새로운 문을 열었을 때도 방관자적인 자세로 바라보기만 하며 일시적인 유행으로 끝날 것으로 과소평가했다. 그당시 유통전문가들은 쿠팡이나 마켓컬리처럼 막대한 물류비로 인하여 매출이 늘어날수록 영업적자가 눈덩이처럼 크게 발생하는 로켓배송이나 샛별배송같은 비즈니스 모델은 국내 유통사에서 역사적인 적자회사라는 오점을 남기며 몇 년 안에 시장에서 사라질 것이라고 단언했다.

실제로 초창기에 각종 스티로폼과 냉매제 등으로 과대포장 논란이 일기도 했었던 마켓컬리의 경우 야간작업의 경우 인건비가 1.5배가 들어가고 포장비와 배송비가 구입한 상품가격의 절반이 넘는 경우도 다반사여서 3만 원 무료배송의 경우 배송 한 건당 1만 원 이상의 적자가 발생하는 구조였으니 작은 신생기업이 그렇게 막대한 고정비를 감당할 수 없을 것이라는 생각이 업계의 중론이었다.

2022년 현재 온라인시장에서 사라지고 있는 회사는 오히려 롯데, 이마트, GS리테일, BGF 등 승리를 확신했던 대형 유통기업이라는 것이 현실이 되었고 그 당시 전혀 인정받지 못했던 쿠팡이나 마켓컬리의 기업가치는 이제는 오히려 오프라인 유통대기업을 압도하고 있으니 한편의 반전드라마를 보는 것 같은 기분이 든다.

실제로 현재 쿠팡의 기업가치는 40조 원 이상으로 우리나라의 오프라인의 모든 유통대기업을 몇 번이나 사고도 남을 규모이다. 마켓컬리 역시 상장후에 정확한 가치를 다시 한 번 평가받는 과정을 겪어야 되겠지만 현재까지의 투자유치 기준으로도 기업가치를 4조 원 이상으로 평가받고 있는데 이 금액은 우리나라 대표 유통대기업인 롯데쇼핑이나 이마트의 시가총액인 3조 원 이상으로 평가받고 있는 금액이다.

롯데쇼핑이나 이마트는 보유하고 있는 부동산과 물류인프라, 브랜드의 장부상 가치만 하더라도 각각 10조 원대를 훨씬 넘고 매년 20조 원 이상의 매출과 수천억대의 영업이익이 나오는 국내 대표 유통대기업이다. 반면 마켓컬리는 2021년도 기준 1조5,614억 원 매출에 영업이익은 2,177억 원의 적자가 발생하는 회사이기에 기업가치는 유통대기업의 수십분의 1도 되지 않아야 정상일 것 같지만 시장의 평가는 극명하게 갈리고 있다.

한때 국내 유통시장을 평정하였던 유통대기업의 기업가치는 보유하고 있는 자산의 가격의 3분의 1에도 채 미치지 못하는 실정이고 동네 마트 격으로 무시를 받았었던 한 스타트업이 창업 7년 만에 50년 역사의 우리나라 최대의 유통 공룡인 롯데쇼핑과 이마트를 능가하게 될 수도 있다는 의미이다.

Ⅱ. 고전을 면치 못하는 오프라인 유통강자

전통적인 오프라인 유통강자가 하나씩 사라지고 있는 신선 새벽배송시장에서 현재 가장 두각을 나타내고 있는 기업은 SSG.COM, 쿠팡, 마켓컬리, 오아시스마켓까지 4개 사다. 최근 이커머스 거래액 기준으로 국내 1위 업체인 네이버와 물류업계 1위 CJ대한통운이 손을 잡고 새벽배송시장에 진출을 선언하였고 글로벌 오프라인 유통의 절대강자인 코스트코 또한 기존의 오프라인 온리 전략에서 전국의 코스트코 매장을 물류센터로 활용하여 역시 CJ대한통운과 함께 새벽배송을 진행중이다. 지마켓은 비식품으로, CJ온스타일과 NS쇼핑은 식사대용 밀키트를 중심으로 새벽배송 시장에 진출하고 있는 등 업체별로 특화된 상품과 서비스를 내세우며 새벽배송 시장에 속속 뛰어들고 있기 때문에 그들의 성공 여부는 시장의 추이를 좀더 지켜보아야 알 수 있을 것 같다.

국내외에서 인정받고 있는 대기업들의 참전에도 불구하고 새벽배송시장의 초기 선점효과와 진입장벽 등을 감안하면 업계에서는 앞서 언급한 마켓컬리 등의 4개 회사 중에서 1~2개 업체가 최후의 승자가 될 것으로 예상한다. 신선 새벽배송시장의 매출액 기준으로는 현재 마켓컬리가 점유율 40%대의 1위 사업자이며 쿠팡이 비슷한 규모로 성장하고 있으며 그 뒤를 SSG.COM, 오아시스마켓이 추격하고 있는 모습이다. 다만 신선 물류센터 구축비용과 자동화 수준을 기준으로 레벨을 결정한다면 앞에서 언급한 4곳의 새벽배송 업체의 자동화율 순위는 SSG.COM과 쿠팡, 마켓컬리와 오아시스의 순으로 뒤바뀔 것이다.

이러한 순위를 통하여 이야기하고자 하는 것은 온라인 물류센터의 투자금액이나 자동화 수준이 새벽배송 시장의 절대순위를 결정하는데 그다지 큰 영향을 미치지 않고 있다는 사실이다. 그중 특히 오아시스라는 회사는 물류센터의 자동화 설비나 특별한 인프라가 없는 작은 규모의 신생업체로 존재 자체를 모르는 사람들인 많을 만큼 인지도가 낮음에도 새벽배송시장 최후의 승자 리스트에 들어가 있다는 사실 자체가 의아할 것이다. 그러나 오아시스가 지니고 있는 잠재력과 차별화전략이야말로 2023년이후의 물류트렌드에서 가장 중요한 키워드중의 하나가 될것으로 확신한다.

새벽배송 4대 업체중 SSG.COM과 쿠팡의 이름을 듣고 떠오르는 이미지는 무엇일까? 설문조사 결과 대다수 소비자는 라면, 화장지, 샴푸처럼 늘 사던 익숙한 식료품과 생활용품, 경제적인 가격 등을 우선 떠올린다. 그러나 마켓컬리와 오아시스에서는 전혀 다른 대답이 나온다. 마켓컬리는 독특하고 퀄리티 있는 상품, 오아시스는 저렴한 친환경 유기농상품 등의 고품질의 차별화된 상품 이미지가 첫 번째로 연상된다고 응답한 것이다. 온라인시장, 특히 새벽배송 시장에서 많은 오프라인 유통강자들이 도태되었던 가장 중요한 이유 중 하나가 바로 이러한 차별화 요소를 만들어 내지 못한채 거대한 인프라를 통하여 몸집이 작은 업체들을 힘으로 제압할 수 있을것이라고 잘못 판단했었기 때문일 것이다.

1. 막대한 물류인프라 투자도 넘지 못한 새벽배송의 진입 장벽

온·오프라인 유통업계에서 최초의 온라인 자동화센터는 어느 회사에서부터 도입되었을까? 쿠팡이나 G마켓, 마켓컬리와 같은 국내 온라인시장을 주도하고 있는 업체들의 이름이 떠오를 것이다. 하지만 이들은 국내 온라인커머스를 주도했던 1세대 사업자들일 뿐이며 정작 국내 최초의 온라인 자동화센터는 아이러니하게도 온라인이 아닌 오프라인 업체들로부터 시작되었으며 글로벌의 경우 영국의 테스코에서 2011년도에 최초의 온라인 자동화센터를 구축하였고 국내에서는 2014년도에 구축된 이마트의 NEO센터가 그 원조라고 할 수 있다.

쿠팡과 11번가, G마켓, 마켓컬리 같은 순수 온라인업체들도 오래 전부터 자사 물류센터에서 셀러의 상품이나 직매입상품을 보관하며 배송작업을 수행하는 풀필먼트센터를 운영하고 있지만, 상품의 입고부터 보관, 분류, 피킹과 포장, 출고에 이르는 전체 공정 대부분을 많은 인원이 동원되어 수작업으로 업무를 처리하고 있다. 첨단 물류장비가 계속 출시되고 있는 현재도 국내 대표 온라인업체의 물류센터들은 자동분류기(오토소터)나 제함기 등 일부 물류설비를 제외하고는 여전히 많은 부분을 수작업에 의존하고 있다.

온라인업체들이 그동안 자동화 설비에 대한 투자를 망설여왔던 배경에는 현재의 쿠팡의 경우처럼 취급하는 품목 수가 수백만가지에 달할 경우 자동화 도입 자체가 어려운 부분도 있지만 초창기의 쿠팡과 지마켓, 마켓컬리 등 1세대 온라인 사업자들은 무엇보다 설비투자 비용 문제가 가장 컸다.

7~8년 전만 해도 오프라인 유통업체들은 백화점이나 마트라는 안정적인 캐시카우를 통해서 매년 조단위의 영업이익을 내고 있던 반면, 온라인 유통업체의 경우 큰 폭의 적자를 면치 못하고 매일 운영자금이 부족해 사실상 자동화 설비에 대한 과감한 초기투자가 그림의 떡에

불과했던 것이다.

완전 자동화 설비인 AS/RS(Automated Storage & Retrieval System), GTP(Goods To Person), Mini Load 등 최신 설비들을 도입하기 위해서는 대규모의 자가 물류센터가 필요하며 한 곳당 자동화 설비 비용만으로도 최소 수백억 원에서 천억 원대까지의 엄청난 초기 투자비용이 필요한 상황에서 초기의 온라인업체 대부분은 월 임대료방식으로 물류센터를 임차해서 사용했기 때문에 건물주의 허락이 없이는 센터 시설물의 대규모 구조변경 자체가 쉽지않았고 무엇보다 초기 투자비 문제로 대부분의 작업을 수동으로 처리하거나 DPS(Digital Picking System)나 DAS(Digital Assorting System)와 같은 설치와 철거가 용이하고 상대적으로 저렴한 반자동화 설비를 운영해야 했다.

그 결과 이마트나 롯데마트, GS리테일 등의 전통적인 대형 유통업체들은 온라인 시장을 선점하기 위하여 자동화센터 구축에 수천억의 비용을 들이며 과감한 투자를 단행하였고 쿠팡, 마켓컬리와 같은 1세대 온라인 사업자들은 수동센터를 중심으로 경쟁을 이어왔지만 결과적으로 본다면 수천억의 물류인프라 투자도 결코 온라인시장, 특히 새벽배송 시장을 넘어서지는 못하고 있는 것이 현실이다.

2. 멈춰선 대형마트의 온라인 물류센터

오프라인 대형마트가 온라인 자동화물류센터 구축에 전력을 다했던 2016년 전후로 가보자. 당시 대형마트들은 한결같이 수천억 원에서 조단위의 공격적인 투자를 앞세워 2020년까지 전국적으로 10개 이상의 온라인 자동화 물류센터를 구축해서 온라인시장의 선두로 도약하겠다는 계획을 앞다투어 발표했고 대규모 온라인센터야말로 이커머스시장의 게임체인저 역할을 할 것이라 확신했다.

약속한 시각이 훨씬 지난 2022년 현재는 어떠한가? 그들이 말했던 물류인프라는 2016년도의 그 시간대에서 그대로 멈춰있는 것을 볼 수 있다. 대규모 이커머스 풀필먼트 인프라를 통해 온라인시장마저 석권하려던 야망을 품은 오프라인 대형마트가 그렇게 장담했던 자동화 물류센터 투자를 일시에 멈춘 이유는 무엇일까?

첫째, 온라인 전용센터를 구축하려는 큰 노력을 기울였던 초창기에는 물류센터에 대한 사회적 거부감과 끊이지 않는 민원 때문에 값비싼 부지 매입 이후에도 물류센터 건축을 진행할 수 없었다는 점이다. 기존 오프라인 물류센터의 경우 주로 특정 거점 단위로 많은 물량을 수송하는 미들마일 딜리버리(Middle-mile Delivery) 역할을 했기 때문에 물류센터 부지 역시 상대적으로 토지비용이 저렴한 경기도 외곽 권역에 구축했다. 반면 온라인 전용센터의 경우 수십만 명 이상의 고객에게 당일 배송해야 하는 B2C 물류의 특성상 김포, 광명, 구리시 등 서울과 초인접한 도심권 부지가 필요해 막대한 토지비용은 물론이고 도심권 지역의 특성상 인근 주민들의 물류센터 유치 반대 여론과도 싸워야 하는 상황이었다. 실제로 이마트나 롯데마트의 경우 장한평이나 하남, 구리 등 입지가 우수한 도심권 부지에 온라인센터를 구축하기 위한 큰 노력을 기울였으나 인근지역 주민들의 거센 반발과 민원에 결국엔 계획을 접을 수밖에 없었다. 온라인센터는 일반 물류센터와는 전혀 다른 첨단 시설이며 지역의 고용을 창출하고 경제적효과가 높다고 홍보해도 집값 하락과 아이들의 안전, 공해물질 유발 등의 이유를 들어, 내집 주변에 물류센터가 들어오면 절대로 안 된다는 인식이 깔려있었기 때문이다.

둘째, 온라인센터의 구축과 운영비용이 최초에 계획했던 시기에 계산한 ROI(투자대비수익율)와 맞지 않고 투자비 회수 또한 그렇게 쉽지 않다는 점이다. 현재 대형마트의 온라인센터는 아직까지 연간 수백억 원대의 영업적자를 기록하고 있다. 온라인센터의 적자 이유는 초창기 자동화 설비업체들이 국산화가 이루어지지 못한 상태로 대부분 글로벌 기업들의 값비싼 설비들을 도입할 수밖에 없었기 때문이다. 특히 온라인센터의 도입 초창기이던 2015년도 전후 투자를 단행했던 이마트나 롯데마트의 경우 장비 대부분과 자동화 설비가 DAIFUKU, KNAPP, DEMATIC 등 일본이나 독일같은 유럽의 글로벌 설비업체들로부터 도입했기 때문에 설비 구축뿐 아니라 유지보수도 큰 비용을 지불하고 있어 투자수익률(ROI)이 제대로 나오지 못하고 있는 요인이 되고 있다. 7~8년 전만 해도 셔틀 시스템 등 핵심 설비들의 경우 속도제어나 안정성 측면에서 대체가 가능한 국산 업체가 전무했으나 불과 몇 년 사이에 국산 자동화설비 산업이 빠르게 발전했다. 현재 셔틀 등 핵심 자동화설비의 국산화가 이루어졌다. 실제 구축사례를 보더라도 외국 업체 못지않은 성능에 최소 20% 이상의 비용 절감뿐 아니라 유지보수 측면에서도 외국산 대비 커다란 강점을 갖추고 있다.

셋째, 물류센터의 낮은 가동률이다. 현재 국내 유통대기업이 구축한 온라인센터의 공통적인 문제는 센터 가동률이 낮다는 점이다. 오프라인 대형유통업체의 구축한 온라인 물류센터의 생산성과 가동률이 낮은 이유는 무엇일까? 가동률은 요일이나 프로모션 유무에 따라서 차이 나지만 오프라인 기반의 대형 유통업체들이 구축한 온라인센터들의 평균 가동률은 70% 전후에 그치는 경우가 많다. 가동률이 낮다는 문제는 단순하게 설비들의 안정성이나 스펙이 떨어지기 때문에 발생하는 문제가 아니다. 오픈 초기의 안정화 단계에서는 시스템의 오류와 설비의 최적화가 이루어지지 않아서 생산성이 낮을 수 있으나 대부분 수개월 이내에 설계상의 스펙과 동일한 수준으로 원활한 운영이 이루어지므로 가동률 문제는 온라인센터 자체의 문제가 아니라 고객의 선택을 받지 못해 발생하는 현상이라고 볼 수밖에 없다.

온라인센터의 투자수익은 센터 가동률이 최소 90%가 넘어야 목표를 달성할 수 있다. 현재는 오프라인 스토어에서 수동으로 피킹하는 경우와 비교해도 마이너스다. 지금보다 고객 주문이 많이 늘어나지 않는 상황이 지속된다면 온라인센터의 영업이익 흑자 전환은 앞으로 상당 기간 어려운 일이 될 것 같다. 여기서 온라인센터의 가동률이 7~80%대라는 것도 사실 사람이 근무하는 시간인 8시간을 기준으로 삼고 있다는 것도 다시 한번 생각해 보아야 할 대목이다. 고가의 자동화 설비는 24시간 가동할 수 있으나 사람이 근무를 하지 않기 때문에 작동시간이 오전 8시부터 오후 6시까지 하루의 3분의 1밖에는 가동하지 못하는 것을 감안하면 온라인센터의 실질적인 가동율은 30%대 미만이라는 생각이 들기도 하는 것이다.

즉, 온라인센터가 성공하기 위해서는 센터의 가동률을 극대화 해 24시간 배송이 가능한 비즈니스 체계를 구축해야 한다. 아마존의 FBA(Fulfillment by Amazon) 서비스가 아마존의 물량만이 아니라 타겟(TARGET) 등 경쟁 회사 주문까지 배송하는 모습을 보면서 우리 회사의 주문량이 부족하면 다른 회사, 경쟁사의 주문까지 함께 처리해야 투자 수익률을 넘길 수 있는 현실을 인식해야 대형 온라인센터들의 생존이 가능할 것이다.

롯데마트나 SSG.COM 등의 대형 온라인센터는 물론이고 얼마 전까지 적극적으로 추진하던 오프라인 매장 내 자동화 설비를 구축하는 하이브리드형 자동화센터들은 몇몇 시범매장들 이후에는 추가 구축이 중단이 된 상태이다. SSG.COM은 현재 네오센터 확대에 투입될 예산을 75%, 금액으로 약 1조 원 이상 삭감해 110개의 이마트 오프라인 점포의 PP센터(Picking & Packing)를 활용한 '쓱배송'에 집중하고 있다. 오프라인 유통업체들이 너나 할 것 없이 온라인센터나 자동화설비에 대한 투자를 최소화하며 매장 후방을 확대하고 배송거점으로 재단장하여 오프라인에서 배송거점을 확대하는 모습에서 온라인 전용센터와 물류자동화의 효율성에 대한 많은 고민이 묻어나오고 있다.

온라인시장에 대응하기 위해 오프라인 유통업체들이 온라인센터 대신 선택한 오프라인 매장의 온라인 배송거점 확대전략이 그들의 위기를 벗어나게 해줄 근원적인 해결책은 아니다. 이미 오프라인 대형 유통업체들이 새벽배송시장에서 철수하고 있는 상황에서 최근 이마트몰과 롯데마트몰이 모두 온라인 주문 자체가 정체하거나 물류비용 문제로 당일 배송이 가능한 온라인 배송 점포수를 계속 줄여나가고 있다는 소식은 온라인시장도 이제는 고객의 선택을 받는 업체만 생존이 가능한 선택과 집중의 시대로 접어들었다고 볼 수 있다.

3. 온라인 전용센터와 허브앤스포크 전략

앞서 대형마트들이 온라인 자동화센터의 추가 구축을 멈춘 이유에 대해 부정적인 측면의 그 원인을 찾아 보았다. 이번에는 조금 다른 긍정적인 측면에서 분석해 보도록 하려고 한다. 온라인센터의 확대가 멈춘 또 다른 이유는 바로 허브앤스포크(Hub&Spoke) 전략 때문이다. 허브앤스포크란 항공이나 물류노선을 구축할 때 각각의 출발지(Spoke)에서 발생하는 물량을 중심 거점(Hub)으로 모으고, 중심거점에서 물류를 분류하여 다시 각각의 도착지(Spoke)로 배송하는 형태가 마치 자전거 바퀴의 중심축(Hub)과 바퀴살(Spoke)의 모습을 연상하게 한다고 해서 붙여진 이름이다.

SSG.COM의 경우 당초에는 김포, 하남 등 서울과 초인접한 6개 지역에 수도권 온라인센터를 구축하고 2020년까지 충청권과 경상권 등에도 5개 이상의 온라인센터를 구축할 계획을 추진하였으나 현재는 2019년에 오픈한 네오003을 마지막으로 추가 확장이 멈춰있다. 하지만 SSG.COM은 김포의 네오002를 허브센터로 활용해 김포에서 멀리 떨어진 지역까지 온라인 배송을 진행하고 있다.

기존 온라인센터에서 고객에게 직접 배송하는 Point to Point 방식으로는 김포에서 60㎞ 넘게 떨어진 하남까지 신선식품 선도관리 문제 등으로 배송할 수 없다. 일반적으로 온라인센터가 배송하는 방식은 20건 내외의 배송 물량을 1톤 탑차에 실어 각 배송지로 배달한 후, 센터 복귀까지 2시간 이내에 이뤄져야 다음 회차 배송을 나갈 수 있어 센터 반경 2~30㎞ 이내의 주문만 배송할 수 있었다. 그러나 김포의 네오002센터에서 멀리 떨어진 하남이나 구리까지 배송할 수 있게 된 비결은 바로 하남 인근의 남양주에 500평 전후의 스포크 물류센터를 만들었기 때문이다. 남양주 스포크센터는 자동화 설비가 전혀 필요없는 넓은 주차장만 보유한 일반 창고이다. 김포 네오002센터에서 원거리 지역의 주문을 받아 자동화설비를 이용해 단시간에 일괄피킹과 포장작업을 한 후 대형 윙바디차량에 2~300건 단위로 실어 남양주 스포크센터로 수송한다. 미리 대기하고 있던 수십대의 1톤 탑차들이 상품을 옮겨싣고 하남, 구리, 남양주 등의 지정된 지역으로 배송한다.

SSG.COM의 새벽배송의 경우 최근 허브센터인 김포 네오002센터에서 무려 200㎞이상 떨어진 충청권의 대전이나 세종까지도 배송이 가능해졌다. 충청권의 경우 주간배송은 교통정체나 물리적 거리로 어려울 수 있지만, 새벽배송의 경우 김포 허브센터의 자동화설비를 가동해 충청권 고객의 주문을 최대한 신속하게 작업, 새벽시간대에 경부고속도로를 이용해 주문상품을 수송한다. 배송거점인 청주 스포크센터에 도착하면 충청권역도 새벽배송이 가능하다. 허브 앤 스포크 방식을 활용해 막대한 비용이 드는 온라인 전용센터를 추가로 구축하지 않아도 기존 온라인센터 배송 반경의 한계를 넘을 수 있다. SSG.COM이 기존에 서울을 중심으로 한 수도권에 6개의 네오센터를 구축하려 했던 전략을 급하게 서두르지 않아도 된 배경이 바로 여기에 있다.

다만 허브앤스포크 방식은 간선센터까지 이동하는 비용이 추가돼 기본적인 물류 비용의 증가 요인이 된다. 특히 충분한 물량이 지속적으로 확보되지 않는 경우 원거리의 스포크센터에 대형차량으로 소량만 적재한 채 운행하므로 굉장한 비효율이 발생할 수 있다는 단점이 있다. 따라서 허브앤스포크 전략과 같은 네트워크 전략을 수립한다면 해당 지역 내에 적절한 수요가 있는지 반드시 검증하고 진행해야 한다. 이러한 네트워크 전략은 FedEx와 아마존에서 시작해 국내 택배사, 쿠팡, SSG.COM, 마켓컬리 등 이커머스 선도기업의 물류전략이 되고 있다. 아마존의 경우 우리나라 국토 면적의 1/3이 넘는 매사추세츠주 전체의 아마존 배송을 단 1개의 대형 허브 풀필먼트센터와 스포크센터인 딜리버리스테이션, 프라임나우 허브 등을 연결한 허브앤스포크 전략으로 해결하고 있다.

결론적으로 수천억원 이상의 엄청난 비용이 들어가는 자동화센터를 무한정 지어나갈 수는 없다. 적정한 위치에 온라인 허브센터를 구축하고, 이와 연계되는 스포크센터를 계속 확장해가는 물류네트워크 전략이 무엇보다 중요해지고 있다. 앞으로 신규 물류센터 구축을 수행하게 된다면, 물류센터 내의 설비자동화나 대형 거점센터의 추가 구축보다 물류네트워크 전략에 승부를 걸어야 할 것이다.

허브앤스포크 전략을 통해 운영되고 있는 대표적 오프라인 유통기업 SSG.COM의 온라인 물류센터인 네오 센터를 보다 상세히 알아보

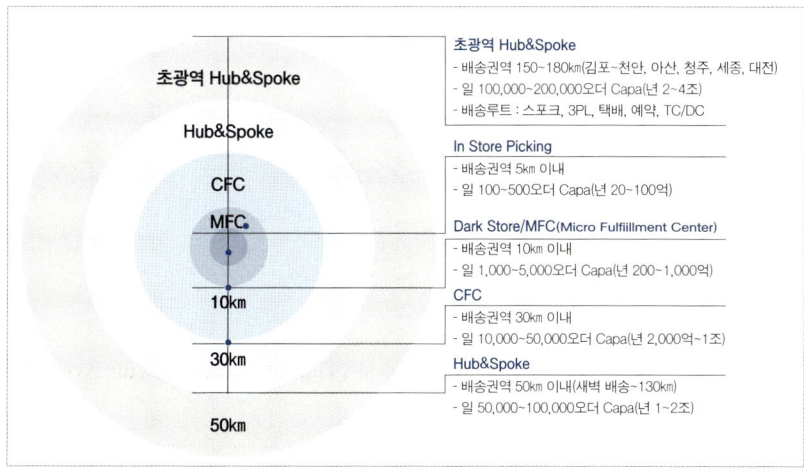

[그림 2] SSG.com NEO 네트워크 전략 (Hub & Spoke)

고자 한다.

1) 온라인 자동화센터의 원조 NE.O 001센터

SSG.COM의 전용 온라인 물류센터인 NE.O(이하 네오)는 NExt Generation Online Store의 줄임말로 기존에는 이마트에 소속되어 있다가 신세계 그룹과 이마트의 사업부가 재편되면서 SSG.COM에 각사의 온라인 사업부 전체가 이관되며 별도의 회사로 분할되었다.

2014년 4월 오픈한 국내 최초 온라인전용 자동화물류센터 네오 001(보정센터)은 SSG.COM의 수도권 남부 물류를 담당하고 있다. 연면적 4,418평의 규모로 보유 SKU(재고 보관 단위)는 2만 개, 1일 최대 주문(Order) 처리능력은 1만 건, 낱개 기준 1일 최대 처리량은 16만 개이다. 일반 온라인 쇼핑몰이 2~3개 단위로 주문이 들어오는 것에 비해 대형마트에서 운영하는 온라인몰의 특성상 식품과 생필품 위주의 주문이 다수로 고객 주문 1건 당 평균 16개의 상품이 포함돼 장바구니 사이즈가 훨씬 크다는 것이 특징이다.

네오001 곳곳에 설치된 전광판에는 시간대별 고객 주문현황과 라인별 가동률 등 물류센터 현황을 관리자나 작업자 누구나 실시간으로 확인할 수 있다. 또한 빅데이터를 활용, 일단위의 물동량을 예측하는 수요예측 시스템을 도입해 요일마다 근무인력이나 배송인력을 다르게 운영하는 등 효율성을 추구하고 있다. 오프라인 매장의 경우 주말 매출이 피크이고 주중에 하락하는 것과 달리 온라인은 주말에 매출이 크게 줄었다가 월, 화요일에 오히려 급증하는 패턴을 보인다. 매출 발생 시간대도 점심시간인 12시부터 1시까지, 퇴근 후인 오후 7시부터 10시 사이에 집중된다. 이러한 데이터를 기반으로 요일별, 시간대별로 고객 주문을 처리하는 물류센터 작업자와 배송차량을 적절히 배차할 필요성이 있다.

기존 온라인센터는 고객이 주문하면 주문리스트를 출력한 후 이를 작업자가 상품을 수작업으로 일일이 선별해 적재, 배송했다. 네오001에서는 온라인전용 물류 시스템(ECMS, Emartmall Center Management System)을 적용해 전체 작업 중 50% 이상을 자동화하고 있다. SSG.COM을 통해 고객이 주문하면 구매상품, 배송요청 시간, 목적지 등의 주문정보가 티맵(T-MAP)과 연동된 배송관리 시스템으로 전송된다. 배송 루트가 정해지면 자동화 설비를 통해 주문 상품을 차곡차곡 담게 된다. 이때 상품은 물류센터 작업자가 직접 찾지 않고 GTP 시스템을 이용해 컨베이어 벨트로 이동해 온 상품을 작업자가 배송 상자에 넣는다. 네오001에는 168대의 자동화 셔틀이 상품을 찾아서 피킹(Picking) 부스의 작업자에게 전달하는 GTP 시스템이 운영중이며, 배송 상자에 담긴 주문 상품은 부피와 무게 등을 자동으로 검증하기 때문에 피킹 오류가 발생하거나 누락 상품이 발생하는 경우를 최소화 했다. 피킹이 완료된 장바구니는 배송 권역별로 자동으로 분류되는 고속 출하 슈트를 통해 배송 순서에 맞춰 배송기사에게 전달되며 배송기사는 최적의 배송루트를 앱으로 전달받아 고객에게 배송을 완료한다.

오프라인 매장에서 온라인 주문을 받아 배송하는 마트의 경우 고객이 주문을 넣은 상태에서 온라인 전문 피커가 해당 상품을 피킹하기 전에 매장 고객이 상품을 먼저 구입하는 경우 결품이 발생해 온라인 고객이 상품을 배송받을 수 없는 경우가 있다. 특히 신선식품이나 유제품의 경우 전체 온라인 고객 중에 무려 10% 이상의 고객들이 장바구니에 담은 상품중 최소 1품목이상을 받아보지 못한다는 분석도 나오고 있다. 그러나 네오001의 등장으로 온라인 전용센터에서 모든 상품들의 재고를 별도로 운영하며 시스템이 고도화 되어 과일, 채소 등 신선식품의 결품율도 1% 이하로 확연히 줄어들었다.

2) 네오002의 4가지 자동화시스템

2016년 오픈한 네오002(김포1센터)는 총면적 1만3,215평(지하 1층~지상 5층)으로 GTP(Goods to Person), DPS(Digital Picking System) 시스템을 갖췄으며, 일 처리 주문 건수는 3만1,000건이다. 기존의 네오001센터는 사실 온라인센터 전용으로 구축된 건물이 아니라 이마트 점포를 리모델링했기 때문에 여러 가지 제약이 있었다면 우리나라에 본격적인 이커머스 풀필먼트센터의 시대를 연 것은 네오002의 등장부터. 네오002센터의 물류시스템은 크게 GTP, DPS, AIMS, Cold-Chain System으로 구성된다.

GTP(Goods To Person) 시스템은 구매빈도가 낮고 상품 종류가 수만 개 이상으로 많을 경우에 적용되는 시스템으로 사람이 일일이 상품을 찾으러 가는 것이 아닌 상품이 작업자를 알아서 찾아오는 자동화 설비이며 네오002에는 가정생활용품군을 위주로 5만SKU의 상온 상품들이 14m 높이의 거대한 재고 창고인 '자동 재고관리시스템(AS/RS)'에 빼곡하게 보관되어 있다. 자동창고에 저장된 상품들은 322개의 셔틀 유닛이 분당 200m의 속도로 상품들을 꺼내서 총 16대의 피킹 부스의 작업자에게 전달하는 'GTP 시스템' 방식으로 피킹을 하게 된다.

DPS(Digital Picking System)는 구매빈도가 비교적 높은 상품군을 대상으로 운영되는데 냉장냉동 보관이 필요한 신선식품, 가공식품 등이 주로 해당되며 고객 장바구니가 컨베이어 벨트를 통하여 상품이 보관된 각 구역별로 이동하면 지정된 장소에서 대기하고 있던 작업자가 해당 지역 내에서 진열 중인 상품 중에서 디지털 표시기의 램프에 불이 들어오는 상품을 표시된 수량만큼 고객 배송 바구니에 집어넣은 후 버튼을 눌러 램프를 끄는 집품 방식이다. 상품을 꺼내서 담고 램프를 끈다는 의미로 이러한 DPS 방식의 시스템을 'Put To Light' 방식이라고 부르기도 한다. 네오002는 신선한 채소부터 살아있는 바닷가재에 이르는 많은 상품들이 8.6km의 컨베이어 벨트에 실려서 DPS시스템으로 이동한다. 사람이 움직이는 대신 상품이 사람에게 이동하는 진정한 의미의 GTP시스템을 구축하게 된 것이다.

AIMS(자동 재고관리 시스템)는 상품의 입고에서 보관, 출고에 이르는 전 과정에서 각 구역별로 보관중인 상품들의 재고를 자동으로 정리하고 최적 수량으로 관리해주는 시스템이다. DPS의 플로랙(Flow Rack)에 보관하는 재고의 보충진열 또한 사람이 직접 하는 방식이 아니라 대부분 AIMS와 Mini Load라는 자동화 시스템을 이용하여 결품 이전에 자동으로 보충되어 작업의 중단이 없이 빠른 속도로 업무처리가 가능하다. 신선식품, 냉장·냉동 상품 등을 낮은 온도로 일정하게 유지하는 '콜드체인 시스템' 역시 SSG.COM 온라인 전용 물류센터의 강점으로 볼 수 있다.

콜드체인은 상품 입고부터 소비자 집 앞까지 단 한 번도 상온에 노출되지 않도록 배송 전 과정에서 10℃ 이하의 일정한 온도를 유지해, 신선식품을 비롯해 냉장·냉동 상품을 항상 최상의 품질로 유지할 수 있도록 관리하는 시스템이다. 네오002부터는 기존 센터 대비 진일보되어 신선식품이 입고되는 시점부터 Dock Seal 시스템이 작동한다. 대형 차단막을 내리고 급속 냉각팬을 가동해 온도를 낮춰 입고부터 신선상품의 선도를 관리하는 것이다.

신선식품, 냉장·냉동 상품의 피킹·분류 공간인 3층 웨트(WET) 작업장 전체는 항상 8℃의 낮은 온도로 유지된다. 작업자들은 거대한 냉장고 안에서 작업을 하는 셈이다. 물류센터 내부 이동 시에도 상품은 보냉제가 들어 간 아이스박스에 실려 이동하기 때문에 일정한 온도가 유지되며, 냉장·냉동 기능을 갖춘 차량을 통해 소비자 집 앞까지 안전하고 신선하게 배송된다.

콜드체인 시스템이 중요한 이유는 신선이나 냉장냉동상품은 여름철의 경우 2~30분 정도라도 저온환경에서 벗어나게 되면 바로 선도가 파괴되기 때문이다. 산지에서 고객의 식탁까지 콜드체인 시스템이 한시도 깨지지 않도록 관리하는 것이 무엇보다 중요하다.

3) 온라인전용 물류센터 네오003의 등장

네오003(김포 2센터)은 2019년 12월에 마지막으로 오픈됐다. 일 처리 주문 건수가 5,000건으로 증가한 동양 최대 규모의 온라인 자동화센터다. 네오002와 네오003은 동일한 부지에 위치하고 있어 온라인 센터 간에 연결되어 있는 컨베이어 벨트를 통해서 특정 상품의 재고가 부족하면 바로 이동시킬 수 있어 더 많은 상품을 보유하고 고객주문에 대응할 수 있도록 설계되어 있다. 각 센터의 상황에 맞게 재고 및 주문 관리 등이 필요할 때 서로 공유할 수 있는 시너지 효과를 내고 있다.

네오003은 네오002보다도 물류 처리 속도를 20% 가량 더 높인 것도 강점이다. 상품이 작업자를 알아서 찾아오는 'GTP 시스템'을 네오002보다 2대 더 확충해서 총 18대의 시스템을 가동해 자동화 비율이 80%대를 넘어선다. 상온 상품 기준으로 네오002에서 시간당 약 2,000박스, 산술적으로 1.8초당 한 박스를 처리했다면 네오003에서는 시간 당 2,400개, 1.6초당 한 박스를 처리하는 것이 가능한 셈이다.

상온상품보다 사람의 손이 더 필요한 신선식품도 효율이 20% 높아졌는데 네오002가 하나의 DPS설비를 보유해 1시간에 1,500개를 작업한다면, 네오003에서는 같은 DPS 설비를 한대 더 갖춰 시간 당 1,800개를 처리할 수 있다. 이처럼 신선식품을 처리하는 'DPS' 설비가 두 개로 갖춰진 만큼, 상황에 따라 비슷한 상품을 양쪽에 배치해 기존에 비해 20% 더 빠르게 속도를 올릴 수 있게 되었다.

반대로 두 설비 간 상품이 겹치지 않도록 조절해 신선상품의 취급 가짓수를 기존의 3,500종에서 최대 5,000종까지 늘리는 것도 가능하다. 물류효율 뿐만 아니라 상품의 입고부터 출고까지 적정 온도를 유지하는 '콜드체인 시스템'도 더 완벽해졌다. 네오003은 최적의 콜드체인을 구축하기 위해 상품 입출고가 이뤄지는 1층 작업공간까지도 계절과 관계없이 365일 10℃ 이하로 운영할 수 있게끔 설계했다. 물류센터 내에서 피킹용 바스켓이 이동할 때 기존의 보냉 박스가 아닌 일반 상온 바스켓으로 이동할 수 있어 신선상품의 선도관리는 물론이고 작업의 효율까지 높아진 점도 일반적인 온라인 센터에서는 찾아보기 어려운 시스템이다.

SSG.COM에서 바라보는 네오의 미래모델은 더 이상 물류센터가 아닌 '온라인스토어'다. 지금까지의 온라인 유통 패러다임을 점진적으로 바꾸려는 것이다. 인근에 온라인스토어 네오가 있다면 갓 구운 빵을 받을 수 있고 더 신선한 상품을 원하는 시간에 받을 수 있게 되는 등 지금보다 더 편리하고 윤택한 삶을 경험할 수 있게 만들겠다는 목적을 가지고 있다. 네오003부터는 물류센터 설계부터 물건 보관뿐 아니라 제조, 판매 기능까지 결합한 온라인스토어 모델을 구상했다. 생산부터 배송까지 이어지는 '온라인스토어'를 구현하기 위한 첫 단계로 네오003에 총면적 329㎡(약100평) 규모의 베이킹 센터를 만들었다.

베이킹 센터에서는 매일 총 40종, 최대 8,500개의 빵을 생산하여 오전 5시와 저녁 7시에 갓 구운 빵이 나온다. 오전 5시에 생산이 완료되는 빵은 오전 9시부터 받아볼 수 있는 '쓱배송'으로, 저녁 7시에 생산되는 빵은 오전 6시에 배송이 끝나는 '새벽배송'으로 판매하고 있다. 생산부터 배송까지 최소 4시간, 최대 11시간 이내로 관리되며 당일 내 미판매 상품은 푸드뱅크에 기부한다. 물류센터 내부에 베이킹 센터를 신설해 상품까지 직접 제조해 판매에 나선 것은 이른바 '극(極)신선'을 통해 차별성을 보여주기 위한 노력의 일환이다.

SSG.COM은 산지에서 직접 상품을 수급하는 것 외에도, 가락시장과 노량진 수산시장 등에서 당일 경매 상품을 바로 손질해 네오로 입고시킨 뒤 소비자에게 배송한다. 또한 당일 새벽 3시에 착유해 상품화한 '당일착유 당일생산' 우유를 네오센터로 입고, 48시간 이내에 모두 판매하는 등의 상품 차별화를 하고 있다. SSG.COM의 이러한 상품 차별화 전략은 대형마트가 관성적으로 온라인시장에 접근하던 모습에서 벗어나 조금씩 온라인커머스의 본질에 대하여 눈을 떠가는 모습이라고 판단된다.

Ⅲ. 새벽배송시장에서 골리앗과 싸우는 다윗

　　　　오프라인 유통대기업은 그들이 보유한 막대한 인적, 물적 인프라와 오프라인마트라는 풍부한 캐시카우를 기반으로 단시간 내에 시장을 평정할 수 있으리라 판단했지만 정작 시장의 고객들은 그들이 최대의 장점이라고 자부했던 스펙들이 오히려 평범함을 넘어 진부하다고 판단했다. 무엇보다 대형마트들이 자신했던 수십만 개의 우수한 상품은 가까운 동네 슈퍼마켓 등 오프라인 매장 어디에서나 쉽게 구할 수 있는 흔한 상품이었으며, 온라인에서 검색해보면 마트 가격보다 훨씬 저렴한 가격에도 구입할 수 있는 상품일 뿐이었다.

　　　　현재 국내 온라인시장에서 입지를 다지고 성공한 업체들의 공통점은 하나같이 취급하는 상품 자체가 완전히 다르다는 것이다. 일례로 국내의 일반적인 온라인몰의 판매 SKU는 최소 10만 품목에서 수억 개가 있으나 마켓컬리가 런칭 첫해에 판매한 상품은 단 29품목이었다. 마켓컬리는 몇 년 간 상품의 구색을 확대하는 대신 다른 곳에서 쉽게 구할 수 없는 3,000품목 이하의 상품들로 고객의 마음을 사로잡는 데 주력했다. 오아시스 역시 친환경, 유기위주의 차별화된 3,000품목 이하의 상품들로 재구매율 90%가 넘는 충성 고객들을 만들어 내며 폭발적인 성장을 이루어냈다.

　　　　오아시스는 오프라인 대형마트에서는 단 하루라도 결품이 발생하면 큰일 날 것처럼 떠받들던 핵심 상품인 국민식품인 신라면과 삼다수를 팔지 않는다. 마켓컬리 역시 대기업의 1등 브랜드 상품들을 대신해서 99.9%의 상품을 중소기업의 좋은 상품을 발굴하여 직매입하고 신선식품의 품질에 주력한 결과 새벽배송의 최강자로 떠올랐고 수조원의 기업 가치를 인정받는 기업으로 성장할 수 있었다.

앞에서 우리는 오프라인의 골리앗 대기업들이 수천억원 대의 물류 인프라를 투자하고도 새벽배송시장에서 연이어 철수하고 있는 모습을 보았다. 마켓컬리와 쿠팡의 전유물이었던 새벽배송 인프라도 팀프레시 같은 콜드체인 전문 배송업체들이 등장하면서 더 이상 진입장벽이 아니게 됐다. 지금은 마음만 먹으면 누구라도 새벽배송시장에 뛰어들 수 있다는 이야기다. 온라인 비즈니스의 성공에 대한 해답은 물류센터의 인프라가 아니라 상품 차별화나 물류센터를 관리하는 시스템 등 보다 근원적인 곳에 정답이 있는 것이 아닐까라는 생각이 든다.

이에 대한 답은 오아시스마켓에서 찾을 수 있을지도 모른다. 대기업 투자비용의 수십분의 일 정도의 비용을 들이고도 물류인프라를 구축한 후 쟁쟁한 대기업들을 능가하며 마켓컬리와 비교되는 새벽배송시장의 다크호스로 떠오르고 있다.

SSG.COM은 현재 김포 네오002, 003센터에서 새벽배송을 전담하고 있다. 두 개의 자동화 센터를 구축하는데 들어간 비용만 무려 4,000억 원이 소요되었고 근무인원은 센터 당 평균 400명으로 총 800명 전후의 인력이 근무하고 있다. 초기에는 이마트몰의 주문을 기반으로 생필품 위주로 온라인 주문을 수행하던 센터였으나 2019년 새벽배송시장에 본격적으로 뛰어들며 하루 2만건 대의 새벽배송 주문을 수행하며 가동률을 높이고 있다. 하지만 대형마트들이 주도가 되어 구축해왔던 대형 온라인센터들의 가장 큰 페인포인트(Pain Point)는 가장 비용이 많이 들어가는 AS/RS나 첨단 GTP설비에는 한달에 한두개 팔릴까 말까하는 소위 말하는 저회전 상품들로 가득차 있다는 점이다. 물론 장보기몰이라는 마트몰의 특성상 생활용품, 문구류, 잡화류 등의 구색상품들을 포기할 수는 없으나 라면이나 생수처럼 초고회전의 인기상품들은 자동화가 아니라 모두 사람의 수작업으로 관리가 되기 때문에 설비 투자비별 가동률이나 상품 매출을 환산해보면 수익률이 나오기가 어렵다는 점이다.

거기에 더해서 동양 최대규모의 자동화 센터로 지어진 SSG.COM 네오센터의 경우 신선식품부터 공산품까지 컨베이어벨트가 마라톤 풀코스의 거의 절반인 20km 이상의 길이로 설치되어 있고 컨베이어벨트를 따라서 작업자가 구간을 나누어 서서 피킹 작업을 수행하는 DPS방식으로 운영 중이기 때문에 센터당 최소 300명이 넘는 인력이 근무할 수 밖에 없다. 그로인해 자동화를 통한 작업인력 감축에 근본적인 어려움이 있는 구조이고 근래들어 온라인시장은 배송 시간 단축이라는 치킨게임이 이어지고 있어서 피킹인력을 추가로 투입하는 악순환이 이어지고 있기도 하다. 반면 오아시스마켓은 25억 전후의 물류센터 투자비용과 200명도 채 되지 않는 적은 인력으로 2만건의 새벽배송 주문을 수행해 내는 믿기 어려운 실적을 만들어 냈다. 물론 SSG.COM 네오센터는 새벽배송 외에도 주간배송도 수행중이며 객단가도 5~6만 원 이상으로 오아시스마켓보다 큰 편이나 모든 것을 감안하더라도 인당 배송비 효율이나 설비투자 대비 효율로 보았을 때 오아시스마켓이 압도적인 고효율을 내는 것은 부인할 수 없는 사실이다. 불과 10년 전까지 10여개의 동네의 작은 수퍼마켓 연합회인 생활협동조합에 불과했던 오아시스마켓의 이야기를 통해서 온라인 비즈니스의 본질의 이해하고 인사이트를 찾고자 한다.

1. 새벽배송시장의 유일한 흑자기업 오아시스

오아시스마켓은 2011년도 생활협동조합인 한살림, 초록마을 등을 프랜차이즈 형식으로 운영하던 몇몇 점주들이 뜻을 모아 우리소비자생활협동조합(우리생협)을 설립 후 자체브랜드로 출범한 회사이다. 오아시스마켓은 산지의 생산자 직거래 방식으로 모든 상품을 직매입하는 방식으로 유통단계를 최소화했다. 무엇보다 유기농이나 친환경 제품을 저렴한 가격으로 판매하며 마케팅 비용을 거의 들이지 않고도 순수 고객 입소문만으로 회원을 모집해 수도권을 중심으로 오프라인 매장을 키워나간 후 2018년 8월 새벽배송시장에 진출해 돌풍을 일으키며 2년 만에 마켓컬리를 위협할 가장 강력한 경쟁자로 떠오르게 됐다.

2020년도에는 2,590억 원의 매출액과 영업이익 97억 원을 달성했고, 2021년도에도 매출 3,570억 원과 영업이익 57억 원을 올리며 고성장을 지속했다. 2022년도 2분기 기준 매출은 전년대비 21% 증가한 2,024억 원, 영업이익은 전년동기 대비 171% 성장한 71억 원을 달성해 해마다 견고한 성장세를 보이고 있다.

오아시스마켓의 최대의 강점은 무엇보다 영업이익이 연속 흑자를 내고 있다는 것이다. 온라인시장에서, 그것도 새벽배송 업체가 흑자 경영을 하고 있다는 점에서 업계에 큰 충격을 주었다. 온라인시장에 조금이라도 관심이 있다면 온라인에서 흑자를 낸다는 것 자체가 얼마나 어려운 일인지 잘 알 것이다. 2021년도 기준 새벽배송 주요업체들의 영업이익 실적을 보면 더 명확히 알 수 있다. 쿠팡의 적자는 1조8,000억 원, 마켓컬리의 적자는 2,177억 원, SSG.COM의 적자는 1,071억 원으로 두

기업 모두 엄청난 금액의 적자를 보고 있다. 그러나 온라인시장에 뛰어든 지 불과 3년여 밖에 되지 않는 작은 신생업체가 물류비는 2배 가까이 들고 폐기비용까지 감수해야하는 새벽배송시장에서 흑자를 내고 있다는 것이 믿기지 않는 사건일 수밖에 없는 것이다.

2. 오아시스의 O2O 옴니채널전략

쿠팡이나 마켓컬리, SSG.COM은 모두 온라인 전용센터를 운영하며 온라인에서만 상품을 판매하는 형태로 비즈니스를 운영하는 것과 달리 오아시스마켓은 2011년 설립 이후 2022년까지 현재 수도권에 78개의 오프라인 매장을 운영 중이

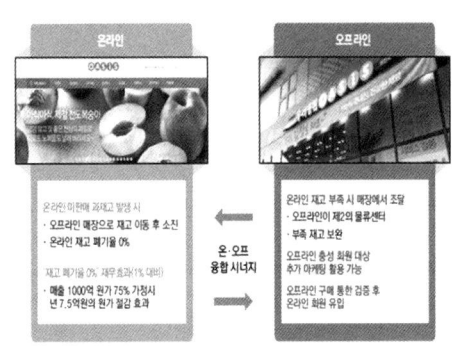

[그림 3] 옴니채널 전략
출처 : 오아시스마켓

다. 현재 오아시스마켓의 매출 중 약 절반은 온라인에서, 나머지 절반은 오프라인에서 발생해 경쟁사에 대비해 조금 더 탄력적인 운영이 가능하다는 장점이 있다.

새벽배송은 고객에게 약속한 배송시간을 맞추기 위해 물류센터에서 배송상품을 사전에 100% 직매입으로 구입해 보관하다가 주문 즉시 피킹해 단시간에 배송해야 한다. 그로인해 재고관리가 매우 중요하며 특히 신선식품의 경우 거의 예외 없이 당일입고, 당일 처리가 원칙이기 때문에 수요예측관리가 생명이다. 당일 오후 11시까지 온라인으로 주

문을 받고 새벽 1시부터 배송을 시작하기 위해서는 당일 배송될 상품인 경우 주문 마감 전인 오후 5시전에 물류센터에 미리 입고해야하기 때문이다. 그러나 이러한 방식의 재고관리는 고객 수요를 사전에 예측해서 발주정확도를 높이지 못한다면 엄청난 손실이 발생하고, 치명적인 타격을 입을 수 있다.

즉, 내일 새벽에 배송할 완도산 활전복이 1,000마리가 팔릴지 1,500마리가 팔릴지를 최소한 48시간 전에는 최대한 정확하게 예측해서 산지에 주문을 미리 넣어서 내일 새벽에 배송 물량을 배송 전날 오후 5시까지 물류센터에 미리 입고시켜야 하기 때문이다. 만일 활전복을 1,500마리를 발주했으나 주문이 1,000마리밖에 들어오지 않는다면 남은 전복은 모두 폐기해야 한다. 이 과정에서 수천만 원의 손실이 발생하기 때문에 신선식품의 수요예측은 매우 중요하나 생물의 특성상 산지의 시황이나 시세, 날씨 등에 따라서도 판매량이 크게 영향을 받기 때문에 철저한 데이터 관리로 판매 오차율을 최소화할 수 있는 역량이 필수적이다. 마켓컬리를 비롯한 많은 새벽배송 업체들은 신선물량의 발주량을 예상판매량보다 5~10%정도 축소해 폐기를 최소화하는 방식으로 손실위험을 회피하기도 한다. 이럴 경우에는 결품에 의한 매출기회로스가 발생하고 무엇보다 고객 서비스에도 악영향을 미치므로 새벽배송 업체의 최대 딜레마이다.

오아시스마켓은 수요예측에 대한 데이터 분석역량이 새벽배송 선두업체에 비해서 부족하지만 오프라인과 온라인을 동시에 운영하는 옴니채널 전략을 통해 극복하고 있다. 오아시스마켓은 활전복 1,500마리를 발주했으나 실제 주문은 1,000마리밖에 들어오지 않는 경우 새벽배송 후 남는 500마리의 활전복을 수도권 78개의 오아시스 오프라인 매장으로 입고시키는 방식으로 온라인 폐기율을 0%로 관리하고 있다. 다만 오아시스의 온라인 폐기율이 0%라는 것은 물량 중 일부가 오프라인 매장으로 이관되는 것이므로 오프라인 매장의 폐기율은 일정부분 상승할 수 있을 것이다. 그럼에도 불구하고 온라인과 오프라인 매장을 적절하게 융합하여 신선식품의 새벽배송을 성공적으로 수행하고 있다는 것은 경쟁업체에서 따라갈 수 없는 강점이 되고 있다.

이마트나 GS리테일, 롯데마트도 오프라인 매장이 있어 온라인센터와 점포간 서로 상품을 주고받고 수 있을 것이라 생각할 수도 있다. 그러나 오프라인 대형마트의 경우 온라인과 오프라인사업부가 독립적으로 운영되어 정말 특별한 경우가 아니면 온라인센터와 오프라인 매장 간에 재고를 교환하는 경우는 극히 드물어 별다른 시너지가 나오고 있지 않다. 오아시스마켓의 온오프라인 옴니채널 전략이 한층 돋보이는 것이 바로 여기에 있다.

3. 오아시스 다크스토어와 루트시스템

오아시스의 두 번째 성공전략은 온라인센터를 자동화 설비가 거의 없는 다크스토어 형태로 구축하고 루트(Route)앱이라는 자체 물류프로그램으로 효율적으로 관리하고 있다는 점이다. 오아시스의 온라인배송방식을 이해하기 위해서는 이커머스 풀필먼트배송의 대표적인 유형에 대해서 기본적인 이해가 필요하다. 온라인센터는 다음의 네 유형으로 크게 구분할 수 있다.

첫 번째 유형은 인스토어피킹(instore Picking)이다,. 이마트나 GS슈퍼 등 도심 내의 대형마트나 슈퍼마켓 점포에서 영업시간 중에 온라인 주문을 함께 수행하는 형태이다. 300평에서 5,000평대까지 운영 중인 형태와 상품구색을 그대로 활용할 수 있는 장점이 있다. 초기비용이 들어가지 않지만 인건비 부담이 가장 높고 고객 쇼핑 동선과 중복되어 고객의 불편과 온라인 작업자의 피킹 효율이 저하되는 단점이 있다.

두 번째 유형은 다크스토어(Dark Store)이다. 도심 인근에 마트와 동일한 구조로 온라인 스토어를 만들어 놓고 직원들만 상주하며 온라인 주문을 수행하는 형태이다. 2,000평대의 공간에 7,000SKU 정도의 제한된 상품을 운영한다. 오아시스나 헬로네이처 등의 온라인센터가 이에 해당되며 자동화 구축비용은 저렴하나 상대적으로 인건비 부담이 크다.

세 번째 유형은 센트럴라이즈드 풀필먼트센터(CFC, Centralized-Fulfillment Center)이다. 대도시의 경계지역에 1만평 이상에 구축한 대형 온라인 전용센터를 뜻하며 5만SKU 이상의 비교적 많은 상품을 구비할 수 있다, 김포 고촌물류단지에 함께 있는 이마트 네오센터나 롯데마트, GS리테일의 온라인센터가 CFC에 해당하며 자동화설비 비용과 건물 구축비용을 위해 1천억 원 대 이상의 초기투자비용이 필요하다.

마지막 유형은 마이크로 풀필먼트센터(MFC, Micro Fufillnent Center)이다. 도심 내에 500평 미만 공간에서 자동화설비를 도입해 1만SKU 이상의 상품을 운영할 수 있다. 30~50억 원대의 비용이 필요하며 도심형 물류와 퀵커머스의 중요성이 부각되며 최근 주목받고 있다. 국내에는 아직 마이크로 풀필먼트센터가 본격적으로 도입되지 않았으나 롯데온에서 운영했던 의왕과 부산의 새벽배송센터가 오토스토어라는 자동화 설비를 도입한 국내 최초의 MFC라 할 수 있다.

오아시스마켓이 운영 중인 다크스토어방식은 인스토어 피킹 방식과 비교 시 고객과의 충돌이 없어서 작업이 원활하다는 점과 CFC에 비해 초기투자비가 훨씬 적게 들어가기 때문에 전문몰(Category Killer) 형태로 특화해 운영되는 온라인몰이나 자본이 부족한 초기사업자들이 선택하기에도 강점이 있다. 오아시스의 성남물류센터는 4,000평의 면적으로 대형 온라인 업체들의 수만평 대의 물류센터에 비하면 작은 면적의 다크스토어이다. 대형마트와 유사하게 상품이 진열되어있는 공간에 작업자들이 피킹카트를 수월하게 이동시킬 수 있도록 동선을 넓게 구성했다.

1층에서 피커가 장을 보는 방식으로 고객 장바구니 하나하나마다 주문한 상품들을 확인하고 담는 피킹 작업을 마치면 컨베이어벨트를 통해서 2층으로 전달된다. 패킹(포장)작업자는 장바구니에 담긴 상품을 냉동과 냉장, 상온상품으로 구분해 드라이아이스 등 냉매제를 넣어서 포장한다. 전체적인 작업프로세스는 대형마트나 슈퍼의 온라인 배송과 유사하나 오아시스만의 강점은 주문을 확인하고 피킹과 포장까지의 모든 작업과정을 자체개발한 루트라는 앱을 통해서 효과적으로 관리하고 있다는 점이다.

루트는 오아시스의 모회사인 지어소프트가 직접 개발한 솔루션이다. 프로그램 개발자가 오랜 기간 매장과 물류센터 현장 직원들과 함께 업무를 하며 많은 시행착오를 거친 뒤 현장의 생생한 의견을 반영해 만들었다. 그로인해 경쟁사의 물류 프로그램보다 훨씬 직관적이며 초보자도 쉽게 사용할 수 있다는 장점이 있다. 마트나 슈퍼, 일반 물류센터 등에서 온라인배송을 수행하는 피커를 보면 대부분 종이로 된 피킹리스트를 들고 다니며 본인의 경험과 감에 의해서 매장을 다니며 장바구니를 채워 나가는 것이 일반적이었다. 그러다보니 오랜 경력이 있는 숙련자들의 경우 어느 정도 빠른 피킹이 가능하지만 대부분의 피커는 상품을 찾는데 애를 먹거나 오피킹이 발생하는 일이 다반사였다. 그에 반해 오아시스마켓의 피커는 루트앱을 통해서 고객 장바구니별로 피킹해야 할 상품들을 정확하게 지시받고 중복 동선 없이 최단 거리를 알려준다. 또한 상품의 사진을 함께 보여주며 오류를 최소화하고 다음 번 피킹할 상품의 사진과 위치까지 미리 보여줘 다음 스텝을 안내해 신입직원이더라도 빠르고 정확하게 작업을 할 수 있다.

패킹(포장) 작업자들도 동일한 루트앱을 사용하여 오류 없이 고객이 원하는 방식대로 패킹을 하도록 지원한다. 그밖에 발주, 진열, 재고관리 등의 모든 업무를 루트앱 하나로 통합해 MD부터 물류센터 작업자까지 전 직원이 같은 프로그램을 사용하며 소통하고 있어 직원 한 사람이 다양한 업무를 수행하는 등의 멀티플레이어가 될 수 있다.

최근에는 물류 IT분야가 발전되어 루트보다도 더 많은 기능을 가진 프로그램들도 출시되고 있으나 루트는 자체개발한 프로그램의 강점을 살려서 기능의 변경이 필요하거나 현장의 의견이 있을 때 수시로 프로그램에 반영하므로 억대의 프로그램보다 오히려 변화에 대한 대응성이 빠르고 활용 가치가 높은 프로그램이기도 하다. 루트앱이 보여주는 사례처럼 온라인몰을 운영하고자 하는 사업자들은 하드웨어 대한 투자에 앞서 이러한 작업자와 물류센터의 환경에 친화적인 소프트웨어의 개발과 도입에 눈을 돌려야 좋은 결과를 기대할 수 있을 것이다.

4. 오아시스의 비밀병기, 디지털 피킹카트

오아시스마켓에는 경쟁사에는 존재하지 않는 매우 특별한 진열도구가 하나 있다. 그것은 바로 루트앱과 함께 연동되며 피킹에 사용되는 디지털 피킹카트이다. 대형 카트 위에 장바구니들을 아래 위로 끼워 만든 피킹 설비로 작업자가 쇼핑하듯이 매장을 다니며 장바구니에 상품을 담도록 만들었다. 이마트나 롯데마트, 홈플러스 등 국내 어느 유통업체를 가더라도 1명의 작업자가 사용하는 피킹카트에 끼워진 장바구니의 수는 6개이다. 심지어 영국의 웨이트로즈같은 글로벌 유통업체의 온라인 다크스토어용 피킹카트 역시 장바구니의 수가 6개이다. 장바구니 수가 많아지면 오피킹이 일어나기 쉽고 혼선을 빚으므로 국내외 모두 6개 정도만 운영해왔다.

보통 대형마트에서 근무하는 온라인 피커의 수는 10여 명 정도다. 아침 8시부터 오후 5시까지 하루 8시간 근무하는 피커 1인이 1시간에 처리할 수 있는 주문 건수는 보통 2~3건에 불과하다. 매장의 동선이 길고 층도 나누어져 있으며 고객까지 함께 섞여 있어 피커가 온종일 처리할 수 있는 주문량은 결국 18~20건 내외에 머물러 있다. 이들의 하루 일당을 평균 10만원으로 계산했을 때, 주문 1건 당 5,000원 이상의 인건비가 소요되고 1톤 탑차를 사용하는 배송비 역시 주문 건당 4~5,000원 내외로 건당 4~5만 원 정도의 고객 주문 1건 당 약 1만~1만5,000원 이상의 비용이 소요되므로 많은 온라인몰이 주문이 늘어날수록 영업적자도 함께 늘어난다는 이야기는 바로 이러한 물류비용 때문이다.

오아시스마켓에서 자체 제작해 사용하는 디지털 피킹 카트에는 글로벌 표준 숫자인 6개가 아니라 무려 최대 80개의 장바구니가 끼워져 있다. 1명의 피커가 15~80개의 장바구니가 끼워진 초대형 피킹카트를 끌고 다니며 하루에 180건 이상의 피킹을 하는 것이다. 대형마트보다 장바구니의 객단가가 약간 낮은 것을 감안하더라도 오아시스마켓의 피커는 대형마트 피커에 비해 10배가 넘는 생산성을 보이는 것이다. 그뿐만 아니라 오아시스마켓의 본사와 매장, 물류센터 직원들은 대부분 정규직 직원이다. 피킹과 포장업무 직원 모두 오랜 기간 근무해 매장을 잘 알고, 회사에 대한 충성도도 높을 수밖에 없어 업무효율 또한 높다. 숙련된 직원과 대형 피킹카트 그리고 루트라는 시스템이 적절히 결합된 오아시스마트는 그간 기존의 유통업체가 일방적으로 정해둔 한계를 깨버렸다고 할 수 있다. 오아시스마켓도 현재 경기도 의왕 등에 대형 물류센터를 구축하고 규모를 키워나가는 중이며, 언젠가는 GTP나 셔틀시스템, OPS 등의 첨단 설비를 도입해 자동화할 것이다. 그러나 아직까지 오아시스가 사람 능력의 한계치를 기술로 매년 경신하고 있는 모습이 흥미롭다.

5. 온라인 비즈니스의 성공 요인 '충성고객'

온라인 비즈니스 성공기업들의 공통적으로 가지고 있는 비밀은 무엇일까? 그들은 경쟁사가 쉽게 따라올 수 없는 차별화된 제품과 서비스를 보유하고 있다는 것이다. 쿠팡은 막강한 물류 인프라와 누구도 따라올 수 없는 빠른배송이 있고, 네이버는 네이버페이라는 강력한 결제 수단으로 수십만 개의 스마트스토어를 하나로 묶어 거대한 쇼핑생태계를 구축했다. 하지만 이러한 공룡들과 같은 방식으로는 맞서 살아남을 수 없다. 그렇기에 다른 방식의 차별화가 불가피한 것이다. 마켓컬리가 기존에 없던 '프리미엄 온라인 식품 전문몰과 큐레이션'이라는 새로운 컨셉으로 성장했던 것처럼, 오아시스마켓 역시 기존 온라인시장에서 볼 수 없었던 '저렴한 친환경 유기농 식품'이라는 컨셉으로 충성고객층을 두텁게 하고 있다.

오아시스마켓의 특징은 '1번란'으로 설명 가능하다. '1번란'이란 우리 주변의 대형마트나 슈퍼마켓에서는 판매되지 않는 달걀이다. 달걀의 옆면에는 산란일자와 생산자번호, 사육환경이 인쇄되어 있다. 마지막 숫자는 1부터 4까지 존재하는데 이것이 바로 사육환경을 나타낸다. 숫자 4의 경우에는 좁은 케이지에서 부리가 잘린 채 항생제를 먹여 키운 닭이 낳은 달걀이다. 우리가 흔히 슈퍼마켓에서 행사용으로 많이 볼 수 있다. 숫자 3은 그보다 약간 더 넓은 케이지에서 키운 닭에서 생산한 달걀이다. 숫자 2는 칸막이가 없는 평평한 닭장에서 산란된 달걀이다. 마트나 백화점의 대기업 브랜드 달걀이나 동물복지 유정란을 뜻한다. 그렇다면 1번란은 무엇일까?

숫자 1은 닭장에서 사육되는 것이 아니라 마당이나 들, 산속에서 암탉과 수탉을 자유롭게 풀어 놓고 항생제와 성장촉진제 없이 자연 그대로에서 얻은 자연방사란을 말한다. 산란된 알을 하나하나 찾아야할 뿐 아니라 케이지 사육방식에 비해 생산량도 절반 이하이며, 사료와 관리비가 더 많이 들어가 생산단가도 높다. 시중에서 쉽게 접할 수 없어 백화점 등에서 10구 기준 1만5,000원 이상의 고가로 소량만 진열 판매되고 있다. 주변 마트에서는 당연히 쉽게 접할 수 없다. 그러나 오아시스마켓에서는 이렇게 구하기 힘든 '1번란'을 5,000원이 되지 않는 가격에 한정 판매하며, 새벽배송을 통해 매일 아침 편하고 빠르게 받아볼 수 있다.

아이를 키우는 가정에서 달걀은 거의 매일 식탁에 올라오는 필수 재료이기에 오아시스마켓의 '1번란'은 엄청난 입소문을 타고 퍼져나갔다.

오아시스마켓에는 '1번란'과 같은 역할을 하는 상품들이 몇 품목 더 있다. 콩나물, 두부, 우유 같은 상품이다. 국산, 친환경, 무항생제, 무농약 등 프리미엄급 상품 가격이 대기업 일반 제품들보다 30~50% 정도 저렴하다. 매일 식탁에 올라오는 필수 식품의 품질을 프리미엄급으로 보장하며 일반 상품보다 저렴한 가격대를 꾸준히 유지하는 것이 지속적인 충성 고객을 모으는 비결이라 할 수 있다. 물론 고객이 선호하는 몇몇 상품이 마진이 거의 없고, 때로는 역마진으로 판매되더라도 3만 원 이상 무료배송 시에 함께 담는 상품을 통해 마진믹스가 가능하다. 배송비를 맞추기 위해 구매하는 상품의 수가 늘어나고, 판매하는 제품으로 인해 충성고객을 만들며 더 다양한 상품을 쇼핑하도록 고객 락인(Lock in) 전략이 되는 것이다.

오아시스마켓은 고객에게 사랑받는 상품을 하나씩 오아시스PB 라인업으로 편입하고 있다. 현재 수백개의 PB상품이 오아시스마켓 판매의 중심축이 되고 있다. 이곳에서 취급하는 전체 상품군은 1만 품목이 넘지만, 그 중 5%를 차지하는 PB제품에서 전체 매출의 70% 가까이가 나오고 있다. 이는 새벽배송이라는 온라인 비즈니스와 함께 선택과 집중을 중시하는 오프라인 비즈니스와도 맥을 같이하는 하이브리드 성격을 지닌다고 볼 수 있다.

오아시스마켓은 상품 취급원칙과 PB상품 기획절차가 간단히 명문화되어 있다. 오프라인 마트가 갖춘 수백페이지의 상세 매뉴얼과 수

백명의 MD, PB개발 전담팀이 있는 것은 아니지만 오히려 복잡한 매뉴얼과 절차가 없어 오프라인 마트에서 6개월 이상 걸려야 개발할 수 있는 PB 상품을 단 몇주 만에 빠르게 도입할 수 있는 것이 장점이다. 또한 역방향 PB개발 방식을 택해 기존에 매장에서 팔리는 상품 중에서 고객의 반응이 좋은 제품을 추려 업체에 협업 제안을 한다. 그렇게 되면 최대한 빠른 속도로 PB가 출시될 수 있다. 즉, MD로부터 PB가 출시되는 것이 아니라 고객의 니즈로 출시되는 상품이므로 오히려 성공 확률이 높아질 수밖에 없다.

6. 셀프환불시스템의 과감한 도입

온라인 쇼핑 시 가장 편리한 점은 원하는 상품을 쉽게 고르고 집안에서 편하게 받아볼 수 있는 것이다. 반면 불편한 점 중 하나는 도착한 상품이 배송과정 중에 파손되었거나 품질에 문제가 있는 경우 반품하기 어렵다는 것이다. 콜센터에 전화해 반품요청을 하려해도 통화가 쉽지 않을뿐더러 메시지나 메일, 1:1상담을 요청해도 연락이 오지 않는 경우가 다반사다. 특히 신선식품의 경우 품질 이상이나 신선도에 대한 기준이 주관적이라 대부분 상담원이 해결하기보다 사내 품질관리부서의 승인을 받고 반품이 진행돼 시간과 에너지 소모가 상당하다.

하지만 오아시스마켓은 셀프환불시스템을 도입했다. 셀프환불시스템은 상품을 받아보고 품질에 이상이 있거나 파손 등이 있을 시 오아시스마켓의 콜센터에 전화할 필요 없이 홈페이지에 있는 구매내역에서 해당 상품을 클릭해 온라인 상에서 바로 반품과 환불을 진행하는 방식으로 이루어져 있다. 셀프환불서비스는 해당 상품의 불량률이 10%에서

100% 중 어느정도에 해당하는지 체크하도록 되어있다. 예를 들어 삼겹살 한 팩을 1만 원에 구매했을 때, 윗줄은 정상상품이고 아랫줄은 비계가 많아 먹을 수 없다면 50%에 체크하고 사진을 업로드하면 얼마 뒤 오아시스 포인트로 50%에 해당하는 5,000원이 환불되는 시스템이다. 물론 콜센터에 전화를 걸어 카드취소나 현금환불도 가능하지만 오아시스마켓은 재구매율이 80%에 이를 정도로 높기 때문에 대부분의 회원들은 이 셀프환불시스템을 이용하게 된다. 이 포인트는 다시 고객이 오아시스마켓에서 구매하도록 유도하는 선순환 효과를 발생한다.

처음 오아시스마켓에서 셀프환불시스템을 도입하고자 논의했을 당시 블랙컨슈머에게 악용될 수 있어 회사가 타격을 입을 수 있어 우려하는 직원이 많았다고 한다. 그러나 우려반 기대반 속에 오픈한 셀프환불시스템에 고객들이 큰 호응을 보내며 합리적 수준의 불량률을 체크했다고 한다. 생각했던 손실은 발생하지 않은 것이다. 오히려 다른 쇼핑몰에서는 부분 환불 시스템이 없어 달걀 한 판 중 한 두 개가 깨져도 전체 구매액을 반품해야하는 반면, 오아시스마켓은 깨진 계란 수에 해당하는 금액만 반품처리가 가능해 오히려 이전보다 환불액이 줄어드는 장점이 생겼다.

셀프환불서비스는 많은 고객이 열광하는 또 하나의 고객서비스가 숨어있다. 바로 폰포비아(전화 공포증, Phone phobia) 시대에 최적화되어있는 방식이라는 점이다. 많은 언론에서 보도되듯 언택트시대를 지나 폰포비아 시대로 접어들었다. 태어나서 한 번도 전화로 음식을 주문해 본 적 없는 사람들이 증가하고 있으며, 전화통화 대신 카카오톡이나 페이스북 메신저로 소통하는 세대들은 전화벨이 울리는 것을 두려워한다.

그렇기에 사람과 직접 이야기하는 대신 온라인 상에서 모든 처리가 가능하다는 점은 편안하고 좋은 고객서비스 경험이 되는 것이다. 초기 비용절감을 목적으로 시작한 셀프환불서비스는 고객 차별화서비스가 되어 두 마리 토끼를 다 잡으며 오아시스 마켓의 새로운 성공 공식 키워드로 자리잡았다.

7. 라스트마일 시대의 생존전략

2018년 8월에 새벽배송 시장에 뛰어들었던 오아시스는 불과 4년 만인 22년도에는 4,000억 원대의 연매출과 100억 원 이상의 영업이익을 바라보는 회사가 되었고 상장을 앞둔 지금 놀랍게도 1조2,000억 원 이상의 엄청난 가치를 지닌 기업으로 평가받고 있다. 실제로 오아시스마켓의 경우 발행 당시 액면가 100원이던 주식이 현재는 무려 300배가 넘는 3만 원이 넘는 금액으로 장외에서 거래되고 있고 현재 상태의 시가총액도 9,000억 원에 육박하고 있기 때문에 상장후에 대기업의 상징과도 같은 시가총액 1조 원 이상의 기업이 된다는 것이 꿈같은 이야기는 아닐 것이다. 이러한 시장의 평가는 일반인의 상식으로는 도저히 이해되지 않을 수도 있겠으나 시장은 오아시스마켓과 마켓컬리의 현재가치가 아니라 미래의 성장 가능성과 가전과 패션, 뷰티 영역까지 빠르게 확장되고 있는 비즈니스모델의 미래가치에 베팅을 하고있다고 보면 좋을 것이다.

다만 기업의 가치를 인정받기 위하여 너무 빠른 속도로 본업인 식품시장에서 가전이나 패션, 뷰티와 같은 영역으로 몸집을 키워나가다 보면 국내 최초의 프리미엄식품 온라인 전문몰이라는 정체성을 잃어버리고 무채색의 평범한 쇼핑몰이 되어버려 충성고객의 로열티를 계속 받기가 어려울 수도 있다는 우려가 있어 앞으로도 오아시스마켓과 마켓컬리의 초심으로 꼽을 수 있는 좋은 식재료를 엄선해 고객에게 소개한다는 창업초기의 기업가 정신을 마지막까지 1순위로 유지해 나가야 할 것이다.

지금까지 리스트미일 전쟁디에서 골리앗과 싸워서 생존해 나가는 다윗의 이야기를 적어보았다. 이 모든 주제를 관통하는 단 하나의 키워드를 꼽으면 단연 '차별화'일 것이다. 모두들 코스트코(COSTCO)를 알고 있을 것이다. 코스트코는 오프라인 기업임에도 불구하고 매년 사상 최고의 매출을 갱신하고 있다. 주가 또한 우리나라 오프라인 유통기업들이 대부분 10년전의 고점대비 3분의 1토막이 난 반면 코스트코의 주가는 사상 최고 수준으로 도달해 있다.

코스트코의 성공 요인은 대형마트의 10분의 1수준인 5,000품목의 차별화된 상품뿐 아니라 전 상품 15% 이하 마진으로 판매하는 초저가 정책, 그리고 업계 최고 수준의 직원 복지정책이라는 세 가지 전략으로 고객과 내부 직원의 로열티를 극대화하고 있기 때문이다. 즉, 코스트코는 엄격한 소싱과 판관비 관리로 이익을 남기지 않고 물건을 팔되, 코스트코가 가져가는 몫은 오로지 회원들의 연간 회비로만 충당한다는 것이 코스트코가 늘 강조하는 '유통의 본질'이고 그 본질을 묵묵히 수행하고 있어 고객의 열광적인 지지를 얻는 것이다.

우리는 지금 온라인과 오프라인의 싸움에서 이미 온라인이 승자가 되었다는 너무나 확고한 믿음을 가지고 있지만, 그 믿음은 실제와는 다르다는 것을 깨달아야 한다. 온라인이기 때문에 성공하고 오프라인이기 때문에 실패하는 것이 아니다. 온라인시대인 지금도 매일 수많은 온라인 기업들이 무너지고 있고 차별화된 오프라인 기업들은 성장하고 있는 것이 현실이다.

어디서든 쉽게 구할 수 없는 차별화된 상품을 365일 저렴한 가격으로 판매하고 고객이 만족하지 못하는 상품은 설령 먹던 제품도 묻지도 따지지도 않고 무조건 반품을 받아주는 등 코스트코의 성공전략을 벤치마킹하며 고객이 진정으로 원하는 상품과 서비스를 제공할 수 있는 차별화된 기업만이 격변하는 시대에서 생존하며 성공할 수 있는 유일한 비결임을 마음속 깊이 새겨야 할 것이다.

Logistics Trends 2023

품질과의 전쟁 펼치는
의약품 콜드체인

김희양
콜드체인플랫폼 대표

약 20여 년간 바이오제약 콜드체인 물류 분야에 몸담아 왔다. 현재 바이오제약 글로벌 콜드체인 물류 정보를 제공하는 콜드체인플랫폼(CCP)의 대표이며, 바이오제약 콜드체인 전문 물류서비스를 제공하는 글로벌기업 마켄(Marken), 월드쿠리어(World Courier), TNT에서 라이프사이언스팀 구축, 영업 및 마케팅, 콜드체인 매니지먼트 교육, 한국 지사 설립, 지사장 등 다양한 핵심 역할을 수행했다.

I. 인슐린 유통 대란

2020년 독감 백신 상온 노출 사건과 2021년 코로나-19 백신 유통으로 온 국민의 우려와 관심을 모았던 의약품 콜드체인. 코로나-19 백신도 이미 4차 접종 단계에 접어들었고, 그간 수없이 많은 백신의 콜드체인 보관과 운송에 대한 경험이 축적되어, 국내 의약품 콜드체인 유통의 운송 역량은 분명 강화되었으리라 생각된다.

그런데 어찌 된 일인지 2023년을 향해가는 지금 의약품 콜드체인 문제가 다시 수면 위로 떠 올랐다. 이번에는 백신이 아닌 인슐린 때문이다. 당뇨병의 대표적 치료제인 인슐린은 온도에 민감한 생물학적 제제[1]로 2℃~8℃의 냉장 온도가 유지되어야 하는 바이오의약품 중 하나이다. 떠들썩하던 백신 콜드체인 이슈는 잠잠해졌는데, 왜 인슐린 콜드체인은

---

[1] "생물학적 제제"란 생물체에서 유래된 물질이나 생물체를 이용하여 생성시킨 물질을 함유한 의약품으로써 백신, 혈장분획제제 및 항독소 등을 말한다.

문제가 되는 것일까?

그 이유는 개정된 '생물학적 제제 등[2]의 제조·판매관리 규칙'에서 생물학적 제제 등의 보관 및 수송의 품질 관련 사항이 강화된 것에서 기인한다. 개정된 생물학적 제제 등의 보관 및 수송에 관한 규정을 위반할 경우, 해당 품목에 대한 영업 정지, 3차 위반 시에는 영업 허가 취소 등의 행정 처분을 받게 된다. 해당 규정이 2022년 7월 17일에 발효되자, 강화된 콜드체인 운송 관련 규칙을 준수하기 어려운 의약품 도매상들은 주요 의약품이 아닌 인슐린 취급을 포기하거나 배송 횟수를 제한하기 시작했다. 약국들이 인슐린을 원활하게 공급받지 못하게 되었고, 인슐린 주사제 없이 일상이 힘든 당뇨병 환자들은 인슐린을 제때에 구하지 못해 건강을 위협받는 상황에 처하게 되었다.

인슐린 유통 대란을 통해 우리는 백신처럼 대중적으로 세간의 주목을 받는 의약품이 아닌 경우, 의약품 콜드체인 유통이 얼마나 취약한지에 대한 현실과 마주하게 되었다. 가족이나 친구, 친척, 지인 중 한 명은 앓고 있는 병이 당뇨병이기에 인슐린 유통 대란을 나와 관계없는 남의 일처럼 여길 수는 없다. 의약품 콜드체인은 이제 우리의 일상생활에서 점점 더 중요한 생활 물류의 일부로 깊게 파고들고 있다.

---

2) "생물학적 제제 등"이란 생물학적 제제, 유전자재조합의약품, 세포배양의약품, 세포 치료제, 유전자 치료제 및 이와 유사한 제제를 말한다.

Ⅱ. 제조·판매관리 규칙과 보관 및 수송에 관한 규정

2020년 9월, 독감 백신이 상온에 노출된 사건을 기억할 것이다. 전 국민에게 의약품 콜드체인을 인지시켰다고 해도 과언이 아닌 이 사건을 계기로 식약처는 긴급히 온도에 민감한 의약품의 유통 관리 체계 개선 작업에 착수했다. 독감 백신 상온 노출 사건 발생 3개월 정도 후인 2020년 12월 말, 식약처의 '생물학적 제제 등의 제조·판매관리 규칙' 개정안에 대한 입법 예고가 있었고, 2021년 7월 16일 개정 법안이 공포되었다.

6개월의 계도 기간을 거쳐 2022년 1월 17일 해당 법안이 시행되었지만, 다수의 국내 의약품 도매상들이 강화된 콜드체인 운송 관련 규정을 따르기 어렵다고 반발하고 나서 결국 6개월의 추가 계도 기간이 더 부여되었다. 그 사이 2022년 5월 10일 식약처는 '생물학적 제제 등의 보관 및 수송에 관한 규정'을 제정하고 같은 해 7월 17일 해당 규칙이 본격 발효되었다. 그리고 이번 인슐린 유통 대란으로 식약처는 '인슐린 제제에 한해' 추가 6개월의 유예기간을 적용하기로 했다.

식약처는 생물학적 제제 등의 보관 및 수송 관리 부분을 글로벌 의약품 유통 품질관리 기준인 WHO 및 EU GDP(Good Distribution Practice) 가이드라인에 부합하는 수준으로 일부 강화했다. 이에 따라 생물학적 제제 등의 판매자(제조업자, 수입자, 의약품 도매상, 약국개설자)가 생물학적 제제를 보관하고 수송할 때 준수해야 할 콜드체인 관리 의무가 한층 더 엄격해졌다. 이 규정 강화를 통해 식약처는 "품질이 보증된 바이오의약품을 최종 사용단계까지 콜드체인이 확보된 상태로 운송하여 국민이 안전성, 유효성, 품질이 확보된 생물학적 제제 등을 사용할 수 있게 함으로써 국민 보건 향상에 기여하고자 한다"고 밝혔다.

신설된 조항은 콜드체인이 필요한 의약품 유통의 물류 과정에서 반드시 지켜야 할 매우 기본적인 사항이기에 식약처의 규정 개정은 마땅히 필요한 일이었다. 다만, 계도·유예기간을 6개월 씩 찔끔찔끔 부여하는 것을 보면, 개정된 규정에서 요구하는 사항들을 이행하기 위한 준비에 소요되는 절대적인 시간적인 부분을 간과한 것 같다.

Ⅲ. 자동온도기록장치 검정·교정, 콜드체인 수송 설비 검증

개정된 생물학적 재제 등의 보관 및 수송에 관한 규정에서 많은 의약품 도매상이 어려움을 토로하는 부분은 무엇일까? 검정·교정된 자동온도기록장치와 검증된 수송 설비(용기, 차량)를 사용하여 의약품의 온도를 지속적으로 모니터링해야 하는 점이다. 개정된 내용에는 이 외에 다른 사항들도 있지만, 여기서는 가장 많은 시간, 비용, 역량이 요구되는 다음 세 가지 조항만을 추려서 살펴보고자 한다. 해당 조항을 요약한 후 이에 대한 필자의 의견을 덧붙였다.

1. 자동온도기록장치의 검교정

생물학적 제제 등의 판매자(약국개설자 제외)는 보관 시설 및 수송 설비에 설치된 자동온도기록장치의 검교정을 주기적으로 실시해야 한다. 검교정을 주기적으로 실시하기 위해 생물학적 제제 등의 판매자는 검정 주기, 기준, 방법에 대한 검교정 계획을 수립하고, 그 계획에 따라 검교정을 해야 한다. 검교정 계획을 변경할 경우에는 변경된 계획을 수립하고, 이에 따라 검교정을 해야 한다. 검교정 주기는 자동온도기록장치의 특성, 사용 빈도, 사용 방법 등을 고려하여 생물학적 제제 등의 판매자가 정하도록 하고 있다.

검교정이란, 시험 및 측정에 사용되는 모든 계량기나 계측기의 정밀도와 성능을 유지하기 위해 규정된 주기와 절차에 따라 비교하고 검사하여 교정하는 행위를 말한다. 자동온도기록장치의 검교정은 보통 1년에 1회 실시한다. EU GDP 가이드라인에서는 최소 1년에 1회 실시하도록 하고 있다. 자동온도기록장치를 구매할 때 대부분의 제조사는 품질을 보증하는 검교정 인증서(Calibration Certificate)를 제공한다. 자체적으로 검교정을 해야 할 경우에는 KOLAS(Korea Laboratory Accreditation Scheme: 한국인정기구) 공인 교정기관을 통해서 검교정을 받을 수 있다.

자동온도기록장치의 검교정은 수송 설비의 검증에 비하면 그리 어렵지 않다. 하지만 자동온도기록장치의 검교정 유효기간을 놓치는 실수가 발생하기 쉽다. 검교정 유효기간이 지난 온도 기록은 인정되지 않으므로 때문에, 사용 중인 모든 자동온도기록장치의 시리얼 번호에 따라 철저한 주기적 검교정 스케줄 및 재고 관리가 필요하다.

2. 수송 설비의 검증

생물학적 제제 등의 판매자는 수송 거리, 수송 시간, 계절적 변동 요인과 제품의 특성 등을 고려하여, 생물학적 제제 등의 수송 시 제품 품질에 영향을 미치지 않도록 사전에 수송 설비를 검증해야 한다. 수송 설비 검증을 위해서는 먼저 검증 계획을 문서로 수립해야 한다. 검증 계획에는 검증 목적, 범위, 책임, 검증 항목, 검증 실시 조건, 검증 방법, 적합성 판정 기준 등의 내용이 포함되어야 한다. 검증 계획은 수송 시 기온, 수송 거리, 수송 시간, 적재도 등을 최악 조건으로 설정하여 수립할 수 있으며, 수송 설비의 적정 온도 유지, 물리적 영향 등을 고려하여 검증하고, 검증 결과 역시 문서화되어야 한다. 수송 거리, 수송 시간, 계절적 요인 등의 변동 사항이 생겨 검증한 범위를 벗어나는 경우에는 해당 수송 설비를 다시 검증해야 한다. 수송 설비 검증은 판매자가 직접할 수도 있고, 외부 기관에 위탁할 수도 있다. 외부 기관에 검증을 위탁한 경우라도, 검증에 대한 최종 검토 및 승인은 판매자가 해야 한다.

　　수송 설비는 수송 용기와 수송 차량을 말한다. 온도 검증이 되어야 하는 수송 용기는 콜드체인 포장재, 수송 차량은 흔히 말하는 냉장차, 즉 온도 컨트롤이 되는 TCV(Temperature Controlled Vehicle)에 대한 검증으로 흔히 '포장재 밸리데이션', '차량 밸리데이션'이라고 각각 칭한다. 수송 거리와 수송 시간을 고려하여 검증하라는 것은 교통 체증 및 예상치 못한 지연 등 최악의 상황(Worst Case)에서도 수송 설비가 온도를 안정적으로 유지함을 검증하는 것이다. 계절적 변동 요인을 고려하여 검증하라는 것은 온도 이탈이 빈번히 발생하는 여름과 겨울에도 수송 설비가 온도를 안정적으로 유지할 수 있음을 검증하는 것을 말한다.

　　의약품 콜드체인에 전문화된 포장재 회사가 판매하는 수송 용기는 일반적으로 ISTA(International Safe Transit Association: 국제안전수송협회)의 여름과 겨울 온도 프로파일(ISTA 7D 또는 ISTA 7E)에 따라 사전 검증된 것으로, 판매하는 수송 용기에 대해 문서화된 적격성 평가 리포트(Qualification Report)를 제공한다. 전문적인 포장재 회사에서 판매하는 검증된 수송 용기를 이용하지 않고 이용자가 자체적으로 자사의 제품에 적합한 수송 용기를 전문적인 포장재 회사와 함께 맞춤형으로 개발할 수도 있다. 맞춤형 수송 용기를 사용할 경우에는 DQ(Design Qualification, 설계 적격성 평가)-OQ(Qperational Qualification, 운전 적격성 평가)-PQ(Performance Qualification, 성능 적격성 평가)라는 지난한 과정을 모두 거쳐야 한다. 적격성 평가가 완료된 수송 용기를 이용하여 실제 운송할 적재량을 최소(Min)/최대(Max)로 선정 후 실제 운송 구간을 정하여 여름과 겨울에 각각 2~3번 이상 검증을 하게 되는데 이를 운송 검증(Shipping

Validation)이라고 한다.

수송 차량 검증은 화물칸의 온도 맵핑을 통해 차량 엔진 가동 시는 물론 차량 엔진이 꺼져있을 때, 차량 문을 열었을 때 등등의 상황을 검증 계획안에 포함시켜 실제로 이용하는 수송 차량에 대해 계절적 검증을 수행하는 것을 말한다. 수송 차량 검증 시 이용할 수 있는 챔버를 보유한 시험 기관이 국내에 제한적이므로 수송 차량 검증은 대개 물류센터의 차고지에서 여름과 겨울에 각각 시행하게 된다.

수송 용기와 수송 차량과 같은 수송 설비 검증을 이행하기 위해서는 비용도 비용이지만, 상당한 시간이 소요된다. 무엇보다 검증 수행을 이끌 역량을 갖춘 인력, 검증 계획 및 결과를 문서화할 수 있는 역량을 갖춘 인력, 이 검증을 신뢰할 수 있는지 최종적으로 품질을 보증할 수 있는 품질 보증(QA) 인력이 필요하다. 외부 기관에 위탁할 수도 있지만, 최종 검토 및 승인에 대한 책임은 판매자에게 있으므로, 콜드체인 검증에 대한 이해가 있는 품질 보증 인력은 필수적이다.

3. 수송 설비(용기, 차량)의 요건

수송 용기의 외부에 내부의 온도 변화를 관찰할 수 있는 온도 표시 장치가 있어야 한다. 2022년 5월에 제정된 '생물학적 제제 등의 보관 및 수송에 관한 규정'에는 스마트폰, 노트북 컴퓨터 등 전자적 장비를 이용하여 수송 용기 내부의 온도 변화를 관찰할 수 있을 경우, 수송 용기 외부에 온도 표시 장치가 없어도 된다는 내용이 추가 되었다. 수송 용기는 생물학적 제제 등의 파손되거나 충격을 받지 않도록 견고한 재질 또는 구조를 갖춰야 하고, 내부에 부드러운 소재의 완충제 또는 포장재가 충분히 포함되어 있어야 한다. 단, 완충재와 포장재는 생물학적 제제 등의 품질에 영향을 주지 않아야 한다. 생물학적 제제 등을 수송할 때에 저장 온도를 유지하기 위해 수송 용기에 스티로폼 등의 단열재와 냉매재를 사용할 수 있다. 수송 차량의 경우, 수송 중 생물학적 제제 등을 충격으로부터 보호할 수 있도록 견고하게 고정할 수 있는 구조 장치를 갖추고 있어야 한다.

수송 용기의 외부에서 내부 온도 변화를 관찰할 수 있는 온도 표시 장치가 있어야 한다는 이 규정 때문에 국내 콜드체인 포장재 기업들은 '국내 수송용'으로 부랴부랴 포장재 외부에 온도 표시 장치를 별도로 만들어야 했다. 스마트폰, 노트북 컴퓨터 등 전자적 장비를 이용하여 수송 용기 내부의 온도 변화를 관찰할 수 있을 경우, 수송 용기 외부에 온도 표시창이 없어도 된다는 내용이 뒤늦게 추가되긴 했지만 말이다.

수송 용기 외부에서 내부 온도 변화를 관찰할 수 있는지 아닌지는 별 의미가 없다. 의약품 수송 용기는 수송 차량 화물칸에 실리기 때문이다. 운송 기사가 수송 용기의 내부 온도를 외부에서 보는 경우는 운송 기사가 제품을 배송하는 시점인데, 차량 운행 중 온도 이탈이 이미 발생했다면 내부 온도를 외부에서 보고 말고는 크게 중요하지 않다. 또, 수송 용기 외부에 온도 표시 장치가 있더라도 현재의 내부 온도만 보여준다면 소용이 없다. 운송 중에 온도 이탈이 발생했다가 적정 온도 구간에서 온도가 유지되고 있는 것일 수도 있기 때문에, 현재 온도와 함께 운송 중 최고 온도, 최저 온도도 함께 확인할 수 있어야 한다.

초점은 포장재 외부의 온도 표시 장치가 있어서 내부 온도 관찰을 할 수 있느냐의 여부가 아니라, 온도 이탈이 발생할 조짐이 보일 때 자동 온도기록장치의 알람 기능이 운송 기사에게 실시간으로 전달되어 운송 기사가 이에 대한 적합한 조처를 할 수 있는지에 맞춰져야 할 것이다.

Ⅳ. 강화된 콜드체인 운송 규정, 우리의 유통 현실에 너무 과한가?

검교정된 자동온도기록장치의 사용, 운송 설비의 검증에는 앞서 살펴본 바와 같이 상당한 시간, 노력, 전문성을 갖춘 인력이 있어야 한다. 따라서 개정된 생물학적 제제 등의 보관 및 운송 관련 규정을 따르기 어렵다는 반발이 많다. 우리의 상황과 맞지 않는 글로벌 GDP 가이드라인 수준으로 불필요하게 강화했다는 소리가 들린다.

하지만, 국내에서 의약품 품질관리를 철저히 하는 의약품 도매상이나 물류회사는 이미 자발적으로 이행 중인 사항들이다. WHO 및 EU 등 글로벌 GDP 가이드라인은 환자들의 안전을 위해 의약품 유통 시 지켜야 할 최소한의 기준을 제시할 뿐이다. 온도에 민감한 의약품을 운송하면서 검증도 안 된 수송 설비를 사용하거나, 온도 조작이 가능하고 검·교정조차 되지 않은 온도기록장치로 의약품의 온도를 모니터링한들 솔직히 그것이 무슨 의미가 있겠는가?

「오늘도 약을 먹었습니다」의 저자 박한슬 약사는 이번 인슐린 콜드체인 대란의 근원적 원인이 따로 있다고 말한다. 그중 하나로 영세한 의약품 도매상의 폭증을 초래한 2000년과 2015년에 있었던 '규제 완화'를 꼬집는다. 2020년 기준, 우리나라의 의약품 도매상 수는 4,420개인데, 우리나라보다 의약품 유통 시장 규모가 5배가 큰 일본의 의약품 도매상 수는 고작 65개라고 한다. 타 국가들의 경우에는 의약품 유통관리를 철저하게 하기 위해서는 업체 규모가 커지는 것이 유리하기 때문에, 경쟁 및 인수합병을 통해 소수의 과점 업체로 의약품 도매상이 재편되는 추세인 것과 달리, 국내에서는 이와 정반대의 규제 완화 정책을 펼친

바람에 영세 의약품 도매상을 다량 키워냈고, 도매상이 영세하다는 이유로 낙후된 콜드체인 수준을 유지해야 하는 상황에 처했다는 그의 말은 일리가 있다.3)

현재 대다수 국가와 관련 기관(제약회사, 의약품 도매상, 물류회사, 콜드체인 솔루션 관련 회사 등)이 표준으로 삼고 있는 EU GDP 가이드라인 개정안이 시행된 것이 2013년임을 감안할 때, 우리나라는 거의 10년가량 뒤늦게 이를 따라가고 있다. 바이오의약품 제조 및 생산 측면에서는 선진국 반열에 들은 우리나라지만, 국내에서의 바이오의약품 유통은 아직 후진국 수준에 머물러 온 셈이다.

2020년 6월 29일 시행된 '의약품 제조 및 품질 관리에 관한 규정' 개정안에서 적격성평가와 밸리데이션 조항(별표 13)이 전면 개정되면서, '운송 검증'에 관한 내용이 신설되었었다. 이에 따라 완제의약품, 임상시험용 의약품, 반제품뿐 아니라 검체도 모두 의약품 품목 허가 사항과 제품 표준서에 규정된 온도 조건에 따라 운송되도록 하고 있다. 이는 의약품 제조업자에게 해당하는 것으로, 의약품 유통업자들은 크게 눈여겨보지 않았던 것 같다.

2022년 7월 21일 시행된 '의약품 등의 안전에 관한 규칙' 개정안에서도 의약품 유통 품질관리 기준(별표 6)의 보관 및 운송 업무에서 콜드체인 관리가 더욱 강화되었다. 냉장 또는 냉동의 콜드체인이 요구되는

---

3) 박한슬, 「(조금 까칠한 약국) 의약품 도매업체 난립과 '인슐린' 유통 대란」, 『주간조선』, 2022.09.01, https://weekly.chosun.com/news/articleView.html?idxno=21734

의약품의 수송 설비 내부에 온도 조작이 불가한 자동온도기록장치를 갖추는 것은 필수다. 생물학적 제제 등에만 국한되는 것이 아닌 모든 의약품에 대해 '의약품별 저장 온도를 항상 유지하여 보관하고 운송'하도록 하고 있다. 더 이상 국내 의약품 도매상이 영세하다는 이유가 의약품 콜드체인 유통 품질 기준 향상에 걸림돌로 작용해서는 안 될 것이다.

V. 콜드체인을 대하는 다른 자세

1. 유럽: 국제 당뇨병 연맹

다시 인슐린 공급 대란 문제로 돌아가 보자. 인슐린이 절박한 국내 당뇨병 환자들의 입장을 대변하는 당뇨 환우회, 개정된 콜드체인 관련 운송 규칙 준수에 어려움을 겪는 의약품 도매상 단체는 지금까지의 유통 방식에서도 아무런 문제가 발생하지 않았다며 인슐린은 생물학적 제제 배송 기준에서 제외해 달라고 요구하고 나서는 상황에 이르렀다. 한편, 다른 나라들은 이와 정반대의 흐름으로 가고 있다. 인슐린의 냉장 온도가 제대로 유지되지 않으면 약물 효능이 떨어져 환자들에게 심각한 문제를 초래할 수 있다며, 약국까지의 유통에서 더 나아가 환자 집에서도 인슐린 냉장 보관의 중요성을 강조하는 추세다.

국제 당뇨병 연맹 유럽(International Diabetes Federation Europe)은 2019년에 인슐린 보관 안내서(Storage of Insulin Awareness Paper)[4]를 발간하여, 의료 전문가뿐 아니라 일반 환자들에게도 인슐린 콜드체인에 대한 중요성을 인지시키고 있다. 이 안내서의 첫 챕터 제목은 다음과 같다. "Insulin requires strict cold chain standards(인슐린은 엄격한 콜드체인 기준을 필요로 합니다)"

이 친절한 안내서는 개봉 전 인슐린은 2℃~8℃의 냉장 온도가 유

---

4) Storage of Insulin, IDF Europe Awareness Paper, International Diabetes Federation, 2019, https://idf.org/images/IDF_Europe/Storage_of_Insulin_-_IDF_Europe_Awareness_Paper_-_FINAL.pdf

지되어야 하되, 개봉 후 인슐린은 2℃~8℃의 냉장 유지가 어려울 경우 2℃~25℃ 또는 30℃에서도 보관할 수 있다고 안내한다. 경미한 온도 이탈은 허용될 수 있지만, 약효에 영향을 미친다는 점을 상기시킨다. 일반 가정집 냉장고는 전문적인 콜드체인 보관 시설과 달리 냉장실 온도가 2℃ 이하로 떨어져 인슐린이 얼게 되는 경우도 발생한다며, 인슐린이 너무 차가운 곳에 보관되어 얼게 되면 최적의 혈당을 조절하는 충분한 효능이 사라진다는 사실도 알려준다. 이들이 미국과 유럽에서 230대의 냉장고를 모니터링한 바, 4대당 1대가 어느점(freezing point) 아래로 온도가 내려갔고, 평균적으로 한 달에 한 번은 이런 상황이 발생했기 때문이다.

안내서에서는 냉장고 냉장실의 구획별 온도 그래프를 통해 인슐린을 냉장실에 보관했다고 무조건 안심해서는 안 된다는 점을 냉장고 내부의 그림과 그래프를 통해 직관적으로 알려준다. 냉장실 온도를 8℃로 세팅한 후 2일 이상 모니터링한 냉장실 구획 위치에 따른 온도 차이와 온도 변화 양상을 보여주며 이해를 돕는다. 이 그래프 결과에 따르면, ①과 ②로 표시된 구획은 온도가 8℃ 위로 올라가기 때문에 피해야 할 공간이고, ③으로 표시된 구획은 2℃ 이하로 온도가 내려가는 경우가 많아 이 또한 피해야 하는 공간임을 알 수 있다. ④로 표시된 냉장고 최상단 구간은 2℃~8℃ 구간을 잘 유지하고 있다. 물론 각 가정의 냉장고마다 차이는 있겠지만, 가정에서 냉장 의약품 보관 시에 권고되는 공간으로 참고할 수 있겠다.

앞서 언급했던 우리나라의 상황, 즉 지금까지의 인슐린 유통에서도 아무런 문제가 없었다며 인슐린을 상온에서 보관해도 괜찮다는 말은 콜드체인의 중요성을 과소평가하고 있는 이해 부족의 문제를 엿보게 한

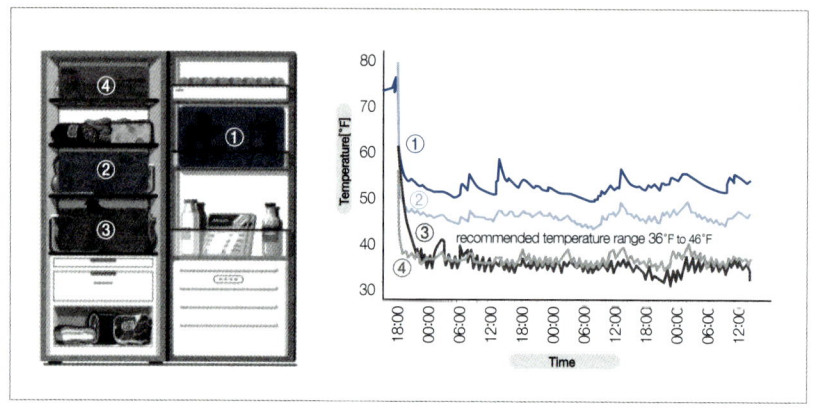

[그림 1] 이틀 동안 가정용 냉장고 안의 4개 구획별 온도 변화 모니터링
출처 : Storage of Insulin, IDF Europe Awareness Paper, International Diabetes Federation, 2019

다. 볼 수 있다. 만약, 국내에서도 환자들이 해외에서처럼 콜드체인이 제대로 잘 유지된 인슐린을 사용하게 된다면 어떨까? 그 약효는 지금보다 분명 뛰어날 것이다. 인터넷에서 인슐린 보관을 검색하면, 당뇨 환우 커뮤니티에서 이런 경험담을 찾아볼 수 있다. "냉장 보관 후 인슐린 효과가 좋아졌어요. 인슐린이 잘 안 먹힌다면 냉장 보관을 추천합니다."

2. 싱가포르: 환자 중심의 라스트마일 운송 표준

싱가포르는 2019년 11월 '싱가포르 스탠다드 644(Singapore Standard 644, 이하 SS 644: 2019)'라는 새로운 의약품 가이드라인을 발표했다. 2016년 싱가포르 약사회가 제정한 "Guidelines for the supply and delivery of medication(의약품 공급 및 운송 지침)"을 대체하는 SS 644는 환자가 선호하는 장소로 의약품을 안전하게 운송하도록 지원하는 싱가포르의 첫번째 국가 표준이다.

의약품 제조, 공급, 운송에 관여하는 다양한 이해관계자들이 함께 참여하여 만든 이 표준은 헬스케어 및 의약품 물류 서비스를 제공하는 회사들에게 의약품 운송 시 요구되는 의약품의 보관, 보안, 물품 추적, 법적 및 직업적으로 요구되는 준수사항에 대한 명확한 지침을 제공한다. 이에, 환자들은 집, 사무실, 공공 사물함을 포함한 픽업 거점, 인가된 소매 약국, 의료 클리닉, 어린이집 및 요양원 등 원하는 장소에서 원하는 시간에 의약품을 받아보는 것이 가능해졌다.

SS 644 론칭과 관련하여 싱가포르에서 대대적인 보도를 했는데, 그중 한 아버지의 인터뷰가 기억에 남는다. 아들의 치료제를 받기 위해 2주에 1번씩 병원에서 가서 냉장 의약품을 집으로 직접 가져올 때마다 무거워서 힘들기도 하고, 혹여나 온도에 문제가 생길까 봐 노심초사했는데, 이제는 검증된 냉장 수송 용기에 담긴 의약품을 전문적인 의약품 운송회사를 통해 안전하게 받을 수 있어 너무 안심이 되고 편하다고. 의약품 콜드체인 물류가 환자와 환자 가족의 삶의 질을 높일 수 있다.

Ⅵ. 선진국을 가르는 한 끗 차이가 될 의약품 콜드체인

앞에서 살펴본 유럽이나 싱가포르의 콜드체인 운송 품질은 환자의 집까지 닿아있지만, 아직 우리나라는 약국까지의 콜드체인도 버거운 것이 현실이다. 바이오의약품 선진국을 가르는 한 끗 차이가 그 나라의 의약품 콜드체인 관리 수준에 달려있음을 새삼 실감한다. 이번에 인슐린 유통 대란으로 붉어진 이 상황을 우리나라 의약품 유통 콜드체인 품질 토대를 바로 잡아 나가는 기회로 만들어 가기를 바란다. 의약품 콜드체인 품질 향상과 인식 개선은 단숨에 이루어지지 않기 때문에, 규제 기관은 긴 호흡으로 지속적 개선을 목표로 접근하고, 피규제 기관들이 잘 따라올 수 있도록 돕고 소통해야 할 것이다.

우리나라를 포함한 전 세계 제약산업의 트렌드가 기존의 화학합성의약품 위주에서 바이오의약품으로 빠르게 변화하고 있다. 글로벌 매출 상위 100대 의약품 중 바이오의약품이 차지하는 비중이 이미 50%를 넘어섰다. 세포·유전자 치료제 등 개인 맞춤형 의약품 시장도 매우 빠른 속도로 성장하고 있다. 바이오의약품의 증가는 곧 콜드체인이 필요한 의약품의 증가를 의미한다. 의약품 콜드체인 물류 및 유통의 역할은 우리의 삶에서 앞으로 더욱 중요해질 수밖에 없다. 게다가 우리 정부는 2025년까지 우리나라를 글로벌 백신 5대 강국, 글로벌 백신 허브로 만들겠다는 비전으로 K-글로벌 백신 허브화 정책을 펼치고 있다. 2022년 2월에는 WHO(세계보건기구)가 우리나라를 WHO의 글로벌 바이오 인력양성 허브로 단독 지정했다. WHO 글로벌 바이오 인력 양성 허브란, 중·저소득 국가들이 스스로 바이오 의약품(백신)을 개발하고 생산할 수 있는 능력을 갖출 수 있도록 교육하고 훈련하는 중심 기관을 말한다.

우리나라가 바이오의약품 생산의 중심지뿐 아니라 바이오 인력 양성의 중심지로 자리매김해나가는 움직임을 보면서 우리나라가 이룰 수 있는 또 다른 허브, '바이오 콜드체인 물류 허브'를 그려본다. 우리나라가 진정한 글로벌 백신 허브가 되려면 최고 수준의 콜드체인 물류와 유통이 뒷받침되어야 하기에 그에 대한 대비가 필요하다. 현재 바이오헬스 전문 인력과 관련하여 주로 바이오 의약품 공정이나 개발 전문 인력 양성에 주력하고 있지만, 의약품 콜드체인 물류 인력 양성도 빼놓아서는 안 될 것이다.

의약품 콜드체인 분야의 인력을 양성하고 전문 인력풀을 늘리기 위해서는 우선 물류 및 제약·생명공학 전공이 있는 대학에서의 커리큘럼에 변화가 필요하다. 물류학과에서는 제약산업과 콜드체인에 대한 이해를 가르치고, 제약·생명공학과에서는 의약품 물류·유통과 콜드체인에 대한 이해를 가르칠 필요가 있다. 의약품을 개발하고 생산하여 최종 환자에게 전달하는 공급사슬 전 과정에서 물류와 콜드체인을 따로 떼어 놓을 수 없고, 제약산업에 대한 이해 없이는 제대로 된 콜드체인 물류가 제공되기 어렵기 때문이다. 또, 빠르게 성장하는 세포 유전자 등 개인 맞춤형 치료제 분야의 의약품 공급사슬에서는 콜드체인 관리에 대한 의료진의 역할이 더욱 중요해지고 있다.

우리나라 의약품 콜드체인 물류 산업이 또 다른 국면의 성장을 이루려면, 미국이나 유럽의 선진국들처럼 제약회사에서 품질 관리, 프로젝트 관리, 물류 및 콜드체인 솔루션 개발을 담당했던 실무자들의 물류 분야 진출이 필요하다. 이를 위해서는 물류 산업에 대한 인식 변화와 처우 개선이 앞서야 할 것이다.

Logistics Trends 2023

물류와 로봇틱스의 만남은 선택이 아닌 필수

고태봉
하이투자증권 리서치본부장

연세대를 졸업한 뒤 같은 학교 대학원에서 석사 학위를 받았다. 대우증권, Credence Asset, IBK 투자증권 리서치센터를 거쳐, 현재 하이투자증권 리서치센터장으로 재직 중이다. 오랜 기간 자동차 애널리스트로 활동해왔고, 최근에는 4차 산업혁명의 CPS 중 P에 해당하는 로보틱스, 자율주행차, UAM 등 모빌리티 시장의 변화에 대해 관심을 가지고 있다. 국내외 대학, 은행, 기업 관련 강의를 활발히 이어오고 있다.

I. 팬데믹, 이동과 물류의 중요성을 다시 깨닫게 한 기회

몇 년간 끝날 듯 끝나지 않는 코로나로 인해 우린 많은 것들을 깨닫고 있다. 국가마다, 사람마다 다르겠지만 대부분 락다운(Lock down; 격리)의 고통을 한두 번씩은 경험해봤다. 자유롭게 돌아다닐 수 없는 환경이 주는 불편함과 고립된 인간이 얼마나 그동안 외부로부터 많은 것들을 얻어왔었는지에 대한 깨달음을 동시에 느낄 수 있었다. 그럴 뿐만 아니라 인간은 누군가와 만나서 교류해야 하고 동시에 다른 누군가가 만들어 놓은 물건을 소비하면서 살아갈 수밖에 없는 존재인 것을 새삼 깨닫게 되었다. 동시에 이동의 중요성도 크게 부각되었다. 사람이 사람이나 물건으로 이동할 수 없다면 물건이 사람에게로 오는 이동이 필요함을 절실히 깨닫게 되었다.

이동이 제한되었기에 SNS에서 서로 교류하고, Zoom으로 회의를 했고, 넷플릭스(Netflix) 같은 OTT로 심미적 욕구를 채우려 애썼다. 몸이 외부로 나갈 수 없었지만 먹고 마시며 소비하는 행위까지 멈출 수는 없었다. 몸이 움직일 수 없기에 물건이 집까지 찾아와야 했다. 코로나 시기

아마존(Amazon)이나 쿠팡(Coupang)은 많은 소비자의 니즈를 충족시켜주었다. 어린아이부터 고령까지 인터넷쇼핑의 고객으로 편입되었다. 이런 변화로 인해 초기에는 온라인이 모든 것을 다 충족시켜줄 것이란 환상까지 생겨났다.

시간이 지날수록 한계가 보이기 시작했다. 초고속 인터넷 속도와 비례해 투영되는 온라인에서의 욕구와 이를 처리해야 하는 물리 공간상 오프라인의 작업속도 사이에 갭이 벌어지기 시작했다. 오프라인의 속도가 온라인의 속도를 따라잡을 수 없었다. 설상가상으로 물류회사에 코로나가 확산되면서 배송 지연이 빈번하게 발생했다. 과로로 인한 사망사건도 발생했다.

온라인이 아무리 정교하게 설계가 되었다 해도 오프라인에서 얻을 수 있는 실제적 만족감을 대신해줄 수는 없었다. 사람들끼리 직접 만나 서로 쳐다보며 이야기하거나 식사하면서 자연스럽게 대화를 풀어가는 것이 얼마나 소중한 것인지 깨달았을 뿐 아니라, 매장에서 직접 만져보고, 입어보고, 신선도를 확인하는 것, 장바구니에 가득히 뭔가를 채워오는 행위가 얼마나 행복한 것인지도 알게되었다. 결국 인간은 움직이고 직접 마주할 때 행복한 존재였던 것이다.

코로나에 대한 인식이 바뀌고, 소위 '위드코로나(With Corona)'의 시대가 오면서 억눌린 이동의 욕구가 분출되고 있다. 국내여행이 먼저 호황을 누렸고, 이젠 해외여행도 봇물 터지듯 터지고 있다. 각국의 도로혼잡지수(RCI: Road Congestion Index)를 봐도 다시 코로나 이전의 이동성을 회복하고 있다.

최근 자동차 시장을 봐도 이러한 현상이 확인된다. 공급망 이슈와 반도체 품귀현상으로 인해 자동차 공급이 크게 둔화했다. 이동에 대한 억눌린 욕구로 자동차 수요는 증가하는데 공급이 줄다보니 새로운 풍속도가 생겼다. 늘 인센티브 지급과 판촉행위로 차를 팔고자 했던 자동차업체들이 공급보다 수요가 많은 상황에 놓였다. 늘 혜택을 받던 소비자는 이젠 웃돈을 주거나 몇 개월에서 일년 넘게 기다려가며 차를 기다리는 기현상이 발생했다. 인센티브는 종적을 감췄고, 무이자 할부 같은 금융혜택도 종적을 감췄다. 많은 자동차업체가 엄청난 이익을 향유하고 있다. 늘 가성비(Value for Money)를 구매기준으로 삼던 소비자에게 '을'이어야만 했던 자동차업체가 모처럼 '갑'의 위치가 된 것이다. 마진이 박한 소형차나 1톤 상용차보다는 마진이 좋은 SUV나 럭셔리차, 대형차 생산량을 늘려 수익구조를 탄탄하게 가지고 가고 있기도 하다.

이동서비스 영역에서도 같은 현상이 나타나고 있다. 최근 서울에서 택시 또한 이런 이동 욕구와 맞물려 불만을 키워가고 있다. 해외처럼 우버가 허용된 상황이 아니기에 택시문제가 더욱 심각하게 느껴진다. 고령의 기사들이 야간 운전에 어려움을 느끼는 데다가 보수가 상대적으로 더 나은 택배 쪽으로 옮기는 현상도 나타나고 있다. 이동의 수요는 증가하는데 서비스가 줄자 '택시대란'이 발생한 것이다. 자동차 공급 부족이 하드웨어의 문제라면, 택시부족은 서비스 공급의 문제다. 이동의 수요는 늘었는데, 공급이 부족하자 자동차 가격과 택시요금의 인상이 나타나고 있다. 자동차 생산이나 서비스 영역을 종합해봤을 때, 이동에 제한을 겪었던 사람들이 이제는 억눌린 이동욕구를 충족하고 싶어졌다. 자유로운 이동은 본능이다.

Ⅱ. 다시금 깨닫게 된 로지스틱스와 모빌리티의 상호보완성

이동은 크게 사람의 이동과 물건의 이동으로 나뉘는데, 각각 모빌리티(Mobility), 로지스틱스(Logistics)로 명명할 수 있겠다. 자동차회사의 사업부 구성을 봐도 모빌리티를 담당하는 승용사업부와 로지스틱스를 담당하는 상용사업부로 나뉜다. 그만큼 이동의 대상은 오랜기간 사람과 물건으로 명확히 나뉘어 존재해왔다. 2021년 기준 글로벌 자동차 수요로 본다면 승용차가 68.2%인 5,640만 대, 상용차가 31.8%인 2,629만 대에 달했다. 생각보다 상용차의 비중이 작지 않음을 알 수 있다.

이번 팬데믹이 확신을 심어준 팩트는 사람의 이동과 물건의 이동은 서로 보완된다는 점이다. 상호보완적 관계란 얘기다. 사람의 이동이 제한된 초유의 상황이기였기에 더욱 선명히 드러날 수 있었다. 소비(=물건의 이동)는 락다운(Lock down) 기간에도 멈출 수 없었다. 마트에 직접 나가 구매할 경우엔 한 번의 이동으로 여러 개의 제품구매가 가능하지만, 온라인 주문 시(합포장이 어려울 경우) 제품별 배송이 되는 경우가 많아 이동의 빈도가 높아졌다. 사람이 멈추니 물건이 움직이기 시작한 것이다. 이는 우버의 핵심서비스 혹은 주요수익 부문의 이동을 봐도 잘 알 수 있다. Mobility 분야와 Delivery, Freight 분야가 상호보완이 된 것이다.

알려져있듯 우버는 차량 호출, 음식 배달, 소포 배달, 택배, 화물 운송, 전기 자전거 등의 서비스를 영위하고 있는 업체다. 코로나 기간 중에는 우버이츠(Uber Eats)를 비롯한 Delivery의 수요가 폭발적으로 증가하면서 본업에 해당하는 차량 호출의 빈자리를 훌륭히 채워준 바 있다. 같은 기간 모빌리티 플랫폼들은 배송서비스 없는 호출서비스만으론 위험관리가 안된다는 사실을 명확히 인지했고, 급하게 배송서비스를 추가하기에 이르렀다.

격리가 권장되던 때는 마트나 시장에서 물건을 구매하는 것조차 위험한 행위로 인식되었다. 이로 인해 온라인 주문이 폭증했고, 이를 감당하기 힘들었던 물류현장에서는 배송 대란이 빈번하게 일어난 것을 기억할 것이다. 고기, 채소 등 신선식품을 비롯해 일상에서 필요한 생활필수품 주문까지 한꺼번에 온라인 시장으로 집중면서 물동량이 크게 늘어났기 때문이다. 감당할 수 있는 주문량, 물동량을 크게 초과한 수요가 몰리기도 했지만, 설상가상으로 배송센터내 코로나 확진자 확산에 따른 작업지연까지 나타나면서 소비자의 불만도 커졌다.

이러한 현상은 국가 간 왕래가 사실상 불가능해지면서 국제교역에서도 문제로 대두되었다. 해외상품에 대한 온라인 주문이 크게 증가한 이유도 있지만, 코로나가 글로벌 물류현장에도 부정적 영향을 끼쳤기 때문이다. 해상물류와 육상물류에서 해외에서도 똑같이 코로나 확진, 인력부족, 설비한계 상황을 드러냈다. 미국의 경우 항만이 정상적으로 제 기능을 담당하지 못했고, 트럭기사의 극심한 부족현상까지 나타나 비용이 크게 증가했다. 곳곳에 물류의 흐름이 막히고 부품부족에 따른 생산차질, 배달지연 현상이 속출했다.

이번 기회에 확실히 각인된 것은 인간의 이동과 물건의 이동 간에는 역의 상관관계가 있다는 점이며, 온라인과 모바일의 발전에도 불구하고 오프라인 영역의 속도와 효율성은 따라가지 못하고 있다는 점이었다. 이는 모빌리티 하드웨어(자동차, 오토바이 등) 생산업체나 서비스업체(물류, 택시, 운송, 화물) 모두에게 큰 교훈을 주었다. 코로나 팬데믹 상황이 완전히 해제된다 해도 이번에 얻은 교훈은 향후 전략 수립에 큰 영향을 주는 것이 당연하다는 것이다.

Ⅲ. 또 하나의 어려움, 경제의 블록화와 공급망 이슈

팬데믹과는 별도로 글로벌 공급망 차질, 재편 필요성은 생산과 물류현장에 고민을 던져준 새로운 화두다.

먼저 기존 재래식 물류 인프라가 감당할 수 있는 물동량 수준을 넘어섰다. 물류수요가 공급에 비해 많다는 얘기다. 코로나 팬데믹 기간 많은 공장이 셧다운(Shut down)되면서 물적, 인적 인프라가 크게 축소된 바 있다. 하지만 위드코로나(With Corona)와 함께 억눌린 수요가 폭발한 것이다. 수요는 폭발적으로 증가했지만 공급단에서 설비가 때맞춰 확충되지 못했다. 일종의 물류 병목현상이 생긴 것이다.

이보다 더 심각한 것은 기존의 물류 흐름의 큰 물줄기가 바뀔 가능성이 커지고 있다는 점이다. 미-중 패권전쟁으로 인한 무역갈등과 진영간 경제블록화가 점차 심화되고 있기 때문이다. 가뜩이나 물류 병목현상이 생기고 있는 상황에서 기존 흐름을 바꿔야 하는 어려움이 발생한 것이다. 오랜 기간의 공급사슬(Supply Chain)을 경제논리가 아닌 진영논리에 의해 변경해야 한다면 모든 것을 새롭게 세팅해야 한다. 비자발적인 편가르기 강요로 세계 각국의 피해도 커질 것으로 예상된다. 미국과 중국은 지금까지 글로벌 자유무역주의로 인해 협업하는 관계였지만, 이젠 경제전쟁의 적국으로 서먹한 관계가 되어버렸다.

값싼 노동력으로 공산품과 부품을 만들어 제공하던 중국과 고부가가치 제품을 만들거나 연구개발 역할을 담당하던 미국이 헤어지면서 두 진영 모두 절름발이가 되었다. 하나의 경제권이 두 개 이상으로 나눠면서 공급망 재편 역시 불가피해졌다. 세계의 생산공장인 중국 도움 없이 제조업을 영위하기 위해선 직접 제조하거나 다른 거래선을 확보해야 하기 때문이다. 원재료 수급 문제도 매우 큰 문제다. 외교분쟁으로 원자재의 원산지가 중요해졌다. 물류의 흐름도 당연히 달라질 수 밖에 없는 것이다.

또 미국은 첨단 제조업의 회귀(Reshoring)를 내세우며 자국에 공장을 유치하고 있다. 관세에 불이익을 받지 않으려면 자국 생산 비중을 일정 수준 유지해야 하는 조건도 있다. 이러한 조항에 따라 부품공급망 역시 미국에 조성해야 한다. 자연스럽게 글로벌 교역이 줄어들고 미국 내 운송이 증가할 수밖에 없다. 미국은 생산과 운송 인력을 대거 모집하고 있지만 베이비부머들의 은퇴와 이민자 규제, 3D산업 회피 등으로 극심한 인력난을 겪고 있다. 내륙 운송 비중이 매우 높은 미국의 경우 트럭기사의 부족이 몇 년간 지속되고 있고, 이에 따른 임금인상도 수반되고 있다.

반면에 중국은 공급망 재편에 따른 어려움과 인건비 상승에 따른 제조설비 이탈 현상에 젊은 인력들의 취업난이 점차 가중되고 있으며, 13억 인구 중 20%에 달하는 농민공들이 일자리를 잃고 있는 상황이다. 고등교육의 기회를 받지 못한 농민공들은 도시에서 단순제조업이나 건설업에 종사해왔으나, 코로나 팬데믹과 호구(戶口)제도로 인해 다시 귀경해야 하는 처지에 놓이게 되었다. 중국의 구직난은 점차 심해질 것으로 전망된다.

이처럼 진영논리에 따른 경제블록화는 선진국의 공급망 재건과 제조업회귀라는 숙제를 안겨주었다. 제조업 회귀전략에 따른 미국과 브렉시트(BREXIT) 이후 유럽과 단절된 영국의 인력난, 인건비 상승은 이런 상황을 객관적으로 설명해준다. 제조업에서 시작된 인력난은 국세교역, 물류나 택배, 공장은 물론이고 레스토랑이나 패스트푸드점 같은 서비스업에까지 번지고 있다. 글로벌 물류인프라와 노선의 대폭 수정이 불가피해졌다.

Ⅳ. 더이상 미룰 수 없는 물류 자동화와 로봇 도입

앞서 언급했듯이 코로나 팬데믹과 공급망 재편의 문제는 일시적으로 물류망을 마비시킬 정도로 과부하를 유발했다. 소비자들은 오프라인에서 구매하던 기존 방식에서 온라인/디지털 구매로 급하게 전환했다. 구매욕이 생기면 단 몇 초만에 주문하고 비용지불을 완료할 수 있는 시스템을 갖췄다. 그것도 주머니 안의 스마트폰으로 말이다. 초고속통신망으로 구매욕구가 실시간 이커머스 플랫폼에 전달되는 시대가 된 것이다.

하지만 오프라인의 물리공간인 풀필먼트에서는 처리 속도에 한계가 있었다. 수만가지의 각기 다른 제품, 크기, 무게, 배송지역으로 인해 복잡도가 높을 뿐 아니라, 플랫폼간 경쟁심화로 배송속도가 가장 중요한 경쟁요인이 되었기 때문이다. 또한 주문부터 배송단계까지 모니터

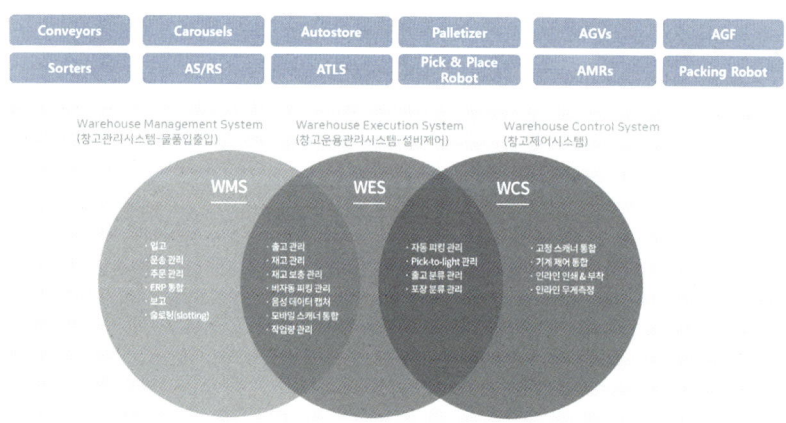

[그림 1] 물류시스템의 시스템 통합과 로봇의 도입
출처 : 하이투자증권 리서치본부

링하는 소비자들이 늘면서 물류회사들의 스트레스는 더욱 커질 수밖에 없었다. 기존방식으로 이 속도를 감당하려니 여기저기서 문제가 발생하기 시작했다. 근로조건이 열악해지고, 빈번하게 산업재해가 발생하는 것은 물론 과로사까지 발생했다. 고객들의 불만도 커질 수밖에 없다. 이에 물류업체들의 근본적 변화가 불가피해졌다.

〈그림 1〉에서 보듯 WMS, WES, WCS 등 영역에서 IT기술과 로봇기술이 접목되기 시작했다. 그동안 파편화되어 있던 프로세스의 통합과 간결화(Simplification)도 매우 중요해졌다. 경험에만 의존하기엔 너무 복잡해졌다. 따라서 AI를 통해 Prediction(예측)과 Planning(계획)도 완벽히 세울 필요가 생겼다. 집하, 물류, 터미널간 수송, Last mile Delivery 등에서 수송 동선의 최적화가 반드시 필요하다. 인력의 효율적 사용과 에너지, 시간의 절약을 위해 가장 고려해야 할 요소였기 때문이다. 이는 물류업체의 경쟁력과 수익성으로 곧바로 이어졌기에 AI의 도입이 절실했다.

이를 위해서는 고도화된 물류 데이터도 필수였기에 디지털 전환(Digital Transformation)에 대해 고민해야 했다. 아날로그 공정을 디지털로 전환하고, 여기에서 발생하는 대규모 빅데이터를 처리할 수 있는 AI Framework이 필요했다. AI가 최적화한 프로세스를 이행할 수 있는 로봇과 시스템도 필요했다. 말 그대로 대전환이 아닐 수 없다. 이런 끝없는 요구로 1PL, 2PL로 물류를 처리하던 많은 업체들이 전문적인 3PL, 4PL로 대거 이동하기에 이르렀다. AI로 무장해 고도화된 물류전문회사로의 집중도가 점차 높아지게 된 것이다. 이런 체계적 분업구도는 전문업체의 경쟁력을 더욱 높여주어 차별화를 심화시키게 되었다.

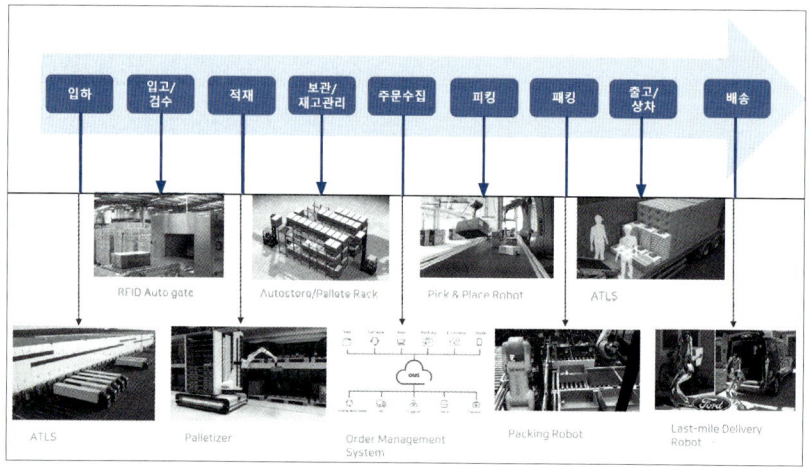

[그림 2] 물류프로세스에서 적용할 수 있는 로봇
출처 : 하이투자증권 리서치본부

　물류전문회사에서는 입하부터 배송까지 속속 로봇을 도입하기 시작했다. 기존 창고의 경우 부분적으로 도입하기도 하나, 신축하는 풀필먼트의 경우 대부분 로봇에 의한 자동화/무인화를 염두에 둔다. 이를 '아마존화(Amazonification)'라고 부른다. 키바 시스템(Kiva system)을 인수해 아마존로보틱스를 만들기까지 자동화에 진심인 아마존을 따르는 움직이라고 할 수 있다. 로봇이 도입된 최첨단 풀필먼트센터를 가정해 과정을 순서대로 한번 생각해보면 다음과 같다.

① 상차시 ASN(Advanced Shipping Notice)을 통해 공급처로부터 사전 출하정보를 받아 자동 마킹을 하고, 도크에 트럭이 도착하면 AT-LS(Automated Truck Loading System)를 통해 자동 입하가 가능하다.
② 입하 검수는 바코드나 RFID 태그를 부착해 자동으로 실시하며 개별 SKU 단위로 쪼개지기 위해 자동 박스해체기(Intelligent Box Opening System)의 작업과정을 거치기도 한다. 이때부터 재고를

등록해 자동으로 관리가 이뤄진다.

③ 적재의 과정에서는 모빌리티 로봇인 AGF, AGV, AMR 등으로 이동한 후, Pick & Place Robot인 Palletizer에 의해 팔레트 위에 차곡차곡 쌓이게 된다. 최근 개발되는 로봇은 비전 센싱 기술의 고도화와 박스 인식 알고리즘 덕분으로 사람보다 훨씬 빠른 작업이 가능하다.

④ 보관과 관리는 실내용 드론이나 로봇으로 RFID를 인식하기도 하고, Auto Rack이나 Autostore 등으로 관리하기도 한다. ERP나 AI를 통해 재고의 입출입 순서나 경로를 파악, 최적의 재고량과 예측을 통한 위치결정까지 해낼 수 있다. 아마존의 경우 Kiva Auto Rack을 통해 이 업무를 수행하며, Swisslog의 경우 오토스토어에서 자동으로 이뤄진다.

⑤ 피킹(Picking)은 로봇의 발달에도 불구, 제품의 다양성, 복잡성으로 인해 해결하기가 어려웠던 영역이다. 로봇 그리퍼의 물리적 한계나 Payload 한계도 있지만, 인식률이 그다지 높지 못했고 파지력이 약하거나 강해서 제품의 파손이 발생하기도 했기 때문이다. 하지만 최근에는 고정밀 3D Vision 센서 기술과 더욱 정교한 AI가 접목되고 있고, 다양한 Sorter system의 도움과 용도에 맞는 피킹 로봇의 등장, 고성능 그리퍼나 흡착그리퍼의 개발로 더 신속히 다양한 형태의 물건을 잡을 수 있는 파지 능력이

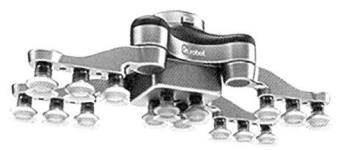 

생겨나고 있다.

⑥ 피킹된 물건들은 SBS(Suggestion Box Solution)에 의해 크기에 맞는 제함 과정을 거쳐 삽입, 봉함, 테이핑, 라벨링까지 자동으로 완성된다.

⑦ 입하의 역순으로 출고와 상차가 이뤄진다. 좁은 트럭의 후면을 이용하기엔 입출입이 불편해 넓은 측면에서 작업을 할 수 있는 윙타입 트럭으로의 전환도 빠르게 이뤄지고 있다.

⑧ 가장 비용측면에서 높은 비중을 차지하고 해결이 어려운 운송과 배송과정이 남아있다. 비용 대부분을 차지하는 가장 중요한 영역이다. 터미널 간 수송의 경우, 비용의 37%를 차지하지만 고객의 가정까지 배달하는 라스트마일(Last mile) 운송에서 53%라는 압도적인 비용이 수반된다. 물류의 자동화/무인화를 위해 가장

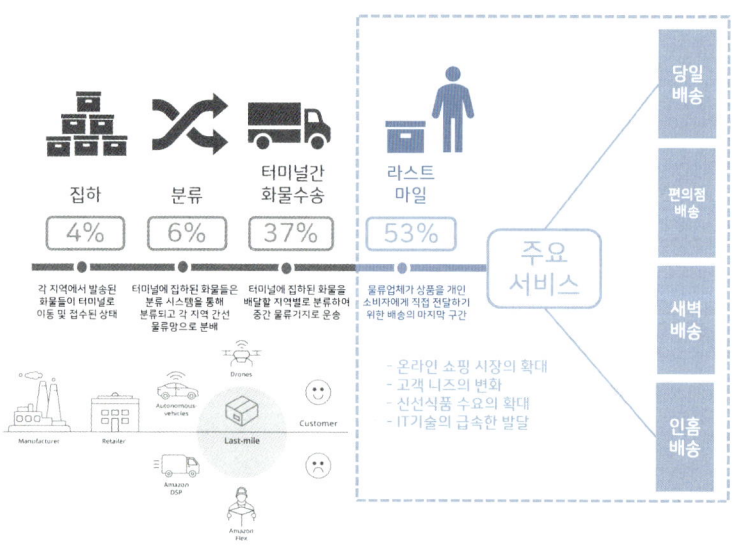

[그림 3] 가장 높은 비용이 발생하며 소비자와의 접점부분인 라스트마일
출처: 하이투자증권 리서치본부

어려운 병목공정이기도 한 셈이다.

첨단화되고 있는 물류 과정은 기업, 나아가 국가적 차원에서 경쟁력을 결정하는 주요한 인프라가 될 수밖에 없다. 첨단 스마트 기술 기반의 물류시스템 구축, 단절 없는 물류서비스를 위한 공유, 연계 인프라와 네트워크가 개발 시대 고속도로만큼이나 중요해졌다. 항만, 공항, 터미널, 물류통합정보시스템 등이 상호연계 될 필요성이 점점 증가한다. 해외 첨단기업 유치에도 이런 인프라는 우선 고려대상이다. 물류분야의 선진화를 위해선 최첨단 기술과 막대한 자본력이 점점 더 요구될 것이다.

V. 자율주행과 AI기술 발전이 파괴할 영역

앞서 살폈듯 확실히 이동과 소비는 인간에게 있어서 본능이다. 또한 상호보완적 관계를 지닌다. 모빌리티, 로지스틱스의 중요성은 기술이 진화하고 세대가 바뀌어도 퇴색될 것 같진 않다. 오히려 더 편리하고 싶은 욕구와 관련기술 발전으로 인해 사람들은 지금보다 훨씬 개선된 하드웨어와 서비스를 선물받을 것 같다. 자율주행이 바로 그것이다.

운전자의 자리를 로봇(자율주행)이 대신할 수 있다면 장시간 운전이나 주차로 인해 느끼게 될 피로감이 사라질 수 있다. 자율주행의 보편화는 이동서비스의 공급을 획기적으로 늘리고 차량의 공유를 확산시키며, 로지스틱스에서 코로나 확진이나 파업 같은 변수로부터 자유로워지는 해결책을 제시해줄 것으로 보인다. 앞서 언급한 물류 프로세스상 가장 많은 시간과 비용이 소요되는 공정에서 획기적인 비용 감소도 기대해볼 수 있다. 현재 진행 중인 전동화로 인해 값비싼 화석연료에서 저렴한 전기로의 에너지원 변화가 먼저 나타날 것이고, 자율주행이 완성되면 가장 높은 비용을 요구했던 운전자의 인건비가 사라질 것이기 때문이다.

자율주행은 승용·상용차량의 소유에 대한 근본적 질문에서도 '공유'라는 명확한 답을 제시할 수 있다. 24시간 모바일이나 인터넷을 통한 자율주행 이동·배송 서비스 이용이 가능하다면 차량의 소유에 대한 필요성이 크게 둔화될 것이기 때문이다. 자율주행에 관한 한 가장 속도를 내는 테슬라는 자가소유인 모든 자율주행 가능차량을 '테슬라 네트워크(Tesla Network)'에서 로보택시로 활용할 수 있게 하겠다 발표한 바 있다.

현재 주력차종인 승용모델 S, X, 3, Y에서 Cyber Truck, Semi Truck같은 상용차량이 추가된다면 자율주행 배송분야에서 새로운 변화가 나타날 수도 있을 것이다.

자율주행은 시속 200㎞가 넘는 고속에서 완벽하게 장애물을 회피할 뿐 아니라 운행정보에 맞춰 가장 효율적 이동을 할 수 있어야 한다. 변수가 많은 주행 과정에서 오차 없는 드라이빙을 하기 위해서는 고도의 센싱기술과 제어기술, 무엇보다 완벽한 판단기술이 요구된다. 여기서 AI의 중요성이 강조될 수밖에 없는 것이다.

여전히 보완해야 할 많은 기술적, 제도적 문제들이 산적해 있지만, 결국 자율주행 기술이 완성될 것이다. 엄청난 규모의 투자가 이 기술에 집중되고 있고, 최고의 AI 인재들과 로봇공학자들이 자율주행에 몰려들고 있다. 요소기술인 센싱, 맵핑, 컴퓨팅, 컨트롤링의 발전에 이어 최근엔 판단의 핵심인 AI(인공지능)가 빠르게 발전하고 있기 때문이다. 최근까지 AI기술의 고도화를 위해 엄청난 양의 정보를 처리해야 할 하드웨어, 소프트웨어, 플랫폼, 애플리케이션까지 모든 영역에서 진일보를 거듭하고 있다.

특히 최근 눈에 띄는 기술적 변화는 온라인 공간 내에서만 머물렀던 AI가 오프라인, 즉 물리세계까지 이해하기 시작했다는 점이다. 〈그림 4〉처럼 비전센서를 통해 사물을 디지털화 시킨 픽셀로 전환해 정밀하게 측정할 수 있게 되었으며, 물리법칙인 빛의 반사, 굴절, 산란 등에 대해 학습할 수 있게 되었다. 더 나아가 중력과 관성, 원심력, 마찰력 등을 이해하는 엔진들이 속속 개발되면서, 변수가 상존하는 물리세계를

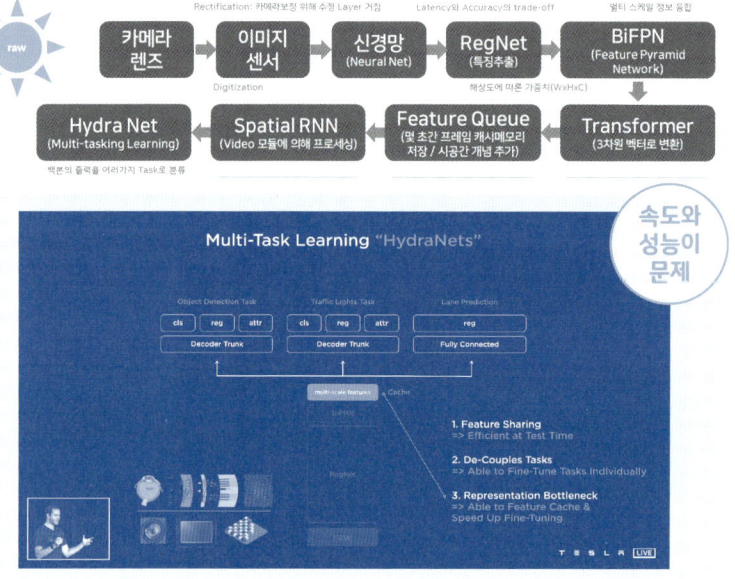

[그림 4] 테슬라의 비전센싱과 판단과정
출처 : 테슬라, 하이투자증권 리서치본부 정리

하나둘씩 이해하기 시작했다. 다양한 사례에 대한 데이터가 속속 모이면서 자율주행이 물리세계에 대응하는 방법도 깨닫고 있다. 기술의 진보에 따라 디지털 트윈과 시뮬레이션을 통해 학습시키는 방법도 점차 고도화되고 있다.

　　오랜 고민 끝에 자율주행의 해법을 속속 알아내고 있지만 아직까지 대부분의 사업주체가 양질의 데이터를 확보하지 못하고 있거나, 클라우드가 턱없이 부족한 상황이다. 이를 해결한 선도업체들이라 해도 초거대 규모의 데이터를 빠르게 처리해줄 하드웨어가 부재했다. 이에 테크 자이언트 기업들은 속도와 성능을 획기적으로 개선하고자 초고성능의 슈퍼컴퓨터 투자에 나서고 있다.

1. 기술 발전으로 촉진된 물리세계의 변화

기술적 변화로 인해 AI는 인터넷이나 모바일 등 디지털 공간을 벗어나 물리세계의 기계에까지 영향을 미쳤다. 즉, 기계가 지금까지 '제어' 영역에서만 머물러 인간의 개입을 요구했다면, 로보틱스는 '인지-판단-제어'의 모든 프로세스를 스스로 해결할 수 있다. 인간이 이해하는 물리세계를 드디어 AI가 학습하고 이해할 수 있는 길이 열리게 된 것이다.

어려운 과정이 다수 산적해 있으나, 자율주행 기술이 완성된다면 승용과 상용 두 분야에서 획기적 변화가 나타날 것이다. 무엇보다 전동화로의 빠른 변화는 내연기관의 필수공간이었던 엔진룸을 사라지게 만든다. 기존 엔진은 특성상 열제어 장치와 동력전달 기관인 트랜스미션이 함께 구성될 수밖에 없어 보닛 공간을 가득 채워야 했다. 하지만 전기차는 배터리와 모터를 자동차의 바닥인 섀시에 통합해 슬림하게 구성할 수 있다. 여기에 자율주행으로의 변화는 인간과 기계의 상호작용 공간인 조종공간(Cockpit)도 사라지게 만든다. 엔진룸과 조종석, 가장 복잡하고 부피를 많이 차지하는 두 공간의 변화는 동일한 섀시 면적에 훨씬 큰 내부 공간을 제공한다.

여기서 자율주행차의 용도 확장이 검토될 수 있는 것이다. 지금까지 승용차와 상용차를 구분하는 가장 큰 차이점이 승차와 적재공간에 있었기 때문이다. 자율주행차는 구조적 변화로 공간이 크게 확장되기에 승용과 상용의 구분이 모호해질 수 있다. 마치 셀룰러폰이 스마트폰으로 진화되면서 가장 넓은 디스플레이면적 확보를 위해 디자인이 납작한 직육면체로 수렴한 것과 같은 이치다. 최대한의 공간을 확보할 수 있는 자율주행차는 두툼한 직육면체 형태로 수렴될 가능성이 크다. 공간이 넓어진다면 승용과 상용의 용도를 자유자제로 변형시키거나, 가장 효율적인 배치로 확용하는 다양한 아이디어가 도출될 것이다.

승용에 있어서도 이동이 빈번한 연예인들이 대부분 세단에 비해 공간이 넓고 다양한 편의시설을 장착할 수 있는 밴형태의 차량(스타크래프트밴, 카니발 등)을 선호하고 차박에 대한 관심으로 다양한 차량의 주거공간 아이디어가 나오는 것에서도 이런 힌트를 찾아볼 수 있다. 승차공유 플랫폼의 경쟁 당시 타다가 선풍적인 인기를 끌었던 것도 일반 택시보다 훨씬 넓고 실내공간이 쾌적한 카니발을 기반으로 제작되었기 때문이다.

출퇴근 시간을 제외한 주간과 야간, 새벽 시간에는 배송을 위한 훌륭한 공간도 제공할 수 있다. 현재 국내에서 판매되는 상용차의 80% 가량이 1톤 트럭임을 감안한다면 배송 용도로 충분히 활용될 수 있다. 충분히 넓은 적재공간으로 인해 승용과 상용서비스가 동시에 제공될 수도 있다. 이러한 다목적성(Multi-purpose)으로 인해 많은 자동차업체가

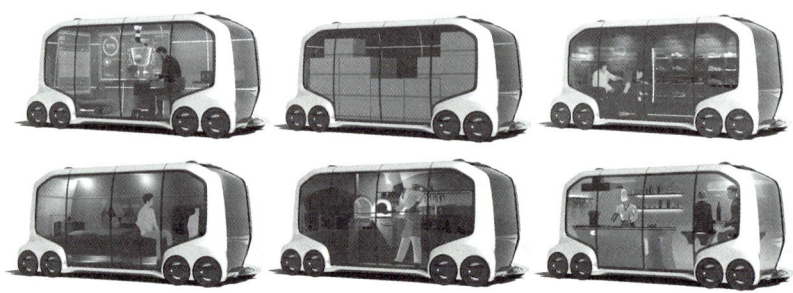

[그림 5] 도요타가 제시한 e-Palette 컨셉
출처 : 도요타

PBV(Purpose Built Vehicle)에 대해 전략을 수립하는 것이다.

2. PBV와 라스트마일 배송로봇

자율주행과 로봇기술은 인간의 이동과 물류의 흐름에 많은 것을 바꾸어 놓을 것이다. 자동차업계는 이런 전망을 가볍게 생각하지 않는다. 현재 많은 업체가 전기차 전용플랫폼을 설계하고 이를 바탕으로 다양한 형태의 전기차 생산을 계획하고 있다. 폭스바겐은 1950년대 자신의 아이콘이었던 미니버스 T1을 현대적으로 재탄생시킨 EV ID버즈를 출시했다. MEB(Modular Electric Drive Matrix) 플랫폼을 이용해 만든 첫 미니밴으로 다양한 목적으로 활용될 것으로 보인다. 미니버스 T1이 제2차세계대전 이후 독일의 재건에 가장 요긴하게 사용된 상용차였던 만큼 친환경 자율주행의 시대에는 ID버즈가 그 역할을 담당할 것으로 보인다.

[그림 6] 폭스바겐의 미니버스 T1과 EV ID버즈
출처 : 폭스바겐

GM은 2021년에 1회 충전으로 250마일 주행이 가능한 얼티엄(Ultium) 배터리 시스템을 장착한 EV600을 출시한 바 있다. 이미 FedEx,

월마트(Wallmart)와 전략적 제휴를 맺어 자율주행이 완성되기 전부터 협업을 시작했다. 향후에는 완전자율주행으로 전환될 것이며, 라스트마일 단계에서는 EP1(Electric Palette)이라는 로봇을 사용할 계획을 가지고 있다. Amazon이 Rivian에 대규모 지분투자를 하고 향후 자율주행기반 친환경 배송을 선언한 것, 다양한 로봇회사를 인수하는 것에 대응차원의 제휴라 판단된다.

[그림 7] FedEx, 월마트와 제휴한 GM의 Brightdrop
출처 : GM

도요타도 이미 자율주행 기반의 e-Palette와 협업 로봇인 Micro palette를 소개한 바 있다. 다양한 완성차, 중소기업과의 연합체인 Monet Technology를 통해 다양한 활용처를 모색하고, 사람이 부동산(不動産)으로 이동하는 것이 아니라 다양한 목적(Multi Purpose)을 지닌 부동산이 이동성을 갖춰 사람을 찾아오는 가동산(可動産)을 만드는 계획도 가지고 있다. 오카도그룹이 투자한 옥스보티카와 어플라이드EV 간의 협력으로 탄생한 Multi Purpose AV도 같은 맥락이다. 오카도는 이 차량이 자사의 스마트플랫폼 완성을 위한 첨단 자율 모빌리티 솔루션으로 매우 중요한 의미를 지닌다 밝혔다.

현대차그룹도 '봉고신화'로 잘 알려진 기아가 상용차 분야의 강점을 살려 PBV (Purpose Built Vehicle) 분야 세계 1위가 되겠다는 청사진을 밝혔다. E-GMP와 같은 스케이드보드 형태의 전기차 전용플랫폼에 다양한 형태의 Body를 씌워 여러 요구를 만족시키겠다는 것

[그림 8] 오카도그룹이 투자한 옥스보티카의 자율모빌리티 솔루션
출처 : 옥스보티카

이다. 고객의 다양한 니즈에 부합한 길이와 높이, 타입을 맞춤형으로 제작할 준비를 갖추고 있다. 실내 사이즈를 최대화해 공간을 확보하고, 승용/상용 형태로 전환이 가능한 다목적성을 부여할 뿐 아니라, 향후 자율주행 기능을 부여해 로보택시로도 사용하게끔 만들 계획이다. 당연히 넓은 공간을 어떤 용도로 채워넣을 것이냐가 다양한 자동차업체의 차별화 포인트가 될 것이다.

보급형-럭셔리에 이르는 다양한 서비스형태의 택시는 물론이고, 이동병원, 이동서비스센터, 다양한 설비의 푸드트럭, 이동연구소, 이동마트 등의 용도에 맞는 맞춤형 디자인이 무궁무진하게 나타날 것이다. 물류와 배송에서 사용할 경우 상하차를 돕는 로봇이나 라스트마일 로봇과 짝을 이뤄 활약하게 될 것이다. 운전과 물건의 배달을 함께 겸하는 현재 배송기사를 대신하기 위해선 로봇이 반드시 필요하기 때문이다. 이런 이유로 많은 자동차업체가 로봇에 관심을 기울이고 있는 것이다. 특히 기아(현대)의 PBV는 모선(母船)의 역할을 담당할 것이며, 현대차 로보틱스랩에서 연구개발하고 있는 다양한 로봇이 상하차나 라스트마일

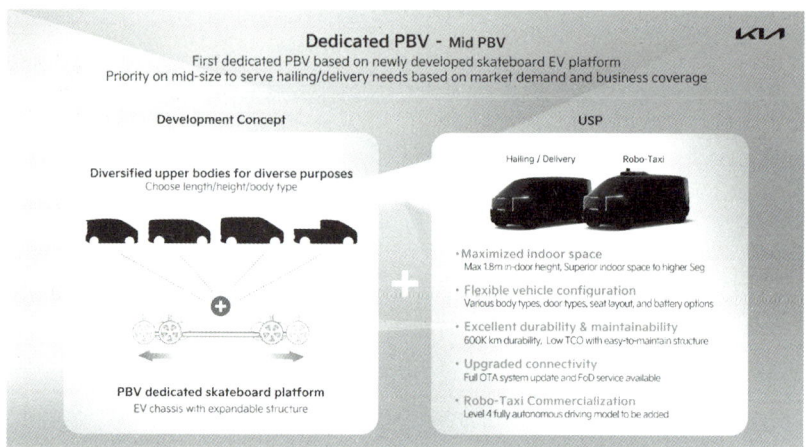

[그림 9] CEO 인베스터데이에서 발표한 기아차의 PBV 전략
출처 : 기아자동차 IR

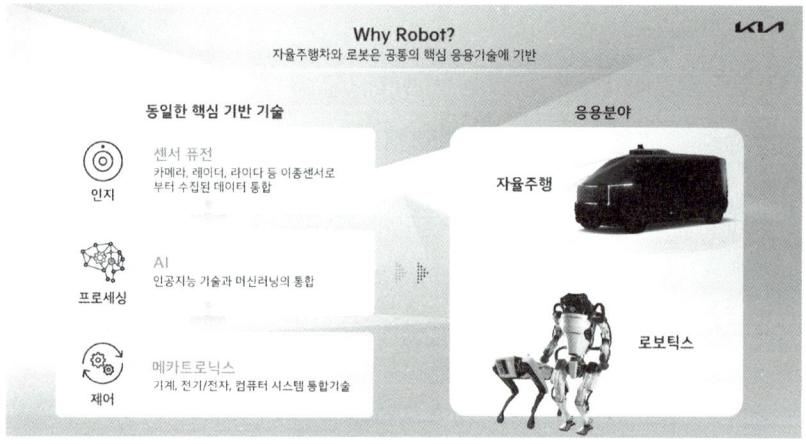

[그림 10] 현대차그룹이 로봇에 집중하는 이유
출처 : 기아자동차 IR

운송을 담당할 것으로 전망된다.

현대차그룹은 의왕에 소재한 로보틱스랩에서 모든 사물에 이동성을 부여한다는 MoT(Mobility of Things)의 큰 그림 하에 PnD(Plug&Drive)

와 DnL(Drive&Lift) 모듈을 제시했다. 특정 용도의 어떤 사물도 PnD 모듈과 결합하면 이동성을 부여할 수 있다는 것이다. 구조상 설계가 쉬운 인휠(In-wheel) 모터와 방향을 결정할 수 있는 스티어링, 충격을 흡수해주고 균형을 유지해주는 서스펜션, 브레이크 시스템과 환경 인지 센서를 하나의 구조로 결합한 일체형 모빌리티 솔루션이다. 이를 이용해 현대차그룹은 퍼스널 모빌리티, 서비스 모빌리티, 로지스틱스 모빌리티, L7 등 네 가지 적용사례를 제시했다.

〈그림 11〉은 로보틱스랩에서 CES2022에 선보인 모듈들이다. 노란색 컬러로 Logistics란 직관적 표시를 한 DnL의 경우 모선인 PBV와 함께 연계될 때 더 큰 시너지를 발휘할 수 있을 것으로 기대된다. 장거리 이동은 PBV가, 라스트마일은 이 모듈에 탑재된 4족보행 로봇 스팟미니가 계단을 오르고 문 앞에 물건을 내려놓는 최종작업을 담당한다. 현대차그룹이 1조원을 투자해 인수한 세계 최고의 로봇회사인 보스턴다이내믹스의 행보도 지켜봐야 한다. 양산을 계획 중인 Pick&Place 로봇, 스트래치나 RFID 검수 용도로 사용할 수 있는 스팟미니도 가성비를 갖춘다면 시장성이 있을 것으로 보인다.

[그림 11] 현대차 로보틱스랩에서 발표한 DnL과 PnD 모듈
출처 : 현대자동차

많은 자동차기업이 PBV 형태의 차량을 전동화하고 있으며, 시간이 소요되더라도 준비 중인 자율주행 시스템을 장착할 것이 확실해 보인다. 여기에 가장 최적화된 로봇을 탑재, 판매해 업무의 효율을 강조할 것이다. 이는 자율주행 시대의 새로운 비즈니스 모델이 될 것이다.

3. AI와 로봇 기술의 진화로 인한 무인화 혁명

로봇의 능력이 인간에 육박할 정도로 상향되고, 자율주행 시대가 본격적으로 도래한다면 굉장한 변화가 찾아올 것이다. 그러나 자동차와 로봇이 자율적으로 인지-판단-제어하는 로봇이 되지 못하고 기계에 머무는 이유는 두뇌에 해당하는 인공지능의 수준이 기대에 비해 낮기 때문이다. 최근 인공지능의 비약적 발전으로 로봇이 생각하기 시작하고, 점점 똑똑해지고 있다는 점이 로봇산업의 새로운 도약을 기대하게끔 한다.

산업혁명으로 기계가 태어났고, 자동화는 계속해서 진화해왔다. 반도체와 인터넷 발전으로 인한 온라인 혁명은 인간 욕망의 상당 부분을 편리하고 빠른 속도로 충족시켜주었다. 그럼에도 여전히 물리세계에서 인간의 근력과 땀을 요구하는 오프라인 업무는 기계에 의해 대체되기 어려웠다. 인지와 판단을 기계가 직접할 수 없어서다. 기계 옆에는 늘 사람이 붙어 인지, 판단을 대신했고 HMI(Human-Machine Interface)인 조작부에서 기계를 컨트롤해야 했다. 자동화의 진화는 있었으나, 무인화 단계에 이르지는 못했다. 그러던 로봇이 AI의 비약적 발전과 더불어 드디어 생각하기 시작했다. 온라인 혁명에 이어 이젠 인공지능을 장착한 지능형 로봇의 등장으로 물리세계의 무인화 혁명이 가능해지고 있다.

기반 기술의 발달은 물리세계에서 스스로 활동해야 할 자율주행차와 로봇의 성공을 위한 핵심적 선결 과제였다. 자율주행 기술이 먼저 세상의 관심을 받았지만, 기반 기술의 완성도가 높아지면서 자연스럽게 자동차 외부와의 접목이 시도되었다. 자동차의 전동화와 자율주행화 과정에서 만들어진 많은 기술과 연관부품들이 로봇산업 확산에 매우 중요한 자산이 되고 있다. 현재 로봇 이야기가 진지하게 나오는 이유가 AI와

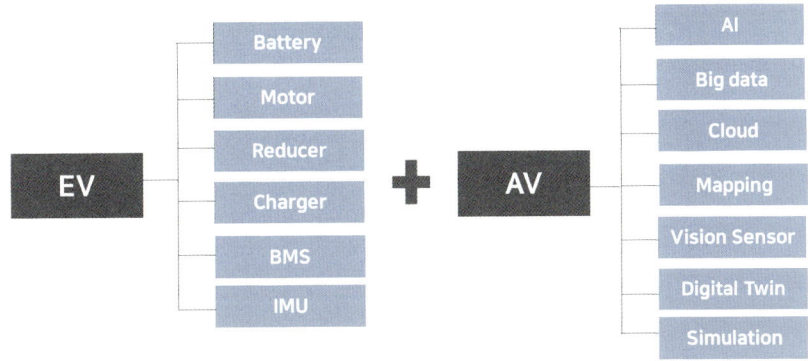

[그림 12] 전기차와 자율주행 기술에서 얻어진 다양한 핵심기술
출처: 하이투자증권 리서치본부

기반 기술의 확장 때문이다. 전기차와 자율주행차에서 얻어질 수 있는 핵심기술을 요약해 보았다. 모두 로봇에 요긴하게 사용될 수 있는 기술임을 알 수 있다.

전동화 기술과 인지-판단-제어 기술의 접목은 로봇의 주요 기술로 훌륭하게 쓰일 수 있다. 이 때문에 최근 EV와 AV 두 가지 분야에 연구개발을 집중하고 있는 자동차업체가 속속 로봇시장에 출사표를 던지는 것이다. 요소기술의 유사성뿐 아니라 제조과정에서의 경쟁력 확보, PBV를 판매해야 할 상용사업부와 로봇의 연관성 등이 그 이유로 거

론된다. 최근 레벨2에서 상위단계로 도약하지 못하고 있는 자동차업체들이 가장 심혈을 기울이고 있는 것이 바로 디지털 트윈, 시뮬레이션과 E-T-L Process이다. 세 가지 기술이 물리세계에서 AI의 성능을 획기적으로 개선해줄 수 있는 핵심이기 때문이다.

4. 디지털 트윈과 시뮬레이션

자율주행의 레벨2는 변수와 파라미터가 제한적인 고속도로에서 비교적 양호하게 운행할 수 있다. 하지만 복잡도가 높은 도심 주행은 어렵다. 다양한 예외 상황(Edge case)이 발생하는 공간이기 때문이다. 이를 사람이 일일이 라벨링 하기란 불가능에 가깝다. 따라서 시뮬레이션이나 디지털 트윈 공간에서 먼저 학습하는 것이다. AI는 물리세계를 카메라를 통한 디지털로 변환해 연산하기 때문에 시뮬레이션 상황에서도 유사한 결과를 얻을 수 있다. 디지털 트윈은 물리세계에서 다양하게 발생하는 물리현상을 학습할 수 있다.

물류 프로세스에서도 동일하게 적용할 수 있다. 예를 들어 어떤 물건을 집어 어딘가에 가져다 놓는 작업을 한다면, 대상을 정확히 찾아내고 주변부를 판단해 경로도 설정하고 적당한 거리까지 이동해 정확히 Pick & Place를 해야 한다. 이 모든 명령을 하기에 지금까지는 방대한 데이터와 코딩이 필요했다. 설령 해냈다 하더라도 시각과 동시에 주행거리에 대한 계획을 세우고 대상까지 도달하기까지 바닥의 기울기나 지면과의 마찰, 원심력, 중력에 대한 이해가 필요하며 빛의 굴절과 왜곡 현상에 대해서도 이해가 필요했다. 당연히 도로에서의 자율주행이나 실내에서의 로봇이 이동경로를 최적화할 수 있는 측위와 동시에 맵핑 기술, 즉

[그림 13] 엔비디아의 디지털 트윈과 실제 현장
출처 : 엔비디아

SLAM(Simultaneous localization and mapping)도 요구되었다. 지금까지 이런 복잡한 과정을 쉽게 해결해줄 수 있는 기술이 부재했던 것이 로봇의 활용을 주저하게 만든 것이다. 최근엔 이런 문제점들을 해결하고자 디지털 트윈 공간에서 물리법칙을 학습시키는 툴이 다양하게 제공되고 있다. 디지털이 물리세계를 점점 이해하기 시작했다는 점은 매우 고무적이다.

5. 초거대 AI를 위한 E-T-L Processing

AI가 비약적으로 발전하고 있다. 로봇 역시 AI의 발전으로 점점 스마트해질 것이다. 2017년 구글에 의해 트랜스포머 알고리즘이 발표된 이후 초거대(Hyper scale) AI에 관한 관심이 뜨겁다. 지금까지 불가능하다고 여겨졌던 천억단위가 넘는 파라미터를 처리할 수 있는 기술이 완성되었기 때문이다. 하지만 이 모델을 처리하기 위해선 엄청난 성능의 HPC(고성능 컴퓨팅)가 요구되고 있다. 초거대 AI의 빅데이터를 추론하고 학습시키기 위해선 엑사플롭(ExaFLOPS: 초당 백경 번 연산)의 슈퍼컴퓨터까지 등장하고 있다. 하드웨어의 비약적 발전은 최적화된 칩디자인과 GPU, 가속기 등에 의해서 가능했다.

우리가 관심을 갖는 자율주행이나 물류로봇을 위해서 이 엄청난 하드웨어를 직접 사용할 순 없다. 따라서 E-T-L Process를 거쳐야 한다. E-T-L는 추출(extract), 변환(transform), 적재(load)를 의미한다. 테슬라의 경우 이 과정을 Data Engine이라 명명한다. 차량 내 장착된 FSD(Full Self-Driving)가 에지 컴퓨터(Edge Computer)에 해당하며, 클라우드가 1.1엑사플롭(ExaFLOPS)의 도조 컴퓨터(Dojo Computer; 테슬라가 자체 개발한 슈퍼컴퓨터)가 된다. 이들은 초고속 통신으로 서로 네트워킹하며 추론, 학습, 배포(Deploy)된다. 도로를 주행하는 테슬라 차량이 데이터를 수집한 뒤, 의미 있는 트리거(Trigger; 적당한 계기를 부여하여 필요한 작동을 일으키는 일)에 해당하는 정보를 새도 모드(Shadow mode)를 통해 송출하게 된다. 이를 받

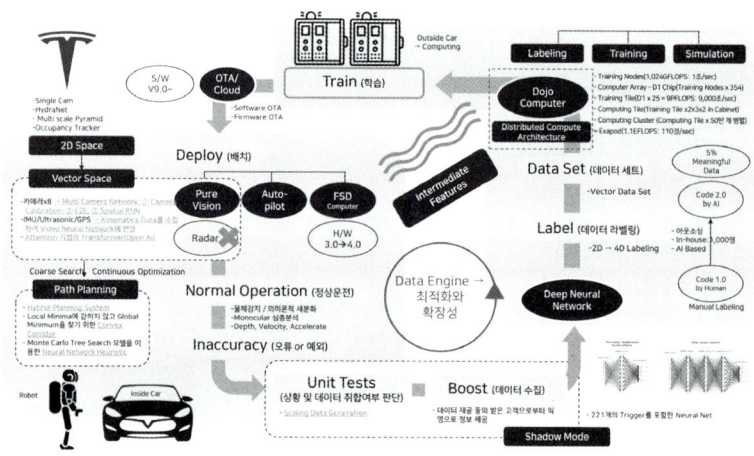

[그림 14] 테슬라의 E-T-L Process인 Data engine
출처 : 하이투자증권 리서치본부

은 도조 컴퓨터는 필요한 데이터를 필터링하고 추론 및 학습해 다시 에지 컴퓨터에 배포하는 순환과정을 거치게 되는 것이다.

이는 대부분의 AI 학습에 사용된다. AI에 관한 최고의 기술을 보유한 엔비디아의 경우에도 AI Framework이라 불리는 E-T-L Process를 보유하고 있다. 엔비디아가 에오스(EOS; H100 칩을 4,608개 장착해 만든 슈퍼컴퓨터)라는 18엑사플롭(ExaFLOPS)의 슈퍼컴퓨터를 만들겠다 공언한 것도 이 때문이다. 최근 스마트팩토리, 풀필먼트의 솔루션과 플랫폼을 제공하는 기업인 Siemens와 제휴를 맺은 것도 이 분야에 특화된 기술 때문이다.

6. 네이버가 미리 제시한 미래, NAVER 1784

위에서 설명한 모든 개념이 적절히 균형을 이뤄 구현된 곳이 최근 문을 연 네이버의 신사옥 1784다. 네이버 1784는 아크버스(Arcverse)라는 디지털 트윈 기술 기반의 메타버스가 핵심으로 컨트롤타워 역할을 하고 있다. ARC란 AI, Robot, Cloud의 앞글자를 딴 것이다. 앞서 언급한 E-T-L Process가 건물내에서 완벽하게 작동하고 있는 공간인 것이다. 네이버 1784엔 아크버스의 컨트롤 하에 있는 수많은 로봇이 실제 테스트를 거치며 운용되고 있다. E-T-L Process도 원활히 작동하고 있으며 모바일폰으로 진행상황을 실시간으로 모니터링할 수 있다. 이는 건물 내에 구축된 초고속 특화망 덕분이다.

로봇이 작동할 때 최대한 저지연이 가능한 5G 특화망을 구축해 클라우드에 ROS(Robot Operation Sytem)을 장착하고 이를 실시간 연결할 수 있어 로봇을 최대한 저렴하고 단순하게 만들 수 있다. 이렇게 로봇으로 얻은 데이터를 디지털윈 공간에서 추론하고 학습할 수 있다. 행여 예상과 달리 움직이는 로봇은 보상체계를 통한 강화학습(Reinforcement Learning)으로 훈련이 가능하도록 시스템화 되어 있다. 로봇이 엘리베이터를 이용하거나 사람과의 통행이 교차될 때의 행동요령 등에 대해서도 학습하고 있다.

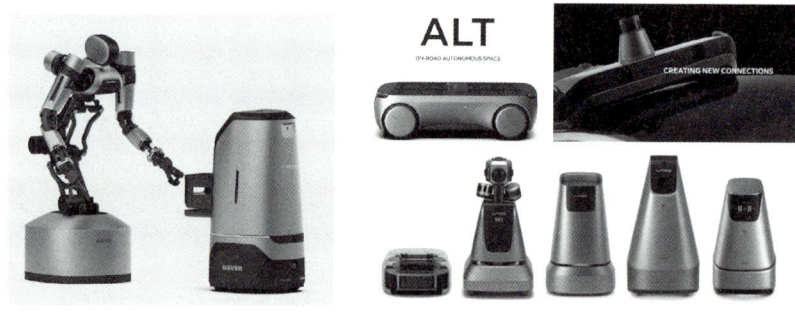

[그림 15] 네이버 1784에서 활동 중인 로봇
출처 : 네이버랩스

실제로 NAVER 1784 내에서는 양팔을 쓸 수 있는 앰비덱스를 비롯, 많은 로봇이 테스트 중이다. 택배, 커피, 도시락 배달이 스마트폰을 통해 요청하면 모두 로봇이 처리한다. 네이버는 이 시스템을 특화된 건물에서 완벽히 검증한 후 Post 5G에 전국으로 확산하려는 꿈을 꾸고 있다. 통신이 완벽히 구현된 환경에서는 로봇에 복잡한 컴퓨터를 삽입하지 않아도 Cloud Robotics가 가능하기 때문이다. 그런 의미에서 네이버가 구축한 1784는 미래 교통과 로봇이 가져다줄 편의를 미리 경험해볼 수 있는 장소이다.

물론 자율주행이나 배송용 로봇, 물류로봇은 실시간 통신에 전적으로 의존하며 작동할 수는 없다. 오류가 발생하면 치명적인 인명사고로 이어질 수 있기에, 차량이나 로봇 내부에 장착된 컴퓨터가 스스로 판단할 수 있어야 한다. 따라서 운행을 멈춘 시간이나 별도의 시스템을 통해 OTA(Over The Air: 소프트웨어 무선 업데이트) 방식으로 배치(Deploy)하고, 완벽한 시스템을 위해 데이터와 운행(작업)정보를 데이터화 해 전송하고 이를 학습하는 과정을 반복해야 한다.

Ⅵ. 글을 마치며

지금까지 인간의 이동(모빌리티)과 화물의 이동(로지스틱스)의 로봇화에 대해 짧게 고민해봤다. 현재 기술로 부족함이 많지만, AI기술 고도화로 인해 완성도가 높아질 것임에는 의심의 여지가 없다. 특히 초거대 인공지능(Hyper-scale AI)의 발전, 다양한 데이터의 축적과 클라우드 컴퓨터 성능의 발전에 따른 자율주행과 로봇의 점진적 고도화는 이미 시작되었다. 자본이 투입되고 세계적인 인재들이 이 영역에 몰려들어 성과를 내고 있다.

자율주행과 로봇이 성공하느냐 마느냐로 논쟁하기엔 이제 시간이 없다. 기술의 흐름은 이미 방향을 결정했다. 필드에서 장기비전과 목표를 설정하고, 서서히 시스템을 전환해야 할 때다. 또한 연관산업 종사자는 전세계적 변화에 한발 빠른 아이디어와 비즈니스 접목을 서둘러야 할 것이다. 무엇보다 디지털 전환이라는 환경구축은 오랜 시간이 소요되는 만큼 로봇화에 앞서 반드시 선행되어야 한다.

4부

엑스트라 마일

Logistics Trends 2023

통신사는 왜 물류로 영역을 확장하는가?

이태호
픽쿨(Pickool) 대표

픽쿨(Pickool) 대표. 대한민국의 테크 생태계를 외국에 소개하고, 해외 테크 생태계를 대한민국에 우리의 시각으로 전하는 채널을 운영하고 있다. 현재 대한민국과 프랑스를 연결하는 라프렌치테크(La French Tech)의 서울 지부 이사회 위원으로 활동 중이다. 창업 이전에는 오라클 및 가트너에서 국내 사업을 개발했고, KT에서는 사업 기획과 개발도상국 사업 개발을 하는 업무를 담당했다.

I. 들어가며

1999년 마지막 날 국내 주식 시장에서 시가총액 기준 55조 8,837억 원을 기록한 KT. 22년 후인 2021년 마지막 날 KT의 시가 총액은 7조 9,900억 원을 기록했다. 현재 시가총액은 1999년 마지막 날 대비 85.7% 떨어진 수준으로, 그만큼 통신사에 대한 기대감이 떨어졌다고 볼 수 있다.

SK텔레콤도 마찬가지다. SK텔레콤의 시장 최고가는 2000년 2월 기록한 현재 액면가 기준 50만7,000원. SK스퀘어 분할 전인 2021년 9월 기준 주가가 30만 원 선이었으니 21년간 40% 가까이 하락했다.[1] 물론 1999년 순이익은 3,040억 원. 2020년 순이익은 7,500억 원으로 두 배 가까이 늘었지만, 성장성 때문일까? 시장의 평가는 박하다.

덤 파이프(Dumb Pipe). 말 그대로 '바보 파이프'는 가치가 낮은 연결

---

1) 2000년 SK텔레콤과 2021년 카카오, 이종우, 한겨레, 2021.9.12

수단을 말한다. 특별한 가치 없는 통로 역할을 한다는 것이다. 과거 통신사는 피처폰 시절 만화나 운세, 게임이나 영상 등 보유한 네트워크 기반의 부가서비스를 과점했다. 하지만 스마트폰 출시 이후 '덤 파이프' 현상은 가속화되었다. 그들이 수익을 올리던 영역에는 통신사 대신 게임사나 웹툰 회사, 다양한 콘텐츠 회사들이 들어왔다. 그리고 그 시장은 더 커졌다.

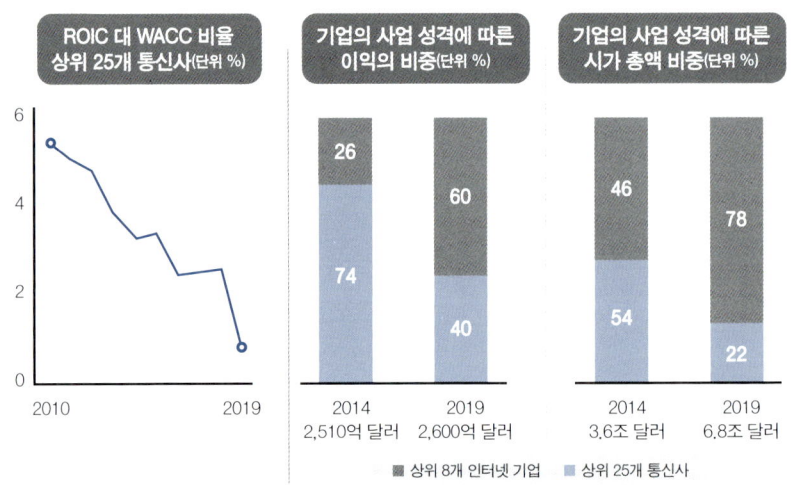

[그림 1] 상위 8개 인터넷 기업과 상위 25개 통신사 비교
출처: 맥킨지

물론 통신사들은 덤파이프를 스마트파이프, 더 나아가서는 신사업을 선점하기 위해 노력을 지속해왔다. KT는 1999년 9월 KT 114서비스와 인터넷 검색 엔진인 '정보탐정'을 통합하여 서비스를 개시했다. 당시 다음이나 네이버보다 앞선 마케팅 역량을 활용, 인기 걸그룹 핑클을 광고모델로 내세웠다. KT는 다시 한 번 포털 비즈니스 강화를 위해 2004년에는 파란을 선보였으나 결과적으로는 사업을 접었다.

2000년 2월 문을 연 바이앤조이도 마찬가지다. G마켓이 인터파크의 자회사로 1999년에 문을 연 것을 고려하면, KT의 바이앤조이는 매우 이른 시점에 시장에 진입했다. 서비스 시작 후 4년째인 2004년 연 매출 4,000억 원. 회원 수 250만 명을 기록한 것[2]을 보면 KT의 바이앤조이는 초반 강한 기세로 사업을 드라이브했다. 하지만 이 또한 결과적으로 사업을 접었다.

매달 꼬박꼬박 현금성 매출이 발생하는 통신사는 신사업을 추진하기에 더할 나위 없이 좋은 조건이다. 하지만 앞선 두 사업은 고객의 요구사항에 맞춰 수시로 서비스를 변경해야 했다. 또한 고객의 피드백을 반영하여 수시로 사용자 경험을 개선해야 했다. 반면 그동안 KT와 같은 통신사가 영위해온 경영 환경과는 다소 달랐다.

2000년대 초반을 기준으로 5개 무선 통신사나, 4개 유선 통신사가 경쟁하던 환경. 다시 말해 정부의 규제라는 울타리 속에서 통신사들끼리 경쟁하던 환경과는 비교할 수 없게, 경쟁자가 많았다. 누구나 사업에 들어올 수 있었고, 어디선가 비슷한 서비스가 등장할 수 있다. 반면 통신사가 성공한 신사업은 IPTV. 그리고 '컬러링'으로 불리는 통화연결음 부가서비스 사업이다. 앞선 두 사업과 비교해보면, 네트워크라는 인프라가 갖춰진 환경이다. 또한, 서비스를 제공하는 사업자가 통신 사업자로 한정된다. 그리고 정부 규제라는 울타리 속에 있는 사업이다.

---

[2] ""고객들은 왕이요 스승입니다" - KT커머스 김선조 대표", 포커스, 2004.4.19

매디슨과 맥킨지가 조사한 결과에 따르면[3] 2019년 전 세계 상위 8개 테크 기업의 시가 총액은 78%, 전 세계 상위 25개 통신사의 시가 총액은 22%를 차지했다. 불과 5년 전 이 수치가 48% 대 54%에 달했다는 점을 감안하면, 세상의 중심은 전자상거래나 포털 등 테크 기업들이 주도하고 있다. 갈수록 절대적 파이가 줄어드는 통신사로서는 자신들이 잘할 수 있는 업종을 찾을 수밖에 없었다.

---

3) "A blueprint for telecom's critical reinvention", Mckinsey & Co., 2021.4.28

Ⅱ. 통신업과 물류업의 궁합

1. 업의 본질

고 이건희 삼성그룹 회장은 생전 그룹 경영진에게 '업의 본질'을 강조했다. "호텔 사업의 본질이 무엇이라고 생각합니까?"라는 그의 질문에 대해 해당 임원은 "서비스업"이라고 대답했지만, 이 회장은 수긍하지 않았다. 해당 임원은 그 해답을 얻기 위해 외국 유명 호텔을 벤치마킹하면서 호텔 사업의 본질을 연구하기 시작했다. 귀국 이후 그는 '장치산업과 부동산업'에 가깝다는 답을 내놓자, 이건희 회장은 고개를 끄덕였다. 그리고 이 회장은 장치산업이자 부동산업으로서 호텔의 발전 방향에 대해 구체적인 전략을 논의하라고 지시를 내렸다.[4]

통신업도 마찬가지다. 대부분 소비자는 통신사를 서비스업으로 인지하고 있다. 당장 SK텔레콤 휴대전화 가입자라면 '티링'을 생각할 것이다. KT의 휴대전화 가입자라면 드라마 '이상한 변호사 우영우'의 주연 배우 '박은빈'을 떠올릴 것이다. 한국광고총연합회의 광고 통계를 보면 두 회사는 2022년 1월부터 7월까지 광고비 집행 기준 상위 10위 안에 들었던 회사였다.

통신사업의 본질로 볼 때, 화려한 광고와 마케팅 비용은 통신업 본질상 일부다. 통신업은 A지점과 B지점을 연결하는 사업이다. 연결 지점 사이에는 음성 신호나 데이터 패킷이 움직인다. 통신업은 이 연결을

---

4) 삼성을 바꾼 이건희 회장의 신경영 대장정④, 프리미엄 조선, 2014.3.3.

위한 인프라를 가장 효과적으로 설계하고, 구축하고, 운영하는데 최적화되는 방향으로 진화해왔다.

다시 말해 막대한 인프라라는 보이지 않는 진입 장벽이 존재한다. 그리고 막대한 인프라를 기반으로 경쟁하는 다른 장치 산업과 달리 통신업은 정부. 다시 말해 과학기술정보통신부나 미래창조과학부, 방송통신위원회 등 정부의 규제를 기반으로 움직였다. 본래 통신 3사의 전신이 모두 국영기업이거나, 국영기업의 자회사였다는 점에서 기인한다.

장치산업의 특성상 통신사는 네트워크 인프라를 효율적으로 운영하거나, 여기서 발생하는 데이터를 관리하고 데이터를 기반으로 개선하는 방향의 신사업을 출시했다. 국내에서는 기지국 데이터 운영데이터를 활용해서 인구수를 측정하거나 방역 정보를 제공했다.[5] KT는 사우디 및 아랍에미리트 연합 등에서 스마트시티 사업을 수주하거나 추진[6]했다. 또한 같은 통신사인 보츠와나 통신사에 해당 비법을 컨설팅 형태로 판매하기도 했다.

2. 통신사는 어떻게 노하우를 쌓았는가?

통신사의 실적 발표를 보면 투자비용(CAPEX)과 운영비용(OPEX)을 구분해서 발표한다. 투자비용은 네트워크 인프라를 신규로 구축하는 비용이고, 운영비용은 기존에 구축된 네트워크를 최적화하고 효율을 높이

---

5) "KT-서울시, 빅데이터 기반 인구 데이터로 방역 체계 구축", 전자신문, 2022.9.1.
6) "KT, 지속 가능한 성장으로 글로벌 공략", 전자신문, 2012.9.19

는 비용을 말한다. 2000년대 말 스마트폰을 출시하기 전까지 통신사는 안정적인 수익을 올릴 수 있었다.

2007년 1월 아이폰이 등장하고, 안드로이드 OS 진영도 이 경쟁에 가세한다. 이 때문에 세상은 '데이터의 폭발적 증가(Data Explosion)'를 경험했다. 2009년 가을, 아이폰이 국내에 출시된 후, 이전에는 경험할 수 없었던 통화 중 망 끊김 현상이나 모바일 데이터가 접속되지 않는 증상은 모두 이런 '데이터의 폭발적 증가'에서 기인한다.

통신사 입장에서는 이러한 데이터의 폭발적 증가가 수익 창출로 이어져야 했다. 하지만 정부와 여론의 통신비 인하 압력에 요금을 내리거나 오히려 비슷하게 유지했다. 그런 상황에서 '데이터의 폭발적 증가'는 고스란히 투자비용 및 운영비용의 증가로 이어졌다. 맥킨지는 매년 데이터의 이용량이 25%씩 증가할 경우, 총 소유 비용(TCO, Total Cost of Ownership)이 같은 기간 대비 60% 가까이 증가할 것이라고 예측한 바 있다.[7]

통신사 입장에서는 3G에서 4세대 통신망인 LTE, LTE 통신망에서 5G 통신망으로 진화하면서 좀 더 효율적인 답을 찾아야 했다. 즉 네트워크 인프라 내 단계마다 현황을 분석하고, 인프라에서 도출되는 데이터를 기반으로 최적값을 찾아내는 것에서 시작했다. 그리고 네트워크 인프라 구축에 필요한 장비 및 소프트웨어 사업자들의 성능 개선과는 별도로 내부적으로 총 소유 비용(TCO, Total Cost of Ownership)을 더 관리하게 됐다. 과거에는 몇 개의 대형 시설과 중형 시설로 나눠 네트워크 운영을

---

[7] The road to 5G: The inevitable growth of infrastructure cost, Mckinsey & Co, 2018.2.23

위한 인프라를 구축했으나, 전체 숫자를 줄인 중형 시설로 같은 효과의 네트워크 인프라를 구축하는 식처럼 말이다.

이러한 경향은 후발 주자에서 자주 나타난다. 뉴스트리트 리서치가 블루노트(Blue Note)에 의뢰한 조사 결과에 따르면[8], 일본의 주력 통신 사업자인 NTT도코모 및 KDDI, 소프트뱅크 텔레콤 등과 경쟁하는 제4의 이동통신사업자 라쿠텐 모바일은 인프라 비용 및 장비, 투입 인력 절감을 통해 투자비용을 40% 가까이 줄인 것으로 드러났다. 아울러 부동산 임대비용 및 유지 보수비용 절감을 통해 운영비도 사이트 당 30% 가까이 줄였다. 해당 보고서에서 라쿠텐 모바일의 CTO 타레크 아민은 회사 측이 vRAN 네트워크[9]를 혁신한 것이 비용 절감에 주요했다고 밝혔다. 주파수 정책과 기지국 배치의 혁신이 이러한 구축비용 절감과 운영비용 절감에 주요했다는 뜻이다.

3. 왜 통신사의 진화 방향은 다른 장치 산업에게 매력적일까?

눈에 보이는 인프라를 기반으로 운영되는 제조업이나 물류업과는 다르게, 통신업은 제공되는 서비스 자체가 눈에 보이지 않는다. 그럼에도 통신업은 전국 단위 인프라라는 대규모 인프라를 기반으로 설계하고, 구축하고 수십 년간 운영되고 있다.

---

8) Analysts confirm Rakuten Mobile's network saves 40% capex on per site basis, Linda Hardesty, Fierce Wireless, 2022.1.11
9) 가상 무선 액세스 네트워크(vRAN)는 통신 사업자가 베이스밴드 기능을 장비가 아닌 소프트웨어로 구동하는 것을 말한다. 기준 RAN, 즉 무선 액세스 네트워크를 가상화를 통해 더 이상 특수 독점 하드웨어 없이도 표준 서버에서 실행할 수 있게 된다는 점이다. 출처: 레드햇

통신업은 애초부터 자동화나 디지털 전환을 기초로 시스템과 인프라를 구축했다. 물론 과거에는 교환수가 직접 통신 인프라에 관여했지만, 우리나라에서는 1970년대 후반부터 전자교환기를 도입한다. 40년이 넘는 세월 동안 사람의 손보다는 IT와 시스템에 의지해 디지털 전환을 이룩한 업종이 통신업인 셈이다.

업종별로 디지털 전환 정도를 볼 때, 통신사는 구글이나 메타, 아마존 등 세계 시장의 혁신을 주도하는 테크 기업과 제조 및 물류 등 기존 산업군 그 중간에 자리 잡고 있다. 장치 산업이라는 업의 본질상 기업 문화와 내부 프로세스는 장치산업 특성에 맞게 올드하면서도 기존 산업 대비 디지털 전환에 성공한 업종인 셈이다.

물류업도 통신업과 매우 유사하다. 물류업은 소비자와 판매자 사이의 물건을 연결하고 내지는 A지점에서 B지점까지 물건을 연결한다는 점에서 통신과 유사하다. 또한 대규모 차량이나 물류센터 인프라를 구입 또는 구축/건설해야한다는 점에서 장치 산업이라고 볼 수 있다.

코로나-19 범유행이 3년 차를 맞이하면서 사회적으로 물류 산업에 대한 관심이 높아지고 있다. 점진적 일상회복에도 불구하고 지난 3년간의 습관 때문에 온라인을 통해 물건을 사는 습관이 일상화되었고, 그만큼 물류의 중요성이 커졌기 때문이다. 2021년 국토교통부와 해양수산부가 발표한 '제5차 국가기본물류계획'에 따르면 국내 물류 산업 규모는 2019년 92조 원에서 2030년에는 140조 원 대에 이를 전망이다. 이는 11년간 연평균 3.89% 수준의 성장으로 2020~2021년 국내 잠재성장률인 2%대를 웃도는 수준이다.

이러한 성장세에도 불구하고, 물류 산업은 일각에서는 농업 분야보다도 디지털화 되지 않은 '아날로그 산업'이라는 평가를 받고 있다.[10] 시장 규모는 성장세이지만 노후화되었고, 과거 방식을 답습하는 구조라는 것이 전반적인 평가다. 과거 방식의 답습으로 인해 비용은 많이 들고, 효율이 떨어진다는 문제도 안고 있다. 글로벌 물류 기업들은 디지털 전환에 어느 정도 성공한데 반해, 국내 물류 기업들은 아직 과거에 머무르고 있다는 평가가 지배적이다.[11] 이러한 인식은 물류업 종사자들도 가지고 있지만, 대응은 더딘 추세다.

무역협회 산하 국제무역통상연구원이 수출입 무역업체 물류 담당자 453명을 대상으로 설문조사를 진행하자 흥미로운 결과가 나왔다.[12] 응답자의 60%가 물류 분야의 디지털 전환이 필요하다고 답했다. 또한 응답자의 95.8%는 물류 분야의 디지털 전환이 물류비를 절감할 것으로 기대했다. 특히 물류 디지털 플랫폼과 관련 앞으로 이용 의사를 표시한 응답은 54.1%에 달했다.

이러한 응답과는 대조적으로 현재 물류 분야의 디지털 전환을 이해하고 있다는 응답은 18.1%에 불과했다. 또 대응하고 있다고 답한 응답은 12.0%에 불과했다. 이미 운영 중인 물류 디지털 플랫폼에 대한 활용도가 낮았으며, 플랫폼을 이해하고 있다는 응답은 11.9%, 이용률도 8.7%에 불과했다.

---

10) [테크M 이슈] 디지털 물류에 꽂힌 IT기업들...왜?, 김가은, 테크M, 2022.5.15
11) 수출입물류 디지털전환(Digital Transformation) 현황 및 시사점, 조성대/이준봉, 한국무역협회, 2021.5.17
12) 조성대/이준봉, 2021, 위의 논문

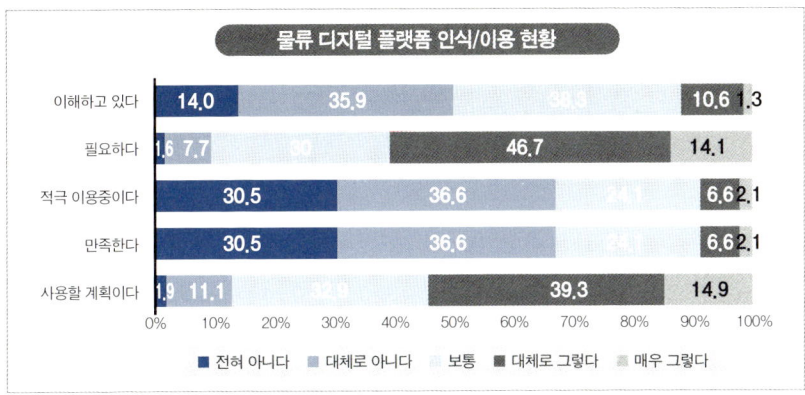

[그림 2] 물류 디지털 플랫폼 인식/이용 현황

출처 : 수출입물류 디지털전환(Digital Transformation) 현황 및 시사점, 조성대/이준봉
주 : 응답자 380명

III. 물류와 ICT는 어떻게 만날까? 핵심은 바로 IoT

1. 디지털 물류시장, 그 규모와 가능성은?

Strategic Market Research에 따르면 전 세계 디지털 물류시장은 2021년 181억 달러에서 2030년 775.2억 달러 규모로 성장할 것으로 예상된다. 10년간 연평균 성장률로 환산할 때 17.54%에 달한다. 이 보고서는 자동화와 일련의 물류 과정의 디지털화가 '디지털 물류'와 동일시될 것으로 정의했다. 대표적인 것이 종이와 펜 중심으로 이뤄지던 아날로그적인 물류 환경이 디지털로 변화하는 것을 말한다. 이 기관이 2020년 실시한 설문조사에 따르면 물류시장에 밀접한 관련이 있는 산업은 제조업(81%) 및 도매업(81%), 소매업(80%) 순이었다. 물론 코로나-19 범유행으로 인해 전자상거래 시장으로 물류시장이 적극적으로 확장되었지만, 본래는 보수적인 시장이 될 수밖에 없었다. 통신사나 교통 산업에서 보듯 인프라를 기반으로 하는 사업은 새로운 업의 방식을 받아들이는데 느리기 때문이다.

디지털 물류는 국가경쟁력 강화의 필수 요소 중 하나로 인식되고 있다. 인도의 국가 정책을 수립하는 NITI Aayog가 2019년 수립한 전략으로는[13], 인도 정부는 인공 지능 및 사물인터넷(IoT), 빅데이터 등을 국가 최우선 과제로 선정하고 이 기술을 활용 인도 내 공급망과 물류를 개선하는데 예산의 상당 부분을 투입했다. 이는 세계에서 5번째로 큰 인도 경제 전반의 강력한 디지털 물류 수요 때문이다.

---

13) Digital Logistics Market By Solutions, Strategic Market Research, 2022.7월

코로나-19 범유행으로 인한 각국의 봉쇄 조치로 인해, 글로벌 시장 내 많은 기업들은 공급망과 물류 운송에 차질을 빚었다. 그럼에도 아마존 등 디지털 물류 기반의 기업들은 중요 배송을 차질 없이 수행할 수 있었다. 이는 디지털 물류 플랫폼 때문이었다. 아마존은 데이터를 기반으로 미국 내 대체항구를 찾았고 대체 항구를 통해 아마존의 적확한 배송을 진행할 수 있었다.[14] 더 자세히 보면, 아마존이 구현한 기술은 크게 실시간 배송 추적 및 디지털 주문 처리, API를 기반으로 한 사용자의 정의, 사물 인터넷, 인공지능, 머신 러닝의 발전 등이 종합적으로 만들어낸 결과였다.

현재 디지털 물류 솔루션 중 65% 가량은 클라우드 형태로 존재하며, 35%는 온프레미스 환경으로 제공되고 있다. 사용 영역에 따라서는 창고 관리 및 교통수단 관리, 인력 관리 솔루션으로 나뉜다. IT 관점에서 볼 때 시스템은 아래와 같다.

- 정보 통합 시스템
- 차량 관리 시스템
- 전자 데이터 교환 시스템
- 데이터베이스 관리 시스템
- 주문 관리 시스템
- 추적 및 모니터링 시스템

---

14) 아마존의 3분기 실적악화는 일시적일까요? 아니면 장기적일까요?, Pickool: 기업분석 쿨하게, 2021.11.1.

디지털 물류 솔루션이 지향하는 부분. 그리고 각각 솔루션이 갖는 특장점은 '디지털 물류 실현'의 전망을 밝게 한다. 그러나 이 밝은 전망이 구체적인 결과로 도출되기 위해서는 가장 중요한 요소가 있다. 바로 각각의 장치나 장비에 데이터를 수집하는 단말기가 설치되어야 한다는 점이다. 또 설치된 단말기로부터 끊김 없는 데이터 전송이 이뤄져야 한다. 정적인 상태에서 이뤄진다면, 전용선을 설치하고 많은 단말기를 수용할 수 있는 와이파이 AP 정도면 충분할 것이다. 문제는 물류의 환경 대부분은 '동적'이라는 점에 있다. 여기서 사물인터넷, 즉 IoT(Internet of Things)의 중요성이 대두한다고 볼 수 있다.

2. 디지털 물류의 핵심: 사물인터넷(IoT, Internet of Things)

DHL은 IoT 기술을 기반으로 한 시장 규모는 1.9조 달러에 달한다고 보고 있다. DHL의 분석으로는 물류를 원활하게 하는 빅데이터 및 인공지능 등의 백엔드 기술, 그리고 플랫폼 내에 데이터를 기반으로 한 분석 등 모든 것의 핵심에 IoT가 있다고 보았다.[15]

이론적으로 5G 네트워크를 초고주파(28GHz) 환경에서 구축할 경우, 네트워크 속도는 최대 20Gbps까지 가능하다. 이는 LTE 네트워크의 기술상 최고 속도인 1Gbps의 20배에 달하는 수준이다. 이런 속도 차이 때문에 5G는 스마트 물류나 스마트 항만 등을 가속화 할 열쇠가 될 것으로 보인다. 물론 5G를 기반으로 한 각종 자동화 솔루션이나 로봇 등이 도입되었을 때를 가정해야 할 것이다. GSMA가 아시아태평양 지역의 물

---

15) Smart Port & Logistics in the 5G City, GSMA, 2022.4.21

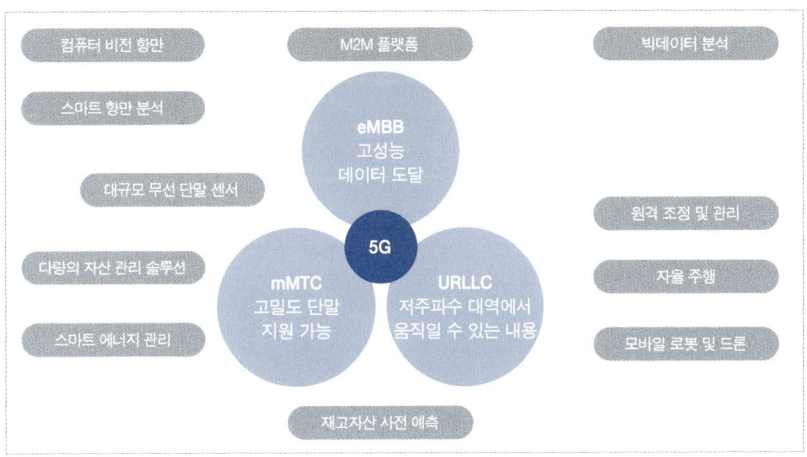

[그림 3] 물류 산업 내에 적용 가능한 솔루션들
출처: GSMA

류 업계 관계자를 조사한 결과, 항만 운영자의 75% 가량은 자동화가 앞으로 3~5년간 경쟁력 유지의 주요 요소라고 말했다.[16]

물류와 밀접한 관련이 있는 전자상거래 기업이 코로나-19 범유행으로 성장을 기록했듯, 물류업도 디지털화. 특히 IoT 도입이 가속화되는 경향을 보였다. 글로벌 시장에서 계약 물류(Contract Logistics) 분야. 그 중 시장 점유율이 낮은 소규모 회사들 중심으로 IoT 도입이 가속화되었다. 여기서 소규모 회사는 10억 달러 미만 회사를 말한다.

코로나-19 범유행. 특히 델타 변이와 오미크론 변이 때문에, 계약 물류 회사들은 단기 노동력 수급에 어려움을 경험했다. 우선 IoT를 기반으로 창고 청소 등 나름 과도한 전문성이 요구되지 않는 로봇을 먼저 구

---

16) Smart Port & Logistics in the 5G City, GSMA, 2022.4.21

축했다. 또 웨어러블 장비 도움을 통해, 비대면 또는 비접촉 프로세스를 구현했다. 비접촉 프로세스는 적은 인력으로 더욱 더 효율적인 물류 산업 환경을 만든 것으로 드러났다.[17]

IoT가 현재 적극 쓰일 또 다른 분야는 바로 운송 트럭(Trucking) 분야다. 글로벌 시장에서 중장거리 트럭 운송이 확대되는 추세다. 2021년부터 2025년까지 글로벌 트럭 운송 시장 규모는 8,265.4억 달러 규모로 성장할 것으로 예상한다. 5년간 연평균 성장률(CAGR)은 8.3%에 달할 정도의 높은 성장률이다.[18] 이런 성장세에도 트럭 운송 회사들이 웃을 수 없는 이유는 노동력 공급 이슈에 직면했기 때문이다. 그러므로 운송 트럭을 중심으로 '자율주행' 기능의 우선 도입을 예측할 수 있다. 평균 순이익률이 2.5%에서 6%에 불과한 업종의 특성과 회사 소속보다는 자영업자 중심으로 존재하는 구조상 여러 가지 이유로 자율주행을 즉시 도입하기는 어렵다. 현재 그 대안으로 경로 최적화 및 자동화, 이 기능 구축을 위한 IoT 단말기 설치, 그리고 단말 기반의 실시간 추적 등이 대안으로 도입되는 추세다.

물류 산업의 가장 중요한 부분 중 하나인 창고 관리에도 IoT가 필수다. IoT 기술을 활용, 재고 및 물건의 위치, 실시간 재고 수준에 대한 측정이 가능해지기 때문이다. IoT를 기반으로 로보틱스 등을 함께 도입할 경우 기존 수동 작업이 자동화된다. 이는 작업 소요 시간의 단축을 의미한다. 물론 이 환경이 도입될 경우, 솔루션 사업자의 애플리케이션

---

17) Finding the right path todigital transformation, Accenture, 2022
18) "Worldwide Long-Distance General Freight Trucking Industry to 2030", Dow Jones Factiva, 2021.7.6.

으로 통합 관리가 가능하다. 특히 기존 사내 재고 관리 시스템 등과 연동할 수 있다. 단순 관리를 넘어선 재고 관리 및 수요 예측 등의 선제 조치가 가능해진다. 모두 IoT 때문이다.

3. IoT는 어떻게 구동되는가? 무엇을 유념해야 성공할 수 있는가?

피아니스트의 연주를 보면 곡의 흐름이나 곡을 통해 전달하고자 하는 메시지에 따라 건반의 속도, 그리고 건반을 두드리는 강약이 달라진다. 일반적인 통신 서비스라면 통화 품질, 무선 인터넷 속도 등이 중요하지만, 물류에 쓰이는 IoT는 인터넷이지만 용도에 따라서 변한다. 쓰임에 따라 빠르기도 하고, 느리기도 하고, 주파수 대역이 변하는 인터넷이자 서비스다. 국제전기통신연합(ITU)와 GSMA는 IoT 등을 위해 쓰이는 5G 네트워크의 종류를 크게 세 가지로 구분한다.

- 향상된 모바일 인터넷(enhanced Mobile Broadband)
- 초고신뢰·저지연 통신
- 대용량 기계용 통신

우선 향상된 모바일 인터넷(enhanced Mobile Broadband)을 살펴보자. 커버리지 및 네트워크 속도를 더 향상한 LTE 또는 5G 망을 말한다. 이런 종류의 네트워크는 통상 실시간 데이터 분석 또는 안전/위험도 분석, IoT 단말기와 중앙플랫폼 간 통신을 할 때 활용한다.

초고신뢰·저지연 통신은 디지털 물류를 실현하면서 제일 중요한 통신 방식이다. 우선 5G를 기준으로 데이터 전송의 신뢰도가 높은 통신 방식이다. 또한, 지연시간(Latency)이 매우 짧다. 물류 산업과 결합할 경우 자율 주행 자동차 및 물류창고 내지는 시설 내 자동화, 가상/증강 현실 솔루션 등에 활용하는 망의 종류다.

마지막으로 대용량 기계용 통신은 실내 기준 네트워크 구축 범위가 넓은 지역에 활용할 수 있다. 단 통신을 위한 단말기는 매우 촘촘하게 구축하는 것이 특징이다. 통상 이 네트워크는 실시간 추적을 위해 활용하는 경우가 많다. 또한, 시설에 대한 유지 보수를 위해서도 쓰인다.

이렇게 IoT를 위한 네트워크의 종류가 다양하기 때문에 디지털 물류에 필수적인 IoT 설계 및 구축, 운영에는 여러 가지 요소가 어우러져야 한다. 대다수의 기업 또는 정부 기관에서 IoT 프로젝트가 실패하거나 어려움을 겪는 경우가 존재한다. 이는 변화 관리의 실패 및 상호 호환성, 구축에 대한 노하우, 보안, 정보 보호의 문제에서 발생한다.[19] 여기에서 변화 관리 및 상호 호환성, 구축 노하우 등이 주목을 받는다.

변화관리 실패는 보통 IoT 시스템을 받아들이는 고객사에서 발생하는 경우가 많다. 이것을 IT 부서가 실제 이 기능을 활용하는 부서와 협의 없이, 내지는 내부적인 거버넌스 체계 없이 추진할 경우 발생한다. 대부분 기관이나 기업들이 겪는 이슈는 중복된 투자 집행을 통한 예산 초과 집행, 또는 초기 설계 실패로 말미암은 확장의 어려움이다.

그리고 상호호환성 이슈도 IoT를 구축함에 있어서 제일 중요한

---

19) The Internet of Things:Catching up to anaccelerating opportunity, Mckinsey & Co., 2021. 11월

요소다. 20ft 컨테이너처럼 표준화된 물류업과 달리, 기술은 파편화되는 경향이 크다. 그리고 각 기술 진영별로 생태계가 별도로 존재하는 경우가 많다. 그리고 전략 및 각 이니셔티브 문제로 인해 각각의 다른 기술을 호환할 경우 SI 사업자나 NI사업자의 역할이 더욱더 중요해지게 된다. 자연스럽게 구축에 대한 노하우에 대해 이야기하게 되는데, 그런 점에서 대형 고객, 특히 우리나라 고객은 레퍼런스에 더 신경을 써야한다.

그래서일까? 통신사들도 디지털 물류시장에 적극적으로 참여하고자 하는 모습이 국내외에서 나타나고 있다. 종합적으로 물류사업을 추진하는 사업자가 있는 반면, 물류 로봇에 투자하는 사업자, 물류 로봇과 함께 5G 전용망을 구축하는 사업자 등으로 나뉜다.

Ⅳ. 통신과 물류의 만남은 어떻게 이뤄지는가?

　　IoT에 대한 레버리지가 높은 시장이 디지털 물류시장이지만, 통신사 별로 온도 차가 존재한다. 국내 통신사의 경우, 가장 이 시장 공략에 적극적인 KT의 사례를, 국외 사례로는 도이치텔레콤의 사례를 소개하고자 한다.

1. KT가 생각하는 물류, 그들은 어떤 시장과 고객을 목표로 하는가?

　　KT는 통신사답게 대규모 인프라를 구축하고 인프라의 진입 장벽을 낮추고자 스마트폰 단말기에 약정을 걸어 고객에게 공급한다. 그리고 월 요금제라는 약정 요금제를 내는 구조로 상품을 운영 중이다. 그들의 사업 모델은 디지털 물류 분야에도 그대로 적용된다.

> KT는 "DX와 함께 턴키 솔루션을 제공할 수 있도록 준비 중이다. 앞으로 더 많은 솔루션을 확보하려 한다. 그리고 통신뿐만 아니라 전동화 AIoT 단말기를 렌탈로 공급할 것이다. 플랫폼과 솔루션 역시 통신료와 함께 월 구독료를 내는 구조로 만들어 드릴 것이다."
>
> All Show TV 주최 "무선DX 솔루션으로 물류센터를 혁신한다!" 세션 중 (2022.5.22)

　　KT가 일차적으로 목표하는 물류시장은 창고 시장이다. 전체 물류시장이 152조 원이지만, 이중 창고업이 약 3조 원을 차지한다. KT가 주목하는 것은 코로나-19 범유행 이후 창고 형태의 변화이다. 풀필먼트 창고, 도심에서 당일 배송이 가능한 마이크로 풀필먼트 창고가 그것이다.

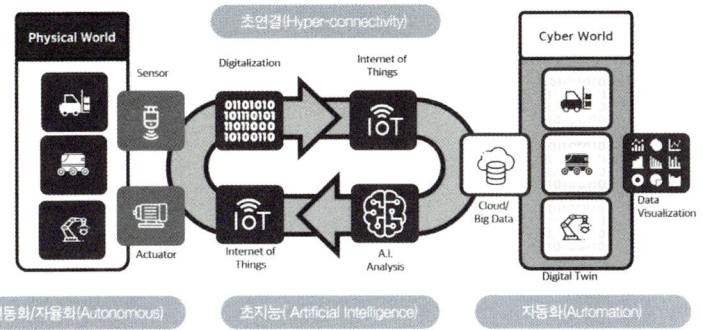

[그림 4] KT가 바라보는 물류와 DX
출처: KT

    KT는 내부적으로 전국에 약 6,000여 개의 창고가 있다고 보고 있으며, 보관하는 제품의 종류에 따라서 창고 종류는 십여 가지로 구분된다고 파악한다. KT가 주목하는 것은 전체 창고 중 1,800~2,400여 개로 30~40%에 달한다. 이 창고는 대부분 2000년 이전 준공돼서 20년이 넘은 곳이다. KT는 노후화된 창고에 기회가 있다고 보았다.

    이들 창고는 어떤 곳일까? 대부분 지게차나 컨베이어를 활용하는 수준으로 창고 관리 시스템(WMS)이 없다. 다시 말해 수기로 작업하는 곳이 많다는 의미다. 최근 물류창고를 스마트 물류센터로 바꾸거나, 아예 처음부터 다시 짓는 것과 비교하면 다른 세상인 셈이다.

    창고업 전반으로 보면 각 업무 단계별로 개선해야 할 부분이 존재한다. 물류센터의 프로세스는 통상 입고 및 재고, 출고 등 각각의 단계를 관리하는 방향으로 운용된다. 단계별로 자동화는 이뤄질 수 있지만, 정교함의 차이로 비효율적인 부분이 발생된다. 가령 임의로 선입하거나 선출할 경우, 창고 내에서는 피킹 오류가 많이 발생한다. 창고 관리 시스템이 도입되더라도 제품의 검수 및 조사는 물류창고 내 인력이 직접 전담한다. 자동화의 영역에서 실수가 없더라도 사람의 손을 거치면서 사람 에러가 발생하는 것이다.

기존 물류창고를 운영하면서 신규 물류창고를 만들고, 이것을 전부 이전하는 것도 하나의 방법이 될 수 있다. 여기에서는 비용 이슈가 발생한다. AMR(Autonomous Mobile Robot)[20] 로봇을 구매 활용하고, 자동 컨베이어를 설치하고 싶을 것이다. 늘 물류창고 입장에서는 비용 이슈, 설치 이슈, 안정화 이슈가 상존한다. KT는 기존 물류센터 시설을 기반으로 공사는 최소화하되, 비용 최적화와 투입 대비 회수 기간을 줄인 솔루션으로 기존 물류 사업자에게 접근하고 있다.

2. KT는 기존 물류센터 운영 고객들에게 어떤 솔루션을 제공하는가?

로봇과 인간 중 무엇을 활용하는 것이 효율적일까? 로봇을 투입한 물류창고는 과연 효과가 있을까? KT의 내부 분석은 아직은 사람의 역량에 더 손을 들어주는 모양새다. 같은 상황에서 직접 역량을 비교하면 로봇이 앞서겠지만, 로봇 투입에 따른 다양한 백오피스 비용이 존재하기 때문이다.

---

20) 자율 모바일 로봇은 독립적으로 환경을 이해하고 이동하는 로봇을 말한다. 기존 트랙이나 미리 정의된 경로에 의존, 작업자의 감독을 필요로 하던 AGV와는 다르다. AMR은 정교한 센서 세트 및 인공지능, 머신 러닝 등 경로 계획을 위한 컴퓨팅을 사용한다. 환경을 해석해서 탐색하는 것이 특징이다.

"로봇이 투입된 물류창고는 과연 효과가 있는가는 자세히 검토해야 합니다. 설계부터 테스트, 최적화 1~2년이 소요되고 막대한 비용이 투입되어야 합니다. 그럴 바에 수만 명의 일용직 노동자를 3~4시간만 교육하면 바로 현장에 투입될 수 있다는 것이죠. 아직까지는 인력이 가성비가 높다는 것입니다."

All Show TV 주최 "무선DX 솔루션으로 물류센터를 혁신한다!" 세션 중 (2022.5.22)

통신에서 가장 중요하게 여기는 라스트마일적 요소가 물류창고 운용에도 유사하게 나타난다. 바로 피킹 분야다. 자동화를 통해 인건비를 절감할 수는 있다. 하지만 KT는 피킹 로봇이 현실적으로 모양과 크기, 무게가 다양한 물품을 미세하게 잡지는 못한다고 봤다. 설사 미세하게 물건을 잡아낸다 해도 로봇의 비용이 인건비를 훨씬 뛰어넘는 것으로 드러났다.

이런 상황에서 KT는 ① 노후 창고 개선, ② 장비 렌탈을 통한 공급, ③ 구독형 IT서비스 판매 방향으로 물류창고 운영 고객을 유치하고 있다. 모든 방향의 근간에는 통신이 내재되어 있다. KT는 물류창고 관리 서비스를 통해 창고 내부 온도 및 습도, 조도 센서를 통한 창고 모니터링, 온도 조절을 위한 공조 시스템 제어 등을 IoT 통신으로 제어중이다. 여기에 더해 물류에 필요한 팔레트의 위치 및 자율주행 로봇의 위치를 파악하기 위해 실내 정밀 측위 기술을 확보하고 있다.

실내 정밀 측위 기술이 중요한 것은 GPS가 아닌 다양한 기술을 녹인 축약체이기 때문이다. 실외에서는 GPS로 상당부분 추적이 가능하지만, 게이트 통과 또는 입·출고 등의 판단 기준은 결국 트래킹 기술에

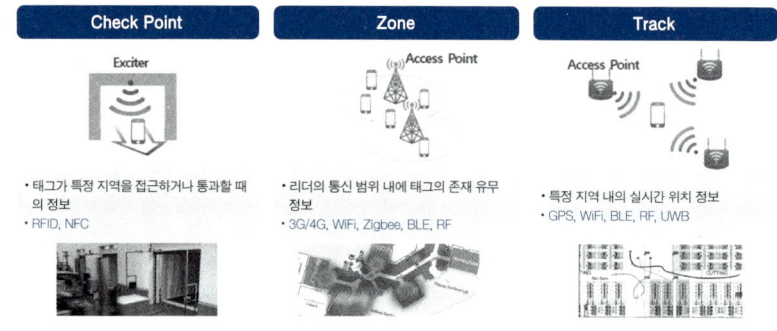

[그림 5] 물류센터 공정별 통신 방식의 활용법
출처: KT

서 갈린다. 현재 KT가 활용하는 기술은 RFID, UWB, BLE, GPS, 비전인식 등이다.

그 중 대표적인 것이 바로 팔레트 추적이다. 팔레트는 물류 현장에서 주요 자산 중 하나다. 팔레트에 Active RFID 태그를 부착, 지게차나 회수용 화물차, 또는 창고 입구 등에 게이트웨이 리더기를 달면 팔레트의 궤적 추적이 가능하다. 여기에 더해 삼각 측량법과 신호의 각도를 계산하는 AoA 방식[21]으로 정확한 좌표 산출이 가능하다.

KT는 기반이 되는 솔루션은 직접 개발해서 제공하거나 파트너사와 협업을 통해 제공한다. 이 모든 것의 근간은 네트워크이다. 실제로 같은 단말기를 쓰더라도 이것이 와이파이 환경인지 셀룰러 네트워크 환경인지에 따라 결과는 천차만별일 수 밖에 없다.

---

21) AOA(Angle of Arrival) 기술은 단말기의 신호를 수신한 3개의 기지국에서 신호 수신 각도의 차이를 이용하여 위치정보를 제공하는 기술로, 가장 대표적인 예로는 AOA 측위법이 항공기와 야전에서의 군사적 시스템을 위한 VOR 시스템에 적용되는 것이다.

지금 거론된 다양한 단말기는 특정 지역 또는 특정 시설물에 설치된 IoT 통신망으로 묶인다. 통상 통신사는 정해진 총량 데이터를 벌크로 판매하고, 각각의 단말기들이 데이터를 나눠 쓰는 방식으로 구동된다. 기업들은 LTE나 5G등의 셀룰러 통신 네트워크를 더 선호하는데, 와이파이는 넓은 시설물을 돌아다니다가 끊김 현상을 경험할 수 있기 때문이다. 실내와 실외가 결합된 환경일 경우에는 셀룰러 망이 훨씬 유리하다. GPS외에 네트워크 지점을 활용한 정확한 위치를 측정할 수 있다는 점도 장점이다. 또 하나 기업 전용 셀룰러 네트워크의 경우 사내 전용망처럼 활용이 가능하다는 장점이 있다. 이 경우 외부 단말기로 접속이 불가능하다. 다시 말해 보안적으로도 우수하다.

2021년 6월 과학기술정보통신부는 '5G 특화망 주파수 공급 방안'을 발표했다. 5G 특화망이란 특정 건물이나 시설 등에 한해 사용 가능한 5G망을 말한다. 현재는 이동통신 3사만 5G망을 사용할 수 있지만 이 특화망이 도입되면 일반 기업 또는 SI업체도 망 구축을 할 수 있다.

하지만 아직까지는 셀룰러 네트워크 구축과 운용은 통신사가 훨씬 더 전문성을 갖춘 영역이다. 그리고 셀룰러 네트워크 외에 유선 네트워크와 사내에 SI 조직을 갖춘 KT가 적극적인 것으로 보인다.

솔루션 기업들은 네트워크와 단말기를 근간으로 하는 다양한 플랫폼과 서비스를 제공한다. 다만 네트워크라는 연결 요소가 없을 경우 그들의 계획은 무용지물이다. 통신사가 차별화할 수 있는 영역이라는 점이 KT의 적극적인 참여를 이끌어 낸 것으로 보인다. 데이터를 수집하고, 분석하는 회사는 많다. 하지만 데이터를 지연 없이 수집하고, 각각의 개별 단말을 관리하는 것, 연결 영역은 통신사의 것이기 때문이다.

3. 어떤 종류의 물류에 통신과 결합이 이뤄지고 있을까?

　　KT는 본래 제조 분야의 디지털 전환과 유통 분야의 디지털 분야를 제공했다. 디지털 물류라고 볼 수 있는 창고 물류의 디지딜 전환은 해당 분야에서 파생, 발달해왔다. KT는 대기업 및 중견기업, 중소기업 등 민간 영역 외에 국가 조달 물류 그리고 군수 물류까지 확장하고 이를 제공 중이다. 물류의 형태는 크게 세 가지로 구분된다.

1. 카고물류(콜드체인 물류)	2. 배송 물류	3. 창고 물류
운송환경 • 온습도 모니터링(콜드체인) • 충격 모니터링: 파손 방지	**배차 최적화** • 화물 배송 현황 관리 • 최적 배차, 공차 관리	**보관 환경** • 온도, 습도, 조도 모니터링 • 화물의 최적 보관 환경 유지
실시간 위치 모니터링 • GPS 연계한 위치 트래킹 • End-to-End 가시성 확보	**실시간 위치 모니터링** • GPS 연계한 위치 트래킹 • 위치+교통량 분석: 최적 경로	**실내측위 모니터링** • 화물의 보관 위치 트래킹 • 분실 최소화 • FiFO, FEFO* 관리 효율성 제고
	주행 기록 모니터링 • 사고 예방, 운전 습관 관리 • 차량 관리(소모품, 수리)	**작업 동선 관리** • 창고 작업자, 지게차, 팔레트, 카트 동선 파악, 최적 경로 • 레이아웃 설계 최적화

*FIFO : First In First Out　FEFO : First Expire First Out

[그림 6] KT가 제공하는 DX 기반의 물류
출처: KT

　　우선 카고 물류다. KT는 통신망을 기반으로 화물용 컨테이너 및 화물 차량 내 화물칸, 화물 상태 등을 모니터링 한다. 특히 이러한 물류는 콜드체인 물류에서 효력을 발휘한다. 신선 식품 배송이나 백신 등을 배송할 때 통신망을 기반으로 보냉 박스 상 온·습도를 모니터링 할 수 있게 된다. 앞서 설명한 IoT의 실시간 모니터링 및 데이터 수집이라는 가치가 여기서 발현된다고 볼 수 있다.

두 번째는 창고 물류다. 앞선 카고 물류가 생산자와 창고, 창고와 창고, 창고와 소비자 간 이동에서 공간에 주력했다면, 창고 물류는 1차적으로 창고 안의 온도 및 습도 등 환경 모니터링을 제공한다. 또한 통신 네트워크를 기반으로 이를 원격으로 파악하여 관리하는 것도 주된 역할이다. 모니터링뿐 아니라 창고업 자체의 변화에도 신경쓰고 있다. 특히 창고 관리에서 제일 중요한 것 중 하나는 선입선출 또는 선한선출[22]이다. KT는 이를 위해 '잊지 않고 처리하는 솔루션'을 제공하고 있다. 또한 창고 내의 작업자와 그들이 활용하는 카트, 지게차 생산성 등을 함께 관리하고 있다.

마지막으로는 배송 물류다. 이 사업은 현재 KT의 자회사 롤랩이 담당하고 있다. 서비스명은 브로캐리다. 브로캐리는 중개를 뜻하는 '브로커리지(Brokerage)'와 배송을 뜻하는 '캐리(Carry)'의 합성어다. 롤랩 측은 보도자료 등을 통해 화물을 발송하는 화주와 화물을 운송하는 차주를 연결해 책임지고 운송하겠다는 의지를 밝혀왔다. KT가 이 시장에 주목하는 것은 성장하는 물류시장과는 별도로 아직 시장의 작동 방식은 '아날로그'라는 것이다. 이것을 만약 디지털로 옮겨오면 고비용과 저효율을 해결하며 가치 창출할 것으로 예측했기 때문이다.

4. 다소 결이 다른 SK텔레콤

기존 물류 전반에 대해서 다루는 KT와 달리 SK텔레콤은 물류 중

---

22) 선입 선출(先入先出, first in, first out, 줄여서 FIFO)은 시간과 우선 순위와 관련된 데이터를 정리하고 이용하는 방식을 줄여 말하는 것이다. 선한선출(First Expired First Out, FEFO)은 먼저 유효기한에 도달하는 원자재를 먼저 사용하는 재고관리의 한 방법을 말한다.

일부분 '물류 로봇 시장'에 힘을 기울이는 모양새다. SK텔레콤은 2022년 3월 주주총회에서 'SKT 2.0시대'를 선포한 바 있다. 당시 SK텔레콤은 유무선 통신 및 미디어, 엔터프라이즈 사업, AI/메타버스, 커넥티드 인텔리전스 등 5대 사업군을 중심으로 사업 재편 의지를 드러낸 바 있다. SK텔레콤의 물류 사업은 커넥티드 인텔리전스에 속한다고 할 수 있다.

SK텔레콤이 집중하는 분야는 기업 간 거래에서 중요한 물류 로봇 시장이다. 2022년 3월 스페인 바르셀로나에서 모바일 월드 콩그레스(Mobile World Congress, 이하 MWC)가 열렸다. SK텔레콤 유영상 사장은 현지 기자 간담회에서 인공지능을 기반으로 한 로봇 관련 사업을 본격적으로 추진함을 밝혔다.

그 일환으로 SK텔레콤은 인공지능 기반의 로보틱스 기업 씨메스에 100억 원을 신규 투자했다.[23] 투자와 함께 SK텔레콤은 로봇 물류 분야의 사업 협력을 위한 업무 협약을 체결했다. 씨메스와 SK텔레콤은 2020년 하반기부터 씨메스와 인공지능 기반의 물류 사업, 다시 말해 물건을 빼고 적재할 수 있는 로봇 사업을 준비했다. SK텔레콤은 2022년을 기준으로 다양한 모양과 크기의 비정형 상품을 분류할 수 있는 AI 물류 이·적재 로봇을 개발했다고 밝혔다. SK텔레콤은 2022년부터 보유한 5G 네트워크와 인공지능의 기술 역량, 투자한 기업 씨메스의 3D 비전과 로봇 제어 기술을 결합해 AI 물류 로봇 공동 사업을 본격적으로 추진할 계획이다.[24]

---

23) "SKT, AI 로봇 물류분야 사업 본격 추진", SK텔레콤 뉴스룸, 2022.3.3.
24) "SKT 유영상 사장, "3대 'Next Big-tech'로 글로벌 ICT 판 다시 짠다.", SK텔레콤 뉴스룸, 2022.3.1

5. SK텔레콤보다는 KT와 유사한 LGU+의 물류 사업

로보틱스에 집중하는 SK텔레콤과 달리, LGU+는 5G 전용망으로 시장을 확대하고 있다. 네트워크를 강력하게 레버리지하던 KT와 유사하다. LGU+도 보도자료 등을 통해 고객사 현장에 전용 네트워크 장비를 구축했고, 전용회선을 통해 고객사가 기존에 사용하던 통신설비와 연결한다는 점, 마지막으로 데이터가 외부로 유출될 가능성이 없어 일반 5G망이나 전용망 대비 보안이 우수함을 주요 특징으로 강조하고 있다.

LGU+의 경우 물류 융합형 통신 사업을 사업화한 것과 달리, 실증 사업에 주력하는 분위기다. 대표적으로 '반월·시화 산업단지 스마트 물류플랫폼 구축·운영 사업'이다. 2022년까지 경기 반월·시화 국가산업단지의 경쟁력을 높이기 위해 5G 전용망 기반 자율주행 무인운반차(AGV, automatic guided vehicle) 물류 로봇에 대한 실증과제다. 이를 포함하여 LGU+는 2021년 말까지 구축형 5G 전용망을 현장에 적용할 계획을 세웠다. 2022년에는 스마트 물류시스템을 활용해 AGV 연동 5G 전용망을 통합 운용 과정을 실증할 계획이다.

LGU+는 이외에도 동원그룹 계열 비아이디씨, 물류 자동화 전문 업체 러셀 로보틱스와 함께 부산신항 배후단지 물류센터에 5G와 MEC 기반의 3방향 무인지게차와 무인운반차(AGV)를 적용하는 사업을 진행하고 있다. LGU+는 5G의 속도 우위 및 구축 기술을 통해 시장을 확대할 것으로 보인다. 넓게 보면 물류의 한 부분이라고 볼 수 있는 스마트항만과 관련하여 LGU+는 '저지연 영상 솔루션'과 '마이크로 엣지 컴퓨팅'을 강조하고 있다.25) '저지연 영상 솔루션'은 5G의 초지연 특성을 활용해 최소화하는 기술이다. 8대 카메라에서 전송되는 초고용량 영상을 최대한으로 압축, 지연 시간을 최소화해 800km가 떨어진 곳에서도 장비를 현장에서 운전하는 수준으로 만들어 준다. 사람이 영상을 인지하는 속도는 170ms로 기존의 영상 중계 서버를 이용한다면 이를 넘어선 500ms 이상의 지연이 발생한다. LGU+측은 5G 기술과 그들이 보유한 영상전송 솔루션이 적용을 통해 기존 대비 84% 수준인 104ms로 단축했다고 주장한다.

MEC(Mobile Edge Computing)는 네트워크의 반사 신경이라고 볼 수 있는 개념으로는 지역 국사와 근거리에 데이터 처리 및 저장을 위한 서버 등 컴퓨팅 시스템을 구축하는 것을 말한다. 관제 사무실에서 내린 조종 명령이 기존 시스템에서는 인터넷 망과 외부 서버를 거쳐 크레인에 도달했다면, 이제는 조종 명령이 지역 국사와 MEC만 거쳐 바로 크레인에 도달한다. 앞서 설명한 KT의 사설망과도 매우 유사한 개념이다.

6. 물류와 통신의 레퍼런스를 점차 확대하고 있는 도이치텔레콤

글로벌 주요 물류 기업 중 하나인 도이치포스트 DHL그룹은 매출액 기준 세계 6위 통신사인 도이치텔레콤과 파트너십을 2002년부터 지속하고 있다. 두 회사는 서로 통신 서비스 내지는 물류 서비스를 서로 공급하며 사업을 키워 왔다. 2017년 2월 도이치포스트 DHL그룹은 도이치텔레콤 그룹과의 파트너십을 5년간 연장한다고 밝혔다.26) 여기서 두

---

25) 국내 최초 스마트항만, U+5G의 초석 다지기, U+ 공식 블로그, 2021.7.12
26) Mega deal: Deutsche Post DHL renews partnership, DT Newsroom, 2017.2.22

그룹은 클라우드 이전 및 IT 통합과 함께 IoT와 유사한 M2M 통신 솔루션 도입을 주요 과제로 공개했다.

현재 독일 내 물류, 이중에서 택배는 라스트마일 물류가 주요 이슈 사항으로 떠오르고 있다. 독일 연방 소포/택배 협회에 따르면, 독일 내 총 배송 건수는 2021년 기준 45억 개로 이 중 도이치 포스트 DHL 그룹이 처리한 건수는 18억 개다. 숫자를 늘리고, 품질을 늘리는데는 라스트마일이 중요했다. 영국의 라스트마일 전문 물류 로보틱스 '레벨 파이브 서플라이'가 실증 사업에 나섰고, 결과는 성공적이었다. 이는 기존 GPS와 GNSS 등 위성 위치 추적 외에 통신 네트워크가 가미된 값이 훨씬 정교하게 보정했기 때문이다. 도이치텔레콤과 스위프트 내비게이션이 협업한 결과 클라우드 기반의 Skylark 데이터 보장으로 정밀도가 향상되었다.[27] 과거 오차범위가 3~15미터였다면, 도이치텔레콤의 실증은 센티미터 수준이었다. 도이치텔레콤 측은 통신과 결합한 디지털 물류의 시작점이 IoT라고 강조하고 있다.

물류 기업과의 협업 성공으로 도이치텔레콤은 범위를 금융기관의 물류 및 공급망과 결합하는 방향으로 확장하고 있다. 5G를 비롯하여 인공지능 및 IoT, 블록체인, 클라우드, 센서 단말기 등이 결합한 토털 솔루션을 제공하는 것이다. 현재 도이치텔레콤 그룹의 IT 및 SI 전문 자회사 T-Systems가 참여한 이 파일럿 프로젝트는 물류와 통신의 만남이 어떻게 진화할 수 있는지를 보여준다. 금융기관의 물류 및 공급망만큼 오래되고, 기존 오프라인 중심의 업무 방식이 굳어진 곳도 없다.

---

27) Smart Logistics Thanks to Precise Positioning and IoT, Ümit Güneş, DT Newsroom, 2022.8.24

도이치텔레콤의 목표는 독일의 주요 은행 중 하나인 코모즈방크(Commerzbank)에 디지털 물류를 도입하는 것이다.[28] 창고 관리를 보다 스마트하게 바꾸고, 기존 공급망을 효율적이며 투명하게 만드는 데 주력한다. 또 금융 기관의 공급망이 돈을 쓰는 곳이 아니라 비용을 절감할 수 있는 부서임을 증명하고자 한다.

이 근간에는 앞선 우리나라 통신사나 도이치텔레콤이 기존 고객사들과 함께한 5G 기술과 IoT 기술이 들어갈 것으로 보인다. 이를 통해 기존 사업을 더 잘되게 하는 것이 그들의 목표다.

---

28) Deutsche Telekom links with bank for logistics play, Chris Donkin, Mobile World Live, 2022.7.22

V. 글을 마치며

　　업의 본질과 그 본질을 이뤄나가는 기업 문화 내지는 업무 프로세스에서 통신 및 물류업은 큰 그림에서 장치 산업과 산업적 특징 때문에 만날 수밖에 없는 사이였다. 특히 각종 솔루션과 데이터 수집, 관리를 위한 IT를 위해서는 대동맥과 같은 네트워크가 필수적이다. 마치 물류에서 가장 중요한 것이 도로와 교통수단인 것과 같은 맥락이다.

　　신기술 도입을 위해서는 가장 먼저 관련 전략을 세우고 실증 사업을 한다. 통신과 물류의 만남과 결과물인 디지털 물류는 대부분 비슷한 흐름으로 움직이게 된다. 여기서 중요한 것은 그것을 받아들이고 이것을 발전시킬 수 있는 토양이 되냐는 점이다. 귤화위지(橘化爲枳)라는 말처럼 말이다. 같은 씨앗을 심더라도 그것이 귤이 될지, 탱자가 될지 기반 토양도 함께 봐야 할 것이다.

Logistics Trends 2023

수요 침체 속 이커머스 서바이벌 전쟁사

유승우
SK증권 스마트시티추진실 연구위원

SK증권 스마트시티추진실에서 스마트 커머스/물류를 담당하고 있다. 증권사 애널리스트 출신으로 커머스/물류 산업에 대한 연구 결과를 실제 스마트시티로 집대성하고 구현하는 사업을 추진 중이다. SK증권은 전라남도 해남군 산이면 솔라시도 일대를 스마트시티로 개발하는 국토교통부 지역거점 스마트시티 공모 사업의 민간 사업자로 선정된 바 있다.

Ⅰ. 시작하며

매일 아침 출근 길 즐겨 보는 언론지 상에 요즘처럼 경제 뉴스가 많은 지면을 차지한 적이 있었나 하는 생각이 든다. 사실 경제가 어렵다거나 경기 침체기라는 어두운 이야기들은 경제 뉴스의 클리셰처럼 여겨지곤 했다. 하지만 작금의 상황은 과거 어느 때와 비교했을 때 결코 녹록치 않음을 다양한 거시 경제 지표들이 보여주고 있다.

2023년 물류 트렌드를 전망함에 있어서도 거시 경제상의 비우호적인 여건들이 가장 큰 변수로 자리하고 있다. 결론부터 말하면 2023년은 코로나-19로 꽃피우기 시작했던 이커머스가 전 세계적 수요 충격으로 주춤하는 한 해가 될 것으로 전망한다. 조금 더 공격적으로 표현하면, 2023년에는 혹독한 구조조정을 동반한 서바이벌이 이어질 가능성이 높다. 생존한 이커머스 기업들은 이번 구조조정을 각자의 크로스보더 이커머스와 퀵커머스 장악력을 높일 수 있는 기회로 삼을 것으로 보인다.

Ⅱ. FedEx Indicator가 보내는 침체 시그널

2022년 9월, 세계 최대 물류 회사인 FedEx는 당초 예정했던 실적 발표회를 앞당겨 2022년 6~8월에 해당하는 분기 실적을 발표했다. 매출액은 232억 달러로 시장 컨센서스(실적 전망치)였던 235.9억 달러를 밑돌았고 EPS(주당순이익)도 시장 컨센서스 5.14달러를 대폭 밑도는 3.44달러에 그쳤다. 아울러 당초 계획했던 2023 회계연도 전체 실적 전망을 취소했다. FedEx CEO 라지 수브라마니암은 거시경제 상황이 급격하게 악화하면서 FedEx의 글로벌 물류 처리 규모가 감소했다고 밝혔고, 다음 날 FedEx 주가는 21.4% 포인트 폭락했다.

난데없이 FedEx 이야기인가 싶을 수 있지만 FedEx의 실적은 FedEx Indicator라는 용어가 존재할 정도로 세계 경기 현황에 대해 시사하는 바가 크다. 세계 최대 물류 회사인 만큼 많은 글로벌 기업들이 FedEx의 물류망을 이용하고 있기 때문에 기업들의 영업 활동이 활황을 띨 때는 FedEx의 실적도 좋아지는 것이 자명하고, 반대로 기업들의 영업 환경이 여의치 않아 장사가 안 되면 FedEx의 실적도 악화되기 마련이기 때문이다. 오죽하면 과거 미국 연준 의장을 역임했던 앨런 그린스펀이 경기 상황을 파악하기 위해 FedEx의 CEO에게 자주 연락했다는 후문이 전해질 정도이다. FedEx의 CEO가 다급하게 글로벌 경기 침체 가능성을 직접 언급한 것은 그리 쉽게 넘어갈 문제는 아니다.

IATA(국제항공운송협회)의 'Air Cargo Market Analysis'에 따르면 전 세계 2022년 상반기 항공 화물 CTK(cargo tonne-kilometers)는 2021년 상반기 대비 5.1% 가량 하락했으며 하반기에 접어들며 하락세가 심화되고 있다

(6월 YoY -6.7%, 7월 YoY -9.7%). 전 세계 컨테이너 물동량 순위에서 상위권을 놓치지 않는 북미 서안의 LA 항구 8월 컨테이너 수입량은 40.6만TEU로 전년 동기 대비 17.0% 하락한 것으로 집계되었다.

그 외에도 공신력이 높아 전 세계 투자자들이 주목하는 애틀랜타 연방은행의 GDP NOW도 미국 GDP 전망치를 낮추고 있고, WTI(서부 텍사스산 원유) 가격도 하락세를 이어가고 있다. 미국 2년물 국채금리와 10년물 국채금리는 역전된 상황을 수개월째 이어오고 있다. 무엇인가 고장이 나도 단단히 고장 난 모양새다.

Ⅲ. 코로나-19가 촉발한 파도: 운임의 급등락과 인플레이션

이 모든 것은 코로나-19의 후폭풍이라고 볼 수 있다. 코로나-19 영향으로 북미 서안 컨테이너항의 선박 적체 현상이 일어나 그 동안 겪어보지 못한 수준으로 해운 운임을 끌어 올렸다. 2022년 1월 첫째 주 SCFI(상하이 컨테이너 운임 지수)는 5,109.6포인트를 기록한 바 있을 정도였다. 코로나-19가 장기화되며 집에서 즐길 수 있는 제품들에 대한 수요가 높아졌고 북미로 진입하는 선박은 계속 늘어났다. 하지만 도착한 선박에서 화물을 하역하는 항만 노동자와, 화물을 철도나 트럭으로 재차 상차하고, 육지로 화물을 옮기는 철도, 트럭 운전 노동자들이 코로나-19 이슈로 정상적인 업무가 불가능했다. 결국 항만에 선박이 적체될 수밖에 없었다.

해운 운임이 오르자 일부 화주들은 납기일을 맞추고자 항공 화물로 선회했고 그 영향으로 항공 화물 운임도 상승하게 되었다. 항공 화물 운임은 코로나-19로 여행 수요가 사라지면서 이미 상승하고 있었다. 전체 항공 화물 캐파(capacity)의 40%는 여객기의 벨리 카고(belly cargo; 여객기 화물칸)가 차지하는데, 여행 수요 감소로 여객기 운항편이 줄어들며 항공 화물 캐파 40%가 그대로 사라진 바 있다. 공급이 줄어드니 화물 운임은 급격하게 올라갔고, 이에 해운 화주들까지 몰려들어 운임이 더욱 가파르게 치솟았다.

이에 바이든 대통령은 공급망 안정화 긴급 성명을 통해 북미 서안의 LA항과 롱비치항을 모두 24시간 연중무휴 체제로 전환했다. 두 항만은 미국 컨테이너 수입 화물의 약 40%를 차지하는 곳이기에 적체 현상을 손 놓고 있을 수 없었을 것이다. 물론 누적된 적체는 쉽게 해소되지 않았고 정책 효과가 나타나기까지는 시간이 더 필요해 보였다.

시간이 약이었을까. 코로나-19 확진자 증가세가 둔화되기 시작했고, 바이든 정책 효과로 실제 항만 적체가 해소되기 시작했다. 2022년 4월에 들어서자 LA항과 롱비치항의 평균 선박대기시간이 약 3.1일 수준으로 크게 떨어졌다. 이는 해운 운임 하락으로 이어져 하늘 높은 줄 모르고 치솟기만 하던 컨테이너선 운임이 스멀스멀 꺾이기 시작했다.

실제 데이터로도 혼잡도의 개선세를 일부 확인할 수 있다. 북미 서안 컨테이너 항구들의 혼잡도(Congestion Index)는 코로나-19 이후로 치솟아 한때는 100만 TEU에 육박한 수준이었는데 올해 1분기를 지나며 점차 하향 곡선을 보여주었다. 2022년 10월 현재 북미 서안 컨테이너 항구 혼잡도는 YoY -36.8% 수준으로 개선되었다.

글로벌 컨테이너 정시성도 1월 30.4%에서 8월 46.2%로 반년 사이에 16%p 가량 개선되었다. 글로벌 평균 도착 지연일수도 1월 7.95일 대비 8월 5.58일로 감소했다. 연말까지 정시성은 더욱 개선될 것으로 판단되며 이는 앞으로도 추가적인 해운 운임 하락세가 이어질 것으로 판단되는 대목이다. 해운 운임의 하락은 항공 화물로 넘어간 화주들이 다시 해운으로 돌아갈 유인이 되기 때문에 항공 화물 수요도 잦아들며 자연스럽게 항공 화물 운임도 2023년까지 지속해서 조정될 것으로 전망한다.

선박 적체 해소와 뒤이은 운임 하락을 호재로 볼 수 있는지가 의문이다. 단순히 바이든의 정책이 유효타였기 때문에 하락한 것이 아니라 수요가 줄어들면서 주문량 또한 줄어 운임의 하락세가 가팔라지고 있다고 봐야 하기 때문이다.

코로나-19 장기화로 물류 정시성이 저조한 상태가 만 2년 이상 지속되며 전 세계는 심각한 재고 문제에 직면했다. 선박이 늦게 도착하면서 하역 작업도 딜레이 되었고, 육상 운송 수단인 철도나 트럭으로의 상차 작업도 늦어졌다. 내륙의 주요 유통망들은 상품 공급이 더뎌지면서 철 지난 상품을 뒤늦게 공급받아 떨이로 내다 팔 수밖에 없었다.

2022년 월마트, 타겟 등 소매업체들의 실적이 악화된 원인이 여기에 있다. 안 팔린 상품은 그대로 재고로 쌓이게 되었고 전 세계에서 수입을 가장 많이 하는 미국의 8월 재고는 소매업이 YoY +21.4%, 도매업이 YoY +24.8%를 기록하며 역대급 재고 레벨을 기록 중이다. 재고가 많을 때 보관할 수 있는 창고가 탄력적으로 함께 늘어나면 피해를 일부 보전할 수는 있을 것이다. 그런데 창고 면적을 갑자기 1년 새 24.8%씩 늘릴 재간은 누구에게도 없다. 으레 주문량을 줄이는 것으로 대응하기 마련이고 추가적인 수입 수요가 눌리면서 해운, 항공 화물 물동량도 꺾여갈 것으로 전망한다. 하지만 재고 문제에 대해서 비단 철 지난 상품의 한발 늦은 공급을 주요 원인으로 제시하기에는 더 큰 문제가 상존한다. 이번에는 고물가로 인한 수요의 붕괴다.

코로나-19로 경기가 위축되자 전 세계는 전례 없는 수준의 유동성을 공급했고 자산가치의 급등을 불러왔다. 지난 2년간 집 없는 사람은 앞으로 영원히 집을 못 살 것이라고 느낄 정도로 부동산 가격이 상승했다. 비트코인의 존재조차 몰랐던 사람들도 어지간한 알트코인(비트코인 이외의 후발 암호화폐)으로 용돈을 번다고 말하고 다닐 정도로 모든 자산 가치가 상승했다. 뿐만 아니라 생활 물가도 상승해 기초 생활을 영위하는데 필요한 자금도 늘어났다. 김밥천국은 더 이상 싼값에 한 끼를 해결하고자 방문하는 가게가 아니게 됐다. 사람들은 비싼 새 상품을 구매하기보다 염가에 중고 상품을 구매하기 위해 지하철 역 앞에서 '당근이세요?'를 연신 묻는다.

아직까지 세계 경제의 중심으로 기능하는 미국의 소비자물가상승률은 40년 만에 무려 8% 이상 올랐고, 대한민국은 5~6% 수준을 기록 중이다. 부동산 가격은 올랐지만, 그만큼 주머니에 현금이 꽂히는 것은 아니다. 소비자들의 지갑은 여전히 얇은데 장바구니 물가가 계속 오르고 있다. 그렇다고 밥을 굶을 수는 없으니 교체 주기가 긴 내구재에 대한 소비를 줄이고 점차 필수 소비재 위주의 소비가 주를 이루고 있다.

과거에는 생활비 100만 원으로 장도 보고 새로 나온 갤럭시 버즈도 구입하던 소비자는 이제 100만 원으로 장을 보고 나면 갤럭시 버즈를 구입할 수 없게 되었다. 만약 급여가 매달 오른다면 그에 맞춰 내구재 소비를 유지할 수 있겠으나 실제로는 그렇지 않다. 팔리지 못한 내구재는 그대로 재고로 쌓이고 전 세계적으로 재고 레벨은 상승세를 이어가고 있다. 2023년의 구조적 수요 침체가 우려스러운 상황이다.

Ⅳ. 닷컴 버블과 볼커 사태로 바라본 2023년 커머스 기업들의 위기

2022년 이커머스 기업들의 가치가 크게 하락했다. 인플레이션이 큰 문제로 떠오르자 미국 연방준비제도이사회(이하 연준)이 물가가 잡힐 때까지 금리를 인상하겠다는 방침을 내세운 영향이다.

코로나-19 이후로 가장 주목을 많이 받았던 이커머스 기업인 쿠팡을 예로 들어보자. 2021년 3월 미국 뉴욕증권거래소(NYSE)에 주당 35달러에 입성했다. 시가총액으로 따지면 대략 70조 원 안팎이었다. 상장 시가총액만으로도 국내 상장 기업 중에서는 당시 삼성전자(약 483조 원), SK하이닉스(97조 원) 다음으로 높은 금액이었고, 첫 거래일 개장과 동시에 주가가 급격히 상승해 일시적으로 쿠팡의 시가총액이 약 100조 원을 기록하기도 했다. 코로나-19로 이커머스 기업들의 외형이 비약적으로 성장한데다가 국내에서 네이버와 함께 온라인 소매 거래액을 쌍끌이하던 쿠팡이었기에 여느 기업보다 화려하게 미국 뉴욕 증시에 데뷔한 것이다.

상장 후 약 1년이 지나고 2022년 상반기, 미국 연준이 인플레이션을 잡기 위해 가파른 금리 인상을 단행하며 성장주로 분류되는 이커머스 기업의 가치가 폭락했다. 쿠팡도 예외는 아니라 '9팡'이라는 오명을 쓰게 되었다. 쿠팡의 주가는 주당 35달러에서 주당 9달러까지 하락했다. 성장주들이 다수 포진해 있는 나스닥(NASDAQ) 지수 또한 2022년 6월 16일 기준 10,565pts까지 하락했다. 아마존닷컴(AMZN) 44.2%, 메르카도리브레(MELI, 남미지역에서 이커머스 및 핀테크 사업을 하는 기업) 65.2% 등 주요 이커머스 기업의 주가가 하락하는데 쿠팡은 고점 대비 81.5% 하락으로 이들과 비교해도 낙폭이 컸다. 씨(SE, Sea Ltd ADR, 소비자 인터넷 회사)도 84.4%

하락했으나, 씨는 텐센트와 관계가 깊은 기업으로 중국 주식의 여파를 받았다는 점에서 아웃라이어로 본다면 사실상 이커머스 기업 중 쿠팡이 가장 크게 하락한 셈이다.

쿠팡에 투자한 비전펀드(소프트뱅크비전펀드)는 주요 투자 기업들의 주가 하락으로 인해 2021 회계연도(2021년 4월~2022년 3월) 실적에서 큰 폭의 손실을 기록했다. 쿠팡을 비롯한 주요 투자사들의 가치가 미국 금리 인상과 공급망 병목으로 폭락하며 실적을 끌어내린 것이 주효했다. 특히 비전펀드의 주요 투자처인 중국 알리바바(BABA, 세계 최대 규모의 온라인 쇼핑몰 알리바바 닷컴, 타오바오 등을 운영하는 회사)와 디디추싱(중국 차량공유 모바일 앱 서비스 기업) 주가가 미국의 대중 규제 강화로 급락한 영향이 컸다. 디디추싱은 2022년 6월 뉴욕증시 상장을 스스로 포기했다.

이에 소프트뱅크의 손정의 회장은 실적 발표회를 마친 후 스타트업 투자를 지난해 대비 25~50% 수준으로 대폭 줄이겠다고 밝혔다. 지난해 회계연도 말 기준 20.4%였던 담보인정비율(LTV; Loan to value ratio)을 25% 이하로 유지하겠다는 방침을 고수하기 때문이다. 현재의 비우호적인 거시경제 상황을 감안해 투자에 신중하겠다는 의사를 피력한 것이다.

더 나아가 소프트뱅크 경영진들의 급여를 대폭 삭감했다. CFO인 고토 요시미쓰의 급여는 전년 대비 40% 가량 줄었고, 일본 통신사업 총괄인 미야우치 켄의 급여는 15% 감소했다. 손정의 회장의 연봉은 다른 임원들에 비해 크지 않았기 때문에 동결되었다.

주요 기술 기업들의 가치 하락으로 아프리카의 소프트뱅크로 불리는 내스퍼스(Naspers)와 내스퍼스의 주요 투자 포트폴리오인 프로수스(Prosus)의 주가 또한 사상 최저치를 기록했다. 중국 기업인 텐센트의 주가가 부진하고, 딜리버리히어로 등 퀵커머스 기업의 가치가 하락한 것이 가장 큰 영향을 미쳤다.

성장주 주가가 하락하자 국내에서는 상장을 준비 중인 기업들이 IPO 계획을 잇달아 수정하는 추세다. SK스퀘어 산하 원스토어는 수요예측에서 흥행에 실패하며 상장을 철회했고, 같은 SK 계열사인 SK쉴더스도 계획을 철회했다. SSG닷컴은 기존에 올해 상장을 목표로 설정했으나, 내부적으로 2023년으로 계획을 이연시킨 것으로 알려졌다. 쏘카는 가까스로 상장에 성공했지만, 주가는 계속 흘러내리고 있다. 카카오모빌리티는 상장은 커녕 난데없이 매각 시나리오가 대두되며 시장에 혼란을 가져왔다.

마켓컬리는 2021년 12월 홍콩 사모펀드의 투자를 유치하며 기업가치 4조원을 인정받은 받았으나, 최근 증시 분위기를 감안했을 때 고민이 많을 수밖에 없고 같은 새벽배송 이커머스 기업인 오아시스는 그나마 수익성이 확보된 상태라는 점에서 긍정적으로 언급되고 있다.

성장 기업들의 주가 폭락이나 IPO 지연은 생존 문제로 연결될 가능성이 있다는 점에서 2023년 이커머스 업계에 대한 우려가 앞선다. 성장 기업들은 대부분 지속적인 자본적 지출(Capital Expenditure, CapEx) 확대로 외형 성장을 추구한다. 외형이 커지면서 고정비를 일부 만회하여 흑자 기록하는 것을 목표로 하거나, 플랫폼 비즈니스 모델의 특성상 점유율 증대를 우선한다. 성장 기업은 시장 점유율을 높이고 파생된 다른 사업 모델을 덧붙여 수익을 창출하려는 전략을 주로 이용한다. 결국, 외형 성장과 점유율 확대 목적의 투자금이 지속적으로 요구되는 것이다. 외형 성장에 주력하므로 당장의 손익에 그다지 신경 쓰지 않는 편이다. 매출이 늘어나는 동시에 적자 규모도 함께 커지는 경우가 대부분이다. 쿠팡의 지난 수년간의 행보에 대해 스스로 계획된 적자라고 대놓고 언급할 정도로 성장 기업들은 손익에 둔감하다.

그래서 대부분의 성장 기업들은 크레딧(신용등급)이 없다. 크레딧이 없으면 부채 조달이 쉽지 않다. 설사 부채 조달에 성공한다고 해도 신용등급이 없어 고금리 대출일 가능성이 높다. 그리고 최근의 금리 인상 기조를 감안하면 조달 금리가 더 상승해 이자비용 부담이 커질 수밖에 없다.

비상장기업이라면 상장 자체가 차질을 빚어 자금 조달이 여의찮으며, 상장기업은 주가가 하락하는 중이기 때문에 유상증자를 통한 자금 조달이 쉽지 않다. 그러면 추가적 자본 투하는 어렵다. 자본적 지출이 이뤄지지 않으면 성장률이 저하되며 주가는 재차 하락하고 다시 자금 조달이 어려워지는 악순환에 빠진다.

최근 성장주의 주가 조정 국면은 2000년대 초반 닷컴 버블 붕괴의 재현과 닮았다. 차이가 있다면 당시에는 말 그대로 닷컴 형태의 웹이 흥했다면 지금은 앱이라는 점 정도이다. 코로나-19 영향도 있지만 커머스 쪽에서는 정말 수많은 앱이 지난 몇 년간 자본 시장의 이목을 끌어왔다. 쿠팡, 네이버는 말할 것도 없고, 명품 플랫폼인 발란, 머스트잇, 트렌비 등과 무신사, 브랜디, 에이블리 등의 패션 플랫폼, 직방, 오늘의집 등

버티컬 카테고리 앱들이 괄목할만한 성장을 보여줬다. 그 외에도 당근마켓, 번개장터 등 중고거래 플랫폼도 각광을 받았다.

실제 2021년 벤처투자 실적을 분기별로 보면 1~4분기 모두 전년 동기 대비 투자가 증가했을 뿐만 아니라 역대 분기 최대 실적을 기록했다. 2020년 투자가 감소했던 업종이 투자를 회복하면서 전체 업종에서 투자가 증가했다. 특히 유통·서비스업은 2020년 대비 2배 이상 투자가 증가한 1조 4,548억 원을 기록했다. 전체 투자에서 2021년 상위 3개 업종은 ICT서비스(31.6%), 바이오·의료(21.9%), 유통·서비스(18.9%)로 집계됐다.

2019년 당근마켓이 인정받았던 몸값은 3,000억 원 수준이었으나, 2년 새 기업가치가 10배가 뛰면서 2021년 8월 1,800억 원 투자 유치로 3조 원의 기업가치를 인정받았다. 2021년 12월 마켓컬리는 프리IPO를 통해 2,500억 원을 조달했을 때 인정받은 기업가치는 4조 원이었다. 2021년 6월 시리즈F 당시 인정받았던 가치가 2.5조 원이었으니 6개월 만에 1조 원이 넘게 오른 것이다. 그 외에도 직방, 두나무, 버킷플레이스, 오아시스마켓, 엔픽셀 등이 벤처투자 활황에 힘입어 유니콘 기업으로 등극했다.

1990년대 후반에도 숱한 닷컴들이 등장했다. 대한민국에서는 야후코리아, 한미르, 라이코스, 엠파스 등 수많은 포털 사이트들과 함께 이때 네이버, 다음도 등장했다. 미국에서는 Pets.com, eToys.com, Webvan.com 등 다양한 닷컴 기업들이 등장하며 주가에 열을 올렸다. 이들은 대부분 매출액만 있고 돈을 벌지 못하는 스타트업이었다. Pets.com이 상장할 때 제출한 투자설명서에 따르면 매출액은 미미하고 영업

비용이 많아 매출액의 10배 수준의 순손실을 기록 중이었다. 당시 자본총계보다도 순손실이 많아 당장 자금 수혈이 없으면 상장 후 1년이 채 안 되는 시점에 유동성 위기에 봉착할 상황으로 해석할 수 있는 재무제표였다. eToys.com은 이미 자본총계가 결손 상태로 상장했는데 역시나 매출액보다 순손실이 큰 상태였고, Webvan.com은 매출액이 거의 없고 손실만 기록 중이었다. 이들의 어떻게 상장에 성공했는가 하는 생각이 들 수도 있지만 쿠팡이 상장할 때에도 이들과 크게 다르지 않은 재무제표를 공시했다.

문제는 이러한 재무제표를 가진 기업들의 가치를 산정할 기준의 모호성이다. 이익이 없는 기업인데다가 자본총계가 결손이라면 PER(Price to Earnings Ratio), PBR(Price to Book Value Ratio) 등 어떤 상대가치평가법으로도 평가가 불가능하다. 이때 등장한 신종 기업가치평가법이 PSR(Price to Sales Ratio) 밸류에이션이다. 손익계산서 상으로 보면 어쨌든 매출액은 발생하고 있다. 그리고 앞서 설명한 성장 기업의 생리를 보더라도 스타트업들은 당장의 수익성 보다는 외형 성장과 점유율 확대가 중요하다는 것을 감안했을 때 매출액의 성장세로 기업가치를 평가해야 한다는 명분은 시장에서 합리적으로 받아들여졌다.

닷컴 버블이 터지며 주가가 폭락하기 전 2000년 3월 10일 Pets.com의 PSR은 23.4배, Webvan.com 89.7배, Drkoop.com 24.5배, theglobe.com 10.6배, Garden.com 24.4배, eToys.com 52.2배 등이었다. 당시 S&P500 지수와 나스닥 지수의 PSR은 각각 2.4배, 2.6배 수준이었다. 기술주 중에서도 특히 닷컴 기업이 상당한 고평가를 받았음을 알 수 있다. 참고로 Tesla의 주가가 '천슬라'라는 이야기가 나올 당시 PSR은

18.9배였다.

벤처캐피탈에게 닷컴 기업에 대한 투자를 망설이는 것은 돈을 벌지 않겠다는 의미로 받아들여질 만큼 기업가치가 천정부지로 뛰어올랐다. 당연히 역대급 규모의 벤처캐피탈 투자가 닷컴 기술의 중심인 미국 실리콘밸리를 향해 이뤄졌다. 그런데 최근 2년 동안 전 세계 벤처캐피탈들이 투자한 금액은 닷컴 버블 당시 수준을 월등히 상회하는 것으로 나타나고 있다.

더 나아가 요즘 커머스 기업은 PSR도 아니라 P/GMV(Gross Merchandise Value: 거래액) 밸류에이션을 적용해 가치를 평가하고 있다. P/GMV가 채택되는 이유는 이커머스 기업들의 매출액 인식 방법에 차이가 있기 때문이다. 쿠팡, 징둥닷컴, 아마존처럼 직매입 방식인 경우 매출액 규모가 클 수밖에 없다. 사입한 재고를 판매하는 방식이기 때문에 상품 가격 자체가 매출액으로 인식된다. 반면 이베이와 같은 오픈마켓은 직매입이 아니라 상품이 거래될 때 상품 가격에 수수료율을 곱해 수취하는 수수료가 주요 매출원이다. 비즈니스 모델 차이에 따라 매출액 규모가 천차만별이기 때문에 애초에 상품 거래액을 밸류에이션의 지표로 삼으면 일괄적으로 가치 비교를 할 수 있다. PSR이나 P/GMV가 크게 다르지 않은 것은 기업의 수익성, 현금창출능력과는 무관한 지표라는 점이다. 계속기업을 가정할 수 있는지에 대해 답하기 쉽지 않다는 점에서 기업가치에 거품이 있고 경기가 과열되었음을 단적으로 보여주는 밸류에이션 방법론으로 볼 수 있다.

문제는 거품은 꺼지기 마련이라는 점이다. 경기가 과열되었을 때

국책은행의 선택은 당연히 금리 인상이다. 닷컴버블이 꺼지기 직전 나스닥 지수는 2000년 3월 10일 5,049pts까지 상승했는데, 연준은 나스닥이 치솟기 전부터 경기 과열 양상을 감안해 금리를 인상하고 있었다. 1999년 6월 연준은 1998년 11월 이후 유지하던 기준금리 4.75%를 5%로 0.25%p 인상하더니 같은 해 8월 5.25%, 11월 5.5%로 1년 동안 세 차례의 기준금리 인상을 단행했다.

그것이 끝이 아니었다. 이듬해인 2000년 2월에 연준은 추가로 금리를 5.75% 인상했고 경제 호황이 이어지면서 인플레이션 위험이 상존한다며 이후에도 추가적인 금리 인상 가능성을 언급했다. 인플레이션을 잡겠다는 의지를 피력한 연준은 실제로 3월에 6%, 5월에 6.5%로 금리를 올리며 총 125bp를 올렸다. 현재 연준의 인플레이션에 대한 경계심과 추가 금리 인상 기조가 유사하다.

의외인 것은 연준이 시장에 기준금리 인상 신호를 주고, 실제로 금리 인상을 단행하는 동안에도 주가는 상승세를 보였다는 점이다. 호황기에 젖어 있던 미국 증시는 인플레이션을 일부 체감하지만, 실업률은 3% 미만으로 아직 안정적이며 연준이 금리를 지속해서 올리더라도 아직은 경기 침체 국면이 아니고 경제 기반이 건실하다는 믿음이 있었다. 그래서 이때 다양한 닷컴 기업들이 미국 증시에 상장할 수 있었다. 앞서 언급했던 Pets.com, Webvan.com, Drkoop.com, theglobe.com, Garden.com, eToys.com 모두 이때 상장했고 이 외에도 Boo.com, Go.com, Kibu.com, Kozmo.com, Flooz.com 등이 높은 기업가치를 인정받았다.

연준의 금리 인상은 결국 인플레이션을 억제하며 약효를 드러냈다. 소비자물가지수의 전년 동기 대비 상승세가 멈춘 채 6개월 이상의 시간이 흘렀다. 이때부터 기업에게 문제가 발생하기 시작했다. 금리를 인상해 다행히 물가를 잡는 데는 성공했지만 긴축 정책을 펼친 만큼 경기가 둔화되며 증시가 맥을 못추었다. 그 중에서도 급격하게 외형을 키워왔던 닷컴 기업들의 주가가 가장 큰 피해를 봤다.

산이 높으면 골이 깊다고 했다. 닷컴 기업들의 주가도 가파른 기울기로 주가가 상승한 만큼 반대로 가파른 기울기로 하강 곡선을 그렸다. 주가는 낙폭을 키우는 것에서 끝나지 않았다. 2000년 5월 Boo.com을 시작으로 닷컴 기업들이 줄줄이 파산했다. 8월 theGlobe.com, 10월 Kibu.com이 파산했다. 11월에는 같은 해 2월에 상장하며 3억 달러 수준의 가치를 인정받고, 미국 슈퍼볼 중간 광고를 할 정도로 광고와 마케팅에 큰돈을 퍼부었던 Pets.com이 상장 9개월 만에 파산했다. 스타트업이었던 닷컴 기업들이 생존에 필요한 자금 조달에 실패하며 구조 조정되는 과정이 확연히 드러났고 연준은 경기 부양을 위해 금리를 재차 인하하기 시작했다. 그렇지만 주가는 닷컴 기업들의 파산 랠리가 끝날 때까지 꾸준히 하락했으며 엎친 데 덮친 격으로 2001년 9월 11일 세계무역센터 테러까지 발생했다. 나스닥은 2002년 10월 9일 1,114pts로 바닥을 찍고 전고점을 회복하는 데까지 무려 13년이 걸렸다.

연준의 금리 인상이 인플레이션이 잡힐 때까지 지속되었던 사례는 닷컴 버블 때만이 아니다. 인플레 파이터라는 별명을 가지고 있는 前 연준 의장 폴 볼커(Paul Adolph Volcker)의 강력한 긴축 정책이 전개될 때도 같은 양상이었다. 미국 경제는 1960년대 중반 이후 호황을 누렸고, 경기

호황과 그에 따른 확장적 거시정책 기조는 인플레이션을 유발했다. 당시 대통령인 닉슨도 물가보다 고용을 우선하는 정책을 고수했다. 그러나 1973년 아랍 산유국의 석유 무기화 정책과 1978년 이란 혁명 영향으로 촉발된 두 번의 오일쇼크는 경제를 스태그플레이션으로 끌고 갔다. 석유를 비롯한 에너지 가격과 각종 공산품, 생필품 가격이 급등했고 달러의 가치는 떨어졌으며, 실업률은 높아졌다. 1973년 4월부터 1982년 10월까지 미국의 소비자물가 상승률은 5%를 넘어섰고, 1980년 3월에는 역대 최고치인 14.8%를 기록했다.

1979년 8월 연준 의장에 취임한 볼커는 유례없는 수준의 강력한 긴축정책을 도입했다. 볼커는 1979년 10월 6일 기준금리를 11.5%에서 15.5%로 4%p나 올리는 조치를 단행했다. 최근 러시아-우크라이나 전쟁 여파로 유관 국가들이 금리를 파격적으로 올리는 경우를 경험하고 있지만 4%p 인상은 역사적으로 보기 쉽지 않은 수준의 금리 인상이었다. 알려지기로는 당시 은행의 대출금리가 연 18% 가까이 수직 상승했다고 한다. 속도의 문제였을까. 금리가 급등하자 주식과 부동산을 포함한 자산가치가 폭락했고 기업이 줄도산했다. 이것이 끝이 아니었다. 물가를 잡기에 그것도 부족했다고 여긴 볼커는 1981년 기준금리를 21.5%까지 올렸다.

경기 침체를 감수하더라도 물가를 잡겠다는 볼커의 의지는 강력했고, 긴축 정책의 여파는 우울한 결과를 낳았다. 기업들이 연쇄적으로 도산하며 수백만 명이 일자리를 잃었고, 빚더미에 앉게 된 농민들은 트랙터를 몰고 워싱턴으로 향했다. 201cm의 거구였던 볼커는 항상 허리에 권총을 차고 다닐 정도로 생명의 위협에 시달리기도 했다는 후문이 전해졌다.

3년간의 참혹한 긴축 이후 서서히 긍정적인 효과들이 나타나기 시작했다. 유동성이 금리를 쫓아 은행으로 향했고, 시중에 돌아다니는 돈이 줄며 물가도 서서히 잡혔다. 때마침 오일쇼크 이후 어수선했던 중동의 지정학적 리스크가 완화되고, 석유 증산이 이뤄지면서 원유 가격도 급락했다. 1980년 3월 14.8%까지 올라갔던 소비자물가상승률은 계속 하락해 1982년에는 4% 수준까지 하락했다. 물가가 잡히는 모습을 확인한 볼커는 다시 금리를 인하했고 시장은 안도감을 찾아갔다.

이번 금리 인상 사이클이 과거와 모든 매크로 여건이 똑같다고 볼 수는 없지만, 현재까지 과정은 상당 부분 일치하는 것으로 판단된다. 원유, 곡물을 포함한 원자재 가격 상승이 이어지며 물가는 걷잡을 수 없이 상승했고 코로나-19로 촉발된 공급망 병목 현상으로 항공, 해운 운임이 급등하며 물가 상승세를 부추겼다. 미국 8월 CPI는 YoY 8.3% 증가, 시장 기대치를 상회하며 볼커 연준 의장 재임 시절 이후 최대치를 기록 중이다.

같은 기간 주요 증시도 상승 랠리를 펼치며 나스닥은 16,212pts까지 상승했다. 이에 경기 과열을 진정시키기 위한 연준의 금리 인상이 시작되었고, 향후 남은 2022년 11월과 12월 FOMC에서의 연속적으로 큰 폭의 추가 금리 인상도 거론되고 있다. 이에 주가는 낙폭이 커지고 있다. 앞으로는 어떻게 될까? 참고로 이미 스타트업은 구조조정에 돌입하고 있다.

Layoffs.fyi에 따르면 지난 6월 전 세계 스타트업에서 정리해고한 임직원은 1만7,464명으로, 코로나-19 확산 직후인 2020년 5월 2만5,804명 이후로 최대치를 기록했다. 7, 8월 스타트업 정리해고 인원은 1만명 이상을 지속적으로 기록하고 있다. 코로나-19 이후 산업별로는 운송(Transportation), 음식(Food), 여행(Travel) 산업을 영위하는 스타트업에 감원 바람이 거셌다. 최근 터키 퀵커머스 스타트업인 게티르(Getir)는 임직원의 14%인 4,480명을 구조조정한다고 발표했고, 미국 원클릭 결제 서비스 스타트업인 볼트(Bolt)는 임직원의 27%인 250여 명을, 보안 솔루션 스타트업인 레이스워크(Lacework)는 임직원의 20%인 200여 명을 해고한다고 밝혔다.

구조조정은 빅테크 기업에도 해당하는 모양새다. 2022년 상반기 북미 넷플릭스는 두 차례에 걸쳐 임직원 총 450여 명을 감원하고, 하반기 추가 감원에 나섰다. 트위터는 신규 채용을 동결하고 비필수 경비를 삭감하겠다고 밝혔으며, 우버는 채용 규모와 마케팅 비용을 줄일 계획을 알렸다. 홈 피트니스 업체 펠로톤은 올해 2,800명을 감원하겠다고 발표했다. 최근 메타(페이스북) 또한 전체 인력의 10%를 감원할 계획을 밝혔고 마이크로소프트, 엔비디아, 스냅, 세일즈포스도 비슷한 결정을 속속 내리고 있다.

국내에서도 숱한 스타트업이 고전을 면치 못하고 있다. 수산물 당일 배송 서비스 '오늘회'를 운영하는 오늘식탁은 협력업체에게 대금 지급을 못하면서 서비스를 잠정 중단하고 전 직원들에게 권고사직을 통보했다. 왓챠는 M&A 시장에 매물로 나왔고, 티몬은 9월이 되자마자 글로벌 역직구 플랫폼 큐텐(Qoo10)에 매각되었다. 배달대행 플랫폼 '부릉'을 운영하는 메쉬코리아는 유동성 위기 속 핵심 인력들이 줄줄이 퇴사하고 있고 오프라인 클래스 플랫폼 '탈잉'도 인력들이 대거 떠나고 있다.

벤처 투자금이 넘쳐났던 2021년과 다르게 2022년은 돈이 마르고 있다. 스타트업얼라이언스에 따르면 국내 스타트업 투자 유치 규모는 2022년 7월 누적 기준 8,368억 원으로 작년 같은 기간 3조659억 원 대비 72.7%나 감소했다. 중소벤처기업부의 내년 모태펀드 예산도 올해의 5,200억 원보다 40% 정도 줄어든 3,135억 원 수준이다. 이미 대한민국 커머스 기업에게 혹독한 구조조정이 시작된 것이다.

구조조정이 이어진다면 향후 집계될 실업률 데이터는 현재보다 상승할 가능성이 크다. 스태그플레이션이 모두에게 베이스 시나리오(base scenario)로 받아들여지는 점을 고려하면 물가를 잡기 위한 연준의 긴축은 더욱 강도 높게 진행될 여지도 남아있다. 극단적으로는 과거 1979년이나 1999년처럼 파산 기업이 연이어 등장할 가능성도 있다.

2022년 9월 진행된 FOMC 이후 파월 연준 의장은 그간의 발언과는 다르게 수위를 올려 2024년까지 금리 인하는 없다고 못을 박았다. 사실상 2023년에도 커머스 기업들의 구조조정은 거세게 이어질 것으로 봄이 타당하다. 이에 주요 커머스 기업의 부도 리스크를 참고 차원에서 점검해 봤다. 대상 기업들은 커머스 기업 중에서 닷컴 버블 이후 앱 기반으로 큰 폭의 성장세를 보여주었던 기업들이다. 대상 기업은 아래 25개사다.

그랩(Grab), 에어비앤비(AirBnB), 우버(Uber), 트위터(Twitter), 쿠팡, 메르카도리브레(Mercadolibre), 씨(Sea ltd), 넷플릭스

(Netflix), 아마존(Amazon), 이베이(eBay), 알리바바(Alibaba), Z홀딩스(Z holdings), 네이버, 카카오, 부킹홀딩스(Booking holdings), 핀둬둬(Pinduoduo), 디디추싱(Didichuxing), 위워크(Wework), 페이팔(Paypal), 메루카리(Mercari), 징둥닷컴(JD.com), 엣시(Etsy), 익스피디아(Expedia), 트립어드바이저(Tripadvisor), 리프트(Lyft)

첫 번째로 이들 기업에 대해 일괄적으로 알트만 Z-스코어 테스트(Altman Z-Score test)를 진행했다. 이 테스트는 1968년 에드워드 알트만(Edward Altman) 교수가 고안한 대표적인 기업파산 예측모형이다. 기업의 유동성, 수익성, 영업효율성, 주가정보, 자산회전율 등 5개 항목을 기반으로 측정하여, 1.8 이하의 점수가 2년 연속 지속되면 부도 위험성이 높다는 함의를 지닌다. 1.8이라는 수치가 그렇게 유효성이 높은지에 대해 지금까지 많은 논란이 있다. 다만 동종업계 간 상대적으로 수치를 비교할 경우 유용하므로 현재까지 종종 이용된다. 이번 분석에서도 상대적 비교에 집중했고, 위 기업들 Z-스코어 산술평균치 대비 저조한 점수를 기록한 기업를 1차적으로 골라냈다.

알트만 Z-스코어 테스트(1.81 미만 부실 / 2.99 이상 안정)
1. 순운전자본 / 자산 (배수 1.2)
2. 이익잉여금 / 자산 (배수 1.4)
3. 영업이익 / 자산 (배수 3.3)
4. 보통주 시가총액 / 총부채 (배수 0.6)
5. 매출액 / 자산 (배수 0.999)

두 번째로 일반적으로 재무를 평가할 때 살펴보는 ND/EBITDA(순차입금/상각전영업이익), 이자보상배율, 유동비율을 2022년 1분기 기준으로 일괄 산출했다. 그리고 ① ND/EBITDA 3배 이상, ② 이자보상배율 1.5배 이하, ③ 유동비율 150% 미만의 조건 중 2개 이상에 해당되는 기업을 찾아내어 조사해봤다. 해당 기업은 아래와 같다.

우버(Uber), 그랩(Grab), 리프트(Lyft), 위워크(WeWork), 익스피디아(Expedia), 메루카리(Mercari)

대체로 공유 경제와 관련이 깊은 기업들이 상대적으로 부도 리스크가 높은 것으로 스크리닝 되고 있다. 코로나-19 영향으로 공유 차량보다는 자가용 사용률이 높아졌다는 점에서 우버, 그랩, 리프트와 같은 승차 공유 기업의 재무 건전성이 악화된 것으로 보인다. 중국의 디디추싱도 유사한 비즈니스 모델을 가지고 있어 이번 스크리닝에 걸려들 수 있었지만, 정치적 이슈로 상장폐지를 결정했다는 점에서 논외로 했다. 우버는 이자보상배율과 유동비율이 적정 수준 미달이다. 우버의 ND/EBITDA가 30.61배이지만 적정 수준인 이유는 EBITDA는 적자이나 순현금 상태이기 때문이다. 그랩은 ND/EBITDA와 이자보상배율이 적정 수준에 미달하며 리프트는 3개 기준 모두에 미달한다. 공유 오피스인 위워크도 우여곡절 끝에 상장에 성공했지만 코로나-19 여파에서 벗어날 수 없었던 것으로 판단된다. 위워크는 이자보상배율과 유동비율이 적정 수준에 미달한다. ND/EBITDA가 17.42배이지만 우버와 마찬가지로 EBITDA 적자, 순현금 상태다.

그 외에 코로나-19 영향으로 수익에 큰 타격을 입은 여행 관련된 앱인 익스피디아는 이자보상배율과 유동비율이 적정 수준에 미달하며, 일본의 당근마켓으로 불리는 중고거래 플랫폼 메루카리는 3개 기준 모두에서 미달한다. 물론 Z-스코어 결과지로 가늠한 부도 리스크가 있는 기업이 실제로 부도가 나지 않을 수도 있다. 다만 자명한 것은 Z-스코어 평균치가 하락세에 놓여 있어 대다수 커머스 기업들의 절대적 재무 건전성이 악화되고 있다고 볼 수 있다는 점이다.

9팡 논란에 휩싸인 바 있는 쿠팡은 평균 수준의 Z-스코어를 기록 중이다. 아직 1.8 이상의 스코어를 유지 중이라는 점에서도 부도 리스크는 낮다고 볼 수 있다. 또한 다른 24개 사들과 비교를 해보더라도 상대적으로 건전한 재무 상태를 보여주고 있다. 쿠팡의 ND/EBITDA, 이자보상배율, 유동비율이 모두 적정 수준에 미달하지만, 최근 실적 추이에서도 가늠할 수 있듯이 순차입금이 빠르게 줄어들고 있고, 연말로 가면서 EBITDA 기준 흑자 전환이 확실시되고 있다. 상장으로 마련한 실탄 5조 원도 아직 4조 원 가량 남아있어 설사 매크로 환경 급경색으로 소비가 더욱 위축된다고 하더라도 자생 가능성은 충분하다.

유동성 위기 국면에서 기업이 현금을 얼마나 보유하고 있는지 강조하는 것은 매우 당연하다. 이렇게 아무리 강조해도 지나치지 않은 현금을 기업들이 어느 시점에 어떻게 마련해두어야 하는지를 짚어내고 제시하기는 쉽지 않다. 자산 가격에 끼어 있는 거품이 언제, 어디에서부터 꺼질지 예견하기 어려운 것처럼 말이다.

쿠팡이 2021년 3월에 상장하지 않았더라면 현재 4조 원 수준의 현금을 보유하고 있지 못했을 수 있다. 증시가 위축되며 상장을 미루거나 철회하는 최근 국내 이커머스 기업들도 미리 상장했었더라면 앞으로 펼쳐질 매크로 환경에서 생존 가능성을 더 높일 수 있었을 것이다.

닷컴 버블 당시 생존했던 기업들의 특징도 매우 단순하다. 비즈니스 모델은 대부분 대동소이했고, 운이 좋게도 현금이 있던 곳들이었다. 당시 버블을 딛고 살아남은 닷컴 기업인 아마존, 이베이, 야후 모두에 해당한다. 특히 아마존은 좋은 사례이다. 2000년 3월 10일 버블이 터지기 딱 한 달 전에 6.72억 달러의 전환사채를 발행해 현금을 조달했다. 제프 베조스가 금리가 오르는 상황에서 다음 달 주식 시장의 버블이 터질 테니 미리 유동성을 마련해야겠다는 의사 결정을 했을 거라고 생각하지는 않는다. 당시 아마존도 최근의 여느 스타트업과 다르지 않게 사업 초기 외형 확장에 주력했기 때문에 자금 조달이 필요했을 뿐이다.

닷컴 버블 속 한 방울 이슬로 사라진 Boo.com은 루이비통의 오너 버나드 아노(Bernard Arnault)와 베네통 패밀리, 골드만 삭스의 투자를 받아 글로벌 온라인 패션몰로 주목받던 기업이다. 다양한 브랜드를 하나의 플랫폼에 모아 판매해 편의성을 높이면서 3D기술까지 도입해 소비자들의 정확한 쇼핑까지 돕는다는 명확한 목표도 있었다. 물론 요즘의 온라인 쇼핑몰과 비교하면 온라인 서비스 측면에서 다소 조악한 부분도 있겠지만, 현재의 온라인 쇼핑몰과 다르지 않은 비즈니스 모델이었던 것으로 보인다. 다만 초기 투자비로 유치한 자금을 과도한 마케팅 비용으로 지출했고 1년 6개월만에 문을 닫았다. 만약 Boo.com이 2000년 3월 이전에 아마존처럼 전환사채를 발행했다거나, 유상증자로 버나드 아노, 베네통, 골드만 삭스에 추가 투자를 받았더라면 어쩌면 아직 살아남았을지도 모를 일이다.

금리 인상이 시작된 2022년을 지나 2023년에는 본격적으로 생존에 실패하는 기업들이 쏟아지는 한 해가 될 것으로 전망된다. 혹은 누군가는 다른 곳으로 매각되면서 인수 기업에게 또 다른 국면이 펼쳐질 가능성도 크다. 마치 최근 불거진 국내 OTT 통폐합 논의처럼 말이다. 동시에 현재의 위기를 전화위복의 기회로 삼아 추가적인 도약을 준비하는 기업들이 부각될 것이다. 엔데믹, 매크로 충격으로 주춤해진 크로스보더 이커머스와 퀵커머스에서 말이다.

V. 위기는 기회다: 크로스보더 이커머스 & 퀵커머스 장악력 높일 기회로 삼을 생존자들

현재 쿠팡과 네이버가 거시 경제 위기 속에서 타격은 받을 수 있지만, 생존의 위기로 내몰릴 것으로 진단하지 않는다. 이미 쿠팡은 고정비를 커버하고 현금을 창출할 수 있는 수준의 GMV를 기록하고 있고, 네이버는 원래 고정비 비중이 작다. 그렇다면 이들에게 2023년은 2022년 주춤했던 크로스보더 이커머스와 퀵커머스를 확대할 수 있는 기회로 다가올 것이다. 경기 침체 국면이 전개될 가능성이 크므로 이들이 공격적인 투자를 바탕으로 장악력을 높일 것으로 예단하기는 쉽지 않다. 다만, 경쟁사들이 위축되고, 생존의 위기에 직면할 때 이들은 적어도 투자 규모를 줄이고 기조를 다소 조정하더라도 그것 자체가 자리를 공고히 하는 데 크게 이바지할 수 있어서 호재로 해석할 여지는 분명히 있다. 게다가 크로스보더 이커머스와 퀵커머스는 이커머스 기업들의 차세대 성장 동력으로의 당위성마저 충분하기 때문에 선제적으로 서비스를 구축하는 것이 전략적으로도 타당하다. 특히 대한민국 이커머스의 아이콘인 쿠팡의 행보가 가시적이다.

크로스보더 이커머스든 퀵커머스든 이 모든 것의 시작은 코로나-19였다. 코로나-19로 비대면 소비가 활성화되면서 이커머스 기업들은 전례 없던 수준의 성장률을 기록했다. 네이버와 쿠팡의 연간 거래액은 처음으로 20조 원을 넘어서기 시작했고, 거래액 추정치에 근거한 각 사의 이커머스 가치는 치솟았다. 그뿐만 아니라 마켓컬리, SSG닷컴 등 신선식품 새벽 배송 서비스로 이커머스 시장 파이를 키우는 데 혁혁한 공을 세운 기업들도 등장해 고성장세를 보여줬다.

11번가는 아마존과 손을 잡고 국내에 편리한 직구 서비스를 제공하기 시작하면서 기존의 오픈마켓 비즈니스 모델에서 탈피해 기업가치를 끌어 올리려는 노력을 기울였다. 특히 11번가의 행보는 국내 이커머스 규모 자체를 눈에 띄게 키우는 긍정적인 영향을 줬는데, 바로 크로스보더 이커머스 확장이다. 크로스보더 이커머스라는 말이 생경하다면 직구/역직구 개념으로 봐도 된다. 소비자들이 해외 직구를 하는 이유는 단연 저렴한 가격 때문이다. 리서치기업 엠브레인 트렌드모니터에 따르면 해외직구 경험이 있는 소비자들은 동일한 제품의 가격이 국내에서 구입할 때보다 저렴하기 때문에 해외직구를 하는 것으로 나타났다. 그 외에도 국내에서 구하기 어려운 제품을 구매할 수 있거나, 원하는 특정 브랜드의 제품을 구매할 수 있고, 구매를 원하는 제품의 종류가 더 다양하기 때문 등 해외직구에 대한 여러 가지 이유가 있지만 가격 메리트를 느끼는 응답자가 압도적으로 많은 편인 것을 알 수 있다.

결국 아마존의 국내 진출은 앞으로 11번가에게 큰 도움이 될 것으로 보인다. 아마존의 소싱 자체가 글로벌이고 이미 범세계적 물류 인프라를 바탕으로 크로스보더 이커머스를 선구적으로 구현하고 있으므로 11번가는 자연스럽게 크로스보더 이커머스에 편승하게 된다. 다소 안타까운 것은 대한민국 대표 이커머스 기업들이 선제적으로 해외 시장을 개척하면서 크로스보더 이커머스가 확산하는 모양새가 아니라는 점이다. 아마존이 11번가를 타고 들어와 강제로 개항한다는 느낌을 지울 수 없다. 그간 쿠팡과 네이버가 국내 이커머스를 일궈 온 모습만으로도 큰 가능성을 보았는데 아마존이 찬물을 뿌린 격이다.

국내 셀러 기반의 이커머스 기업들이 매우 큰 피해를 본다는 점에서 지금부터라도 대한민국 이커머스 기업들은 크로스보더 이커머스에 적극적으로 나서야만 하며, 나설 수밖에 없는 상황이 되어 버렸다. 국내 셀러 기반의 이커머스가 어떤 피해를 보게 될지는 아마존의 셀러 구성을 통해 유추할 수 있다.

미국 아마존닷컴의 탑 셀러는 대부분 중국 셀러다. ECOMCREW에 따르면 이미 아마존닷컴 탑 2,000 셀러의 59.3%가 중국 셀러이며 미국 셀러는 34.8%이다. 탑 2,000 셀러는 연간으로 각각 100만 달러 이상의 GMV를 기록하기에 유의미하며 이들이 아마존닷컴 전체 거래액의 많은 부분을 차지한다. 아마존닷컴의 유효 셀러(Active Seller)는 100만 명이 넘지만, 대다수가 한 달에 고작 몇 개의 상품만 판매한다.

홍콩 셀러 비중이 4%라는 점을 감안하면 사실상 중국계 셀러는 63%에 육박한다. 그 외에 영국 0.6%, 호주 0.3%, 멕시코 0.3%, 푸에르토리코 0.3% 등으로 사실상 중국 셀러가 아마존을 장악했다. 하지만 중국 셀러 비중이 높다는 점은 아마존 입장에서 부정적으로 볼 것이 아니다. 오히려 제프 베조스가 원했던 것일 가능성이 크다. 아마존의 크로스보더 이커머스는 중국 덕분에 가능했기 때문이다.

아마존의 다른 마켓플레이스에서 중국 셀러의 비중은 아마존 FR(프랑스) 42%, 아마존IT(이탈리아) 43%, 아마존ES(스페인) 51%, 아마존MX(멕시코) 42%, 아마존CA(캐나다) 58%로 각 마켓플레이스의 로컬 셀러보다 비중이 크다. 물론 아마존JP(일본)은 중국 셀러가 28% 현지 셀러는 68%, 아마존UK(영국)은 중국 셀러가 31% 현지 셀러가 58%, 아마존DE(독일)은 중국 셀러가 28%, 현지 셀러가 56%이지만, 단일 국가 셀러로 유의미한 비중을 차지하는 셀러는 중국 셀러 밖에 없다.

반면 아마존CN(중국)이 중국에서 성공했는가? 모두가 알고 있듯이 중국은 알리바바, JD.COM, 핀둬둬가 군림하고 아마존CN은 사실상 철수한 상태다. 중국은 아마존의 상품 판매시장이 아니라 상품 공급시장인 것이다. 상품 판매시장으로서 중국에서는 아마존이 쓴맛을 봤지만, 상품공급 시장으로 여기고 중국 셀러를 전 세계로 침투하게끔 유도해 전 세계 곳곳의 이커머스를 장악했다. 아마존은 FBA(Fulfillment by Amazon) 서비스를 이용, 중국 셀러의 해외 진출을 쉽게 만들 수 있었다. 중국 리테일러나 제조사에게 미국이나 유럽 진출을 위한 물류 허들이 아마존 FBA를 통해 낮아졌고, 결국 아마존은 미국이나 유럽 소비자들에게 물건을 내다 팔기에 가장 효율적인 D2C 플랫폼이 되었다.

유럽 내에서의 크로스보더 이커머스도 FBA 덕분에 수월했을 것으로 추정된다. 아마존UK와 아마존DE에서는 현지 셀러 비중이 중국 셀러보다 높다. 그리고 아마존IT, 아마존FR, 아마존ES는 다른 마켓플레이스 대비 현지 셀러, 중국 셀러가 아닌 기타 셀러 비중이 높다. Marketplace Pulse에 따르면 이곳 기타 셀러를 영국, 독일 셀러들이 많이 차지하고 있다고 한다. FBA로 인해 중국 셀러가 많아져 현지 셀러가 피해를 보았지만, 한편으로는 유럽 내에서 FBA 덕에 영국, 독일 셀러의 해외 진출도 용이해진 것으로 추정된다.

이러한 사례를 통해 크로스보더 이커머스는 세계의 공장인 중국에서 생산된 상품을 수입업자가 국내에 유통하는 것이 아니라, 중국 셀러가 직접 현지에 진출할 수 있는 판로를 이커머스가 자처하고 있음을 알 수 있다. 따라서 중국 수입 의존도에 따라 현지 유통 시장이 받을 영향이 좌지우지될 수 있다. 그렇다면 대한민국은 어떤가?

한국무역협회가 집계한 2022년 8월 YTD(Year to date) 대한민국의 수입금액은 4,926억 달러였다. 이 중 중국에서 수입한 금액이 1,045억 달러(21.2%)로 가장 많았다. 두 번째로 많이 수입한 국가는 미국으로 551억 달러(11.1%)임을 볼 때 한국은 두 국가에 32.4% 정도 수입을 의존하고 있다. 산술적으로 아마존의 국내 진입으로 중국 셀러가 한국에 무혈 입성하면 21.2%에 해당하는 대중국 수입업자, 11.1%에 해당하는 대미국 수입업자의 피해가 불가피하다. 또한 국내 셀러 기반의 국내 이커머스 기업들도 모조리 손해를 입을 수밖에 없다.

국내 셀러 역시 대다수 공산품을 중국이나 미국에서 수입해서 쿠팡 등에 입점해 판매하는 경우가 많다. 그런데 중국산 공산품을 생산하는 제조업체들이 직접 아마존 FBA를 통해 한국에 내다 팔 수 있는 판로가 열리게 되면 굳이 중간 유통 과정을 거치지 않고 더 큰 이득을 볼 수 있게 된다. 따라서 국내 이커머스 기업들의 다음 행보는 매우 당연하게도 중국 셀러 확보일 수밖에 없고, 이러한 맥락에서 시작된 것이 쿠팡 로켓직구 중국 서비스다.

쿠팡은 11번가와 아마존 제휴가 시작된 이후 중국 상하이에 쿠팡 상하이무역유한회사를 설립했다. 그리고 2022년 3월 2일 로켓직구 중국 서비스를 론칭했다. 기존 로켓직구는 미국으로 한정되어 있었지만 이제 중국으로 범위를 넓혔고 역시 쿠팡의 강점인 배송 시간에 방점을 찍고 서비스를 시작했다. 주문 후 3일 내로 배송되도록 했는데 이 정도면 국내에서 쿠팡 로켓배송과 다른 이커머스 기업들의 풀필먼트서비스를 제외하면 경쟁력 있는 배송 시간이다. 아직은 쿠팡이 중국 셀러들의 상품을 직구 형태로 국내에 들여오는 형태에 그치고 있다. 아마존이 FBA로 중국 셀러를 유입시켰듯, 향후에는 쿠팡도 자체 풀필먼트서비스인 로켓그로스를 활용한 중국 셀러의 국내 직접 진출도 전망된다.

쿠팡이 한국 소비자를 위해 직구 서비스만 하는 것은 진정한 의미의 크로스보더 이커머스가 아니다. 중국 셀러를 위해 로켓그로스서비스를 제공하는 것도 크로스보더 이커머스가 아니다. 또한 쿠팡에 큰 도움이 되지 않는다. 로켓직구나 로켓그로스의 중국 서비스 확장은 아마존의 국내 진입에 대비해 중국 셀러 네트워크를 우선적으로 확보해 현재 수준을 방어하는 수준에 그칠 뿐이다.

연간 519조 원(2021년 국내 총 소매판매액) 안팎의 전체 리테일 시장 규모를 유지하면서 오프라인에서 온라인으로 전환하는 것일 뿐 전체 리테일 시장 규모가 커지는 것이 아니듯이, 방향성 측면에서 한국인들이 직구로 소비를 이전하는 것이지, 국내에서의 소비를 유지한 채 직구 소비를 추가로 늘리는 것이 아니기 때문이다. 소비자에게만 상품 선택 다양성이 증가하는 긍정적 효과가 있을 뿐이다. 오히려 직구 서비스를 위해 중국에 인프라를 구축하는 데 추가적인 비용이 들었을 뿐 쿠팡의 거래액이 늘어나는 게 아니다. 결국 역직구 시장을 키우거나, 아웃바운드 크로스보더 이커머스로 해외 시장에서 자리를 잡아야 한다.

쿠팡은 실제로 아웃바운드 크로스보더 이커머스를 준비하며 해외 시장에 직접 진출했다. 현재 일본과 대만에서 서비스를 제공하는데 특히 대만에는 크로스보더 이커머스를 2022년 여름에 개시했다. 쿠팡의 로켓직구처럼 음식료품, 건강식품, 미용용품 등의 생활용품 등 한국이나 미국에서 판매되는 상품을 대만에 역직구 형태로 배송하는 서비스를 시작했다. 690위안 이상 제품 구매 시 무료배송 혜택을 제공하고 있다.

쿠팡은 2020년 7월 쿠팡플레이를 위한 훅(HOOQ) 인수를 시작으로 쿠팡 싱가포르법인의 최고운영책임자, 물류, 리테일 부문 대표부터 평사원까지 수백 명을 채용한 것으로 알려졌다. 싱가포르를 통해 인도네시아와 같은 다른 동남아시아에 진출할 것으로 추정된다. 전통적으로 싱가포르는 동남아시아에 진출하기 위한 지역 허브 기능을 수행해왔다. 라자다(Lazada), 씨그룹(Sea group) 등을 포함한 크로스보더 이커머스 기업를 비롯해 그랩(Grab), 고젝(Go-jek) 등 다양한 유니콘 기업들의 본사가 싱가포르에 위치해 있고 사업은 동남아시아 각 국가별로 펼친다.

네이버도 일본에서 소프트뱅크 그룹의 야후재팬과 자사 메신저 서비스인 라인을 합병시켜 탄생한 법인인 Z홀딩스 체제에서 일본 커머스 사업에 더욱 박차를 가할 것으로 보인다. 이미 야후재팬의 간편 결제 서비스인 페이페이 가맹점에 네이버의 대표 커머스 플랫폼인 스마트스토어의 일본 버전 격인 마이스마트스토어를 추가하기로 결정했다. 해외거래액을 발생시킬 수 있는 발판이 마련되었고, 동시에 국내 스마트스토어에 입점한 중소 셀러들의 해외 진출 교두보도 구축할 계획을 밝힌 바 있다.

다른 한편으로는 씨그룹의 쇼피(Shopee)가 동남아시아에서 가파른 성장세를 보이고 있는데 과연 쿠팡이 현지에서 자리 잡을 수 있는지에 대한 의구심이 많다. 그러나 충분히 가능하다. 왜냐하면 동남아시아에서 손정의 소프트뱅크 회장의 장악력을 간과할 수 없기 때문이다.

쿠팡은 손정의 소프트뱅크 회장의 포트폴리오 회사다. 손정의 회장은 비전펀드1과 비전펀드2를 통해 전 세계 곳곳에 투자하고 있다. 그중에서 아시아 포트폴리오 비중이 상당한데 주요 포트폴리오 중에 그랩(Grab)과 토코피디아(Tokopedia)가 있다. 그랩은 모빌리티 기업이고 토코피디아는 이커머스 기업으로 그동안 양사가 시너지를 내고 있었다. 토코피디아에서 거래되는 상품들에 대한 배송을 그랩 라이더들이 수행하며 물류라는 접점에서 서로의 성장을 촉진했다.

토코피디아는 그랩뿐만 아니라 고젝(Go-Jek)과도 물류 서비스 계약을 맺고 소비자들에게 라스트마일 배송 서비스를 제공했다. 동남아시아는 한국처럼 1톤 트럭이 택배 상자를 싣고 라스트마일 딜리버리를 하는 문화가 아니다. 동남아시아는 각 가정에 자동차나 PC는 없어도 오토바이와 스마트폰은 있어 오토바이로 물건을 배송하는 문화가 지배적이다.

그랩과 고젝은 동남아시아에서 누구도 따라올 수 없는 모빌리티 서비스 기업이다. 특히 가장 규모가 큰 국가인 인도네시아에서 그랩과 고젝은 자동차가 되었든 오토바이가 되었든 시장을 양분하고 있는 사업자로 전 국민의 모빌리티 서비스는 이 두 곳에 의존하고 있다.

토코피디아 외에도 알리바바의 투자를 받은 라자다(Lazada), 쇼피도 그랩과 고젝의 물류 서비스에 의존한다. 정확히는 토코피디아와 고젝은 인도네시아 위주로 서비스가 제공되기 때문에 인도네시아에서는 토코피디아, 라자다, 쇼피 모두 고젝의 고센드(Go-Send), 그랩의 그랩 익스프레스(Grab Express)를 주요 배송 서비스로 채택한다. 인도네시아를 제외한 다른 동남아시아에서는 고객 서비스가 제한적으로 제공되고 있어 그랩 익스프레스를 주로 채택한다.

2021년 인도네시아의 고젝과 토코피디아가 합병해 고투(GoTo) 그룹이 탄생했다. 구글, 텐센트 등의 투자를 받은 모빌리티 및 핀테크 서비스 기업인 고젝과 소프트뱅크, 알리바바의 투자를 받은 이커머스 기업 토코피디아의 합병으로 소프트뱅크는 고투그룹 지분 15.3%, 알리바바가 12.6%를 보유해 각각 1, 2대 주주가 된다. 원래는 고젝과 그랩이 합병을 논의했으나 양사간 이견이 있어 무산됐다. 그로인해 고젝은 토코피디아와 합병으로 쇼피에 대항하기로 선회한 것이 합병 배경으로 지목됐다. 고투는 2022년 4월 인도네시아 증시 상장까지 성공했다.

고투그룹의 탄생으로 동남아시아에서 고투그룹, 그랩, 씨그룹 간 3파전이 벌어졌다. Entrepreneur Asia Pacific은 고투그룹 탄생과 관련해 동남아시아 슈퍼 앱 3사의 경쟁력을 비교했다. 승차공유와 음식배달, 스트리밍 엔터테인먼트, 이커머스, 페이먼트, 창립자/CEO를 0점, 0.5점, 1점으로 나누어 평가했는데 0점은 해당 서비스가 전혀 없는 수준이고 1점은 완벽히 수행 중일 때, 0.5점은 0과 1 사이일 때는 0.5로 통일해서 평가했다.

승차공유와 음식배달은 그랩과 고투그룹의 압승이다. 씨그룹은 작년 4분기 음식배달 서비스를 막 시작했지만 앞서 언급했듯 그랩과 고투그룹이 자동차와 오토바이를 막론하고 시장을 장악한 상태다. 스트리밍 서비스 부분에서는 가레나를 보유한 씨그룹이 압승이고, 이커머스는 쇼피가 동남아 거의 모든 국가를 커버한다는 점에서 1점, 고투그룹은 인도네시아에서 대부분의 거래액이 발생한다는 점에서 0.5점, 그랩은 이커머스가 없어 0점이다. 그랩은 그랩페이(GrabPay) 서비스를 제공, 국가별 로컬 회사인 오보(OVO)나 모카(Moca)와 제휴해 범용적으로 그랩 앱 내부에서 결제할 수 있게 했다. 고투그룹의 고페이(GoPay)는 인도네시아의 장악력이 크다. 씨그룹의 씨머니(SeaMoney)는 가레나 게이머들이나 쇼피를 사용자가 다수 사용하고 있지만, 씨그룹의 모빌리티 인프라가 부족해 셀러나 앱 자체의 확장성 측면에서 절대적인 한계가 있다고 진단했다. 결국 답은 물류에 있음을 알 수 있으며 이러한 상황에서 씨그룹은 고립되는 분위기다.

동남아시아에서 쿠팡의 기회는 손정의 소프트뱅크 회장의 포트폴리오 연합체 자체로 볼 수 있다. 손정의 회장은 특정 마켓에서 성장성이 뚜렷한 시장은 경쟁보다 한데 모아 한꺼번에 장악하는 것을 추구한다. 2010년대 중후반 승차공유 시장을 장악할 때도 글로벌 승차공유 1위 기업인 우버(Uber)에 투자한 것이 아니라 중국 디디추싱에 투자해 우버 차이나를 삼켰고, 그랩에 투자해 우버 동남아 사업부를 합쳤으며 러시아에서는 얀덱스(Yandex)에 투자해 우버 러시아 사업부도 합쳤다. 마침내 우버 본사까지 가져가는 수완을 보였다.

2019년에는 네이버 라인과 야후재팬을 합쳐 신생 Z홀딩스를 출범, 일본 페이먼트 시장을 평정했다. 경제 규모 대비 이커머스 침투율이 현저히 낮은 일본 시장에서의 페이먼트 시장 성장성을 염두에 둔 것으로 해석할 수 있다. 동남아시아에서는 고젝과 토코피디아를 합병시켰다. 성장 여력이 무궁무진한 동남아시아 커머스 생태계를 장악하겠다는 의도가 다분하다.

이는 향후 추가적 확장성을 보여줄 것으로 판단한다. 메신저 앱인 라인이 범용적으로 사용되고, 이커머스에는 고투그룹이 있다. 라자다와 부칼라팍(Bukalapak)은 모두 손정의 회장의 주요 포트폴리오인 알리바바의 투자를 받은 회사다. 동남아시아 현지 물류와 페이먼트는 고투그룹과 그랩이 전담하고 있다. 이미 동남아시아와 일본에 진출해 있는 쿠팡에게는 이들과 시너지를 내기에 여러 가지 여건이 우호적인 셈이다.

또한 이번 풍파를 견뎌낼 체력이 있는 이커머스 기업들은 2023년 퀵커머스에 대한 철수 혹은 축소보다 중장기적 청사진 속에서 사업을 유지할 것으로 판단된다. 중장기적으로 퀵커머스 서비스 수요가 증가하는 것은 매우 당연하기 때문이다. 물리적 거리와 시간을 줄여서 효용을 얻고자 함은 지극히 본능적이다. 마치 1차 산업혁명 때 마차보다 훨씬 빠른 기차가 등장하고, 2차 산업혁명 때는 기차의 정시성에 얽매이지 않고 시간의 자유까지 확보할 수 있는 자동차가 등장한 것과 같은 이치다. 4차 산업혁명의 핵심인 자율주행차의 발전도 이동 중의 시간을 효율적으로 활용할 수 있게 하는 효용을 준다. 거창하게 산업혁명을 언급할 필요도 없이, 퀵커머스는 저렴한 가격에 빠르게 배송하는 영역이다. 성장성은 의심할 여지가 없다.

퀵커머스는 어떻게 구현되길래 배송이 빠른데 저렴할까? 답은 물류에 있다. 전통 이커머스에서의 물류 과정은 복잡하다. 소비자가 상품을 주문하면 상품을 판매하는 셀러의 물류 창고에서 셀러가 상품을 피킹, 패킹해서 계약을 맺은 택배사를 통해 보낸다. 택배사에서는 도심 외곽의 서브 터미널로 상품을 모아 교외의 허브 터미널로 이동시킨다. 허브 터미널에서는 분류 후 재차 배송지 인근 서브 터미널로 상품을 보내고 기사들이 배송구역별로 상품을 분류해 소비자에게 출발한다. 상품의 이동 거리 관점에서 보면 상당히 긴 거리와 오랜 시간이 걸리므로 비효율적이다.

반면 쿠팡은 소비자가 상품 주문 시 셀러의 물류 창고를 거치는 작업이 필요 없다. 쿠팡은 상품을 미리 직매입해 쿠팡 물류센터에 재고로 확보하고 있으므로 도심 외곽 지역의 쿠팡 캠프로 상품을 이동시켜 분류 작업 후 곧장 소비자에게 배송한다. 전통 이커머스보다 상품의 이동 거리가 짧다. 쿠팡이 스마트 커머스로 불리는 이유는 여기에 있다.

퀵커머스는 도심지에 물류 거점이 있다. 캠프나 서브터미널보다 규모가 작은 마이크로 풀필먼트 센터(Micro Fulfilliment Center, 이하 MFC)를 도심 곳곳에 배치하고 직매입한 상품을 MFC에 재고를 확보한다. 주문이 들어오면 곧장 소비자에게 배송한다. 상품의 이동 거리가 매우 짧고 소요 시간이 짧은 비결은 여기에 있다. 예컨대 서울시 송파구 주민이 쿠팡에서 생필품을 구매하면 기존에는 경기도 이천시의 덕평물류센터에서 송파구 인근 쿠팡 캠프로 상품이 이동 후 쿠팡친구나 쿠팡플렉스가 집으로 배송했다. 로켓프레쉬 기준 반나절 정도이 소요되며 로켓배송은 하루 미만이 소요된다.

쿠팡이츠 마트의 경우 송파구 안에 쿠팡이츠 마트 물류센터가 있다. MFC라고도 볼 수 있는 규모이며 주문시 15분 내외로 배송이 완료된다. 쿠팡이츠의 단건배달 서비스인 치타배달처럼 쿠팡이츠 마트도 단건

배달이다 보니 빠른 속도를 자랑한다. 또한 쿠팡의 쿠팡친구처럼 쿠팡이츠 마트도 이츠친구를 직고용해 안정적인 서비스 공급이 가능하다는 점도 배송 속도를 높인 배경이다. 쿠팡이츠 마트는 이츠친구가 물류센터에서 대기하다가 주문이 들어오면 상품 픽업 후 바로 배달을 나간다. 퀵커머스가 장보기를 대체하는 수단으로 자리 잡기에 손색없는 서비스로 여겨지는 연유다.

2022년은 엔데믹 영향으로 퀵커머스가 크게 위축되는 모습이다. 모바일인덱스가 집계한 자료에 따르면 올해 7월 배달의민족 MAU(Monthly Active User; 월간활성사용자)는 약 1,386만 명으로 올해 2월 대비 0.9% 감소했고, 같은 기간 요기요는 13.7%, 쿠팡이츠는 32.2% 감소했다. 통계청의 음식배달 월간 거래액은 지난 7월 잠정치 기준 2.2조 원 수준으로 전년 8월 대비 4.8% 감소했다. 코로나-19로 폭발했던 온라인 음식배달 수요가 팬데믹 이후 처음으로 역성장한 것이다. 사회적 거리두기가 완화되면서 장기간에 걸친 코로나-19 유행으로 지친 사람들이 집으로 배달해 먹기보다 외식을 하는 등 대면 만남이 증가한 것이 수치로 증명되었다. 음식배달 라이더들에게 배달 수요 감소는 일자리 축소를 의미하고, 이에 배달과 관련된 장비를 중고 매물로 내놓은 라이더들이 많아지는 상황으로 이어지고 있다.

오토바이 관련 네이버 카페 바이크 튜닝 매니아(이하 바튜매)에는 최근 연일 중고 오토바이를 판매한다는 글이 올라온다. 특히 배달용 오토바이로 많이 쓰이는 125cc 미만 오토바이 매물이 쌓이고 있다. 월별로 직접 판매글 수를 세보았다. 2022년 8월 약 4,950건의 판매 글이 올라왔으며 2021년 8월 2,250건 대비 120%나 많은 글이 게재되었다. 7월은

4,100여 건으로 작년 7월 대비 78.3%, 6월은 69% 많은 글이 올라왔다. 4월까지 집계해 보니 4월부터 이미 판매글 수는 폭발적으로 증가하고 있었다. 헬멧, 배달 가방 등 배달 관련 용품을 세트로 판매한다는 글들도 쉽게 찾아볼 수 있었다.

반면 국내 외식산업은 회복세를 보이는 중이다. 한국농수산식품유통공사(aT)의 외식산업경기전망지수(KRBI)는 매출액, 고객 수, 종업원 수 등 외식산업의 성장과 위축 정도에 따라 종사자들의 예측 변화 추이를 측정해 산업경기동향을 분기별로 보여주는 체감지표인데 올해 2분기 85.56pts를 기록했다. 코로나-19 사태 이후 가장 높은 수준을 보여줘 대면 만남, 외식 수요가 증가했음을 알 수 있다. 배달의 민족이던 한국인이 외식의 민족이 된 것이다.

실제 체감하기로도 대부분 대면 외식으로 주말 약속이 잡히고 있다. 온라인 음식배달 업계의 부침은 당분간 이어질 텐데, 앞으로 영구적으로 퀵커머스가 사양화될 것인가에 대해서는 조금 더 생각해 볼 필요가 있다. 왜냐하면 편리한 소비 패턴을 장기간 이어오던 소비자들이 갑자기 극적으로 다시 오프라인으로 일괄적으로 회귀하기는 쉽지 않기 때문이다.

코로나-19로 쿠팡에 처음 입문한 소비자는 쿠팡 로켓배송의 당일배송, 무료 반품 등 서비스의 효용에 놀랐을 것이다. 그런데 갑자기 엔데믹이 되면서 굳이 직접 방문해야 하는 마트에 가서 다시 예전처럼 장보기를 한다? 또는 마켓컬리의 샛별배송으로 신선한 우유와 채소로 자녀의 아침 식사를 준비하던 주부가 엔데믹이 되어 매일 저녁 혹은 아침마다, 비가 오나 눈이 오나 동네 마트에 장을 보러 갈까? 물론 오랜만에 외식 규제가 풀린 상황에서 온라인 소비보다는 오프라인 소비를 늘릴 수 있다. 하지만 편의성이 높은 서비스를 제쳐두고 고의로 불편해질 의향이 있는 소비자는 많지 않을 것이다. 온라인 음식배달도 마찬가지다. 코로나-19 영향으로 음식 포장 기술과 포장재의 질이 올라가며 기존에 배달 불가능했던 음식마저도 배달이 가능해졌다. 이로 인해 소비자들이 영원히 외식만 고수하지 않을 것으로 보인다. 한국인들이 잠시 외식의 민족이 된 지금은 퀵커머스 사업과 관련된 분야에 뜻이 있는 기업에게는 장비를 염가에 구비할 수 있는 찬스다.

코로나-19로 2020~2021년 대세로 떠오른 이커머스 기업은 2022년 성장률 저하에 직면했다. 글로벌 물류망은 병목현상 심화로 악화 일로를 걸었지만, 인플레이션과 금리 인상을 만나 수요가 무너져 아이러니하게도 개선되는 상황이 되었다. 또한 전 세계적 달러 강세로 미국을 제외한 국가들의 구매력이 낮아진 점도 이커머스 기업에게 또 다른 리스크가 될 수 있다. 2023년에는 어떤 기업이 어떻게 될지 확신하기 어렵다.

모든 산업의 역사는 수축과 이완의 반복이었으며 혁신(조지프 슘페터의 표현을 빌리자면 '창조적 파괴')을 거듭한 기업들은 위기 뒤에 새로운 패러다임으로 자리매김했다. 전세계적 전염병, 4차 산업혁명과 같은 굵직한 변화로 수축과 이완의 진폭도 매우 커졌다. 2023년의 거대한 진폭에 굴하지 않고 혁신을 지속하는 기업들이 새로운 패러다임의 주인공으로 떠오르지 않을까 기대해 본다.

Logistics Trends 2023

지구를 살리는 라스트마일 자원순환 플랫폼

안성찬
HRM 대표

에이치알엠(HRM) 대표. 2008년부터 순환자원 무역 오퍼상으로 활동했다. 글로벌 공급기업과 한국의 수요기업 사이에서 발생하는 고철, 비철, 파지 등 순환자원 거래를 중개했다. 2016년 12월 그동안의 경험을 살려 순환자원 전문무역업체 '에이치알엠'을 설립했다. 에이치알엠은 2022년을 기점으로 유통을 넘어 IT, 선별, 가공, 제조까지 순환자원 가치사슬 전체를 연결하는 사업 포트폴리오를 확장하며 600억원의 연매출을 목표한다.

Ⅰ. 시작하며

흔히 '쓰레기'라 불리는 폐기물에는 세 가지 종류가 있다. 버려서 소각해야 하는 것, 버려서 매립해야 하는 것, 마지막 하나가 버렸지만, 다시 '자원화'할 수 있는 것이다. 앞서 언급한 두 가지는 버려지는 것이라면, 마지막 세 번째는 다시 살려 활용할 수 있는 것이다. 환경부에 따르면 이렇게 재활용되는 순환자원 관련 매출액만 2020년 기준 30조 원을 넘었다.

〈표 1〉 (자원순환 매출) 환경산업활동별 사업체 및 매출액   (단위: 억 원)

구분	2019년		2020년		증감률 (B/A)X100
	업체수	환경부문 매출액(A)	업체수	환경부문 매출액(B)	
전(숲) 산업	62,252	1,006,624	63,403	1,015,024	0.8
자원순환관리	20,481	295,850	20,715	300,472	1.6
물관리	7,159	261,231	7,255	263,636	0.9
환경복원 및 복구	747	10,184	754	10,204	0.2

기후대응	4,171	33,373	4,367	33,939	1.7
대기관리	2,801	58,470	2,792	57,743	-1.2
환경안전·보건	3,050	83,999	3,191	84,752	0.9
지속가능 환경·자원	19,112	191,088	19,580	191,298	0.1
환경지식·정보·감시	4,731	72,428	4,749	72,980	0.8

총 101조5,000억 원 규모 시장에서 자원순환 관리는 30조472억 원 규모를 차지하고 있다. (출처 : 환경부)

순환자원 가치사슬의 시작점은 우리가 공동주택단지에서 흔히 보는 '재활용품' 수거구역이 될 수도, 길거리에서 리어카를 끌고 폐지와 공병, 플라스틱 등을 주워서 고물상에 판매하는 '넝마주이'가 될 수도 있다. 일반인들 눈에 보이지 않는 산업체까지 합친다면 공장과 대형마트, 물류센터 등지에서 발생하는 고철, 폐지 수거장까지 시작점에 포함될 수 있다.

[그림 1] (마켓컬리 폐자원) 컬리 김포 물류센터 야드 한 편에 모여 있는 폐지들. 물류센터에서는 박스와 비닐 관련 쓰레기가 넘쳐흐른다. 누군가는 수거해서 처리해야 하는 공급망 뒷편의 모습이다.

출처 : 커넥터스

[그림 2] (공공주택) 아파트 단지에서 흔히 볼 수 있는 폐자원 수거 공간. 우리가 생각하는 '재활용'의 전부인 이 과정 뒤에는 생각보다 많은 후처리 공정이 따른다.
출처 : 커넥터스

순환자원 가치사슬의 끄트머리에는 수요기업들이 있다. 순환자원으로 가공된 원자재를 활용하여 완제품으로 제조하는 기업들이죠. 포스코와 같은 철강기업, 노벨리스와 같은 알루미늄 제품 생산업체, 구리 가공 제품을 만드는 풍산금속, 골판지원지를 생산하는 신대양제지와 같은 제조업체들이 재생원료를 활용한 제품을 생산하고 있다.

환경, 사회, 거버넌스에 대한 기업의 책임과 의무를 강조하는 ESG가 트렌드가 되고, 글로벌 규제의 흐름이 일정 수준의 재생원료 사용을 의무화하는 방향으로 나아감에 따라 순환자원 사업에 대한 기업들의 관심은 크게 늘어났다. SK에코플랜트와 같은 제조에서 재생까지 가치사슬을 확장하고자 하는 대기업들의 시장 진출도 이어지고 있다.

이런 시장의 움직임을 보고 '순환자원'은 돈이 된다고 생각하는 분들이 있을지 모르겠다. 폐지와 공병, 고철과 같은 순환자원에는 모두 kg당 가격이 어느 정도 정해져있으니 틀린 말은 아니다.

<표 2> (재활용 원료 가격) 재활용 가능 자원의 2022년 9월 기준 kg당 가격표 (단위: 원/kg)

구분		수도권	강원	충북	충남	전북	전남	경북	경남	전국평균
실적년월	품목									
2022.09	폐지 (신문지)	136	136	145	121	135	127	142	139	135.2
2022.09	폐지 (골판지)	97	96	106	115	119	106	110	114	107.8
2022.09	플레이크 (PE)	694	682	668	714	674	680	665	669	680.8
2022.09	플레이크 (PP)	604	645	677	609	614	630	598	651	628.5
2022.09	플레이크 (PS)	795	-	616	799	-	-	795	-	751.2
2022.09	플레이크 (PVC)	-	-	-	607	-	-	635	574	605.3
2022.09	플레이크 (ABS)	789	-	879	-	-	826	-	-	831.2
2022.09	펠렛 (PP)	752	765	731	766	774	756	762	771	759.5
2022.09	펠렛 (PS)	962	-	1,002	-	-	-	-	-	982.5
2022.09	펠렛 (PVC)	-	-	-	-	-	-	-	-	-
2022.09	펠렛 (ABS)	1,323	-	1,218	-	-	1,181	1,144	-	1,216.5
2022.09	압축 (PET)	439	408	426	435	405	450	525	447	442.0
2022.09	압축 (PE)	484	464	519	474	479	521	545	527	501.7
2022.09	압축 (PP)	437	417	484	430	302	484	479	483	439.6

2022.09	EPS (잉고트)	903	715	798	782	735	777	866	831	800.9
2022.09	EPS (펠렛)	1,140	-	-	-	-	-	-	-	1,139.6
2022.09	폐유리병 (백색)	71	51	63	70	72	74	84	56	67.8
2022.09	폐유리병 (갈색)	42	26	26	39	44	50	43	-	38.6
2022.09	폐유리병 (청록색)	29	20	23	24	26	28	24	-	24.7
2022.09	폐금속류 (철스크랩)	368	365	357	358	350	423	367	318	363.3
2022.09	폐금속류 (철캔)	282	276	290	255	280	328	264	279	281.8
2022.09	폐금속류 (알루미늄캔)	1,339	1,420	1,400	1,368	1,402	1,452	1,417	1,376	1,396.8
2022.09	폐금속류 (고무분말)	-	250	-	-	-	230	239	-	239.6

2015.10 부터필렛(PVC)는 조사항목에서 제외(출처 : 자원순환정보시스템)

하지만 정확히 이야기하면 순환자원은 공급자와 수요자 사이의 가치사슬을 거쳐야만 돈이 될 수 있다. 폐기물의 수집 운송과 선별을 담당하는 수집운반업체(속칭 '고물상'), 그렇게 모아온 자원을 사용 가능한 원료로 되살리는 '가공업체'가 있어야지만 폐기물은 진정한 의미의 '순환

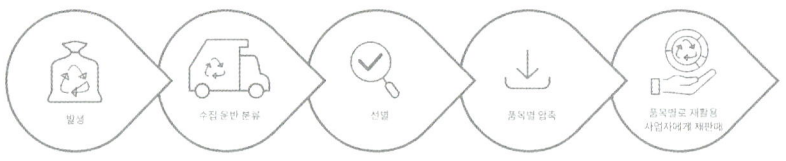

[그림 3] (재활용 프로세스) 폐자원 배출 프로세스. 발생한 폐자원은 물류(수집, 운반)를 거쳐 재활용되는 상품과 안 되는 상품을 분류하는 '선별', 선별된 상품의 '압축' 공정을 거쳐 가공업체에 납품된다.

출처 : 에이치알엠

자원'으로 재탄생할 수 있는 것이다.

조금 생소할 수 있는 배경 설명을 길게 한 이유는 에이치알엠(HRM)이 순환자원 가치사슬의 수요자와 공급자를 연결하는 비즈니스 모델로 성장한 기업이기 때문이다. 에이치알엠의 지난해 매출은 375억 원, 같은 기간 영업이익은 22억 원으로 적자를 감수한 대규모 투자로 거대한 성장을 만드는 요즘 흔한 IT기업과는 다르게 수년째 '흑자' 경영하고 있다.

그렇다고 에이치알엠의 성장세가 느린 것은 아니다. 2016년 12월 탄생해 2017년 매출은 70억원이었다. 2018년 192억 원, 2019년 279억 원, 2020년 316억 원, 2021년 375억 원으로 연평균 63%씩 빠르게 성장했다. 특히 올해 상반기는 이미 전년대비 50% 성장한 실적을 마감했다. 2022년에는 전년보다 60% 성장한 600억 원의 매출을 목표하고 있다. 투자 혹한기라 불리는 최근에 총 180억 원 규모의 시리즈A 투자 유치에 성공하기도 했다.

찬란한 이야기를 잔뜩 했지만, 에이치알엠의 시작은 처음부터 화려하지 않다. 자본 하나 없는 백지 상태에서 순환자원 시장에 들어와서, 미국 고물상을 전전하던 이야기를 하고자 한다.

Ⅱ. '오퍼상'이라고 아시나요?

필자의 이야기를 하자면 이력이 조금 특이하다. 원래는 부모님의 사업을 도와 식품제조업을 오랫동안 했다. 이 때문에 4~5년 정도 15~25만평 규모의 농지에서 직접 농사를 짓기도 했다. 하지만 안타깝게도 부모님의 사업은 잘되지 못했다. 회사에는 빚이 쌓였고, 어떻게든 활로를 찾아야 했었다.

그때 보인 것이 '폐기물' 시장이었다. 사실 남들처럼 '지구를 살리겠다'는 비전을 가지고 이 사업을 시작한 것은 절대 아니다. 당장 자본 없이 할 수 있는 사업이 무엇인가를 고민하던 중, 할 수 있는 것이 '브로커'밖에 안 보였기 때문이다. 좋은 말로 오퍼상(수출업자와 수입업자의 거래를 연결해주고 수수료를 받는 무역대리업자)인데, 2008년부터 에이치알엠을 창업하는 2016년 12월까지 쭉 고철과 비철, 파지와 같은 순환자원을 해외에서 수입하고 중개하는 브로커로 일했다.

물론 마주한 '현실'은 말처럼 쉽지 않았다. 물건을 사는 바이어(Buyer) 입장이기에 미국에 있는 고물상을 만나 제안만 하면 곧바로 물건을 팔아줄 줄 알았다. 그런데 곳곳에서 문전박대를 당하기에 십상이었다. 그들로서는 고철이든, 비철이든, 파지든, 플라스틱이든 수요자는 어디에든 있기에 언제든 팔려면 팔 수 있는 것이었고, 당시 30대 초반에 정장을 입고 물건을 팔아 달라 외치던 동양인의 목소리는 닿지 않았다.

그렇게 아무 소득 없이 3개월 정도 시간이 지났다. 한 폐차장에서 작업복을 입고 차를 해체하던 백인 노인을 만났다. 문전박대당했음에도 다시 찾아간 곳이었는데, 그 노인이 저를 위아래 훑어보더니 들어오라고 이야기 했다. 알고 보니 그는 그 폐차장의 사장이었다. 미국 고물상 사장들은 그들이 얼마나 많은 부를 축적했던 상관 없이 작업복을 입고 일하곤 했는데, 필자는 그동안 그들의 눈높이에 맞춘 옷차림조차 하지 않았던 것이다.

필자는 그 사장을 통해 첫 거래를 시작했다. 그리고 그를 통해 순환자원 시장이 얼마나 폐쇄적인지 알 수 있었다. 기본적으로 순환자원 시장은 사람과 사람의 관계에 따라 움직인다. 누구에게나 팔 수 있는 시장이기에, 기본적으로 관계가 없으면 거래를 트는 것 자체가 어렵다. 어찌 보면 몰랐기 때문에 용감할 수 있었다. 그렇게 맨땅에 부딪히며 거래처를 하나하나 찾아갔고, 그 숫자는 어느새 100여 개에 달하게 됐다.

1. 자원순환 플랫폼 에이치알엠의 탄생

수요기업과의 거래도 언제나 순탄했던 것은 아니다. 당시 필자는 한국에서 물건을 수입하는 브로커로 물건의 상태를 현지에서 면밀히 살필 수 없었다. 사진으로 물건 상태를 확인하고 받는 정도였다. 언젠가는 국내 한 철강기업에 납품한 제품이 처음으로 입고됐는데, 도착한 컨테이너 3대를 열어보니 수요기업의 눈에 차지 않는 지저분한 제품이 입고된 것이다. 전부 그냥 가지고 가라는 연락을 받았다.

아찔한 마음에 제품을 운송해준 화물차 기사에게 잠깐 기다려달라고 양해를 구하고, 어떻게든 물건을 처리해줄 바이어를 구하고자 수배하기 시작했다. 2~3시간 정도 전화를 돌렸다. 천만다행으로 순천에 있는 어떤 공장에서 일단 제품을 보고 싶다는 회신이 왔다.

나중에 알고 보니 필자의 전화를 받은 사람이 그 회사 구매총괄 담당이었다. 원래는 자기가 전화를 안 받는데 어떤 '또라이'가 이러고 다니나 보고 싶어서 통화한 거란다. 그렇게 컨테이너 3대를 직접 호송하며 그 공장까지 옮겼던 기억이 아직까지 생생하다.

그렇게 8년이 지났고, 필자는 2016년 12월 에이치알엠(HRM)이라는 법인을 설립했다. 법인을 설립하게 된 것이 어떤 목적이 있어서 한 것은 아니고 부모님 회사의 빚을 다 갚으려고 위해서였다. 이제 더 이상 브로커 생활을 하지 않아도 되겠다 싶어서 회사를 설립했고, 2017년 4월부터 본격적인 영업에 나섰다. 이때 그간 쌓아왔던 네트워크가 큰 도움이 됐다.

3. 브로커를 넘어 '유통'으로

법인을 설립하고 가장 큰 매출은 글로벌 순환자원 공급사와 국내 수요자를 연결하는 데서 발생했다. 차이가 있다면 그전까지 오퍼상으로 활동했다면, 법인 설립 이후엔 전문 무역상사가 돼 유통업에 직접 진출했다는 점을 꼽을 수 있다. 직전 우리가 공급자와 수요자의 거래를 연결하고 수수료(Commission)를 받았다면, 법인이 되고나서는 순환자원 거래의 주체가 돼 매입금과 판매금의 차액이 그대로 우리의 '이익'이 됐다고 보면 된다.

여기서 순환자원 공급사의 상황에 따라 매입가는 천차만별이다. 예를 들어 어떤 회사는 순환자원별 분류가 너무나 잘 돼 있고, 청소까지

[그림 4] (선별압축) 선별 및 압축돼 쌓여있는 폐기물들. 버려지지 않고 재활용될 수 있는 폐기물을 '순환자원'이라 부른다.

출처 : 에이치알엠

잘 돼 있을 수 있다. 그러면 당연히 우리가 합리적 비용을 지불하여 순환자원을 구매한다. 반대로 어떤 회사는 그냥 뒤섞인 채로 폐기물을 배출하기도 한다. 이럴 때는 부가적인 선별 작업이 필요해 '무상'으로 순환자원을 수거하거나, 별도의 '비용'을 청구하기도 한다.

요컨대 폐기물을 배출하는 공급사의 상황에 따라서 우리의 영업방법과 제시하는 솔루션이 달라지는 것이 이 시장의 특징인 것이다. 필자가 기본적으로 공급사에 방문했을 때 '큐레이션'이라고 하는 컨설팅을 무상으로 진행한다. 공급사의 비용을 합리적으로 절감하는 방법을 제안하고, 그에 따른 순환자원 수집 및 운반 서비스를 함께 제안한다. 예를 들어 현장 레이아웃에 따라서 쓰레기를 모아두는 공간이 다른데, 적절한 공간을 제시하거나 자원화해서 비용을 절감할 수 있는 더 좋은 방법이 있다면 또 안내한다.

폐기물을 배출하는 회사 입장에서는 우리와 거래함으로 골치 아팠던 쓰레기 문제를 한꺼번에 처리할 수 있게 된다는 장점이 있다. 실제 산업현장의 이야기를 들어보면 전담하여 폐기물을 관리하는 실무자가 없다는 것이 가장 큰 고충으로 지목되곤 한다. 1~2만 평이 넘는 사업장에서 발생하는 폐기물을 단 한 명이 관리하는 예도 많다. 문제는 이들이 다른 일도 함께 처리하다 보니 폐기물과 관련된 업무를 매일 신경 쓰면서 관리하기 어렵다는 점이다.

필자는 이런 실무자들의 고민을 해결하고자 쓰레기가 현장에 쌓이지 않도록 신속하게 대응, 수거한다. 또 폐기물 처리와 관련한 결과치를 '리포트'를 통해서 쉽게 문서화하고 공유할 수 있게 해준다. 쉽게 말해 실무자들이 윗분들에게 보고하기 좋게 만들어주는 것이다. 이 과정을 통해 업무를 상당 부분 간소화할 수 있었다.

현재 에이치알엠은 미주와 호주, 동남아시아 등 28개 국가 공급사로부터 순환자원을 수입하여 한국 수요기업에 판매하고 있다. 반대로 한국에 있는 공급사의 순환자원을 수출하는 일도 하고 있다. 한국 안에서 폐기물 배출기업과 가공된 원료를 구매하고자 하는 수요자를 연결하는 일도 하고 있다. 현재 에이치알엠의 매출 60%는 글로벌에서, 나머지 40%는 한국 안에서 발생하고 있다.

순환자원 유통은 기본적으로 우리 매출의 85% 이상이 나올 만큼 확실한 캐시카우(Cash Cow) 역할을 해주고 있다. 에이치알엠과 거래하는 수요기업과 공급기업은 지난해 80개에서 올해 150~200개로 빠르게 늘어나고 있다.

Ⅲ. 폐기물은 정말 돈인가요?

우리 업계의 많은 사람이 '폐기물도 돈'이라는 이야기를 하곤 한다. 하지만 필자가 생각하기에 폐기물은 비용이다. 순환자원을 판매할 수 있어 '돈'이라 볼 수 있는 것도 맞지만, 우리는 공산품을 파는 것이 아니기 때문에 그 중간에서 보이지 않는 많은 과정이 선행된다는 것을 기억해야 한다.

가치사슬에 존재하는 많은 사람이 정말 많은 돈을 벌고 있냐면 그건 아니다. 당장 폐지 줍는 할머니부터 영세한 중간업자가 수두룩하다. 예를 들어 순환자원 가치사슬 안에는 '세척 회사'가 따로 있다. 누군가가 일회용 플라스틱 배달 용기에 음식물이 그대로 묻어있는 채로 분리 배출하면, 폐기물 처리장에 있는 어떤 노동자는 그 용기를 다시 사용할 수 있도록 세척을 해야한다. 안 그러면 그 플라스틱은 재활용할 수 없으니까 말이다.

이런 과정에는 당연히 최소한의 '비용'이 발생하기 마련이다. 이에 대해 우리는 마땅히 인식해야 하고 합리적인 비용을 지불해야 한다. 그래야 폐기물을 순환자원으로 만드는 업체에 수익이 발생해 재투자가 이뤄지고, 가치사슬이 전보다 한 단계 개선될 수 있는 것이다.

안타까운 점은 통상 사람들의 관심은 '눈에 보이는 곳'에만 머문다는 것이다. 기업들의 친환경 캠페인도 소비자들의 눈앞에 보이는 영역에만 집중되어 안타깝다. 예를 들어 '친환경' 배달 용기 사용 캠페인 같은 것들을 많이 하지만 정말로 이 용기가 친환경으로 재활용되려면, 뒷단에서 수집, 운반, 선별하는 작업자들의 많은 노동이 뒷받침 해야 한다. 이런 작업자를 위한 샤워장을 만든다거나, 새로운 기계를 도입하는 등 작업 환경을 지원하는 방향으로도 캠페인이 진행됐으면 하는 아쉬움이 항상 남는다. 최소한 누군가는 이들의 보이지 않는 노력을 알아야 한다.

1. 유통을 넘어 IT로

순환자원 가치사슬에 있는 다양한 참가자들이 노력을 인정받기 위해 마땅히 필요한 것은 '디지털화'이다. 공산품과 다르게 순환자원 가치사슬에는 다양한 참가자가 있다. 이들이 서로 합리적으로 연결되기 위해서는 시스템이, 정확히 말하면 시스템에서 발생하는 '데이터'가 있어야 한다.

예를 들어 경기도 용인에 있는 어떤 물류센터에서 순환자원을 수거하는 업체를 수배하고 있다고 생각해보자. 이때 용인에 있는 이 물류센터의 순환자원을 저 멀리 인천에 있는 폐기물 처리업체가 수거하면 말이 안 된다. 기본적으로 가까운 동선에 있는 업체를 연결하면 더 합리적인 비용에 효율적으로 쓰레기를 처리할 수 있게 된다. 이를 통해 현장에 있는 작업자들도 좀 더 많은 수익을 가져갈 수 있다.

마찬가지로 폐기물 처리업체들은 각각의 '전문성'을 보유하고 있다. 어떤 업체는 비철을, 어떤 업체는 전자폐기물을, 또 어떤 업체는 소각을 잘한다. '파지'를 전문적으로 하는 업체에 폐플라스틱을 처리해달라고 하면 말이 안 되는 것이다. 이에 대한 거래의 연결을 명확하게 하기 위해 가치사슬 안에 있는 각 제품과 업체들의 전문역량에 대한 데이터화가 필요하다.

 이런 맥락에서 에이치알엠에서 2022년 1월부터 본격적으로 개발, 론칭한 것이 '에코야(ECOYA)'라 명명한 통합 폐기물 관리 시스템이다. 에코야를 이용하는 폐기물 배출기업은 운영하는 여러 사업장에서 발생한 쓰레기가 어떻게 배출되는지 '데이터'로 확인할 수 있다. 예컨대 특정 사업장에서 나온 폐지가 어떻게 이동했고, 어떻게 가공돼서 재활용됐는지 '이력 정보'를 조회할 수 있다. 이렇게 순환자원을 재활용하여 감축한 이산화탄소 배출량이 얼마나 되는지도 일괄적으로 확인하여, ESG 경영 리포트로 출력하여 활용할 수 있다.

[그림 5] (환경 성과) 에이치알엠은 자원화된 것을 재활용하면 탄소를 저감하는 직접적인 효과가 있다는 명제 하에 환경에 기여한 데이터를 측정하고 있다. 이는 환경부 등 국가기관에서 적용하는 산식을 바탕으로 측정한 데이터로, 에코야를 이용하는 기업 또한 도출하여 활용할 수 있다.
출처: 에이치알엠

 에코야 시스템은 우리에게 폐기물 처리를 위탁하는 모든 고객사에게 '무상'으로 제공하고 있다. 시스템에 축적한 데이터를 바탕으로 우

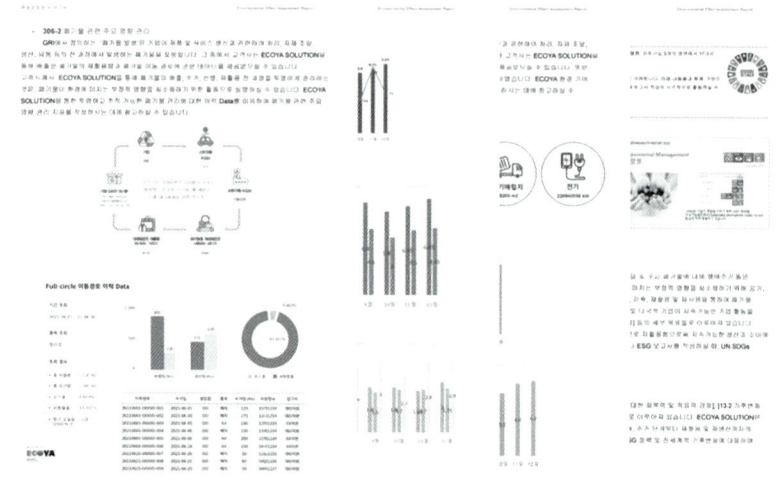

[그림 6] (환경영향평가서) 에코야 시스템에서 출력 가능한 환경영향평가서. 기업의 모든 배출지의 폐기물 및 순환자원 내역을 바탕으로 이산화탄소발생 절감량을 바로 확인하고, 연간 배출 데이터를 바탕으로 ESG 지표에 맞춰 리포트를 출력할 수 있다.

출처: 에이치알엠

리가 가치사슬 안에서 활동하는 업체들의 역할을 분담하고 지원할 수 있는 역량을 확보할 수 있기 때문이다.

예를 들어서 우리가 부산에 위치한 기업 여러 곳에서 폐기물을 수거해야 한다면, 현지에 있는 역량 있는 수집운반업체를 수배하여 선별장에 폐기물을 모아달라고 요청한다. 이렇게 모인 폐기물을 합리적인 매입가를 제시해 구매할 수 있게 된다. 아직 시스템 구축 초기라 개선할 점이 많지만, 궁극적으로 에코야 플랫폼에 더 많은 폐기물 배출자와 수집자, 최종 수요자를 유치하고 연결하여 함께 성장하는 것이 나아가야 할 방향이다.

Ⅳ. 유통을 넘어 선별, 가공까지

2022년은 필자에게 도전으로 가득한 한 해였다. 앞서 이야기했던 에코야 시스템 론칭뿐 아니라 또 하나의 거대한 도전은 직접 '선별'과 '가공' 사업으로 뛰어든 것이다. 유통뿐만 아니라 순환자원을 수집, 선별하는 선별장과 가공 공장을 운영하는 것은 유통만 하는 업체와 우리의 가장 큰 차이점이다. 현장 접점에서는 지금도 끊임없이 새로운 것들을 학습하고 있다.

경기도 파주에서는 2022년 4월부터 폐플라스틱을 수집하여 재생원료 레진으로 생산하는 공장을 운영하고 있다. 충청북도 청주에서는 수집 운반과 선별, 가공을 통합하는 '스마트팩토리' 구축을 목표로 공장

[그림 7] (폐자원 선별) 수거된 순환자원은 '선별' 작업을 통해 곧바로 재활용 가능한 품목 혹은 적정 처리가 필요한 품목으로 나뉘어 분류돼야 한다. 분류된 품목들은 압축 공정을 거쳐서 각각의 시설로 운송된다.
출처: 에이치알엠

[그림 8] (원료생산) 에이치알엠은 선별 및 유통 매입된 순환자원을 세척, 파분쇄 등의 과정을 거쳐 재생원재료로 가공 처리하는 생산설비를 보유하고 있다. 실제 파지를 바탕으로 완제품 화장지를 만들고, 알루미늄 스크랩을 주괴(Ingot)로 만들어서 자동차 부품으로 공급하고 있다.

출처: 에이치알엠

을 증축하고 있다. 경상북도 경주와 경기도 화성에서도 각각 폐지 선별 및 재생원료 생산 공장과 폐자원 선별 압축센터 가동을 앞두고 있다. 물론 여전히 우리가 직접 할 수 없거나 역량이 부족한 영역은 계속해서 생태계 안의 파트너들과 협력해나갈 것이다.

최근 대기업이 속속 시장에 등장하고 있다. 당연히 대기업 입장에서는 시장성 있는 곳에 들어오는 것이고, 이건 막을 수 없는 추세이다. 또한 완성차든, 전자제품이든, 화학제품이든 수출하는 제품에 대해 재생원자재를 사용하지 않으면 수출 자체를 할 수 없는 규제가 눈앞에 있다. 그들 입장에서는 해야만 하는 일이 되었다.

V. 글을 마치며

1. 순환자원은 완벽하지 않다

　　순환자원을 통하여 생산된 제품은 초기 제품에서 생산된 것보다 떨어진다. 그것이 현실이고 우리가 극복해야 할 문제이다. 예를 들어 폐자원으로 생산된 화장지는 순수한 펄프에서 생산된 화장지보다 덜 부드럽고 색이 덜 하얗다. 마찬가지로 폐자원이 많이 함유된 종이박스는 상대적으로 강도가 약하다. 폐플라스틱이 함유된 제품은 대부분 짙은 색이다. 흰색 혹은 투명한 색상의 재생합성수지가 현실적으로 한계가 있기 때문이다. 최근 나이키에서는 폐자원을 활용한 신발을 생산하고 있는데, 폐자원을 사용하여 혼합색이 많이 들어가 있다.

　　그럼에도 불구하고 순환자원을 활용한 제품 소비를 해야 한다. 착한 소비와 절제된 소비가 지구를 살릴 수 있다. 아니 지구멸망의 시간을 늦출 수 있다. 과대 포장된 제품구매와 화려한 색으로 인쇄된 제품 소비를 지양하여야 한다. 화려한 색상을 사용한 많은 제품은 재활용을 어렵게 하며 색을 없애기 위하여 더 많은 에너지와 물을 사용하기 때문이다. 순환자원을 사용하는 것에 더 높은 비용이 들어간다. 화학적 재활용보다 기존 설비를 가동해 순수한 플라스틱을 사용하는 것이 더 저렴하다. 폐종이를 사용해 가공하는 것보다 순수한 펄프를 사용하여 제조하는 것이 고정비 및 판매에 훨씬 용이하다. 폐비철금속을 사용하는 것보다 순수 주괴를 사용하는 것이 품질유지 및 고정비에 유리하다. 재활용품이 더 저렴하다는 인식의 전환이 필요한 때이다.

앞으로 배출자이자 소비자의 역할이 가장 중요하다고 해도 과언이 아니다. 제대로 된 배출 그리고 현명한 소비의 양축을 담당하고 있기 때문이다. 이로 파생된 순환경제는 국가 경쟁력과 성장력에도 밀접한 영향을 미친다.

2. Net Zero by 2050

애플은 2030년까지 자사의 공급사슬에서 탄소 발생 'NET ZERO'를 달성하겠다 발표했다. 여기서 NET ZERO는 배출한 탄소를 다시 흡수해 실질적인 배출량을 '0'으로 만들겠다는 목표이다.

애플뿐 아니라 나이키, 마이크로소프트 등 다양한 기업들이 이러한 움직임에 참여하고 있다. 이러한 탄소배출 감소 움직임에 가장 중요한 것은 현재 배출하는 탄소의 양을 정확히 파악해 데이터화 하는 것이다. 우선 배출되는 양을 알아야 하고 그에 따라 직간접적으로 감소시킬 수 있는 양을 확인 후 목표를 설정하는 것이 중요하다.

현재 많은 기업이 GHG PROTOCOL(온실가스 회계 처리 및 보고 기준)에 정의된 SCOPE 1, 2, 3를 사용해 탄소배출을 분류, 관리하고 보고한다. SCOPE 1은 기업에서 직접 배출되는 탄소를 의미한다. 기업이 직접 생산하는 활동의 결과로 대기 중에 발생하는 탄소이다. 공장을 가동하며 발생되는 이산화탄소, 매연, 화학물질, 운송 수단에 의한 배출 등이 해당된다.

SCOPE 2는 소유자산 등으로부터 간접적으로 배출되는 것을 의

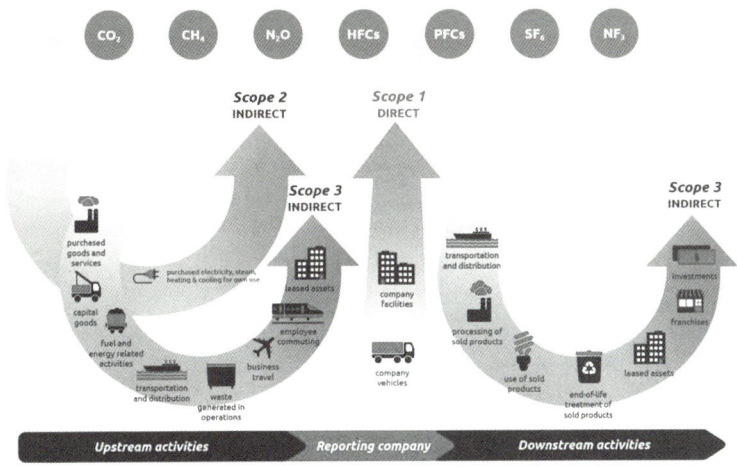

[그림 9] 온실가스 회계 처리 및 보고 기준으로 정의한 Scope 1, 2, 3

미한다. 기업이 구매하고 있는 전기, 스팀, 냉방 등을 통해 대기 중으로 발생하는 탄소이다.

SCOPE 3는 SCOPE 2를 제외한 모든 간접적인 탄소배출이다. 공급망에 해당되는 모든 행위와 기업활동을 포함하고 있다. 즉 해당 기업뿐 아니라 기업에 공급하는 공급사, 관계사, 심지어는 소비자에게 제품을 전달하는 모든 행위를 관리하고 감독하겠다는 것이다.

앞으로 중점적으로 봐야 할 것은 Scope 3단계이다. 쉽게 설명하자면 앞으로 애플에 납품하거나 제품을 판매하려면 적극적인 탄소저감 활동을 해야 납품이나 유통이 가능하다는 것이다. 이 때문에 기업들은 앞다투어 재생에너지를 도입하거나 RE100를 도입하고 있다.

그렇다면 환경관리는 어떻게 시작해야 할까? 우선 개인과 기업에서 배출하고 있고 순환경제를 통하여 직간접으로 탄소저감을 실행하는 일련의 행위 및 결과를 데이터로 축적하고 관리하는 것이 중요하다. 이러한 관리를 통해 순환경제의 밸류체인(value chain)을 증명하지 못한다면 '온실가스 회계 처리 및 보고 기준'에서 도태될 수밖에 없다.

환경문제는 어느 한 사람만 해결할 수 없다. 모든 참여자가 함께 노력해야 한다. 태풍과 가뭄 등의 자연재해로 인하여 매해 수조 원 단위의 경제적 피해가 발생하고 있다. 앞으로 자연재해로 인한 피해 금액은 더 증가할 것이다. 우리 인류가 무엇인가 적극적으로 시도할 수 있는 시간적 여유가 없다는 것은 이미 과학적으로 증명되고 있다. 더 늦기 전에 행동하고 실천해야 할 시점이다.

"지금 당장 지구를 위해 무엇인가 하지 않는다면 당신과 당신 가족의 세대는 다음 세대를 볼 수 없다. Act NOW!"

Logistics Trends 2023

"물류가 멈추면 세상이 멈춘다"
사이버 안보가 중요한 물류산업

윤민우
가천대학교 경찰행정학과 교수

가천대학교 경찰안보학과 교수. 성균관대학교 정치외교학과를 졸업하고, 미국 인디애나 주립 대학교 범죄학과에서 범죄학 석사학위를, 미국 샘 휴스턴 주립 대학교 형사시법대학 범죄학 박사학위 및 서울대학교 외교학과 국제정치학 박사학위를 받았다. 국제범죄, 테러, 전쟁, 인지전, 정보전, 사이버전, 유라시아 지역 안보, 전략과 정보 등이 주 연구 분야이다. 다수의 관련 정부기관과 군, 민간기관들에 자문과 컨설팅을 제공하고 있다.

I. 스마트 물류시스템의 구현과 사이버 안보위협

정보통신기술의 빠른 발전과 사이버 공간의 확장, 인공지능과 데이터 사이언스의 혁명 등으로 구현돼가는 디지털 산업사회로의 이행 물결이 거세다. 특히 물류시스템(logistics system)을 포함한 사회 핵심기반시설(critical infrastructure) 부문에서의 스마트 시스템 구축은 매우 혁명적으로 빠르게 전개되고 있다. 이와 같은 핵심기반시설에는 물류시스템에 포함될 수 있는 항만, 공항, 철도, 교통, 운송, 유통뿐만 아니라 사회가 작동하는데 필수적인 기반시설인 상·하수도, 전기, 가스, 원유, 보건의료 등이 광범위하게 포함된다. 최근 들어, 이와 같은 핵심기반시설들이 정보통신 자동화, 인공지능, 머신러닝, 딥러닝, IoT, 블록체인, 디지털·스마트 기술 등의 첨단 정보통신과학기술 등과 긴밀하게 결합하면서 발전하는 추이를 보여주고 있다. 이와 같은 발전 추이는 4차산업혁명의 모습들로 찬사와 조명을 받고 있으며, 더 편리하고, 효율적이고, 풍요로운 첨단사회를 약속하는 것으로 다수의 사람에게 인식되고 있는 듯하다.

하지만 수십 년 전 앨빈 토플러가 정확히 지적한 것처럼 생산의 양식과 파괴의 양식은 같은 뿌리로 묶여 있다. 즉, 인간과 사회를 더 윤택하고 풍요롭게 만드는 4차산업혁명의 기술과 생산양식들은 동시에 인간과 사회를 4차산업혁명의 방식으로 파괴할 수 있도록 하는 치명적인 수단이 된다. 이 글에서는 이 4차산업혁명과 정보통신과학기술의 발전이 초래하는 파괴의 양식에 대해 다룰 것이다. 4차산업혁명과 정보화혁명의 밝은 측면에 가려져 미처 대다수 사람에게 인지되지 않았던 반대편의 어두운 그림자에 대해 살펴보고 그 제기되는 위협과 대응에 대해 고민해 볼 것이다.

물류시스템을 포함한 사회 핵심기반시설이 정보통신기술과 사이버 공간과 긴밀히 결박되고 있다. 그 대표적인 사례가 SCADA(Supervisory Control and Data Acquisition) 시스템이다. SCADA는 DCS(Distribute Control System), HMIs(Human-Machine Interfaces), MTUs(Master Terminal Units), RTUs(Remotve Terminal Units) 등과 함께 ICS (Industrial Conrol System)를 구성한다. ICS는 전기, 물, 통신, 제조과정, 물류 등 산업기반시설을 관리하는 통제시스템이다. 하지만 통상적으로 이와 같은 엄밀한 SCADA와 ICS의 구분 없이 기술적으로는 ICS가 더 정확한 표현임에도 불구하고, SCADA가 더 자주 널리 쓰인다.[1]

SCADA는 인터페이스, 소프트웨어, 운영체계(operating system), 프로토콜 등을 사용한다. SCADA 실패(failure)의 경우, 결과는 매우 광범위

---

[1] Jason Andress and Steve Winterfeld, Cyber Warfare: Techniques, Tactics and Toold for Security Practitioner, Waltham, MA: Elsevier (2011), pp.122-123.

하고 심각하다. 2003년 미국과 캐나다 일부 지역에서 전력 공급과 관련된 SCADA 실패의 결과로 캐나다 일부 지역과 미국 오하이오, 뉴욕, 뉴잉글랜드, 윈저, 뉴저지, 필라델피아에 이르는 광범위한 지역에 대정전(black out)이 발생했다. 그 결과 256개 전력발전소의 온라인 접속이 차단됐고, 소비자 5,500만 명의 전기 공급이 끊어졌다.[2]

물류시스템과 다른 사회핵심기반시설이 이처럼 스마트·디지털화 돼감에 따라, 사이버 공격으로부터의 위협 역시 증대하고 있다. SCADA 시스템은 종종 사이버 공격의 핵심 타깃이 되고 있다. 사이버 공간을 통해 SCADA 시스템에 침입해 이를 조작, 통제함으로써 물류시스템 전체에 심각한 물리적 혼란이나 실패를 초래할 수 있다. 더욱이 이러한 혼란이나 실패는 사회 대다수 사람에게 불안, 근심, 공포 등의 심리적 위해는 물론, 산업 또는 국가 전반의 심각한 경제적, 안보적 위해를 가할 수 있다.[3] 이와 같은 물류시스템을 포함한 사회핵심기반시설에 대한 사이버 공격은 이번 러시아-우크라이나 전쟁에서 관찰되는 것처럼, 대규모 전면전과 결합한 사이버 전쟁으로도 나타날 수 있다는 측면에서 산업 전반의 첨단 디지털·스마트화의 심화와 함께 연동되는 사이버 안보 위협은 매우 심각하게 다루어야 할 사안이다.[4]

특히 물류시스템은 전시는 물론 평시에도 사회가 유지되고 작동되

---

2) Andress and Winterfeld, Cyber Warfare: Techniques, Tactics and Toold for Security Practitioner, pp.126-127.
3) Andress and Winterfeld, Cyber Warfare: Techniques, Tactics and Toold for Security Practitioner, p.199.
4) Arati Prabhughate, "Cybersecurity for transfort and logistics industry," Infosys, View Point, 2020, p.3. https://www.infosys.com/services/cyber-security/documents/transport-logistics-industry.pdf

는 핵심기반시설이다. 이번 코로나-19사태에서도 비대면 방식으로 사회가 정상적으로 지탱되고 운용되는데, 있어 가장 핵심적인 지지대의 한 축은 배달 등 물류시스템의 원활한 가동이었다. 강의와 회의, 업무와 쇼핑 등 상당 부분의 일상과 사회경제활동이 온라인으로 이동하였음에도 불구하고 식량과 물품 등의 유통과 공급은 오프라인에서의 원활한 물류시스템의 가동에 의존했다. 코로나-19로 격리 조치된 사람들 역시 일상 활동의 상당부문을 택배 등에 의존했다. 이와 같은 물류시스템의 중요성은 전시에도 마찬가지이다. 전쟁의 승리 역시 병사들에 대한 식량과 군수품, 의료품, 무기와 장비 등의 원활한 보급, 수송에 절대적으로 의존한다.

이 때문에 전시와 평시를 막론하고, 물류시스템에 대한 공격 위협은 상존한다. 특히 물류시스템의 디지털화, 스마트화는 사이버 공간으로부터의 물류시스템 위협의 개연성과 취약성, 그리고 심각성을 높이는 결과를 초래했다. 이와 같은 물류시스템에 대한 사이버 안보 위협은 최근 들어 실제로 현실에서 구현됐다. 2017년 Wannacry 바이러스를 이용한 대규모 사이버 공격이 소규모 기업과 대규모 사업체들에 가해졌다. 이와 같은 공격은 당시 물류산업 분야에도 영향을 미쳐 상당한 충격을 가했다. 2017년 이후로 물류업체들은 이와 같은 새로운 안보위협 환경에 예기치 않게 자신들이 던져진 사실을 발견했고, 다음과 같은 유명한 후속 사이버 공격들에 상당한 손해를 입었다.

우선, Wannacry 이후로 전 세계적으로 가장 악명 높았던 NotPetya 랜섬웨어는 글로벌 해운회사인 머스크(Maersk)에 상당한 피해를 줬다. 해당 멀웨어(malware)는 머스크의 130개국에 흩어져 있는 600개의 사이트들에 걸친 수천 개의 응용프로그램들과 서버들에 영향을 미쳤다. 이는 부득이하게 운송지연을 발생시켜, 글로벌 공급체인에 상당한 손해를 끼쳤다. 머스크는 그 결과로 약 310만 달러를 잃었다. FedEx도 같은 사이버 공격으로 머스크와 유사한 금액을 잃은 것으로 알려졌다. 2017년 영국 운송회사 Clarkson PLC는 해킹 공격으로 데이터 유출 피해를 보았다. 해당 회사에 따르면, 공격자는 비인가 접속으로 데이터를 유출했던 것으로 밝혀졌다. 단, 유출된 데이터의 규모와 형태에 대해서는 공개하지 않았다. 같은 해 독일의 철도회사인 도이치반(Deutsche Bahn) 역시 랜섬웨어 공격으로 피해를 받았다.[5]

2018년에는 브리스톨 공항에 랜섬웨어 공격이 발생했다. 이로 인해 비행 정보의 완전한 블랙아웃이 발생했다. 직원들은 화이트보드에 직접 손으로 적어 비행 정보를 주기적으로 업데이트해야 했다. 한편, 한 그리스 해운회사는 소말리아 해적의 공격을 받았는데, 당시 소말리아 해적이 해당 회사가 사용자 이름과 패스워드를 한 번도 바꾸지 않았기에 손쉽게 시스템에 접속해 선박의 이동에 관한 정보를 입수한 것으로 알려졌다.[6]

이와 같은 물류시스템에 대한 공격은 최근에도 계속되고 있다. 물류 서비스 회사 Hellman Worldwide Logistics는 2021년 12월에 명백한 랜섬웨어 공격을 받았으며, 이로 인해 회사의 고객들도 사기 통신의 표적이 됐다고 발표했다.[7] 2022년 3월에는 세계에서 6번째로 큰 미국 글

---

[5] Hilary Walton, "The Maer나 cyber attack-how malware can hit companies of all sizes," kordia, 11 September 2022, https://www.kordia.co.nz/news-and-views/the-maersk-cyber-attack; Prabhughate, "Cybersecurity for transfort and logistics industry," p.8.
[6] Prabhughate, "Cybersecurity for transfort and logistics industry," p.8.
[7] Ionut Arghire, "Ransomware Operators Leak Data Stolen From Logistics Giant Hellmann," Security Week, December 20, 2021, https://www.securityweek.com/ransomware-operators-leak-data-stolen-logistics-giant-hellmann

로벌 물류운송기업인 Expeditors International이 공격받았다. 이 공격은 해당 기업의 세관 및 유통 활동을 관리하는 능력을 제한한 후 컴퓨터 시스템을 종료해 운영을 제한하였다. Expeditors 사는 구체적인 공격유형을 규명하지 않았지만, 이로 인해 고객 운송에 대한 세관 및 유통 활동 관리를 포함한 서비스 운영을 수행하는 데 제한이 있고 시스템 복원 작업을 진행 중이지만 언제 정상적인 운영으로 회복될지에 대해서 명시하지 않았다. Expeditors사는 이로 인해 대부분의 운영이 제한될 것이라고 보고하였으며, 구체적인 공격유형을 발표하지 않았으나 그 유형을 보면 랜섬웨어 공격이라고 추정된다.[8] 이처럼 글로벌 물류산업에 대한 랜섬웨어 공격은 점점 증가하고 있는 상황인데, 사이버 보안 회사인 BlueVoyant의 보고에 따르면 2019년에서 2020년 사이에 이와 같은 공격은 양적으로 3배 증가했다.[9]

    물류산업과 시스템에 대한 사이버 안보의 위협이 심각해짐에 따라, 사이버 안보(cyber security)의 중요성이 증대됐다. 물류사업과 시스템 부문에서의 디지털 플랫폼 구축과 스마트, 자동화 시스템을 경쟁적으로 도입함에 따라 사이버 공격 위협이 증가하고 있어 강력한 사이버 보안 네트워크의 필요성이 높아지고 있다. 2019년에 발표된 시만텍(Symantec Corp; 현재는 Broadcom의 계열사) 보고서에 따르면, 최근 물류 및 공급망 네트워크가 주요한 사이버 공격의 표적 가운데 하나로 대두됐다. 특히 앞서 소개한 머스크의 컴퓨터 시스템에 대한 2017년 사이버 공격은 전 세계에 혼란

---

8) Decipher Archive, https://duo.com/decipher/tag/cybercrime
9) Nicole Sadek, "Shipping Companies Confront Cyber Crooks as Economies Reopen," Bloomberg Government, June 29, 2021, https://about.bgov.com/news/shipping-companies-confront-cyber-crooks-as-economies-reopen/#:~:text=Ransomware%20attacks%20on%20shipping%20firms,in%20the%20last%20four%20years

을 발생, 뉴욕, 뉴저지, 로스앤젤레스, 유럽의 로테르담 및 인도 최대 컨테이너 항구인 JNPT(Jawaharlal Nehru Port Trust)에서 심각한 물류운송 지연을 초래했다. 이것은 물류에 대한 최초의 대규모 사이버 위협이었다. 그 이후 해커들은 이 분야를 적극적으로 표적으로 삼은 것으로 파악됐다.

이와 같은 물류 부문에 대한 사이버 공격 위협은 글로벌 대기업뿐만 아니라 중소기업도 마찬가지다. 안티 바이러스는 방화벽과 함께 표준으로 제공되는 피싱 및 멀웨어에 대한 기본 예방 조치임에도 불구하고, 중소기업은 랜섬웨어와 같은 위협에 대한 고급 보안 조치에 투자하지 않는 경우가 많아 대기업에 비해 취약하다. 물류 및 공급망 부문의 디지털화가 증가하고 효율적인 기능을 위한 IoT, 클라우드 컴퓨팅, AI 및 데이터 분석에서 첨단 기술 지원 솔루션의 도입으로 점점 더 해커와 잠재적인 사이버 범죄자의 관심을 끌고 있다.

오늘날 글로벌 무역을 위한 필수 인프라스트럭처로서 물류의 중요성이 커지고 네트워크 전반에 걸친 디지털화의 가속화된 채택으로 인해 물류업계가 사이버 범죄의 다음 잠재적 표적이 되고 있다. 따라서 대부분의 국가가 디지털 경제를 구현하기 위해 특히 물류부문에서 안전하고 안전한 사이버 공간을 확보하는 것은 지속가능한 성장과 성공을 위해 매우 중요하다. 따라서 사이버 안보를 강화하기 위해 물류부문의 기존 인프라를 재검토하고 사이버 안보 솔루션에 대해 적극적으로 관심을 기울이는 것은 매우 중요해지고 있다.[10]

---

10) 오일석·이형동, "랜섬웨어에 대한 안보전략적 대응 방안," 제2차 세종사이버안보포럼, 랜섬웨어와 국가안보, 2022년 1월 27일, 발표자료; Aditya Vazirani, "The Rising Significance Of Cybersecurity For Logistics," Entrepreneur, July 6, 2020, https://www.entrepreneur.com/article/352836

Ⅱ. 사이버 공격 및 공격 행위자들의 유형과 통합적 특성

1. 사이버 공격유형

사이버 공격의 유형은 사이버 범죄, 핵티비즘, 사이버 테러, 사이버 에스피오나지(espionage), 그리고 사이버 전쟁 등으로 다양하게 이루어져 있다. 사이버 범죄는 대체로 호기심, 쓰릴(thrill) 등의 단순한 개인적 쾌락, 개인적 복수심, 또는 금전적 이득을 목적으로 하는 보다 본격적이고 조직화한 불법 행위들을 포함한다. 주로 다양한 동기를 가진 개인들이나 조직범죄(organized crime) 집단들이 사이버 범죄를 실행한다.[11]

예를 들면, 최근 보도된 광주 모 고등학교에서 학생들이 교사의 컴퓨터를 해킹해 시험지를 불법 입수한 사건이나 조주빈의 n번방 사건 등이 이에 해당한다. 또한 러시아의 RBN(Russia Business Network)사례처럼 보다 본격적인 조직범죄(organized crime)의 양상으로 사이버 범죄가 구현될 수도 있다.[12] 하지만 사이버 범죄가 반드시 비국가 행위자에 의해서만 이루어지는 것은 아니며 국가행위자가 조직적으로 금전적 이득을 취할 목적으로 사이버 범죄를 실행할 수도 있다. 북한에 의해 실행되는 암호화폐에 대한 사이버 해킹과 절도는 대표적인 국가에 의한 사이버 범죄에 해당한다.[13]

핵티비즘은 사이버 공격과 행동주의(activism)가 합쳐진 개념이다.

---

11) Grainne Kirwan and Andrew Power, 사이버 범죄 심리학, 서울: 학지사 (2017), pp.86-90.
12) Jeffrey Carr, Inside Cyber Warfare, (Sebastopol, CA: O'Reilly, 2012), pp.121-130.
13) An official website of the United States government, "North Korea Cyber Threat Overview and Advisories," CISA, Department of Homeland Security, the US, https://www.cisa.gov/uscert/northkorea

DDoS나 웹사이트 훼손(Web defacement) 등의 형태로 정치적, 사회적, 종교적, 이념적 의사표현을 위해 사이버 상에서 행동하는 형태의 공격이다. 주로 사회적 이슈가 되는 반태/반낙태, 환경, 동물보호, 인터넷 자유와 정보의 투명성(transparency), 국가의 억압적 권력에 대한 저항 등이 주요한 핵티비즘의 테마가 된다. 어나니머스(Anonymous)의 사례는 이와 같은 핵티비즘의 대표적인 사례다. 물류산업부문의 경우, 환경오염, 지구온난화, 정보의 투명성, 인권과 노동권 등의 이슈가 연계되면 핵티비즘의 공격 타깃이 될 개연성이 있다.[14]

사이버테러는 ISIS, 알카에다 등의 이슬람 극단주의 테러세력이나 극우극단주의 테러단체 또는 극좌극단주의 테러단체 등에 의해 실행되는 사회 전반에 대한 공포의 조장, 혼란, 사회기반시스템 마비 등을 목적으로 한 사이버 공격행위이다. 테러단체들은 이를 통해 자신들의 정치적, 종교적, 이념적 의지를 관철하려 한다. 하지만 사이버테러가 반드시 테러단체와 같은 비국가행위자에 의해서만 실행되는 것은 아니다. 국가행위자 역시 직접 또는 프록시(proxy) 행위자를 내세워 특정 국가 또는 사회에 대해 사이버테러를 실행할 수 있다.[15]

사이버 에스피오나지는 주로 국가행위자에 의해 실행된다. 스노든이 폭로한 바에 따르면, 미국은 NSA 주도로 고도의 광범위한 사이버 에스피오나지 활동을 오랫동안 실행해 왔다.[16] 중국 역시 미국 못지않게

---

14) Chiradeep BasuMallick, "What is hacktivism? meaning, working, types, and examples," Cyber Risk Management, SPICEWORKS June 17, 2022.https://www.spiceworks.com/it-security/cyber-risk-management/articles/what-is-hacktivism/
15) Carr, Inside Cyber War, pp.21-26; Kirwan and Power, 사이버 범죄 심리학, p.330.
16) 세인 해리스, 보이지 않는 전쟁 @ WAR, 진선미 옮김, (서울: 양문, 2015), pp.129-178.

사이버 에스피오나지에 가장 적극적인 행위자로 알려져 있다. 중국은 특히 BRI(Belt and Road Initiative)와 경제와 국방부문 과학기술의 지속적인 발전과 글로벌 패권추구를 위해 사이버 에스피오나지를 통한 선진국 기술절취에 지난 30년간 전력해왔다. 중국의 사이버 에스피오나지는 광범위하며, 무차별적이고, 끈질긴 것으로 알려져 있다. 한국은 특히 미국과 함께 중국의 사이버 에스피오나지의 심각한 위협에 직면해 있다. 최근 중국의 국방과 산업부문의 빠른 과학기술발전은 상당 부분 사이버 에스피오나지를 통한 과학기술지식 절도에 힘입은 것으로 알려져 있다.[17]

사이버 전쟁은 특히 2008년 러시아-조지아 전쟁, 2014년 러시아 크림반도 합병에 이어 최근 2022년 러시아-우크라이나 전쟁에서 뚜렷하게 관찰됐다. 사이버 전쟁은 오프라인에서의 정규전과 함께 수행되는 다영역 전쟁(multi domain warfare)으로 구현되고 있다. 이 때문에 전쟁 수행에 핵심기반시설이 되는 물류시스템이 향후 미래 전쟁에서 사이버 공격의 직접적 타깃이 될 개연성이 매우 높아졌다. 러시아-우크라이나 전쟁에서 사이버전은 본격적인 물리적 공격수행을 위한 사전 작업으로서의 예비공격의 성격을 가졌다. 러시아는 2022년 2월 24일 우크라이나를 침공하기 전부터 몇 달에 걸쳐 우크라이나에 대한 다양한 대규모 사이버 공격을 수행했다. 러시아가 이번 전쟁 기간 동안 수행한 사이버 공격은 사이버전 역사상 가장 규모가 크고 가장 오랫동안 지속됐다. 러시아는 2022년 1월 14일 우크라이나의 외교부, 에너지부, 재무부 및 위기대응 관련 부처 등 70여개에 달하는 홈페이지를 해킹, 마비시켰고, 15일에는 우

---

17) 윌리엄 한나스·제임스 멀베논·안나 푸글리시, 중국 산업스파이: 기술 획득과 국방 현대화, 송봉규 옮김 (서울: 박영사, 2019), pp.381-404.

크라이나 정부 웹사이트에 '위스퍼게이트(Whispergate)'로 불리는 멀웨어 공격을, 2월 15일과 16일에는 우크라이나 국방부, 국무부, 문화정보부 웹사이트 및 금융 시스템에 디도스(DDoS) 공격을 수행했다.

러시아는 침공 10시간 전 우크라이나 정부 기관과 민간 기업의 300여개 시스템에 대해 '헐메틱와이퍼(HermeticWiper)'로 불리는 대규모의 와이퍼 공격을 전개했다. 이번 전쟁에서 최대 규모로 수행한 것으로 알려진 사이버 공격은 우크라이나 침공 1시간 전 러시아가 미국의 위성회사 비아샛(Viasat)을 겨냥한 멀웨어 공격으로서 전시에 수행된 사이버 공격으로서는 최대 규모로 알려졌다. 러시아가 비아샛을 공격한 것은 우크라이나 군이 미국의 비아샛 통신 서비스를 통해 자국 군을 지휘통제하고 있었기 때문이다. 이번 전쟁에서 러시아가 보여준 사이버 공격의 특징 중 하나는 군사공격과 사이버 공격이 합동작전을 펼치는 것과 같이 함께 수행됐다는 것이다. 러시아의 군사공격과 사이버 공격 간 협동(coordination)의 패턴이 반복적으로 이루어졌으며, 이제 사이버전은 더 이상 새로운 전쟁의 양상이라기보다 전통적인 군사수단과 완전히 결합돼 조직적으로 전개되는 전쟁 수단으로 자리 잡은 것으로 보인다. 이번 전쟁에서는 물류시스템에 대한 본격적인 사이버 공격이 나타나지는 않았지만, 전쟁 수행에서 물류시스템이 차지하는 중요성을 고려할 때 앞으로는 정보통신시스템과 금융시스템에 못지않게 물류시스템이 전시 사이버 공격의 타깃이 될 개연성이 매우 크다.[18]

---

18) 송태은, "러시아-우크라이나 전쟁의 사이버전: 평가와 함의," 외교안보연구소, 2022년 7월 21일. https://www.ifans.go.kr/knda/ifans/kor/pblct/PblctView.do?csrfPreventionSalt=null&sn=&bbsSn=&mvpSn=&searchMvpSe=&koreanEngSe=KOR&ctgrySe=&menuCl=P01&pblctDtaSn=14023&clCode=P01&boardSe=

2. 사이버 공격 행위자들

통상적으로 해커라고 불리는 사이버 공격행위사들은 다양한 유형들을 포함한다. 이들은 대체로 비국가행위자와 국가행위자로 구분할 수 있다. 먼저, 비국가행위자 해커에 해당하는 그룹으로는 스크립트 키디(Script kiddles), 멀웨어 제작자(Malware authors), 스캠머(scammers), 블랫햇, 핵티비스트(hacktivists), 애국적 해커들(patriot hackers) 등이 있다. 스크립트 키디는 가장 기술 수준이 낮으며 일반적인 비국가행위자 해커 그룹에 속한다. 이들은 일반적으로 다른 누군가가 제작한 스크립트나 도구를 자신들의 공격에 활용하며, 스스로 도구나 스크립트를 제작하거나 단순한 사용을 넘어선 기술이나 능력을 보유하고 있지 않다.

멀웨어 제작자는 매우 전문화된 유형의 공격자들이다. 이들은 고유한 멀웨어를 실제로 제작하며, 프로그래밍 기술과 공격 대상 운영체제에 대한 지식을 갖고 있다. 봇넷(botnets)을 활용하는 멀웨어를 개발하고, 루트킷(rootkits)과 같은 복잡한 도구를 제작할 수 있다. 스캠머는 공격자들 가운데 가장 낮은 수준으로 간주된다. 이들은 공격도구에 관련된 기술적 숙련도가 없으며, 스크립트 키디보다도 더 수준이 낮다. 스캠머들은 피싱(phishing)이나 파밍(pharming)과 같은 사회공학적(social engineering) 속성을 가진 도구들을 종종 이용한다. 블랙햇은 해커 세계에서 가장 나쁜 행위자들로 분류된다. 이들은 다양한 동기로 시스템과 네트워크를 공격한다. 이들의 동기는 단순한 스릴(thrill)부터 금전적 이득까지 다양하다.

핵티비스트는 특정한 정치적, 사회적, 의견, 견해를 표출하고 지지하기 위해 자신들의 기술을 사용한다. 핵티비스트의 주요 동기는 시위와 다수의 참여, 위력 행사, 반대 의견 표출 등이기 때문에 DoS(Denial of Service), DDoS(Distributed Denial of service), 웹사이트 훼손(website defacement), 대량이메일발송(mass emailing), DNS(Domain Name Service) 하이재킹(hijacking) 등과 같은 피해는 제한적이면서 컴퓨터 기술 수준은 낮지만 핵티비스트의 정치, 사회적 견해와 주장에 공감하는 다수가 동참할 수 있고, 여론, 언론, 사회에 대한 광범위한 메시지 알림 효과가 큰 공격 기법들을 주로 활용한다. 핵티비스트들은 매우 높은 정도의 정치적, 종교적, 사회적 지향성을 가진다. 이들은 언론의 자유(free speech), 인권(civil rights), 종교적 권리(religious right) 등을 포함한 여러 다른 이슈들을 중심으로 결집하고 행동할 수 있다. 마지막으로 애국적 해커들은 핵티비스트의 한 유형이다. 이들은 주로 민족, 국가에 대한 애국심, 충성심, 자부심 등을 매개로 결집해 있다. 일반적인 핵티비스트들과 유사하게 대중운동과 담론형성, 위력행사 등의 성격을 갖고 있기 때문에 DDoS, 웹사이트 훼손 등의 유사한 공격 기법들을 주로 활용한다. 또한 최근 들어 애국적 해커들은 가짜뉴스나 선전·선동·프로파간다, 댓글공작, 사이버 공간상에서의 내러티브 담론 형성과 심리적 위력 행사 등 사이버 심리전 또는 인지전도 적극적으로 활용한다.[19]

비국가행위자 유형에 속하는 해커들 가운데 가장 숙련도가 높고 위협적인 공격자들로는 조직범죄와 테러리스트들을 들 수 있다. 최근 들어 거의 모든 조직범죄집단이 자신들의 범죄 활동을 실행 또는 관리하기 위해 정보통신기술을 이용한다. 이들의 동기는 돈과 권력이며,

---

19) Andress and Winterfeld, Cyebr Warfare: Techniques, Tactics and Tools for Security Practitioners, pp.194-197.

타깃에 침투하기 위한 고도의 기술 수준을 갖췄다. 더욱이 이들 범죄조직은 서로 협력하며, 조율하는 양상도 보여주고 있다. 몇몇 범죄조직은 사이버 범죄를 실행하기 위한 매우 전문화되고 특화되어있다. 예를 들면 이들은 고도의 멀웨어를 개발하거나 멀웨어를 특정 타깃에 심어놓고 이를 렌탈하거나 판매하기도 한다. 여기에는 제로데이 활용, 랜섬웨어 패키지, 대규모 봇넷 구축 등이 포함된다. 또는 Bulletproof Hosting이라고 불리는 기반시설을 서비스하기도 한다. 사이버 조직 범죄자들은 VPS(Virtual Private Services), 도메인호스팅(domain hosting), 그리고 웹호스팅(web hosting) 서비스를 제공한다. 이와 같은 기반시설 서비스를 통해 스패머들(spammers)과 불법 온라인 도박과 포르노그래피, 마약거래, 그리고 다른 여타 범죄 조직은 불법을 저지를 수 있는 호스팅서비스(hosting service)를 제공받는다.[20]

사이버 테러리스트들은 특정 국가나 사회에 고도의 혼란을 주고 공공에 높은 주목을 끌 수 있는 공격대상을 선호한다. 이들은 대규모 피해나 혼란, 파괴를 야기하는 것을 목표로 한다. 이 때문에 특히 사회기반시설의 SCADA 시스템이 주요 공격대상이 될 개연성이 높다. 이와 같은 사회 핵심기반시설 운영시스템에 대한 공격과 마비는 대중들에게 광범위하게 불안과 근심, 공포, 혼란을 야기할 수 있기 때문이다. 이와 같은 핵심기반시설에는 물류운송시스템, 상하수도, 에너지공급시설, 통신망, 은행, 중요국가시설, 응급시설 등이 포함된다. 사이버 테러리스트들은 논리폭탄과 같은 악성코드들을 이용할 정도로 기술수준이 높으며, 특정

---

20) Pascal Geenens and Daniel Smith, "Hacker's Almanac," radware, Series 1: The Threat Actors, 2022 pp.16-30.

컴퓨터 장비 혹은 통신망을 겨냥한 물리적 공격, 컴퓨터 회로 과부화를 목적으로 전기와 에너지를 사용하는 전자적 공격, 악성코드로 표적 컴퓨터 시스템을 감염시키거나 소프트웨어 취약점들을 공격하는 컴퓨터 네트워크 공격 등을 실행할 수 있다.[21]

다음으로 국가행위자 해커들에는 정부요원들, 사이버 전사들(cyber-warriors), 그리고 민간 보안회사나 민간조직 등이 포함된다. 먼저 정부요원은 군이나, 정보기관, 또는 수사기관 등의 소속이다. 미국의 경우 사이버사령부나 사이버 특수작전 병력들, NSA(National Security Agency)의 TAO(특수목적접근작전) 팀, CIA(Central Intelligence Agency)의 정보작전센터(Information Operations Center: IOC), FBI(Federal Bureau of Investigation)의 데이터 포착기술팀(Data Intercept Technology Unit: DITU) 등의 최고 수준의 엘리트 요원들을 포함한다.[22] 러시아는 범죄자들과 해커들을 이용한 비밀공작을 수행하는 FSB(федеральная служба безопасности)의 정보안보센터(Center for Information Security)의 엘리트 요원들이 포함되며, 해킹, 사이버 심리작전, 허위조작정보(disinformation) 등의 특수작전을 수행하는 사이버 부대에 소속된 해커들과 저널리스트들, 심리작전 전문가들, 언어학자들, 그리고 해킹과 정보-심리작전 등의 정보전쟁을 수행하는 군정보기관인 GRU(Главное разведывательное управление)에 소속된 요원들이 여기에 포함된다.[23] 중국은 대표적으로 중국공산당 중앙군사위원회(CPC's Central Military Commission) 산하 인민해방군(PLA: People's Liberation Army) 총참모부

---

21) Andress and Winterfeld, Cyebr Warfare: Techniques, Tactics and Tools for Security Practitioners, pp.198-199; Kirwan and Power, 사이버 범죄 심리학, pp.324-331.
22) 해리스, 보이지 않는 전쟁 @ WAR, p.53, 116, 142, 210.
23) 신범식·윤민우·김규철·서동주, 러시아의 사이버 안보, (서울: 사회평론아카데미, 2021), p.104, 109, 110.

(General Staff Department) 3부(3rd department) 2국(2nd Bureau)인 61398부대(Unit 61398)가 사이버 공격과 해킹, 사이버 에스피아노지 활동의 핵심 지휘부로 알려져 있다. 61398부대 소속의 병력들은 따라서 중국의 경우에 국가 행위자 해커에 속하는 것으로 분류할 수 있다.24) 〈그림 1〉은 중국 61398부대와 관련된 지휘체계 조직도이다.

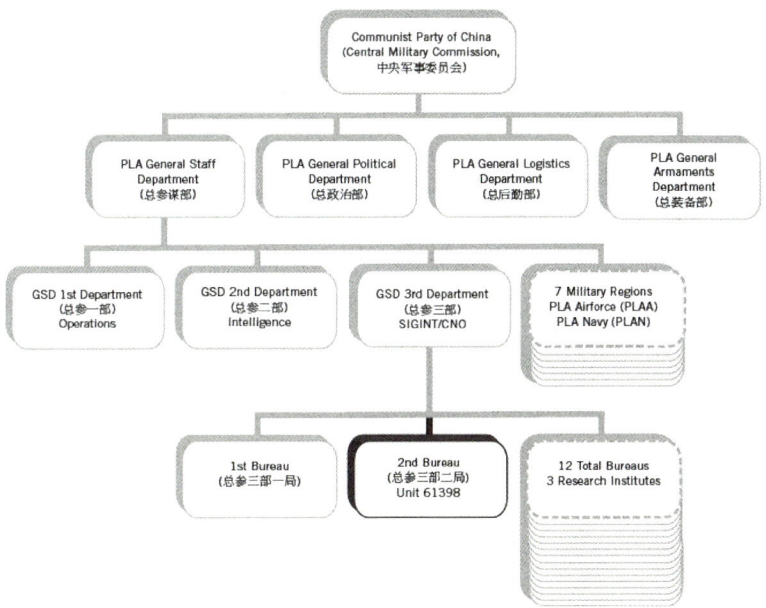

[그림 1] 중국 61398부대 지휘체계 조직도25)

사이버 전사들은 정부조직의 요원들과 겹치거나 정식 요원이 아니면서 은밀히 활동하는 해커 또는 협력자다. 이들은 퇴직한 전직 정부

---

24) Mandiant, APT1: Exposing One of China's Cyber Espionage Units, pp.7-8, http://intelreport.mandiant.com/Mandiant_APT1_Report.pdf.
25) Mandiant, APT1: Exposing One of China's Cyber Espionage Units, p.8.

요원이거나 전직 해커들 가운데 정부를 위해 일하기 위해 자의 또는 강요에 의해 일한다. 민간 보안회사나 민간조직 역시 정부기관과 연계돼 정부나 국가, 사회를 위해 사이버 전쟁을 수행한다. 민간 보안회사의 해커들, 보안 담당자들은 주로 전직 정보기관 요원이나 퇴직한 군인들, 자리를 옮긴 수사관들이다. 이들은 정부기관과의 긴밀하고 은밀한 협력체계를 구축하고 사이버 전쟁을 수행한다. 민간조직은 사이버 범죄조직, 애국적 해커조직, 댓글공작 부대 등을 포함한다. 이들 역시 은밀히 정부를 위해 해킹과 사이버 심리공작 임무를 수행한다. 앞선 비국가 핵티비스트와 이들 민간 부문의 해커들과의 차이는 사실상 정부기관과의 은밀한 연계 여부에 따라 결정된다. 하지만 이러한 연계는 은밀히 비밀스럽게 구축돼 작동하기 때문에 사실상 외견상으로 비국가 핵티비스트와 국가 또는 정부기관과 연계된 해커들 또는 핵티비스트들을 구분하는 것은 매우 어렵다.[26]

3. 공격과 공격행위자들의 통합적 특성

사이버 범죄와 사이버 테러, 핵티비즘, 사이버 전쟁 등과 같은 다양한 사이버 공격 행위와 이러한 공격을 수행하는 공격행위자는 사실상 구분이 불분명하며, 많은 부분 애매모호한 형태로 공존하거나 융합된 회색지대에 존재한다. 물류시스템에 대한 어떤 특정 사이버 상 공격행위가 발생했을 때 즉시 이를 범죄, 테러, 핵티비즘, 또는 전쟁 행위로 구분하고 그 공격자의 특성을 식별해내는 것은 사실상 매우 어렵다. 많은 경우 그 공격 주체와 공격 특성에 대해 신뢰성 있는 추정을 할 수 있게

---

26) 해리스, 보이지 않는 전쟁 @ WAR, pp.87-227; Carr, Inside Cyber War, pp.17-18, 121-103.

되는 시점은 최초 공격이 발생한 이후 어느 정도 시점이 지난 경우가 대부분이다. 이때는 이미 사이버 공격으로 인한 피해가 충분히 숙성된 시점이다.

더욱이 최근 들어서는 멀웨어 제작과 해킹과 멀웨어와 스파이웨어, 백도어 설치, 랜섬웨어나 봇넷 인프라 구축, 실제 사이버 공격 실행 주체들이 서로 다르다. 다크넷 등의 은밀한 거래 시장에서 서로 전문성이 특화돼 거래관계를 구축하고 있는 경우도 나타나 공격특성과 의도, 공격행위자 파악, 예방 및 대응 등이 더욱 어려워지고 있다. 따라서 공격행위와 공격 행위자를 유형별로 분류하고 그 차별적 특성을 살펴보는 것이 의미가 있다고 하더라도 이와 같은 다양한 공격행위와 행위자들이 서로 회색지대에서 애매모호하게 공존하고, 서로 긴밀히 연계돼 있으며, 종종 서로 협력 및 조율 관계에 있다는 사실을 유념해야 한다.

III. 주요 사이버 위협 요소와 공격기법들

최근 들어 실제 어떤 사이버 위협 요소가 있을까. 사이버안보관련 EU기관(European Union Agency for Cybersecurity) 연례 보고서에 따르면, 상위 9개 주요 사이버 위협 요소는 다음과 같다.

〈표 1〉 상위 9개 주요 사이버 위협 요소[27]

순위	2020년 보고서	2021년 보고서
1	Malware (멀웨어)	Ransomware (랜섬웨어)
2	Web-based Attacks (웹기반공격)	Malware (멀웨어)
3	Phishing (피싱)	Cryptojacking (크립토재킹)
4	Web Application Attacks (웹어플리케이션 공격)	E-mail related threats (이메일 관련 위협)
5	SPAM (스팸)	Threats against data (데이터 위협)
6	Distributed Denial of Service (분산디도스공격)	Threats against availability and integrity (가용성과 통합성 위협)
7	Identity Theft (아이덴티티 절도)	Disinformation - misinformation (허위 또는 오정보)
8	Data Breach (데이터 침해)	Non-malicious threats (비악의적 위협)
9	Insider Threat (내부자위협)	Supply-chain attacks (공급망 공격)

주목할 점은 2021년 보고서에서 등장한 'Supply-chain attacks(공급망 공격)'이다. 공급망 공격은 소프트웨어나 하드웨어를 가리지 않고 정보를 제공하는 공급망의 불완전한 요소를 표적으로 삼아 조직에 피해를 입히려는 사이버 공격을 의미하는 것으로, 이와 같은 위협에 대한 우

---

27) 사이버안보관련 EU기관(European Union Agency for Cybersecurity) 연례 보고서, 2020-2021, https://www.enisa.europa.eu/news/enisa-news/enisa-threat-landscape-2020

려가 점차 증가하고 있음을 해당 보고서에서 확인할 수 있다. 공급망 공격은 넓은 개념으로 물류시설이나 전체 시스템에 대한 의도적인 위해(또는 불법) 행위를 가하는 것을 의미한다. 각국은 이에 대해 이른바 물류보안(logistic security)으로 대응한다. 특히 미국은 물류보안에 대한 대응 시스템을 국가적 차원에서 마련하는 중이다. 2001년 9.11 테러를 계기로 인명과 재산을 보호하기 위한 보안대책을 실시하고 있다. 이 밖에도 물류보안은 WCO(World Customs Organization: 세계관세기구), IMO(International Maritime Organization: 국제해사기구), ICAO(International Civil Aviation Organization: 국제민간항공기구)와 같은 국제기구에서도 주요한 의제로 다루고 있다.[28]

물류보안은 국가 물류시스템에 대한 악의적 공격 행위를 사전에 방지하는 행위, 또는 안전하고 원활한 국가 물류시스템을 확보하기 위한 공항, 항만, 물류터미널 및 물류단지 등 물류시설 전반에 대한 보호활동을 의미한다.[29] 이 때문에 물류보안이 출입통제 보안이나 수출입 등에 관한 물리적 보안에 국한되지 않았음에도 불구하고 그동안 사이버안보와 관련된 물류보안은 주목 받지 못했다. 이는 해운이나 항만 등과 같은 국제물류 전반에 있어서의 화물 흐름의 효율성 제고가 국제사회의 중요한 현안으로 여겨져 왔던 것과 차이가 있다.[30]

최근 들어 물류시스템이 점차 디지털 첨단기술을 바탕으로 자동

---

28) 최재선·목진용·황진회·고현정, 국가 물류보안 체제 확립방안 연구(I), 한국해양수산개발원, 2006.
29) 엄호식, "육상 물류보안 유형별 가이드라인 꼼꼼 분석," 보안뉴스, 2018년 5월 3일 https://www.boannews.com/media/view.asp?idx=68805
30) 국가물류통합정보센터, 육상물류 보안 유형별 가이드라인. http://www.nlic.go.kr/nlic/logpolDt.action?fldLogpolRefSeq=330&command=VIEW

화, 스마트화되고 있다. 특히 코로나-19로 인해 디지털 전환이 가속화되고 있어 사이버 안보가 물류보안의 주요한 이슈로 대두됐다. 이 때문에 기존 오프라인 보안에 더불어 물류보안에 대한 초점을 사이버 보안강화로 확장해야 할 필요가 커졌다. 사이버보안 강화를 통한 물류보안 강화는 기존의 오프라인에서의 물리적 물류보안 강화와는 차이가 있다. 물리적 물류보안이 컨테이너 선적 전 스캐닝 검사, 검시대상 화물의 정보제공조치, 화물의 보안 관리에 초점을 둔다면, 사이버 물류보안은 보안 장비와 기술에 대한 투자확대, 위험성 식별, 위험관리 체계 정비 등에 방점을 둔다. 이 때문에 사이버 공격에 대한 물류보안은 기존의 물리적 보안 보다 상대적으로 광범위하고 포괄적인 대응책이 요구될 뿐만 아니라, 각 공격에 대한 유형별 대응이 마련돼야한다. 이 때문에 사이버 공격 기법의 유형들에 대해 살펴보고 각 유형별 대응책이 필요하다.

앞서 사이버 위협요소들에서 살펴본 것처럼 사이버 공격기법들은 매우 다양하다. 그럼에도 불구하고, 그와 같은 사이버 공격기법들은 크게 두 가지 유형으로 분류될 수 있다. 하나는 웹 기반 사이버 공격이며, 다른 하나는 시스템 기반 사이버 공격이다. 웹 기반 사이버 공격이 웹 사이트나 웹 애플리케이션을 대상으로 하는 공격이라면, 시스템 기반 사이버 공격은 네트워크의 노드, 또는 시스템을 손상시키는 데 공격의 목표를 둔다.

<표 2> 사이버 공격기법들과 유형별 분류[31]

웹 기반(web-based) 공격	시스템 기반(system-based) 공격
injection attacks : 데이터를 웹 애플리케이션에 주입해 애플리케이션을 조작하고 필요한 정보를 가져오는 공격	virus : 사용자 모르게 컴퓨터 파일 전체에 유포되는 악성 소프트웨어 프로그램의 일종
DNS spoofing : 컴퓨터 보안 해킹으로 잘못된 IP주소를 반환하도록 해 공격자의 컴퓨터나 다른 컴퓨터로 트래픽을 우회	worm : 감염되지 않은 컴퓨터로 확산되도록 자신을 복제하는 것이 주요 기능인 멀웨어 유형
session hijacking : 보호된 네트워크를 사용해 사용자의 세션에 대해 보안 공격	trojan horse : 컴퓨터가 유휴 상태인 경우에도 컴퓨터 설정에 예기치 않은 변경 및 비정상적인 활동을 발생시키는 악성 프로그램
brute force : 무차별적으로 암호 해석 또는 정보입수를 하는 방식	backdoors : 정상적인 인증 절차를 우회하는 방식
denial of service : 사용자가 서버나 네트워크 리소스를 사용할 수 없도록 하는 방법	bots : 다른 네트워크 서비스와 상호 작용하는 자동화된 프로세스로 특정 입력을 수신할 때만 명령을 실행
dictionary attacks : 일반적으로 사용되는 암호 목록을 바탕으로 원본 암호를 추측	
URL Interpretation : URL의 특정 부분을 변경할 수 있는 공격 유형	
File Inclusion attacks : 필수 파일에 접근하거나 웹 서버에서 악성 파일을 시행하는 공격 유형	
Man in the middle attacks : 클라이언트와 서버 사이의 연결을 가로채공격자가 둘 사이의 다리 역할을 하고 이를 통해 데이터를 가로채는 유형	

먼저 웹 기반 공격을 살펴보면 크게 9가지 유형으로 나뉜다. 이들

---

[31] Java Point, "Types of Cyber Attacks," https://www.javatpoint.com/types-of-cyber-attacks

공격은 모두 홈페이지, 웹사이트와 같은 웹 브라우저에서 동작하고 기본적으로는 HTML, CSS, Javascript로 작성된 웹페이지를 공격한다는 공통점을 가진다. 다시 말해 웹 사이트가 가진 취약성을 공격하는 기술적 위협이다. 권한이 없는 시스템에 접근하거나, 데이터를 유출하거나, 데이터를 파괴하는 행위 등으로 구성된다. 일반적으로 사이트 이용자는 해당 사이트에 저장된 민감한 개인정보가 비공개로 안전하게 유지될 것으로 가정하지만, 웹 기반 공격이 이루어진다면 신용카드, 의료 정보와 같은 개인정보를 넘어 나아가 국가기밀사항까지 유출될 수 있는 매우 심각한 결과를 초래한다. 특히 웹 애플리케이션의 경우 24시간 365일 이용이 가능하기 때문에, 해킹에 더욱 취약하다.[32]

다음으로 시스템 기반 공격의 경우는 크게 5가지 기법으로 나뉜다. 이 중 가장 널리 알려진 시스템 기반 공격 기법들은 트로이목마와 백도어이다. 이들 기법은 모두 악성코드를 감염시켜 시스템을 마비시킨다는 공통점을 지닌다. 트로이목마가 정상적인 기능을 하는 것처럼 보이지만 실제로 다른 기능을 하는 프로그램을 의미하는 반면, 백도어는 시스템에 비인가된 접근을 가능하게 하는 프로그램을 의미한다. 시스템 기반 공격 중에서 특히 백도어는 파괴적인 결과로 이어질 수 있다. 백도어를 사용하면 대상자의 데이터를 훔치거나, 추가적인 멀웨어를 설치할 수 있고, 장치 자체를 하이재킹(hijacking)[33] 하는 등 대상자의 보안 조치를

---

32) Trust Net, "202 Revisions to ISO27002," https://www.trustnetinc.com/2022-revisions-to-iso-27002/
33) 하이재킹이란 DNS 서버를 공격해 특정 도메인에 연결되는 IP 주소를 다른 주소로 변경하는 공격방법으로 美 국토안보부 산하 국가사이버보안통신통합센터(NCCIC)는 2019년 대규모 DNS 하이재킹 시도를 발견해 이를 경고하기도 했다(KISA인터넷 보호나라, "DNS 하이재킹 공격발생 주의 권고," https://krcert.or.kr/data/secNoticeView.do?bulletin_writing_sequence=30153).

모두 우회할 수 있고, 사용자가 갖고 있는 수준만큼의 권한을 획득할 수 있다.

특히 백도어의 경우 광범위하고 무차별적인 사이버 에스피오나지에 활용된다. 중국의 경우 백도어를 이용한 한국, 미국을 포함한 전세계적 사이버 에스피오나지의 가장 큰 위협세력이다. 중국은 백도어를 이용한 비인가 접근을 통해 사이버 과학기술절도와 정보탈취를 오랜 동안 매우 심각한 수준으로 실행하고 있다 특히 중국은 화웨이 장비 등의 정보통신장비와 부품, 소프트웨어 등의 제조 시 정보기관이나 군의 사전 스크리닝을 거쳐 제조과정에 미리 백도어를 심어놓아 이후 사이버 에스피오나지에 활용했다. 이는 미국과 영국, 오스트레일리아 등 서방 동맹국이 중국산 부품에 대해 문제를 제기하고 중국을 배제한 공급망 재편을 추진하도록 촉발시켰다.

최근 반도체 빅4 동맹 등의 추진은 최근 들어 미-중 패권충돌의 격화로 인해 야기된 경제적 충돌의 성격에 그치는 것은 아니다. 이는 지난 2000년대 중반 이후로 미국 내에서 지속적으로 제기된 중국의 정보통신제품과 부품, 소프트웨어들이 야기하는 사이버 에스피오나지의 중대한 위협과 이와 결박된 중국이 야기하는 안보경제적 위협에 대한 장기적, 체계적, 지속적 대응노력의 결과로 이해해야 한다. 따라서 한국의 경우에도 국내 물류시스템에 중국산 장비나 부품을 사용하는 것과 중국산 소프트웨어를 쓰는 경우, 중국산 CCTV나 드론 등의 감시 장비를 쓰는 것에 대해 물류보안의 차원에서 심각하게 경계하고 궁극적으로는 중국산을 전면 퇴출시킬 필요가 있다. 그렇지 않을 경우 중국이 숨겨놓은 백도어를 통해 한국의 물류시스템이 심각하게 위협받을 수 있으며, 전시 등 유사시에 한국의 물류시스템이 마비되는 등의 파국적 결과로 이어질 수 있다.

사이버 공격 절차(attack process)는 7단계로 이루어진다. 1단계는 수색정찰(Recon 또는 Reconnaissance) 단계이다. 컴퓨터 네트워크 공격을 위한 사전 수색정찰이 이루어지며, 공격 타깃 환경에 대한 정보를 수집한다. 이 단계에서는 사회공학적(social engineering) 방법이 활용된다. 장기간 수색정찰을 위해 특정 시스템에 대한 감시목적으로 도구를 심기도 하며 키스트로크 로거(keystroke logger)같은 소프트웨어가 이를 위해 사용된다. 2단계는 스캔(Scan) 단계이다. 일반 수색정찰에서 취약성이 파악된 타깃에 대해 보다 자세히 근접, 정밀 스캐닝을 실시한다. 당연히 공격 타깃의 운영 시스템에 대한 보다 특정한 정보가 취득된다. 3단계는 접근(Access) 단계이다. 접근 권한을 획득하기 위해 다양한 도구와 방법들이 활용될 수 있다. 이전 단계에서 접근 카드나 패스워드 등을 파악한다면, 로그인 할 수 있는 정당한 접근권한을 확보할 수 있다. 이메일이나 USB 드라이브를 이용하거나 또는 웹기반 접근을 시도할 수 있다. 4단계는 단계적 확장(escalate) 단계이다. 접근이 성공한 이후 이 단계에서는 부가적이고 다른 종류의 특권(privileges)을 획득할 수 있다. 흔히 특권의 단계적 확장(Privilege escalation)으로 알려져 있다. 이 과정은 시스템 환경의 보안 취약성과 결함 등을 이용해 다양한 방법들을 통해 이루어진다. 5단계는 추출(exfiltrate) 단계이다. 접근권한을 획득하고 이용권한을 확장한 다음 공격자의 주요 관심은 자신에게 가치 있는 데이터를 찾고 침입한 시스템 환경에서 공격자가 원하는 외부 위치로 데이터를 옮기는 것이다. 파일 전송을 위해 FTP SCP(Secure Copy Protocol), XMPP(Extensible Messaging and Presence Protocol) 등과 같은 프로토콜들이 사용될 수 있다. netcat은 데이터를 옮기는 매우 강력한 툴이다. 6단계는 공격(assault) 단계이다. 이 단계에서 공격자는 접근하고, 권한을 확장하고, 데이터를 추출한 이후에 침입한 타깃 시스템 환경을 혼란시키거나 파괴한다. 그와 같은 공격 효과는 기만(Deception), 혼란(Disruption), 거부(Denial), 저하(Degradation), 파괴(Destruction) 등으로 이루어져 있다. 공격자는 5개의 공격 효과 중에 하나 또는 복수의 공격 효과를 기도한다. 마지막 7단계는 지속(sustain) 단계이다. 이 단계는 공격 이후에 접근권을 취득한 타깃 시스템에 계속 남아있도록 조치하는 단계이다. 이를 통해 공격자는 다음에 언제든 다시 침투할 수 있다. 백도어(backdoors)를 설치하거나 추가적인 포트(ports)를 열어놓거나 새로운 계정(account)을 만들어 두거나 커맨드-컨트롤 소프트웨어(command-control software)를 설치하는 등의 방법이 이용된다.[34]

---

34) Andress and Winterfeld, Cyber Warfare: Techniques, Tactics, and Tools for Security Practitioners," pp.170-177.

Ⅳ. 대응방안

1. 사이버 공격 유형 및 기법에 따른 대응

사이버 공격은 그 유형과 기법이 다양하며, 양상이 매우 복잡하다. 따라서 각 공격 유형 및 기법에 따른 대응 방안을 마련하는 것이 필요하다. 각 유형 및 기법에 따른 공격 대응방안을 살펴보면 다음과 같다.

1) 웹 기반 공격에 대한 대응

웹 기반 공격은 웹 서비스 상에서 발생될 수 있는 모든 보안 허점(Security Hole)[35]을 이용한다. 따라서 이에 대한 대응책은 크게 세 가지가 있다. 첫째는 자동화된 취약점 스캐닝 및 보안 테스트이다. 웹 기반 공격이 발생하기 전에 선제적으로 취약점을 찾고 분석하는 것으로 예방적인 작업에 해당한다. 이와 같은 예방조치를 통해 웹 기반 공격에 노출될 것으로 예상되는 취약점을 보완하고 개선할 수 있다.

둘째는 WAFs(Web Application Firewalls)로 불리는 방화벽으로, 웹 서비스와 주고받는 HTTP 트래픽을 필터링, 모니터링, 차단하는 특정 형태의 애플리케이션 방화벽을 의미한다. WAFs는 보다 일반적인 보안 체제로서 어떠한 부분이 악성인지 즉각적으로 판단하고 위험한 웹 애플리케이션 보안 결함을 감지해 즉시 예방할 수 있는 방안이다.[36] WAFs는 모든 계층과 프로토콜에 접근할 수 있어 사이버 공격으로부터 정보를 보호할

---

[35] 이를 보안취약점(vulnerability)이라고도 부른다.
[36] Ben Lutkevich, "Web application firewall (WAF)," Search Security, https://www.techtarget.com/searchsecurity/definition/Web-application-firewall-WAF

수 있는 매우 효과적인 게이트키퍼(gate keeper)이다.[37] WAFs는 크게 두 가지 접근방식으로 구분된다. 하나는 안전이 입증된 것만 허용하고 그 외 다른 것들은 모두 차단하는 강력한 보안성을 유지하는 화이트리스팅이며, 다른 하나는 명시적으로 제외된 항목들의 접근을 거부하고 그 외는 모두 접근을 허용하는 블랙리스팅이다.[38] 화이트리스팅은 이메일 주소, URL, IP 주소, 도메인 이름 등 허용된 것들 외에는 모두 접근을 거부하는 방식이기 때문에 매우 강력한 보안을 갖고 있지만 사용의 어려움으로 인해 전면적으로 이용되지는 못한다. 예를 들면, 이메일의 경우에도 화이트리스트 방식을 통하면 승인된 사용자라 하더라도 이메일을 내부 사용자에게 전달할 수 없게 되는 경우가 발생한다.[39] 반면 블랙리스트 방식은 악성 IP로 판명된 IP에서 발송되는 이메일은 제외하고 그 외 모든 이메일은 허용된다.

셋째는 보안 개발 테스트(Secure Development Testing, SDT)이다. 이는 테스터(시험자), 개발자, 설계자, 및 관리자를 포함한 모든 보안과 관련된 구성원을 위해 설계된다. 이는 최신 공격 벡터에 대한 정보를 제공하는 지침이다. 웹사이트 공격을 방지하고, 사이버 공격 결과를 최소화하기 위한 기준선을 설정해 이에 대한 지원을 제공한다.

---

37) Ibid.
38) 화이트리스트(whitelist)는 '포지티브' 보안, 블랙리스트(blacklist)는 '네거티브' 보안방법으로 불리기도 한다(출처: Victor Clincy & Hossain Shahriar, "Web application firewall: Network security models and configuration," In 2018 IEEE 42nd Annual Computer Software and Applications Conference (COMPSAC), IEEE Xplore, July 2018, Vol. 1, pp.835-836)
39) 오현식, "위협 고도화로 화이트리스트 보안 기술 재조명," 데이터넷, 월간네트워트타임즈 2010년 11월 154면.

2) 시스템 기반 공격에 대한 대응

시스템 기반 공격으로부터 완전한 보호는 어렵다. 예를 들어 바이러스의 경우 이메일, 인스턴트 메시징, 웹사이트 다운로드, 이동식 미디어(USB) 및 네트워크 연결을 통해 한 시스템에서 다른 시스템으로 확산되며, 웜은 일반적으로 이메일 서버, 웹 서버 및 데이터베이스 서버에 사용돼 인터넷과 컴퓨터 네트워크를 통해 빠르게 퍼지고, 트로이목마 프로그램은 합법적인 소프트웨어로 위장해 이메일 첨부 파일, 웹 사이트 다운로드 및 인스턴트 메시지를 통해 다운로드 된다. 따라서 이러한 행위들은 공격이라고 식별하기 매우 어렵다.[40] 그럼에도 불구하고 멀웨어 공격의 영향을 완화하거나 공격을 방지하기 위해 취할 수 있는 조치들이 있다. 이는 보안정책 개발, 보안인식교육 구현, 앱 기반 다단계 인증 사용, 멀웨어 방지 및 스팸 필터 설치, 기본 운영체제 정책 변경, 일상적인 취약성평가 수행 등이다.

먼저 보안정책은 시스템 구축자가 무엇을 언제 해야 하는지와 시스템이나 정보에 액세스할 수 있는 사람에 대한 로드맵을 제공한다. 또한 위협인식을 제공하기 위한 지침을 정의하고, 안티바이러스 및 안티스파이웨어 응용 프로그램을 필요로 하는 서버 시스템의 개요를 설명한다. 그리고 민감한 정보의 손실 또는 노출 위험을 최소화하고 감염위험을 줄일 수 있는 일반적인 내용들을 포함한다. 이와 같은 보안정책은 조직의 전반적인 보안에 대한 투자, 즉 보안인식 교육 구현과 무관하지 않다. 이 같은 교육은 사이버 공격으로 야기될 수 있는 다양한 물적, 인적

---

40) Jason Firch, "9 Common Types Of Malware (And How To Prevent Them)," https://purplesec.us/common-malware-types/

자원의 소모를 사전에 예방하고 절약하는 방식이라는 점에서, 공격에 대한 대응보다는 사전 예방에 해당한다.

다음으로 앱 기반 다단계 인증(Multi-Factor Authentication, MFA) 사용은 온라인 계정과 데이터를 안전하게 유지할 수 있는 방법으로 로그인할 때마다 ID 또는 패스워드에 대한 두 개 이상의 증거를 입력하도록 요구하는 방식이다. 예컨대 MFA를 요구하는 온라인 계정에 로그인할 때에는 사용자 이름 및 암호와 함께 코드를 입력하고, 코드를 입력하거나 알림에 응답해 확인하는 방식으로 널리 사용된다. 마이크로소프트사의 보고에 따르면 윈도우 시스템에 대한 자동화된 멀웨어 공격의 99.9%는 다단계 인증을 사용하는 것만으로도 방지가 가능하다.[41] 앱 기반 다단계 인증의 가장 큰 특징은 '자동화'이다. 다만 앱 기반 다단계 인증은 단순한 단일적 방어방식이기 때문에, 자동화된 공격 이외의 다양한 방법을 배포해 네트워크를 손상시키는 정교한 위협에 대해서는 대비가 어렵다는 한계를 가진다.[42]

멀웨어 방지 및 스팸 필터 설치는 심층방어 접근 방식(Defense in-depth)으로 시스템 전체에 여러 계층의 보안 제어(방어)가 배치되는 정보 보안에 사용된다. 이와 같은 심층방어 접근 방식은 몇 가지 독립적인 방법을 사용해 특정 공격에 대해 시스템을 방어한다. 대표적으로 미국 국가안보국(National Security Agency: NSA)에서 심층방어 컴퓨팅(defense in-depth in computing)으로 고안한 정보 및 전자 보안에 대한 포괄적인 계층화 방안

---

41) Alex Weinert, "Your Pa$$word doesn't matter," Microsoft, July 09 2019, https://techcommunity.microsoft.com/t5/microsoft-entra-azure-ad-blog/your-pa-word-doesn-t-matter/ba-p/731984
42) Firch, "9 Common Types Of Malware (And How To Prevent Them)."

이 있다. 심층방어 컴퓨팅이라는 용어는 같은 이름을 갖고 있는 군사 전략에서 영감을 받은 것이나, 개념상으로는 상당히 다르다. 군사적인 측면에선 이 개념이 더 약한 주변을 방어하고, 의도적으로 시간을 벌며, 적을 포위하고 반격할 수 있는 방식을 의미하는 반면 정보보안 측면에서 이 개념은 단순히 여러 계층의 제어를 포함하는 것을 의미한다.[43]

마지막으로 기본 운영 체제 정책 변경과 일상적인 취약성 평가 수행 등이 있다. 이와 같은 방법들은 기본적으로 실시할 수 있는 예방책이다. 일상적인 네트워크 취약성을 식별하고, 알려진 취약성에 대해 보완하고, 부족한 보안 사안들을 제어하고, 일반적인 오류들을 식별하는 절차 등으로 구성돼 있다. 이러한 것들은 위험 시스템을 해결하기 위한 교정계획에 해당한다.

2) 물류시스템에 대한 사이버 공격 대응방안

물류시스템에 대한 사이버 공격은 심각한 문제를 야기한다. 미국은 이와 같은 공격의 심각성을 인지하고 국가적 차원에서 대비하고 있다. 조 바이든(Joe Biden) 대통령은 행정명령[44]을 통해 산업 전반에 걸쳐 보안 소프트웨어의 개선을 추진하고 국토안보부에 사이버 안전 검토 위원회를 만들 것을 요청했다.[45] 또한 연방기관에 사이버 안보와 관련해

---

43) 예컨대, 허니팟(honeypot) 또는 허니 포트(honey pot)라 불리는 시스템은 비정상적인 접근을 탐지하기 위해 의도적으로 설치해 둔 시스템을 의미한다.
44) THE WHITE HOUSE, Executive Order on Improving the Nation's Cybersecurity, 2021. https://www.whitehouse.gov/briefing-room/presidential-actions/2021/05/12/executive-order-on-improving-the-nations-cybersecurity/
45) 그 이전 미국 도널드 트럼프 대통령은 2018년 사이버보안 및 인프라 보안국(Cybersecurity and Infrastructure Security Agency, CISA) 법률에 의거해서 CISA(사이버보안 및 인프라 보안국)를 국토안보부에 설립하였다.

계약자와의 정보 공유를 개선하도록 지시하였다. 이 가운데 연방정부에 요청한 사이버 안보에 대한 구체적 지침은 다음과 같다.

〈표 3〉 국가 사이버안보 개선에 관한 행정명령 섹션 3. 연방정부 사이버 안보 현대화[46]

섹션 3. 연방정부 사이버 안보 현대화
(a) 오늘날 점점 더 역동적이고 정교해지는 사이버 위협 환경에 발맞추기 위해 연방 정부는 위협에 대한 연방 정부의 가시성을 높이는 동시에 개인 정보와 시민의 자유를 보호하는 등 사이버 안보에 대한 접근 방식을 현대화하기 위한 단호한 조치를 취해야 한다. 연방 정부는 보안 모범 사례를 채택해야 한다. 제로 트러스트 아키텍처로의 발전, SaaS(Software as a Service), IaaS(Infrastructure as a Service), 및 PaaS(Platform as a Service)를 포함한 보안 클라우드 서비스로의 이동을 가속화한다. 사이버 보안 위험을 식별하고 관리하기 위한 분석을 추진하기 위해 사이버 보안 데이터에 대한 액세스를 중앙 집중화하고 간소화한다. 이러한 현대화 목표를 달성하기 위해 기술과 인력 모두에 투자한다.
(b) 이 명령이 공표된 날로부터 60일 이내에 각 기관의 장은 다음을 수행해야 한다. (i) 관련 OMB 지침에 설명된 대로 클라우드 기술의 채택 및 사용을 위한 리소스의 우선 순위를 지정하기 위해 기존 기관의 계획을 업데이트한다. (ii) 상무부 내 NIST(National Institute of Standards and Technology)가 표준 및 지침에 요약한 마이그레이션(migration) 단계를 적절하게 통합해야 하는 제로 트러스트 아키텍처 구현 계획을 개발하고, 다음과 같은 단계를 설명한다. 이미 완료돼며 보안에 가장 즉각적인 영향을 미칠 활동을 식별하고 이를 구현하기 위한 일정을 포함한다. 그리고 (iii) 이 섹션의 하위 섹션 (b) (i) 및 (ii)에 따라 필요한 계획에 대해 논의하는 OMB 국장 및 대통령 보좌관, 국가 안보 고문(APNSA) 보좌관에게 보고서를 제공한다.
(c) 기관이 클라우드 기술을 계속 사용함에 따라 연방 정부가 사이버 사고를 예방, 탐지, 평가, 및 수정할 수 있도록 조정되고 신중한 방식으로 사용해야 한다. 이러한 접근 방식을 용이하게 하기 위해 클라우드 기술로의 마이그레이션은 가능한 한 제로 트러스트 아키텍처를 채택해야 한다. CISA는 현재의 사이버 보안 프로그램, 서비스 및 기능을 제로 트러스트 아키텍처로 클라우드 컴퓨팅 환경에서 완벽하게 작동하도록 현대화해야 한다. CISA 국장을 통해 행동하는 국토안보부 장관은 일반 서비스 관리국 내의 연방 위험 및 권한 부여 관리 프로그램(FedRAMP)을 통해 행동하는 일반 서비스 관리자와 협의해 클라우드 서비스 제공자(CSP)에 대한 보안 원칙을 개발해야 한다.

---

46) THE WHITE HOUSE, Executive Order on Improving the Nation's Cybersecurity, 2021.

이처럼 미국의 경우 행정명령에 따라 산업 전반에 걸친 사이버안보 방안을 마련하고 있으나, 모든 유형의 사이버 공격에 대한 대응은 실질적으로 어려운 실정이다. 한편 동일한 국가 사이버안보 개선에 관한 행정명령 중 섹션 5는 사이버안전심의위원회 설치를 규정하고, 국토안보부장관으로 해금 법무장관과 협의해 2002년 국토안보법(6 USC 451) 섹션 871에 따리 시이버안전검토위원회(이사회)를 설립하도록 명시하고 있다. 섹션 (b)에 따르면 해당 위원회는 FCEB 정보 시스템 또는 비연방 시스템에 영향을 미치는 중대한 사이버 사고[47]와 관련해 검토 및 평가해야 하며, 섹션 (c)에서 국토안보부 장관으로 해금 중대한 사이버 사고가 발생한 후 이사회를 소집해 이에 대한 조치를 취하도록 하고 있다.

또한 미국은 사이버 공격에 대한 실무차원의 대비 역시 강화해 오고 있다. 먼저 미국의 국가안보 총괄기구인 국토안보부(Department of Homeland Security: DHS) 산하에 2009년 10월 설치된 사이버 보안 및 인프라 보안국 사이버 보안부서의 일부인 NCCIC(National Cybersecurity and Communications Integration Center)에 주목할 필요가 있다. DHS는 사이버 대응 노력 및 국가 사이버 및 통신 공동 운영 상황을 유지하고 있는데, NCCIC에서 두 조직의 컴퓨터 비상 대응팀(Computer emergency response team: US-CERT)과 국가전기통신조정센터(National Coordinating Center for Telecommunications: NCC)를 운영하고 있다. 이를 통해 NCCIC는 6개의 가장 큰 연방사이버센터, DHS 정보·분석사무국, 민간 부문 파트너들과의 운영을 조정하는 DHS의 국가사이버보안센터(NCSC) 등을 통합한다. 또한 연방기관, 민간부문, 주 및 지방 정부 대표도 NCCIC에 배치돼 사이버 안

---

47) 2016년 7월 26일 대통령 정책 지침 41(미국 사이버 사고조정 PPD41)에 따라 정의됐다.

보 업무를 통합적으로 운영하고 있다.[48]

다음으로 미국 컴퓨터 비상 대비팀(US-CERT)이 EINSTEIN 소프트웨어를 개발·운영하고 있다. 이 프로그램은 민간기관에서 상황을 인지할 수 있도록 설계된 시스템이다. 이는 네트워크 침입에 대한 조기경보 시스템, 악성 활동의 실시간 식별 및 해당 악성 활동의 자동화 중단에 대한 조기경보시스템을 미국 정부에 제공하도록 설계됐다. EINSTEIN 시스템의 첫 번째 버전은 2003년에 개발됐으며 정부 네트워크 시스템, 데이터 보호를 위협할 수 있는 악의적인 사이버 활동을 분석가가 식별하고 대처할 수 있도록 참여 기관 및 정부 네트워크에서 컴퓨터 네트워크 보안 정보수집·분석을 자동화하는 방식이다. 2008년에 개발된 EINSTEIN의 두 번째 버전은 침입 탐지 기능을 추가한 것으로 미국 연방 기관으로 해금 미국 관리예산실(Office of Management and Budget: OMB)의 TIC(Trusted Internet Connection) 이니셔티브에 따라 공용 인터넷 및 기타 외부 연결에 물리적 및 논리적으로 연결하도록 허락하는 MTIPS(Managed Trusted Internet Protocol Services) 공급자 및 연방 기관에 서비스를 제공하는 사설 인터넷 서비스 공급자에게 배포돼 컴퓨터, 네트워크, 및 정보 보호를 지원한다. 연구에 따르면 EINSTEIN 2 센서는 2010년 기준 540만 개에 대한 공격예측을 적중시켰으며 이는 월 평균 45만 개 이상 적중시킨 수준이다.[49] 한편 EINSTEIN 세 번째 버전은 침입 방지 기능에 대한 것으로

---

48) DHS(Department of Homeland Security), "Preventing and Defending Against Cyber Attacks," June 2011, https://www.dhs.gov/xlibrary/assets/preventing-and-defending-against-cyber-attacks.pdf
49) 여기서 의미하는 적중이란 알려진 위협에 대응해 미리 결정한 침입탐지 시그널에 의해 알려진 경고를 의미한다(출처: DHS(Department of Homeland Security), "Preventing and Defending Against Cyber Attacks,").

DHS에게 중요한 네트워크와 시스템 피해 발생이전에 악의적인 활동을 자동으로 감지하고 침입을 방해할 수 있도록 하는 기능을 제공한다.

이외에도 신뢰할 수 있는 이니셔티브(CNCI)의 일환으로 DHS는 미국 관리예산실(Office of Management and Budget, OMB)과 협력해 연방 기관이 인터넷을 통해 외부와 연결되는 경로의 수를 줄이고 이를 통합하는 역할을 한다. 해당 이니셔티브는 정부 네트워크에 대한 잠재적 위협을 감소시키기 위한 목적의 일환이다. 이를 통해 DHS는 인터넷 트래픽이 통과해야 하는 알려진 몇몇 제한된 경로에 모니터링 노력을 집중할 수 있게 된다.

나아가 미국정부는 민간부문과의 협약을 통해 국가의 주요 핵심 기반시설 및 사이버 네트워크를 보호한다. 민간 부문은 사이버 안보에서 중요한 역할을 하는 정부의 핵심 파트너이다. DHS는 공공-민간 부문 협력을 촉진하기 위해 여러 파일럿 프로그램들을 시작했다. 예를 들어, 2010년 2월, DHS, 국방부, 금융 서비스 정보 공유·분석 센터(Financial Services Information Sharing and Analysis Center) 등은 실행 가능하고 민감한 정보를 공유해 금융 서비스 부문의 핵심 네트워크와 인프라를 보호하도록 하는 파일럿 프로그램을 시작했다. 같은 해 6월, DHS는 보안인가를 받은 국가 공무원 및 법 집행 공무원이 비밀 수준의 사이버 보안 정보 및 화상 원격 회의 통화에 접근할 수 있도록 하는 사이버 보안 파트너 로컬 액세스 계획을 구현했다.[50]

종합하면 미국정부의 사이버 물류보안의 핵심은 크게 두 가지로

---

50) DHS(Department of Homeland Security), "Preventing and Defending Against Cyber Attacks."

요약된다. 첫째, 연방정부, 입법, 대통령령 등의 국가의 최상위 층위에서 사이버공격에 대한 전략적, 통합적 대비책을 세운다는 점이다. 특히 바이든 미 대통령이 '2022년 미국 사이버보안 강화법'에 서명해 중요 핵심기반시설 기업에 대한 사이버공격 사건의 보고 의무를 부과한 것은 단순히 지침 또는 가이드라인 형태로 규율하는 형태를 넘어 행정부 차원에서 사이버안보 관련 입법 대응조치를 실시한 것이다.[51] 둘째, 주요 핵심기반시설 기업이 사이버 공격을 받으면 해당 사이버 공격이 발생하였다고 인지된 시점부터 보고하도록 해 행정부는 이에 대한 상황을 상시 모니터링하는 방향으로 나아가고 있으며, 사이버공격에 대한 후속조치보다는 발생 이전에 선제적인 예방조치에 보다 주력하고 있다. 특히 영업비밀을 보유하고 있는 기업, 대학, 연구소 등에 대해 적극적인 사이버 보안 의무를 부과하는 것은 랜섬웨어 공격으로부터 취약한 국내에 주는 시사점이 크다.[52]

이와 같은 미국의 사례를 벤치마킹해 국내의 사이버 보안관련 현행 체계를 개선할 필요가 있다. 국내에선「정보통신기반 보호법」13조에 의거해 주요 정보통신기반시설의 장에게 해당 사고를 통지하도록 하고 있으나 이를 강제하는 처우가 없다. 예를 들어, 해당 의무를 이행하지 않더라도 과태료 부과 등의 처벌이 따르지 않는다. 마찬가지로 2021년 1월 15일부터 시행되고 있는「산업기술보호지침」(산업통상자원부 고시)에서는 민간부문(기업·대학·연구소 등)에 보안관련 지침을 제공하고, 이를 이행할 것을 권고하고는 있으나 단순히 권고적 성격에 머물러 개선권고는 행정지도에 그치고 있다는 점이 한계로 지적될 수 있다. 따라서 미국, 특

---

51) 정민정, "바이든 대통령의 '사이버보안 강화법' 서명의 의미와 시사점," 국회입법조사처, 이슈와 논점, 제1937호, 2022.
52) 김기범, "랜섬웨어 피해현황 및 대응방안," KISO Journal, Vol.44, 2021, pp.26-27.

히 바이든 행정부의 사이버안보 관련 입법 논의를 참조해 사이버 공격에 적극적으로 대응하고 예방할 수 있는 입법안을 고려하고 이를 통해 행정부의 모니터링을 강화하는 방안을 고려할 필요가 있다.[53] 이를 통해, 악의적이며, 지속적이고, 보다 지능적으로 발전하고 있는 물류부문을 포함한 국가 핵심기반시설에 대한 사이버 공격 위협대응이 전략적, 통합적, 체계적으로 마련될 필요가 있다.

한편, 현행 우리나라 물류정책기본법에서 '물류보안'은 협의의 관점으로 정의되고 있으며, '물류체계 내부 및 외부 시스템 전체'보다는 '개별 물류시설'에 대한 불법적인 위해 행위를 사전에 방지하는 것에 초점을 두고 있다. 이는 해외 주요 국가들과 국제기구의 물류보안에 대한 개념과 기준에 비추어볼 때 상당한 보안상의 (사이버 보안을 포함해) 취약성을 노출한다. 원론적인 관점에서의 물류보안 범위는 글로벌 공급사슬 전체가 대상이나, 국내 현실에서는 주로 국제물류 구간(항만, 공항 등 무역 관문)을 중심으로 관리가 이루어지고 있다. 물류보안은 '물류시설(또는 전체 체계)에 대한 의도적인 위해(또는 불법) 행위를 사전에 방지하는 일체의 활동을 의미한다. 물류보안의 정의는 적용 대상의 범위 및 사후 복구 조치의 포함 여부에 따라 '광의'와 '협의'로 구분된다. 광의의 물류보안은 국가 물류체계 내부 및 외부 요인의 의도적인 위해 행위를 사전에 방지하거나 또는 위해 사태 발생 시 신속한 사후 복구 조치를 수행함으로써 안전하고 원활한 국가 물류체계를 확보하는 일체의 활동을 뜻한다. 반면, 협의의 물류보안은 공항, 항만, 물류터미널 및 물류단지 등 물류

---

53) 정민정, "미 바이든 행정부의 영업비밀보호 관련 입법·정책 동향과 시사점," 『국제경제법연구』, 제19권 제3호, 2021, pp.89-90.

시설에 폭발물, 무기류 등을 은닉·반입하는 행위와 물류시설·장비·정보·조직·인력 및 화물 등에 위해를 가할 목적으로 행해지는 의도적인 불법 행위를 사전에 방지하기 위한 조치를 뜻한다. 국내에서는 협의의 물류보안 개념을 적용하는 것처럼 보이며, 지나치게 물류보안의 범위와 대상, 의미를 좁게, 개별적으로 해석하는 것처럼 보인다. 이런 상황은 오늘날 글로벌 물류시스템의 안정성 확보, 특히 사이버 안보의 위협을 포함하는 물류부문 전체의 통합안보를 고려할 때 상당한 문제점으로 지적될 수 있다. 따라서, 글로벌 전체 공급사슬 중에서 미흡한 국내(내륙) 구간에 적용할 수 있는 물류 보안 제도를 강화하고 물류보안의 문제를 오프라인과 온라인을 통합하고 국내와 해외를 통합하는 글로벌 전체 공급사슬의 안정성을 제고하는 방식으로 발전시킬 필요가 있다.[54]

이 밖에도, 국내에선 국가정보원내에 국가사이버안전센터(National Cyber Security Center: NCSC)가 설치돼 운용되고 있다. NCSC는 국가기간통신망을 보호하기 위해 2004년 2월 설립된 기관이다. 2013년 대통령 훈령을 근거로 국정원에 설치된 NCSC를 법률에 근거를 둔 기구로 격상시키고 민간 부문에 대한 관리·조사 권한을 강화하기 위한 시도가 있었으나, '사이버국가보안법'이라는 비판에 부딪혀 논의 단계에서 폐기됐던 사례가 있다. 현재 국정원의 NCSC는 대통령훈령 제267호 '국가 사이버 안전 관리규정'에 따라 운영되고 있는데, 실질적으로는 권한이 낮아 사이버 관계기관 조정 통합이 어렵기 때문에 법률로 제정해야한다는 요구가 커지고 있다.[55] 국내의 경우는 사이버안보 관련 법률제정이 이슈가 될 때

---

54) 엄호식, "육상 물류보안 유형별 가이드라인 꼼꼼 분석."
55) 송봉선, "北 '해킹 외화벌이' 대응 강화해야," 『문화일보』, 2019년 8월 14일, http://www.munhwa.com/news/view.html?no=2019081401033711000002

마다 21세기 신흥안보현황에 대해 무지한 비전문적 정치·시민세력의 조직적 비판에 직면, 번번이 무산돼 2000년 초반의 상황에서 한 걸음도 전진하지 못하고 있다. 그 결과 한국의 사이버 안보 상황은 오늘날 특히 미국, 영국, 유럽, 오스트레일리아 등 서방 동맹국들은 물론 러시아 등과 비교해서도 매우 취약하다. 최근의 빠른 기술발전과 정보통신과학기술의 혁신과 미래전 환경 변화에 전혀 따라가지 못하고 있어 사이버안보는 물론 국가안보 전반에서 심각한 공백에 직면해 있다. 특히 한국의 주적인 중국과 북한, 그리고 조직적 범죄자들과 해커 등과 같은 다양한 위협세력들이 제기하는 사이버 범죄와 사이버 테러, 핵티비즘, 사이버 에스피오나지와 사이버 전쟁의 위협 등에 국가전반적인 사이버 안보가 매우 취약한 실정이다. 따라서 사이버안보법의 조속한 제정과 함께, NCSC와 군의 사이버 안보관련 대응능력을 조속히 향상시키고 군-정부-민간의 긴밀한 사이버 안보체계를 구축해야할 필요가 크다.

앨빈 토플러의 통찰력 있는 지적으로 돌아가보자. 4차 산업혁명의 시대에도 생산의 양식과 파괴의 양식은 같은 뿌리로 묶여 있다. 따라서 정보통신과학기술의 발전과 함께 야기되는 물류부문에 대한 안보위협은 같은 정보통신과학기술의 방식으로 대응할 필요가 있다. 오늘날 물류부문에 대한 사이버 안보위협은 갈수록 중대하고 있다. 이 때문에 새로운 시대적 여건에 맞는 새로운 사이버 안보 대응 법률과 시스템, 방안이 도출되고 실행돼야 한다. 무지하고 낡은 편견에 사로잡힌 시각을 가진 도태돼야할 세력들로 인해 오늘날 점증하는 사이버 안보 위협에 대한 대응이 발목을 잡혀서는 안 될 것이다.